投 资 经 济 学

（第二版）

史本山　李海波　张震宇　编

西南交通大学出版社
·成都·

内 容 提 要

本书主要以实业投资和证券投资为分析对象,分章介绍了实业投资和证券投资的理论、方法和应用。主要内容包括投资概论、投资经济分析基础、投资方案经济分析方法、投资项目融资分析、投资项目的风险分析、投资项目可行性研究、企业投资决策、企业固定资产投资与设备更新经济分析、风险投资、证券投资和证券投资组合分析等。

本书可作为高等院校经济管理专业学生的教材,还可作为各类企事业单位经济管理人员的培训教材或学习参考书。

图书在版编目(CIP)数据

投资经济学 / 史本山,李海波,张震宇编. —2 版
—成都:西南交通大学出版社,2010.8(2024.8 重印)
ISBN 978-7-5643-0741-7

Ⅰ. ①投… Ⅱ. ①史… ②李… ③张… Ⅲ. 投资经济学－高等学校－教材 Ⅳ. F830.59

中国版本图书馆 CIP 数据核字(2010)第 133210 号

投 资 经 济 学

(第二版)

史本山 李海波 张震宇 编

责 任 编 辑	万　方
封 面 设 计	本格设计
	西南交通大学出版社
出 版 发 行	(四川省成都市二环路北一段 111 号
	西南交通大学创新大厦 21 楼)
发行部电话	028-87600564　028-87600533
邮　　　编	610031
网　　　址	http://www.xnjdcbs.com
印　　　刷	四川煤田地质制图印务有限责任公司
成 品 尺 寸	185 mm×260 mm
印　　　张	15.875
字　　　数	397 千字
版　　　次	2005 年 2 月第 1 版
	2010 年 8 月第 2 版
印　　　次	2024 年 8 月第 8 次印刷
书　　　号	ISBN 978-7-5643-0741-7
定　　　价	34.00 元

第二版前言

随着我国投资体制改革的推进，投融资领域也发生了日新月异的变化。为了适应经济形势发展的需要，满足读者的要求，我们对《投资经济学》进行了修订。希望该书的修订能在新的经济形势下对投资者的投资活动更加具有指导性和实用性。

这次修订的《投资经济学》在继续保持学科的系统性和完整性特色的基础上，更加注重基本原理和基本方法在实践中的应用，同时对投融资领域中出现的新方法、新理论进行了补充。

紧密结合中国投资体制改革的发展情况，根据国家发展改革委员会和建设部发布的《建设项目经济评价方法与参数》(第三版)，参考多位专家和读者在使用本书第一版时所提出的意见和建议，本书第二版将第一版中的十二章内容调整为十一章，章节的安排更加科学、合理，更新和补充了投资项目的经济评价理论、投资项目融资分析、投资项目风险分析、投资项目可行性分析、投资决策、设备更新经济分析和证券风险等内容。

本书既可作为高等院校经济管理类本科生及工商管理研究生学习投资理论和方法的教材，亦可作为各类企业有关人员的培训教材和从事投资经济管理活动的工作者的参考书

本书第一版编写及第二版修订过程中参考了大量的教材、著作、译著，在此谨向所有参考文献的作者、编者和译者（含未列出的）表示感谢。同时，谨向对本书第一版提出宝贵意见和建议的专家和读者，以及在本书编写及修订过程中给予大力支持的西南交通大学出版社编辑致以真诚的谢意。

由于作者水平有限，书中难免存在错误或不妥之处，敬请读者指正。

编　者
2010 年 6 月

第一版前言

改革开放以来，随着我国社会主义市场经济体制的逐步建立，我国投融资领域也相应发生了巨大的变化。企业投资、私人投资、国外投资等均已成为多元化投资主体的重要组成部分；投资资金的来源从单一的国家财政拨款发展为自筹资金、银行信贷、利用外资等多种渠道；除基本建设投资外，更新改造投资、房地产投资、证券投资等成为社会多样化投资的主要内容。投资活动涉及各方面的经济利益，其成败决定着宏观经济的增长和微观经济的兴衰。为使投资活动建立在科学的理论基础上，提高投资效益，我们在《投资经济分析》一书的基础上组织编写了该教材，愿该书能在新的经济形势下对投资者的投资活动具有指导性和实用性。

本书以宏观投资经济理论为基础，以微观投资方法论为手段，并以提高投资经济效益为目标，重点论述建设项目的投资经济评价、企业投融资决策、设备更新经济分析、证券投资等有关投资方法论的内容。

本书作为教材，在写作中注意了保持学科的系统性和完整性，并特别注意基本原理和基本方法在实践中的应用。

本书既可作为高等院校经济管理类本科生及工商管理研究生学习投资理论和方法的教材，亦可作为各类企业有关人员的培训教材和从事投资经济管理活动的工作者的参考书。

参加本书编写的有：史本山（第一、二、三、八、十二章）、李海波（第四、六、十一章）、张震宇（第五、七、九、十章）。全书由史本山统稿。

本书编写过程中参考了大量的教材著作、译著，在此谨向所有参考文献的作者、编者和译者（包括列出的、未列出的）表示感谢。

由于作者水平有限，书中难免存在错误或不妥之处，敬请读者指正。

编　者

2004 年 11 月

目　录

第一章　投 资 概 论

第一节　有关投资的基本概念

一、投资含义

投资是一个较广泛而又抽象的概念。《辞海》对投资的解释是"在资本主义制度下，为获取利润而投放资本于国内或国外企业的行为；在社会主义制度下，一般是指基本建设投资。"《经济大词典》对投资的定义是"在资本主义社会指货币转化为资本的过程，在社会主义社会指货币转化为生产经营资金的过程"。

这种以不同社会制度下对投资定义的做法显然缺乏科学性，它远不能反映和指导我国社会主义市场经济条件下的投资实践。首先，投资不仅是基本建设投资，更新改造投资、流动资金投资都是投资的范畴，基本建设投资仅是固定资产投资的一个组成部分；其次，投资也不仅限于实物投资或直接投资，随着我国市场经济的发展，出现了以股票、债券等金融投资工具的间接投资形式；再次，由于我国的经济体制改革，相应的投资体制已发生了巨大变化，地方政府、部门、企业、事业、个人、国外投资者，业已成为重要的投资主体，投资主体多元化的格局已经形成。

投资的本质属性是确定的。广义的投资，从本质上讲，是指经济主体为获取效益而投入经济要素以形成资产的经济活动。狭义的投资，是指经济主体为获取预期收益所投入的资金（或资本）。

上述定义中的经济主体即投资者，其投资目的是为获取效益。投资的效益表现为三种形式，即财务经济效益、国民经济效益和社会效益。财务经济效益是指投资项目的微观效益，表现为项目的盈利能力、创汇能力、投资回收能力和偿债能力等；国民经济效益是指投资项目对国民经济的净贡献，表现为实际国民收入的增加；社会效益是指投资项目对社会的贡献，如对社会福利、生态环境、教育、国家安全等的影响，这些影响既可能是正的影响，也可能是负的影响，且较难用货币计量。

投入的经济要素，是指从事生产建设、经营活动所必需的物质条件和生产要素。它可以是现金、设备、厂房、土地、原材料或其他自然资源等有形资产，也可以是商标、技术诀窍、专利、管理经验等无形资产；可以是物质资料构成的实物资产，也可以是金融资产。投入的形式也可多种多样，如直接投入、间接投入，或直接与间接相结合的混合投入。投资行为过程包括投资策划、资金筹集、分配、使用、回收与增值全过程。

上述分析说明，投资作为一种经济活动，其投资主体、投资目的、投资形式和投资行为反映了投资的内在特点、相互联系和投资这一经济范畴的质的规定性。

应当指出，由于投资活动中运用资金与购建资产的经济活动是联系在一起的，因此投资一词又具有双重意义：它既是指一种特定的经济活动，又意味着是一种特殊的资金。

二、投资主体

所谓投资主体，就是指具有独立投资决策权的经济主体，即经济法人或自然人。投资主体是投资权力、投资责任和投资利益紧密结合的统一体。投资主体必须满足下面三个条件：第一，投资主体必须拥有投资权力，在经济发展过程中能够相对独立地做出投资决策，包括投资目标的确定、筹资方式的选择、投资方式的选择等方面的决策；第二，投资主体必须担负投资的责任和承担投资的风险；第三，投资主体必须享有相应投资利益的获取权。

我国在计划经济体制下，国家是主要的甚至是唯一的投资主体，包揽了全部生产性和非生产性的投资。随着我国经济体制改革的不断深入，市场经济正逐步形成，单一化的投资主体已被打破，取而代之的是投资主体多元化、投资方式多样化。政府、企业、银行、个人、外商等逐渐成为相对独立的投资主体。

投资主体有多种分类标准。按不同标准划分，投资主体可划分为不同的类型。

按所有制关系，可以把投资主体分为两类：一类是国有投资主体，包括各级政府、国有企业；另一类是非国有投资主体，包括集体所有制企业、个人、外商等。

按投资者是否进入投资经营使用过程，可把投资主体分为直接投资主体和间接投资主体。直接投资主体是指把其所拥有的投资经济要素直接投入到生产、消费或流通过程的法人或自然人，如直接从事固定资产投资、流动资产投资或无形资产投资且拥有经营权的政府、企业和个人；间接投资主体是指把其所拥有的投资经济要素间接投入到生产、消费和流通过程而不实际拥有经营权的法人或自然人，如购买债券的政府、企业或个人等。直接投资主体和间接投资主体可以并存在某一法人或自然人身上。例如，银行作为一个较特殊的企业，可以是直接投资主体，也可以是间接投资主体。当银行通过贷款用于投资时，是作为间接投资主体；若银行通过自设的信托部运用信贷资金直接投资于某项事业时，银行又成为了直接投资主体。

按投资主体在国民经济管理系统中所处的地位层次，可划分为中央政府投资主体、地方政府投资主体、部门投资主体、企事业单位投资主体和个人投资主体。

当然，不同投资主体其投资动机、投资行为、投资能力、投资范围、投资资金筹集方式等也是不同的。

三、投资分类

投资分类多种多样，按不同的分类标准可得到不同的分类。

（一）按融资手段和运用形式分

按融资手段和运用形式，投资可分为直接投资和间接投资。

1. 直接投资

直接投资是指将资金直接投入项目，形成固定资产或流动资产的投资。直接投资者拥有全部或一定数量的企业资产及相应的支配权，直接参与投资经营管理。直接投资内容包括购置土地、厂房设备、交通运输工具、原材料等有形资产的投资，也包括专利、商标、技术诀窍等无形资产的投资。直接投资的形式，有投资者独自开办和经营企业，或与其他投资者联合投资合资经营、合作经营、合作开发等。

2. 间接投资

间接投资是指投资者通过购买有价证券所进行的投资，包括债券投资、信托投资、期货投资、储蓄等。它形成金融资产。间接投资的实质，是资金所有者和资金使用者的分离，是资产所有权和资产经营权的分离。它的重要作用在于实现更广泛的社会资金聚集，满足现代化、社会化大生产对资金集中使用的需求，促进经济建设的发展。

（二）按投资去向分

按投资去向，投资可分为固定资产投资和流动资金投资。

1. 固定资产投资

固定资产是指在社会再生产过程中，能在较长时间（通常在一年以上）反复使用，其使用过程中基本上不改变其原有实物形态的物质资料。如房屋、建筑物、机器设备、工具等。用于建设和形成固定资产的投资称为固定资产投资。

固定资产投资按固定资产再生产的方式又分为两种：

（1）基本建设投资。基本建设投资是指投入资金用于建筑、购置和安装固定资产的活动以及与其相关联的其他活动，其范围包括通过新建、扩建、改建、恢复和迁建等形式实现固定资产再生产的投资。

（2）更新改造投资。更新改造投资是指投入资金用于原有固定资产的更新和技术改造，更新改造的目的是在技术进步的前提下，通过采用新设备、新技术、新工艺等，以提高产品质量、降低消耗、提高综合效益及实现内涵式扩大再生产。

2. 流动资金投资

投入资金运用于增加流动资产，以满足生产和经营中周转需要的，称为流动资金投资。按其内容主要包括储备资金、生产资金、产成品资金和货币资金。在投资活动中，固定资产投资与流动资金投资客观上应保持一定的比例。一般流动资金的数量同生产和经营的规模成正比，同流动资金周转速度成反比。

（三）按投资用途分

按投资用途，投资可分为生产性建设投资和非生产性建设投资。

1. 生产性建设投资

生产性建设投资是指直接用于物质生产或直接为生产服务的投资。主要包括农、林、水利建设，工业建设，交通运输、邮电通讯建设，地质普查的实物设施建设，商业、公共饮食、物资供应和仓储业建设等的投资。

2. 非生产性建设投资

非生产性建设投资一般是指在一定时期内用于满足人民物质和文化生活需要以及其他物质生产部门建设的投资。它一般包括住宅建设，公用事业、居民服务和咨询服务建设，卫生、体育和福利设施建设，教育、文化、艺术、广播、电影电视事业建设，科学研究建设，金融保险业建设，国家机关和社会团体建设等的投资。

（四）按照资金运动方式分

按照资金运动方式，投资可分为经营性投资和非经营性投资。

1. 经营性投资

经营性投资是指投资主体投资的项目建成后，以经营方式使用的固定资产投资和流动资产投资。经营性投资其资金运动方式是自行周转的，以投资盈利抵偿投资，因此资金能够回流和回收。

2. 非经营性投资

非经营性投资是指政府或其他投资主体投资的项目建成后不用于经营活动的固定资产投资，例如公共事业的投资、改善市政环境的投资等。非经营性投资没有流动资金投资，只有固定资产投资，资金不能自行周转，没有资金回流，不能组织回收。

投资的这种分类不同于按投资用途划分的生产性建设投资和非生产性建设投资。例如，住宅投资属于非生产性建设投资，所建成的住宅作为福利无偿分配时，属于非经营性投资，若住宅为商品化住宅，则就是经营性投资。又如，水利灌溉工程投资属于生产性建设投资，如果项目建成后在使用中无偿供水，就属于非经营性投资，如果有偿供水，以其收入弥补支出并核算盈亏，就属于经营性投资。

（五）按投资发挥的功能分

按投资发挥的功能，投资可分为积极投资和消极投资。

1. 积极投资

积极投资是指对机器、设备等生产工具的投资。积极投资所形成的机器、设备是企业固定资产的核心部分，是企业或国家生产水平高低和生产能力大小的主要标志，它从物质技术基础上决定着企业的生命力。对机器设备的投资之所以称为积极投资，是因为产品主要靠机器设备生产出来，只有不断地增加机器设备或采用新技术、新工艺，才能生产出更多更好的产品，不断提高产品质量，保证产品的升级换代，提高投资的经济效益。在投资总量既定条件下，积极投资所占比例越大，就会起着形成生产能力越大、投资效益越好的"积极"作用。

2. 消极投资

消极投资是指用于建设厂房、道路等非直接生产产品的生产资料的投资。消极投资所形成的生产资料，虽不直接加入生产过程，但却是生产过程不可缺少的条件，没有它生产就不能顺利进行或不能完全进行。因此，消极投资在于它所形成的固定资产只起辅助和配合作用。

在投资总量既定并能正常生产的条件下，消极投资所占比例越大，就会起着形成生产能力越小、投资效益越差的"消极"作用。

投资除上述分类外，还可有别的分类。如按投资主体类别的不同，可以划分为国家投资和企业投资；按投资来源国别的不同，可以划分为国内投资和国外投资；按资金周转时间长短，可以划分为长期投资和短期投资等。

第二节 投资与经济发展

经济发展包含有两层含义，一是指经济增长，二是指伴随增长而产生的经济结构的协调。本节主要探讨投资与经济增长、投资与经济结构相互影响及相互作用的关系。

一、投资对经济增长的推进作用

所谓经济增长是指一国或一地区在一定时期（如一年）包括产品和劳务在内的产出的增长。衡量经济增长的标准，通常用国民生产总值或国民收入的增长为尺度。

经济增长也可以最简单地规定为经济产量的增加。关于经济增长的源泉，不同的经济理论有不同的解释。

亚当·斯密（1723—1790）在《国富论》中指出，国民财富的增长取决于两个条件，一是专业分工促进劳动生产率的提高，二是人口和资本的增加引起从事生产劳动的人数的增加。生产劳动的数量依存于资本积累的数量，国民收入中用于生产劳动的比例越大，以及劳动生产率越高，则国民收入的增长速度就越快。大卫·李嘉图（1772—1823）认为，资本积累的扩大是使国民财富增长的根本原因。并解释，随着经济的增长和资本积累的扩大，利润率有下降的趋势，因此，除非技术有所进步，否则经济增长将逐渐减慢，最后转为经济停滞，社会进入简单再生产的静止状态。英国经济学家罗伊·哈罗德和美国经济学家埃西·多马分别在 1948 年和 1946 年各自独立地提出了经济增长模型，后来被称为哈罗德—多马经济增长模型。该模型集中反映了资本主义再生产过程中收入增长率、储蓄率和资本产量比率三者之间的关系，指出在资本产量比率一定的前提下，收入增长率决定着经济增长率的高低。20 世纪 50 年代以来，以索洛等人为代表的新古典学派，除了强调资本、劳动力要素对经济增长的作用外，第一次提出了技术进步对经济增长具有最重要的贡献的观点。舒尔茨在 1959 年美国经济协会年会的主席演说词中首次提出了人力资本理论，他认为通过对教育、卫生等方面的投资可以增强人的体力、智力和技能，提高人口素质，使一般的人力资源转变为人力资本。这种人力资本可以产生"知识效应"和"非知识效应"，直接或间接促进经济增长。马克思在研究资本主义经济发展的过程中，在很多场合都论及资本主义财富的积累和增长问题。他在再生产理论中明确指出，资本主义简单再生产只不过是一种理论上的抽象，资本主义再生产的特点是扩大再生产，扩大再生产的源泉在于资本积累。

现代经济增长理论的实证分析进一步表明，经济增长的因素主要有生产要素投入量及要素生产率（即单位投入量的产出量）两大类，其中要素生产率的提高对经济增长起着越来越重要的作用。而要素生产率的提高主要来自技术进步，包括资源配置改善、规模经济、管理水平提高等。

综上所述，影响经济增长的因素很多。在社会主义条件下，就其内在因素而言，主要包括：① 生产要素的合理配置和有效使用，生产要素主要是通过投资进行配置的；② 劳动力数量及其素质的提高；③ 技术进步。就其外部影响因素而言，主要包括：① 相对稳定的国际和国内环境；② 符合市场经济发展要求的经济体制和政治体制；③ 有利于经济增长的宏观经济政策。在上述影响经济增长的诸因素中，投资是一个十分重要的因素，是推动一个国家经济增长的基本推动力，但投资不是经济增长的决定因素。

投资对经济增长具有推动作用，主要反映在以下两个方面：

（1）从较长时期看，投资形成固定资产和流动资产，增加生产要素，增加社会总供给，这是投资的供给效应。而社会生产是扩大再生产，实现扩大再生产就必须增加生产要素、提高技术水平，这就需要增加投资。因此，增加投资，实现扩大再生产，必能增加社会总供给，促进经济增长。

（2）从短期看，实现投资需要购买大量生产资料和消费资料，这是社会产品得以实现其价值，社会再生产得以顺利进行的重要条件，这是投资的需求效应。特别在市场疲软时，适当增加投资，就会增加购买、扩大需求，从而启动市场，促进经济增长。

在我国经济体制与投资体制改革的今天，应更注重经济增长的质量，彻底从我国传统的主要是靠投资规模扩张、上项目、铺摊子带动的粗放型经济增长方式向以资源深度开发利用和高附加值产出为特征的集约型经济增长方式转换。

二、投资乘数论和加速原理

投资乘数论与加速原理是西方经济学中两个重要的投资理论，两者都是从数量角度说明投资与经济增长的关系。

（一）投资乘数论

投资乘数论是凯恩斯学派关于投资是怎样决定国民生产总值或国民收入均衡水平的理论，是"收入决定论"的核心内容。投资乘数论把经济增长（国民收入的变动）看作因变量，把投资变动看作自变量，阐明投资的变动在多大程度上带动收入的变动。

所谓投资乘数，是指在边际消费倾向一定的情况下，总投资量增加时，可以引起若干倍数于投资增量的总收入的增加。这种投资增加额所带来的国民收入增加额的倍数称为投资乘数，记为 k，并可用下式表示

$$k = \frac{\Delta Y}{\Delta I} \tag{1.1}$$

式中　ΔY——收入增量；

ΔI——投资增量。

公式（1.1）也可以表示为

$$k = \frac{1}{\text{边际储蓄倾向(MPS)}} = \frac{1}{1-\text{边际消费倾向(MPC)}} \tag{1.2}$$

投资乘数本身是一种系数，表明投资的每次增加所导致的收入增加的倍数。

例如，假设投资增加了 500 元，如果它造成收入的增加为 1 500 元，则投资乘数就是 3。那么投资的变动是怎样带来数倍于投资支出的收入的变动呢？根据西方经济学家们的解释，其原因在于初次的投资支出导致了一系列次级的消费支出。假设边际储蓄倾向为 1/3，则边际消费倾向为 2/3，若投资者初始投资 500 元用于购买投资品，则该投资品生产者会增加收入 500 元。若投资品生产者用增加收入的 2/3 用于消费，则第二级的消费品生产者会得到 $2/3 \times 500 = 333.33$ 元的收入增加。假若边际消费倾向不变，则第二级的消费品生产者又会用 $2/3 \times 333.33 = 222.22$ 元用于消费，这恰好又是第三级消费品生产者增加的收入。如此类推，最终国民收入增加 1 500 元。计算过程如下

$$
\left.
\begin{array}{l}
500 \quad 元 \\
333.33 \quad 元 \\
222.22 \quad 元 \\
111.11 \quad 元 \\
\vdots \\
+
\end{array}
\right\}
=
\left\{
\begin{array}{l}
1 \times 500 \quad 元 \\
\dfrac{2}{3} \times 500 \quad 元 \\
\left(\dfrac{2}{3}\right)^2 \times 500 \quad 元 \\
\left(\dfrac{2}{3}\right)^2 \times 500 \quad 元 \\
\vdots \\
+
\end{array}
\right.
$$

$$
1\,500 \quad 元 \qquad\qquad \dfrac{1}{1-\dfrac{2}{3}} \times 500 = 1500 \quad 元
$$

凯恩斯学派认为投资的增加之所以会引起乘数倍数的收入的增加，是因为国民经济各生产部门之间相互连锁反应的结果。即一个部门投资的增加，必然引起对另一个部门产品需求的增加，从而又使另一个部门投资增加。这种连锁影响，致使一系列部门的收入增加，最终使国民收入成倍增长。

投资乘数论是以两点基本假设为前提的，一是消费支出在一年内无穷多次传递；二是储蓄生成无穷多次，但每次形成后都绝对静止不动。显然，这两个条件在现实中是难以成立的。另外，投资资金来自国民收入，国民收入是来自生产的结果，生产起决定作用。因此，投资乘数论把投资看作决定经济增长的能动因素的观点是错误的。但是这种数量分析方法对分析我国的经济增长有一定的借鉴作用。

（二）加速原理

加速原理又称加速数理论，是后凯恩斯学派为弥补投资乘数论中种种缺陷而提出来的。加速原理是一种关于产量水平的变动与投资支出数量之间关系的投资理论，其基本思想是产量水平的变动决定投资支出水平的变动。正如西方经济学家萨缪尔森所述，"社会所需要的资本品的总量，不论是存货还是设备，主要取决于收入或生产的水平。资本品总量的添增，即我们通常所说的净投资，只有在收入增长时才会出现。"亦即产量（收入）的增加，必将引起投资的增加，而产量的下降，最终也必将引起投资的下降。下面举例说明这一原理。

假设一个服装公司，有 100 台缝纫机，每台寿命为 5 年。由于每年需重置缝纫机 20 台，而重置的费用刚好等于折旧，在产量一定时（设产量与收入同比例增减，此时亦即收入一定），

该公司没有进行净投资，即总投资等于折旧，代表每年重置 20 台新缝纫机。现在假设，服装商品需求增加 10%，则销售收入亦增加 10%。若该服装公司设备已没有剩余生产能力，同时假定该公司的资本价值与年销售收入的比值固定，即资本产出比固定，于是缝纫机的数目也必须上升 10%，即达到 110 台。这样，在这一期必须购置的缝纫机不再是 20 台，而应是 30 台（其中，10 台为新购置，20 台为由于磨损而更新购置）。除了设备（缝纫机）量增加外，其他资本要素的投入量也必须作相应增长。若设资本产出比为 2，上期服装产量为 2 000 单位，由于增长 10%，则本期比上期产量增加 200 单位，而收入也同时增加 200 货币单位，则本期的净投资应为 400 货币单位（包括 10 台新缝纫机的投资及其他资产的投资），即本期净投资支出是产量（收入）变动的 2 倍，这也就表示了产量（收入）的变动对投资的加速现象。

由上面的举例可见，如果社会的现有资本存量已经是生产其所能生产的最大产量，即不存在过剩的生产能力，如果资本产出比不变，则产量的任何扩大将需要资本存量的扩大。而且，只要资本产出比大于 1，投资支出的增加就将大于引起它增加的产量的增加。同理，加速原理也可以向相反方向发挥作用。

由于在任何社会、任何时候都会有闲置的社会生产能力存在，因此，加速原理的作用在实际中受到限制。但加速原理作为分析产量（收入）变动引起投资变动关系的理论，对分析我国经济增长过程及经济建设有着一定的借鉴作用。

三、经济增长水平决定投资增长

一国的经济增长主要是指国民经济总量的增长，常用国民生产总值（GNP）的增长率、国内生产总值（GDP）或国民收入增长率等指标来衡量。其中，国民收入是反映一个国家经济增长的一个重要的综合指标，它是由物质生产部门劳动者在一定时期内（如一年）生产的全部产品补偿了生产资料的耗费后，剩余下来的社会净产品。国民收入的价值形态，表现为一定时期内新创造的价值总额，它在最终使用上分为两部分：一部分形成消费基金，用于个人消费和社会消费：另一部分形成积累基金，主要用于投资。

国民收入总积累量是国民收入总量及社会总消费量所决定的。在社会总消费量一定的条件下，国民收入总量越大，国民收入总积累就越多，可用于净投资的数量也就越大。反之，则越小。于是，投资支出的数量主要是由积累额确定的，而积累额则是由国民收入总量决定的。因此，归根到底，投资支出的数量主要是由经济增长情况决定的，经济增长的水平和速度决定了投资增长的水平。

四、投资与经济结构

（一）投资影响和决定经济结构

经济结构主要是指国民经济中所有制结构、地区经济结构和产业结构。

所有制结构是指国民经济中各种经济成分之间的比例关系，占主导地位的经济成分决定着一国经济制度的性质。投资对所有制结构有重大影响，所有制结构的改变主要是通过改变投资在各种经济成分之间的分配比例而实现的。建国初期，我国通过没收官僚资本、削弱私有经济成分，建立了以全民所有制为基础的经济制度，随后国家对全民所有制经济进行了巨额投资，全民所有制经济在整个国民经济中的比例迅速提高，确定了全民所有制经济在国民经济中的主导地位。随着我国经济体制改革和对外开放，人们逐渐认识到，单一的所有制结构不利于社会经济的发展，必须实行以国有经济为主导、集体经济为重要组成部分、个体经济和其他经济为补充的多种经济形式长期并存的所有制结构。这种新的所有制结构的形式必须依赖于投资结构的改变，并相应地实行以全民所有制单位投资为主导、集体经济投资为重要组成部分、个体经济和其他经济投资为补充的多种经济成分并存的投资结构。

地区经济结构是国民经济结构的一个重要方面。地区经济结构是指生产力的空间分布，以及各地区经济之间的相互制约关系。地区经济结构的形成和改善是由投资在各地区的分配比例关系所决定的。改革开放以前，地区经济结构的形成与改善，主要是靠国家预算内投资的地区分配结构实现的。改革开放后，随着地方财权的逐步扩大，各地区根据自身发展需要，有权利用自身积累安排基本建设项目和技改项目，这样除中央根据整个国民经济发展战略需要而分配给地方的固定资产投资外，各地区自行安排的固定资产投资也是改变地区经济结构的重要因素。

产业结构是指国民经济中各种产业之间的比例关系。投资强有力地影响和决定产业结构，主要表现在两个方面：

（1）投资总量的增长速度强有力地影响着产业结构的变化方向。在投资增长迅速的时期，对投资品的需求扩大，从而促使生产投资品的产业（如机器制造业、建筑业、建筑材料业等）加快发展。反之，就会使生产投资品的产业相应萎缩。

（2）投资结构可以强有力地改变现存的产业结构。现在的产业结构是过去投资产业分配的结果，而现在的投资结构又决定着未来的产业结构。通过合理安排投资增量在产业之间的分配比例，调整投资结构，可以使各产业的生产能力有不同程度的此消彼长，改变一些产业在国民经济中的地位。通过投资结构的调整，可以抑制或加速某些产业的发展，从而达到优化生产能力和生产要素的配置，优化资源使用，推动高新技术产业的发展，并改变旧的产业结构，建立新的产业结构。

（二）经济结构制约投资增长和投资结构

从所有制结构方面看，占主导地位的经济成分拥有雄厚的经济实力，掌握国民经济的命脉，为未来投资提供资金的能力强，则投资也居于主导地位，在总投资中占有较大比重。

从地区经济结构看，现存的地区经济结构也制约着投资的比例关系。在现行的经济体制和投资体制下，地方可以根据自身的财力状况自行安排本地区的基本建设，不同地区的投资在很大程度上取决于自身财力状况和在国民经济中的地位，即各地区的投资占全国投资总额的比重显然受现存地区经济结构的制约。

产业结构客观上制约着投资增长和投资结构。现存的产业结构是存量，投资结构是增量，增量的改变会使存量发生变化。但是，增量的改变方向不是任意的，而是由存量结构的演变需求决定的；增量的大小也是由现存产业结构的状况所决定的。特别是生产投资品的产业，如机器制造业、建筑业、建材工业等的状况，制约着投资总量的增长，因为生产投资品的数量是投资总量实现的前提。现存的产业结构对投资结构的制约作用还可以通过制约产业的资本形成量来实现。比如，对实力雄厚而且有发展前途的产业，其资本积累能力大，投资能力强，可以根据本部门的需要和市场需求情况增加对本产业的投资；对于一些所谓"夕阳"产业或对一些市场需求小且没有发展前途的产业，其资本形成能力较差，其相对投资能力也比较差。

习　　题

1. 解释下列名词：

（1）投资　　　　　　　（2）投资主体　　　　　　（3）直接投资

（4）间接投资　　　　　（5）固定资产投资　　　　（6）流动资金投资

（7）生产性建设投资　　（8）非生产性建设投资　　（9）经营性投资

（10）非经营性投资　　（11）积极投资　　　　　　（12）消极投资

2. 如何理解投资对经济增长的推进作用？

3. 简评投资乘数与加速原理。

4. 为什么说经济增长水平决定投资增长？

5. 投资是怎样影响和决定经济结构的？

6. 如何理解经济结构制约投资增长？

第二章　投资经济分析基础

第一节　投资经济分析的时间因素

一、资金时间价值

（一）概　念

在社会主义商品经济中，资金是劳动资料、劳动对象和劳动报酬的货币表现。资金运动反映了物化劳动和活化劳动相结合的运动过程。在这个运动过程中，劳动者为社会提供了物质财富，创造了新的价值，表现在资金上就是增值。我们称资金在运动过程中随着时间的推移而增加的值为资金的时间价值。资金的时间价值在商品经济中有两种表现形式：一是资金直接投入生产过程，使收入大于支出，从而获得收益，这是资金时间价值的利润形式；另一种表现为信贷资金，可以获得利息，这是资金时间价值的利息形式。但要说明的是，利息同样来源于企业盈利，如果资金最终不能投入到生产和流通领域中去周转，不和劳动者的劳动相结合，它就不可能增值。

资金的时间价值含义表明，在不同时点对投资项目所投入的费用及其产出的收益，它们的价值是不同的。为了获得对经济效果的正确评价，必须把不同时点的金额换算成同一时点的金额，然后在相同的时间基础上进行比较，这是方案比较的重要条件。

在评价投资项目的经济效果时，均应考虑资金时间因素。因为参与比较的各投资方案，往往与时间有着密切的联系。如投资发生时间不同的方案可比性问题，服务寿命期限不同的方案的经济效果比较问题等。因此，在研究投资效果问题之前，必须先研究资金的时间价值，其目的：一是解决不同时间发生的资金的可比性问题；二是正确评价由于时间因素产生的经济效果。资金时间价值的计算方法与利息的计算方法是完全一致的。因此，常用利息代表资金的时间价值。

资金的时间价值是投资项目动态经济分析的依据和出发点。

（二）利息和利率

利息是衡量资金随时间变化的尺度。从形式上看，对投入的资金（即本金），随时间的推移，所得到的比本金多的那部分增值额就是利息。

利息的大小由利率决定。单位时间里投入单位资金所得到的增值就是利率，一般用百分数表示。利率的高低通常取决于社会的平均利润率。同时，它还受到金融市场上借贷资本的供求关系、物价的稳定程度、国内外的政治形势，以及贷款所承担的风险等许多因素的影响，因而经常上下浮动。在我国，利率是根据国民经济发展的需要，由国家统一制定的，通过利率，国家可以有计划地控制资金的使用。

（三）单利和复利

利息的计算方法分单利和复利两种，可以按一年或不等于一年的计息期计算。以下暂设计息期为一年。

1. 单　利

单利就是只按本金计算利息，对所获利息不再计息，利息的大小与借入本金的时间长度成正比。若记 P 为本金，I 为利息，i 为利率，n 为计息期数，则 n 期末的本利和 F 可用如下公式计算

$$F = P + I = P + Pin \qquad (2.1)$$

2. 复　利

复利计息是指不仅本金计算利息，而先前周期的利息在后继的周期中也要计算利息。即上期的利息转化为下期的本金，下期的利息按上期的本利和计算。复利计息，也就是通常所说的"利滚利"，下面举例说明。

【例 2.1】 某人以年利率 8% 借了 1 000 元，3 年后一次还清本息，若按单利计息或复利计息，3 年后应一次偿还多少？

解　若按单利计息，则 3 年后的偿还额为

$$F = P(1 + in) = 1\,000 \times (1 + 8\% \times 3) = 1\,240 \quad （元）$$

若按复利计息，则 1 年后的偿还额为

$$1\,000 \times (1 + 8\%) = 1\,080 \quad （元）$$

2 年后的偿还额为

$$1\,080 \times (1 + 8\%) = 1\,166.4 \quad （元）$$

3 年后的偿还额为

$$1\,166.4 \times (1 + 8\%) = 1\,259.7 \quad （元）$$

亦即 3 年末应偿还的本利和为

$$1\,000 \times (1 + 8\%)^3 = 1\,259.7 \quad （元）$$

从资金在社会再生产过程中的实际状况来看，采用复利计算资金时间价值比较符合资金运动规律，因此，在建设项目或技术方案的经济评价中均采用复利计息的方法。

（四）现金流量图

为了考察各投资方案在整个寿命期内的全部费用和全部收益以分析计算其经济效果，可借助于现金流量图。现金流量图（见图 2.1）可以直观方便地把方案的各年收支相抵后的净金额形象地表示出来。

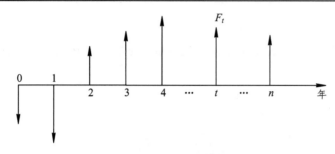

图 2.1 现金流量图

在现金流量图上，横轴表示时间尺度，单位通常是年（特殊情况下也可以是季、半年等）。第 t 年的终点同时也是第 $t+1$ 年的始点，零时点则为第一年的开始点。某年的收入（现金增加）以画在该年末向上的箭头表示，某年的支出（现金减少）以画在该年末向下的箭头表示，箭头的长短与收入或支出的大小成比例。

为便于分析，我们规定，除特别说明外，均认为投资发生在年初，其他经营费用或收益在年末发生。

在作现金流量图时还要注意，现金流量图与绘图人所在立场有关，站在借款人与站在贷款人的立场上，所做出的现金流量图正好相反。图 2.2 是例 2.1 中用复利计算的借款人和贷款人的收支活动情况。

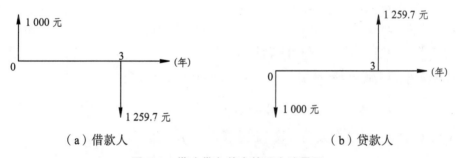

（a）借款人　　　　　　　　　　　　（b）贷款人

图 2.2 借（贷）款人的现金流量图

二、基本复利公式

在对投资项目的经济分析中，常采用复利计息。复利计息方式有分期计息（间断计息）和瞬间计息（连续计息）两种。实践中仅采用分期计息形式。

以下采用的符号意义规定如下：

P——资金的现值，即本金；

i——每一实际计息期的利率，一般指年利率；

n——计息期数，一般指年数；

F——资金的将来值，又称期末本利和或终值；

A——连续每期期末等额支出或收入系列中的每一次支出或收入额。当每期长度为一年时，A 又称为年金。

常用的分期计息基本复利公式分以下三组：

（一）一次支付终值与现值公式

所谓一次支付，简单地说就是期初贷款在贷款期末一次还清本息或期末一次得到本利和，如图 2.3 所示。

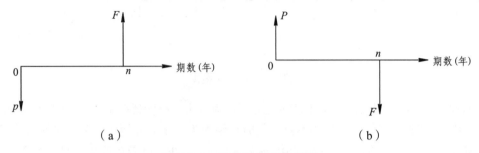

（a） （b）

图 2.3 一次支付现金流量图

1. 一次支付终值公式

已知 P、i、n，求 F。

根据公式（2.1），本金 P 在第 1 期期末、第 2 期期末、……、第 $n-1$ 期期末的终值分别为

$$P(1+i)$$
$$P(1+i) \cdot (1+i) = P(1+i)^2$$
$$\vdots$$
$$P(1+i)^{n-2} \cdot (1+i) = P(1+i)^{n-1}$$

故有本金 P 在第 n 期期末的终值为

$$F = P(1+i)^{n-1} \cdot (1+i) = P(1+i)^n \qquad (2.2)$$

式中，$(1+i)^n$ 称为一次支付复利系数，记作（F/P，i，n）。

2. 一次支付现值公式

已知 F、i、n，求 P。

由公式（2.2）可得现值为

$$P = F \cdot [1/(1+i)^n] \qquad (2.3)$$

式中，$1/(1+i)^n$ 称为一次支付现值系数，记作（P/F，i，n）。

【例 2.2】 若三年后可从银行取得本息 500 元，已知银行存款利率为 6%（年复利），问现在应存入银行多少钱？

解 由式（2.3）计算可得，现在应存入银行的钱数为

$$P = 500 \times \frac{1}{(1+6\%)^3} = 419.8 \quad （元）$$

（二）等额支付系列复利与存储基金公式

图 2.4 为等额支付系列与终值关系的现金流量图。

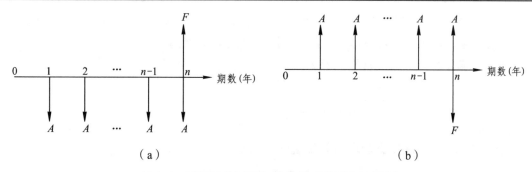

（a） 　　　　　　　　　　（b）

图 2.4　等额支付系列与终值关系的现金流量图

1. 等额支付系列复利公式

已知 A、i、n，求 F。

由图 2.4 可见，n 次等额支付额在第 n 期期末的本利和为

$$F = A \cdot (1+i)^0 + A \cdot (1+i)^1 + \cdots + A \cdot (1+i)^{n-1}$$

以（$1+i$）乘上式两端，得

$$F \cdot (1+i) = A \cdot (1+i)^1 + A \cdot (1+i)^2 + \cdots + A \cdot (1+i)^n$$

以上两式相减，得

$$F \cdot (1+i) - F = A \cdot (1+i)^n - A$$

$$F = A \cdot \left[\frac{(1+i)^n - 1}{i} \right] \tag{2.4}$$

式中，$\dfrac{(1+i)^n - 1}{i}$ 称为等额支付系列复利系数，记作（F/A，i，n）。

【例 2.3】　某企业拟投资一个项目，每年年初需向银行贷款 400 万元，共 3 年，年复利率为 6%，问第 3 年末该企业应向银行还本息多少？

解　利用公式（2.4）计算，得第 3 年末的本利和为

$$F = 400 \times \frac{(1+6\%)^3 - 1}{6\%} \times (1+6\%) = 400(F/A，6\%，3)(F/P，6\%，1)$$

$$= 400 \times 3.183\,6 \times 1.06 = 1\,349.85 \quad （万元）$$

2. 等额支付系列存储基金公式

已知 F、i、n，求 A。

由公式（2.4）可得

$$A = F \cdot \left[\frac{i}{(1+i)^n - 1} \right] \tag{2.5}$$

式中，$\dfrac{i}{(1+i)^n - 1}$ 称为等额支付系列存储基金系数，记作（A/F，i，n）。

【例 2.4】 某人计划向银行每年末存入一笔资金，并想在 4 年后共取得资金 20 000 元，问：从现在起，每年应存入银行多少资金（按年复利率 8% 计算）？

解 由式（2.5）得每年应存入资金为

$$A = 20\,000 \times \frac{8\%}{(1+8\%)^4 - 1} = 4\,438 \quad （元）$$

（三）等额支付系列资金现值与资金恢复公式

图 2.5 为等额支付系列资金与现值关系的现金流量图。

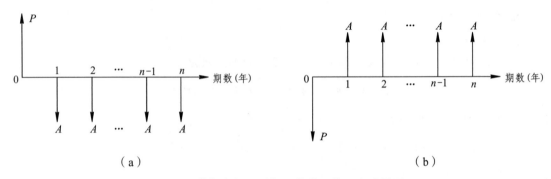

（a）　　　　　　　　　　　　　（b）

图 2.5　等额支付系列与现值关系的现金流量图

1. 等额支付系列资金现值公式

已知 A、i、n，求 P。

将公式（2.4）代入公式（2.3），可得

$$P = A \cdot \left[\frac{(1+i)^n - 1}{i(1+i)^n} \right] \tag{2.6}$$

式中，$\dfrac{(1+i)^n - 1}{i(1+i)^n}$ 称为等额支付系列资金现值系数，记作（P/A，i，n）。

【例 2.5】 某一投资项目，预计在经济寿命期 12 年内每年回收 80 万元，已知投资收益率为 15%，问：现在一次投资应是多少？

解 由式（2.6）计算该项投资现值为

$$P = 80 \times \frac{(1+15\%)^{12} - 1}{15\% \times (1+15\%)^{12}} = 433.648 \quad （万元）$$

2. 等额支付系列资金恢复公式

已知 P、i、n，求 A。

由公式（2.6）可得

$$A = P \cdot \left[\frac{i(1+i)^n}{(1+i)^n - 1} \right] \tag{2.7}$$

式中，$\dfrac{i(1+i)^n}{(1+i)^n - 1}$ 称为等额支付系列资金恢复系数，或称还原系数，记作（A/P，i，n）。

【例 2.6】　某一投资项目借款 500 万元，要求每年年末等额偿还，分 5 年还清，贷款年利率为 8%，问每年应还多少？

解　由式（2.7）计算每年应还的资金为

$$A = 500 \times \frac{8\% \times (1+8\%)^5}{(1+8\%)^5 - 1} = 125.25 \quad （万元）$$

以上分期复利计息的基本公式中，复利系数的计算，均可查表（见附表 1 至附表 6）。基本复利公式汇总见表 2.1。

表 2.1　基本复利公式汇总表

序　号	公　式　名　称	参　数	系　数	公　　式
1	一次支付复利公式	已知 P、i、n，求 F	一次支付复利系数	$F = P(F/P,\ i,\ n) = P(1+i)^n$
2	一次支付现值公式	已知 F、i、n，求 P	一次支付现值系数	$P = F(P/F,\ i,\ n) = F\dfrac{1}{(1+i)^n}$
3	等额支付系列复利公式	已知 A、i、n，求 F	等额支付系列复利系数	$F = A(F/A,\ i,\ n) = A\dfrac{(1+i)^n - 1}{i}$
4	等额支付系列存储基金公式	已知 F、i、n，求 A	等额支付系列存储基金系数	$A = F(A/F,\ i,\ n) = F\dfrac{i}{(1+i)^n - 1}$
5	等额支付系列资金现值公式	已知 A、i、n，求 P	等额支付系列资金现值系数	$P = A(P/A,\ i,\ n) = A\dfrac{(1+i)^n - 1}{i(1+i)^n}$
6	等额支付系列资金恢复公式	已知 P、i、n，求 A	等额支付系列资金恢复系数	$A = P(A/P,\ i,\ n) = P\dfrac{i(1+i)^n}{(1+i)^n - 1}$

三、名义利率和实际利率

由于利率通常都是以年为单位计算的，在基本复利公式中，利率一般是指年利率。但在实际中，特别是企业在为项目筹融资活动中，有时利息计算周期（简称计息期）比一年更短些，如为半年、季、月等。在对投资方案进行经济比较过程中，若按复利计息且在一年中各方案计算利息的次数不等时，就难以比较各方案的优劣。这就需要把复利计息周期的利率换算到单位时间（一般为年）利率，从而产生了名义利率、实际利率和实际年利率的概念。

名义利率通常泛指年利率，它等于每一计息周期的利率与每年的计息周期数的乘积。它是采用单利计算的方法，把各种不同计息周期的利率换算成以年为计息周期的利率。

实际利率是实际计息周期对应的利率。

实际年利率是采用复利计算的方法，把各种不同计息周期的利率换算成以年为计息周期的利率。如果计息周期为一年，则名义利率、实际利率和实际年利率是一致的。

名义利率与实际利率之间的关系可用公式表达如下

$$i = \frac{r}{m}$$

即 $\qquad\qquad r = im$ （2.8）

式中 i——实际利率（按年、半年、季、月等计息）；

$\qquad r$——名义利率（按年计息）；

$\qquad m$——每年包含的计息次数。

例如，若某项贷款的月利率为 1%，按季计息，则实际利率就是季利率为 3%，名义利率为 3%×4 = 12%。而实际年利率应稍大于名义利率，比如，存款 500 元，名义利率为 12%，每季复利计息一次，则一年末的本利和为

$$F = 500(F/P,\ 3\%,\ 4)=500\times1.125\ 5= 562.75\quad（元）$$

于是，实际年利率为 $(562.75 - 500)\div500 = 12.55\%$。

实际年利率又称有效利率，记为 i'，它与名义利率的关系推导如下：

因为 $\qquad\qquad F = P\left(1+\dfrac{r}{m}\right)^{nm}$

$$F = P(1+i')^{n}$$

于是有 $\qquad\qquad i' = \left(1+\dfrac{r}{m}\right)^{m} -1$ （2.9）

例如，设年利率为 12%，则按年、半年、季、月计息时的实际年利率分别为

$$i' = (1+12\%)^{1} -1 =12\%$$

$$i' = \left(1+\frac{12\%}{2}\right)^{2} -1 =12.36\%$$

$$i' = \left(1+\frac{12\%}{4}\right)^{4} -1 =12.55\%$$

$$i' = \left(1+\frac{12\%}{12}\right)^{12} -1 =12.68\%$$

由此可见，当计息期为一年时，其实际年利率等于名义利率；当计息期小于一年时，其实际年利率总是大于名义利率；当一年中的计息次数增多时，实际年利率也就相应增大。

特别，当 $m \to \infty$ 时，即当相邻两次复利计算的时间间隔趋于零时，这时的分期计息形式就变成了连续计息形式。在连续计息形式下的实际年利率与名义利率的关系为

$$i' = \lim_{m\to\infty}\left(1+\frac{r}{m}\right)^{m} -1 = e^{r} -1$$ （2.10）

四、资金的等值

资金的时间因素及利率的应用产生了资金的等值。资金的等值意味着在不同时点发生的

不等额资金可具有相等的价值；反之，即使发生的金额相等，但若发生的时间不同，其价值也不一定相等。在资金等值概念的理解中应注意以下几点：

（1）资金的等值包括三个要素，即金额、时间和利率。

（2）等值是以特定利率为前提的。如在例 2.1 中，在复利率为 8% 时，现在的 1 000 元与第 3 年末的 1 259.7 元是等值的。当利率不等于 8% 时，这种等值关系也就不存在了。

（3）如果两个现金流量等值，那么在同一利率情况下，在任何时点上其对应的现金流量也是等值的。如在例 2.1 中，复利率为 8%，现在的 1 000 元在第二年末的值为 $1\,000(1 + 8\%)^2 = 1\,166.4$ 元，而第 3 年末的终值 1 259.7 元在第二年末的值为 $1\,259.7(1 + 8\%)^{-1} = 1\,166.4$ 元。

资金等值概念在投资项目的经济分析中具有重要作用。

五、基本复利公式应用

在对一个投资项目的多个备选方案进行比较时，由于每个方案的资金支出或收入发生的时间及数量是各不相同的，这就要求必须在价值相等的前提下将每个方案的所有资金支出和收入折算到某一规定的时点上，然后再进行比较。这种折算又称为等值计算。等值计算方法是以基本复利公式为基础的。下面分三种情况介绍基本复利公式的应用。

（一）计息期等于支付期

在基本复利公式中，并未要求计息期与支付期必须是以一年为单位，只要两者相等，这些公式就可以直接使用。

【例 2.7】 某人年初存入银行 1 万元，过 2 年和 3 年后又分别存入 2 万元和 0.5 万元，设年利率为 6%，问此人在第 8 年末共可得本利和为多少？

解 该问题的现金流量情况如图 2.6 所示。

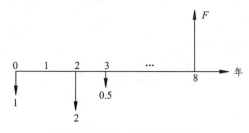

图 2.6 例 2.7 的现金流量

$$F = 1 \times (F/P,\ 6\%,\ 8) + 2 \times (F/P,\ 6\%,\ 6) + 0.5(F/P,\ 6\%,\ 5)$$
$$= 5.1 \quad （万元）$$

【例 2.8】 某建设项目估计建设期三年，前两年每年年初各投入 160 万元，第三年年初投入 60 万元，预计第三年收益为 $A/2$，从第四年起每年收益均为 A，项目预计使用 10 年（从第三年开始计算），问收益 A 至少为多少才能偿还投资（年利率为 10%）。

解 该项目的现金流量情况如图 2.7 所示。取第三年年末时刻作为等值计算的基点，得

$$160 \times (F/A,\ 10\%,\ 2) \times (F/P,\ 10\%,\ 2) + 60(F/P,\ 10\%,\ 1)$$
$$= A/2 + A\,(P/A,\ 10\%,\ 9)$$

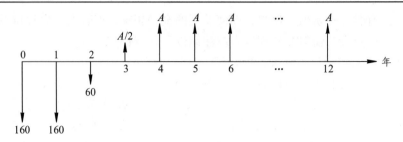

图 2.7　例 2.8 的现金流量

解上式得

$$A = 75.5 \quad (万元)$$

即该项目年收益至少为 75.5 万元，才能回收投资。

【例 2.9】 已知年利率为 10%，按季计息，问：五年内每季（季末）应存入多少钱才能与第五年末的 5 万元等值？

　　解　因计息期与支付期相同，其实际利率 i 为

$$i = \frac{r}{m} = \frac{10\%}{4} = 2.5\% \quad (季)$$

五年内每季应存入金额为

$$A = F(A/F,\ r/m,\ nm) = 5(A/F,\ 2.5\%,\ 20)$$

$$= 5 \times \frac{2.5\%}{(1+2.5\%)^{20} - 1} = 0.195\ 7 \quad (万元)$$

【例 2.10】设某人现在借入 10 000 元，在以后三年内，每半年偿还一次，每次偿还 1 850 元。复利按半年计算，试求实际利率、名义利率和实际年利率。

　　解　由式（2.6）可知

$$P = A(P/A,\ i,\ n)$$

$$(P/A,\ i,\ 3\times2) = \frac{P}{A} = \frac{10\ 000}{1\ 850} = 5.405\ 4$$

查利息表，得

$$(P/A,\ 3\%,\ 6) = 5.417\ 2$$

$$(P/A,\ 4\%,\ 6) = 5.242\ 1$$

则

$$i = 3\% + \frac{5.417\ 2 - 5.405\ 4}{5.417\ 2 - 5.242\ 1} \times (4\% - 3\%) = 3.07\% \quad (半年利率)$$

于是有实际利率（半年利率）为 3.07%，名义利率 $r = 3.07\% \times 2 = 6.14\%$，实际年利率 $i' = (1 + 3.07\%)^2 - 1 = 6.23\%$。

（二）计息期小于支付期

当计息期小于支付期时，只需按实际利率及实际计息期计算或按实际年利率计算即可。

下面举例说明基本复利公式在这种情况下的应用。

【例 2.11】 设某人每半年（均发生在半年初）存入银行 800 元，共三年，年利率 10%，每季复利计息一次，试求：第三年末他的账户总金额。

解 该例的现金流量情况如图 2.8 所示。此题有三种解法。

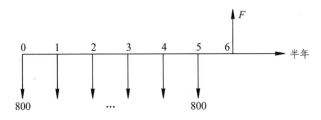

图 2.8 例 2.11 的现金流量

第一种解法：每次支付均以复利计息周期为基础，进行复利计算。

实际利率为

$$i = \frac{r}{m} = \frac{10\%}{4} = 2.5\% \text{（季）}$$

$$\begin{aligned} F &= 800(F/P,\ 2.5\%,\ 12) + 800(F/P,\ 2.5\%,\ 10) + 800(F/P,\ 2.5\%,\ 8) + \\ &\quad 800(F/P,\ 2.5\%,\ 6) + 800(F/P,\ 2.5\%,\ 4) + 800(F/P,\ 2.5\%,\ 2) \\ &= 5\ 726 \text{ （元）} \end{aligned}$$

第二种解法：先取一个支付周期，将此周期末的支付额转换成支付周期内复利计息周期的等额支付系列，然后再以复利计息周期的等额支付系列为基础进行相应的复利计算。

设一个复利计息周期支付额为 B，则有

$$B = 800(A/F,\ 2.5\%,\ 2) = 395.04 \text{（元）}$$

$$F = 395.04(F/A,\ 2.5\%,\ 12)(F/P,\ 2.5\%,\ 2) = 5\ 726 \text{（元）}$$

第三种解法：先求出支付周期的有效利率，再以支付周期为基础进行复利计算。

支付周期（半年）的有效利率计算如下

$$i = \left(1 + \frac{5\%}{2}\right)^2 - 1 = 5.062\ 5\% \text{（半年）}$$

$$F = 800(F/A,\ 5.062\ 5\%,\ 6)(F/P,\ 5.062\ 5\%,\ 1) = 5\ 726 \text{（元）}$$

（三）计息期长于支付期

计息期长于支付期的情况会产生计息期内某些支付不在计息期末，因此，对计息期内某些支付可采用两种处理方式，一种是在复利计息周期内现金流量按单利计息，另一种是不计利息。为了计算简便，在实际应用中可采用不计利息的处理方式，银行及其他金融机构通常采用这种作业方式。

例如，某人在银行一年内的存取款情况如图 2.9 所示，银行年利率为 10%，按季计息，问一年末此人的存款额还有多少？

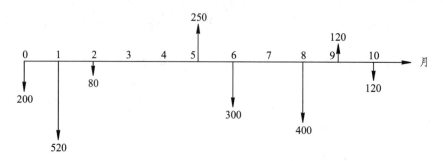

图 2.9 计息期长于支付期的图例

假设对计息周期内的存款不计算利息。因此，在现金流量图上，应把计息期间发生的存款往后移至该计息期的期末；计息期间发生的提款移至该计息期的期初。图 2.10 是根据图 2.9 按季计息整理后的现金流量图，可以认为两图的现金流量是等值的。

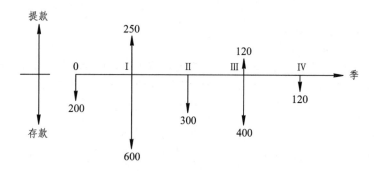

图 2.10 根据图 2.9 按季计息后的现金流量

由于实际利率为季利率，即 $i = 2.5\%$，并根据图 2.10，可算得此人在一年末的存款额为

$$F = 200(F/P, 2.5\%, 4) + (600 - 250)(F/P, 2.5\%, 3) + 300(F/P, 2.5\%, 2) +$$
$$(400 - 120)(F/P, 2.5\%, 1) + 120$$
$$= 1\,320 \text{（元）}$$

第二节 投资项目净现金流量及经济要素

一、项目的投资及估算

（一）项目投资构成

建设项目总投资通常是指项目投入使用前，为了使项目能够获取经济收益而需要的全部资金，它由建设投资、建设期利息和流动资金构成，如图 2.11 所示。

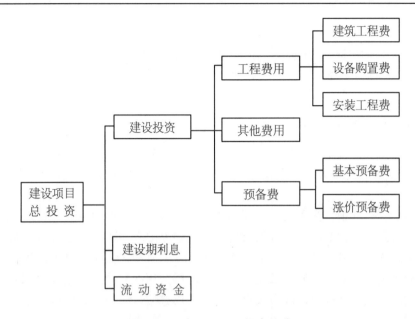

图2.11　建设项目总投资构成

建设投资是指项目按拟订建设规模、产品方案、建设内容进行建设所需的费用,它包括工程费用、工程建设其他费用和预备费。

工程费用由建筑工程费、设备购置费(含工器具及生产家具购置费)和安装工程费构成。

工程建设其他费用包括土地征用费(含耕地占用费)、建设期土地使用税、工程保险费、人员培训费、大件设备运输吊装费、设计费和管理费等。

预备费包括基本预备费和涨价预备费。基本预备费是考虑项目建设中未预见的因素所发生的费用,一般可以以工程费用为基数,按行业(或部门)规定的比率计算;涨价预备费是考虑项目建设期间建筑材料等投入物的价格上涨所发生的费用。

建设期利息,指筹措债务资金时在建设期内发生并按规定允许在投产后计入固定资产原值的利息,即资本化利息。建设期利息包括银行借款和其他债务资金的利息,以及其他融资费用。

流动资金是指项目投产后,为进行正常生产所需要的周转资金。该项资金在项目投产前作为一次性投入计入总投资;在项目寿命终了时,作为一次性回收,计入收入。在项目进行过程中,流动资金被周转使用,其中包括:材料库存、在制品、低值易耗品、成品库存以及一定数量的现金储备等。流动资金若为银行贷款,则在项目寿命期内,按实际发生金额计算流动资金利息。

根据资产保全原则,当项目建成投入生产经营时,建设投资和建设期利息两部分资金,形成了企业的固定资产、无形资产和其他资产三部分资产。流动资金则形成流动资产。并且,为简化计算,可将预备费、建设期利息全部计入固定资产原值。其中,固定资产是指使用期超过一个会计年度,为生产商品、提供劳务、出租或经营管理而持有的有形资产(如房屋建筑物、机器设备等);无形资产是指企业拥有或者控制的没有实物形态的可辨认非货币性资产(包括专利权、土地使用权、商标权等);其他资产是指不能计入当年损益,应在以后年度内分期摊销的各项筹建费用(如企业开办费)。

根据以上所述，

$$
\begin{pmatrix} 固定资产 \\ 原\quad值 \end{pmatrix} = \begin{pmatrix} 建设 \\ 投资 \end{pmatrix} + \begin{pmatrix} 建设期 \\ 利息 \end{pmatrix} - \begin{pmatrix} 无形 \\ 资产 \end{pmatrix} - \begin{pmatrix} 其他 \\ 资产 \end{pmatrix} \qquad (2.11)
$$

（二）项目投资估算

建设项目总投资的大小是项目经济评价必不可少的数据，也是资金筹措的必要依据。因此，做好投资估算是进行项目经济分析的一项重要工作。通常按基建投资和流动资金分别估算。

基建投资估算有详细估算和概略估算两种。通常所说的"编制概算"就是基建投资的一种详细估算，它是根据投资项目具有的设备、建筑物等图纸和明细表进行的。其精度较高，误差达 $\pm10\%$ 左右，但编制过程较复杂。概略估算方法通常在资料不很齐备状况下采用，它是建设项目初步可行性研究阶段或投资机会研究阶段常用的方法，误差可达 $\pm20\% \sim \pm30\%$。常用的概略估算方法有单位生产能力投资估算法、指数估算法和系数估算法等几种。

1. 单位生产能力投资估算法

根据已知类似项目的单位生产能力投资乘以拟建项目设计规模，可近似地估算拟建项目的投资总额。估算公式如下

$$
Y_2 = X_2 k_1 P_f \qquad (2.12)
$$

式中　Y_2——拟建项目的投资总额；

$\quad\quad X_2$——拟建项目设计规模；

$\quad\quad P_f$——价格调整系数；

$\quad\quad k_1$——类似项目单位生产能力投资，其值为

$$
k_1 = \frac{Y_1}{X_1} \qquad (2.13)
$$

其中　Y_1——类似项目的投资总额；

$\quad\quad X_1$——类似项目规模。

2. 指数估算法

据经验数据得知，生产规模不同的两个类似项目的投资之比与两个项目规模之比的指数幂成正比。即

$$
Y_2 = Y_1 \left(\frac{X_2}{X_1} \right)^{\alpha} P_f \qquad (2.14)
$$

式中符号意义同前。α 的取值将随项目的性质和条件而异，在以提高建设项目的主要设备的效率、功率等来扩大生产规模时，α 取值为 $0.6 \sim 0.7$；在以增加项目的机器设备的数量达到扩大生产规模时，α 取值为 $0.8 \sim 1.0$。

3. 系数估算法

系数估算法是一种分项类比的估算方法。以设备投资为基础，把建筑费、运输及安装费、其他费用等取一定系数进行估算。其计算式如下

$$K = K_m(1 + L_m)(1 + L_b + L_w)(1 + s) \tag{2.15}$$

式中　K ——总投资；

K_m ——设备费用总值，是拟建项目中的各种设备数量乘以设备出厂价格；

L_m ——同类型设备的运输及安装费系数；

L_b ——建筑及公用投资费用系数；

L_w ——工程建设其他费用系数；

s ——考虑不可预见因素而设立的费用系数，一般取 $s = 10\% \sim 15\%$。

二、固定资产及其折旧

固定资产是指构成生产过程的有关劳动资料（劳动手段），例如厂房、车间等建筑物和构筑物，生产设备等。在实际工作中，不是将所有劳动手段都划入固定资产，而是将它们划分为固定资产和低值易耗品两部分。

固定资产参与生产过程能较长时间发挥作用，且能保持原来的实物形态，只是把它们的价值按其磨损程度逐渐地转移到产品上去。固定资产由于磨损转移到产品上去的那部分价值，同生产产品所耗费的材料费、人工费、其他费用一样，构成产品成本的一个组成部分，这部分费用称为折旧费，也简称为折旧。折旧就是资产的原值减去残值后在使用期内进行分摊的费用。折旧方法有多种，常用的有直线折旧法和加速折旧法。

（一）直线折旧法

直线折旧法（又称平均折旧法）是各种折旧法中比较简单也是最常用的一种，适用于运行正常、每年为企业提供的净收益基本一致的固定资产。直线折旧法的显著特点是各期的折旧费相等，其计算公式如下

$$D_t = \frac{1}{n}(K - L_n) \tag{2.16}$$

式中　D_t ——第 t 年折旧额（$t = 1, 2, \cdots, n$）；

n ——使用期数（年）；

K ——资产原值；

L_n ——资产使用期末残值。

式（2.16）中，资产使用期末残值 L_n 是指项目寿命终了时，扣除各种清理、拆除、污染物处理及各种环境恢复费用之后的资产残值的回收。因此，这部分收入有时可能会是负值。

【例 2.12】 某企业在年初购置了一套设备，原值 16 000 元，预计使用 5 年，估计 5 年后的残值为 1 000 元，求各年的折旧费。

解 按式（2.16）计算，得第 t 年的折旧费（$t = 1, 2, 3, 4, 5$）为

$$D_t = \frac{1}{5} \times (16\,000 - 1\,000) = 3\,000 \text{（元）}$$

（二）加速折旧法

加速折旧法是指在固定资产在折旧年限内，各年应计提的折旧费是逐年递减的，即固定资产使用前期多提折旧，后期少提折旧。这主要是因为资产的性能、效率及收益随着资产使用时间的延长而逐渐减少，因此资产使用前期多提折旧、后期少提折旧，符合收益与费用匹配原则；其次，是为了推动技术进步的需要，前期折旧多，可以更快地积累资金用于技术改造或设备更新。加速折旧法包括年份数求和折旧法和双倍余额递减折旧法两种。

1. 年份数求和折旧法

这种折旧方法的计算公式为

$$D_t = \frac{n+1-t}{\frac{1}{2}n(n+1)} \cdot (K - L_n) \tag{2.17}$$

式中符号的意义同式（2.16）。

2. 双倍余额递减折旧法

这种折旧方法的计算公式为

$$D_t = \frac{2}{n}\left(K - \sum_{j=1}^{t-1} D_j\right) \tag{2.18}$$

式中 D_j——已折旧年份内第 j 年折旧费（$j = 1, 2, \cdots, t-1$）。

【例 2.13】 数据同例 2.12，试分别用年份数求和折旧法及加倍余额递减折旧法计算。

解 采用年份数求和折旧法及双倍余额递减折旧法计算的各年折旧费见表 2.2。

表 2.2 采用加速折旧法计算的折旧

年	年份数求和折旧法				双倍余额递减折旧法		
	折旧分数	折旧费	累计折旧	账面价值	年初账面价值	折旧费	累计折旧
1	5/15	5 000	5 000	11 000	16 000	6 400	6 400
2	4/15	4 000	9 000	7 000	9 600	3 840	10 240
3	3/15	3 000	12 000	4 000	5 700	2 304	12 544
4	2/15	2 000	14 000	2 000	3 456	1 382	13 926
5	1/15	1 000	15 000	1 000（残值）	2 074	1 074*	15 000

* 使账面价值减至残值的折旧费。

三、费用与成本

（一）费　用

企业在生产经营过程中的各种耗费，都要通过货币形式表现为费用，即费用是指企业在一定时期内生产经营过程中发生的各项耗费。根据《企业财务通则》和《企业会计准则》的规定和要求，就工业企业而言，费用可分为产品生产费用和期间费用。

1. 产品生产费用

产品生产费用是指企业在产品生产过程中实际消耗的直接材料费用、直接工资费用、其他直接支出和制造费用。

2. 期间费用

期间费用是企业为组织和管理生产经营活动而发生的各项费用。这些费用应按一定的期限进行汇总，直接计入当期损益。期间费用又分为管理费用、财务费用和营业费用。

（1）管理费用。管理费用是指企业行政部门为管理和组织生产经营活动的各项费用。

（2）财务费用。财务费用是企业为筹集资金而发生的各项支出，包括企业在生产经营期间的利息支出（减利息收入）、汇兑净损失、调剂外汇手续费、金融机构手续费以及筹资时发生的其他财务费用。

（3）营业费用。营业费用是指企业在销售产品、自制半成品和提供劳务过程中发生的各项费用以及专设销售机构的各项经费。

（二）生产成本

生产成本又称产品制造成本，是指企业为生产各种产品（包括产成品、自制半成品、提供劳务）、自制材料、自制工具、自制设备等所发生的各项生产费用。在工业企业中，它是总成本费用的重要组成部分。工业企业的生产成本包括下列基本内容：

（1）直接材料。直接材料包括企业在产品生产过程中直接消耗的原料及主要材料、外购半成品、辅助材料、备品配件、燃料、动力、包装物、其他直接材料等。

（2）直接工资。直接工资包括企业直接从事产品生产人员的工资、奖金、津贴、补贴等。

（3）其他直接支出。其他直接支出包括企业直接从事产品生产人员的福利费等。

（4）制造费用。制造费用是指企业各生产单位（如分厂、车间）为组织和管理本单位生产所发生的各项费用。包括工资、福利费、折旧费、修理费、机物料消耗、低值易耗品摊销、水电费、办公费、差旅费、运输费、保险费、劳动保护费、停工损失（季节性、修理期间）、其他制造费用等。

（三）总成本费用、经营成本

在对投资项目的现金流量计算时，常用到总成本费用及经营成本概念。根据《建设项目经济评价方法与参数》（第三版，2006）规定，总成本费用是指项目在运营期内（一般为一年）为生产产品或提供服务所发生的全部费用。总成本费用由生产成本、管理费用、财务费用和

营业费用组成，即

$$总成本费用 = 生产成本 + 管理费用 + 财务费用 + 营业费用 \qquad (2.19)$$

经营成本是项目运营期的主要现金流出，是项目总成本费用扣除固定资产折旧、无形资产及其他资产摊销费和财务费用（利息支出）以后的全部费用，即

$$经营成本 = 总成本费用 - 折旧费 - 摊销费 - 利息支出 \qquad (2.20)$$

经营成本不包括折旧费、摊销费和借款利息，这是因为：

（1）现金流量表反映项目在计算期内逐年发生的现金流入和流出。与常规会计方法不同，现金收支在何时发生，就在何时计入，不作分摊。由于投资已在其发生的时间作为一次性支出被计入现金流出，所以不能再以折旧和摊销的方式计为现金流出，否则会发生重复计算。因此，作为经常性支出的经营成本中不包括折旧和摊销费。

（2）因为全部投资现金流量表是以全部投资作为计算基础，利息支出不作为现金流出，而自有资金现金流量表中已将利息支出单列，因此，经营成本中也不包括利息支出。

四、营业收入、税金及利润

（一）营业收入

项目建成后向社会销售产品或提供服务所得的货币收入称为营业收入。计算营业收入时，假设当期的产出当期全部销售，即当期商品产量等于当期销售量。其计算式如下：

$$营业收入 = 产品(或服务)销售量 \times 销售单价 \qquad (2.21)$$

（二）税　金

税收是一个国家为实现其职能需要，凭借国家权力按照预定的标准，强制性、无偿性地取得财政收入的一种形式。纳税义务人按照税法向国家缴纳的款项称为税金。税金是一个国家财政收入的主要来源。

在投资项目的财务评价中涉及多种税费的计算，不同项目涉及的税费种类和税率可能不相同。合理计算项目的各种税费，是正确评价投资项目财务效益的基础。投资项目财务评价涉及的税费包括关税、增值税、营业税、资源税、消费税、所得税、城市维护建设税和教育费附加等，有些行业还涉及土地增值税。

应征税额同征税对象之间的比例称为税率。税率一般有三种，即比例税率、累进税率和定额税率。我国自 1994 年对税制进行了重大改革，并实行了新的税制。目前与工业企业有关的主要税种是增值税和所得税。

1. 增值税

增值税是以生产、销售应税货物，提供应税劳务以及进口货物的增值额为征税对象而征收的一种税。增值税是价外税，即税金不包含在销售价内。税法规定凡在中华人民共和国境内销售货物或者提供加工、修理修配劳务以及进口货物的单位和个人，为增值税的纳税义务人。现行增值税实行比例税率，分为基本税率17%、低税率13%和零税率三种。

增值税的计税依据是营业收入。这里营业收入是指纳税人销售货物或者提供应税劳务，从购买方所收取的全部价款，包括收取的一切价外费用，但不包括应收取的增值税税款。

应纳增值税的计算式如下

$$应纳税额 = 销项税额 - 进项税额 \tag{2.22}$$

销项税额是指纳税人销售货物或提供应税劳务，按照营业收入和税法规定的增值税税率计算出的，向购买方收取的增值税税额，即

$$销项税额 = 营业收入 \times 税率 \tag{2.23}$$

进项税额是指纳税人购进货物或者接受应税劳务已缴纳的增值税税额。

2. 所得税

企业所得税的纳税义务人是实行独立核算的企业，包括国有企业、集体企业、私营企业、联营企业、股份制企业等。企业应纳税所得额是指纳税人每一纳税年度的收入总额减去国家规定准予扣除项目后的余额。企业所得税税率为 25%。其计算式为

$$企业所得税额 = 应纳税所得额 \times 所得税税率 \tag{2.24}$$

（三）利　润

利润是企业在一定时期内实现的纯收益，它是考核企业生产经营情况的一个综合指标。根据从营业收入中扣除的内容不同，利润又有不同的表现形式。

1. 营业利润

$$营业利润 = 营业收入 - 总成本费用 - 营业税金及附加 \tag{2.25}$$

式中，营业税金及附加主要是指增值税、营业税、资源税、城市维护建设税及教育费附加等。

2. 利润总额

$$利润总额 = 营业利润 + 投资净收益 + 营业外净收入 \tag{2.26}$$

式中，投资净收益是指投资收入扣除投资损失后的数额。投资收入包括对外投资分得的利润、股利和债券利息，投资到期收回或者中途转让取得款项高于账面价值的差额，股权投资在被投资单位增加的净资产中所拥有的数额等。

营业外净收入是企业的营业外收入与营业外支出的差额，它是指与企业生产经营无直接关系的收入和支出。

利润总额在根据国家规定调整后（如弥补上年度亏损等）的数额就是应纳税所得额。

3. 税后利润

税后利润又称净利润或企业留利，其计算式为

$$税后利润 = 利润总额 - 企业所得税 \tag{2.27}$$

4. 盈　利

盈利是出现在现金流量中的一个概念，是指企业实际经营中的收益，即经营活动的净现金流量。盈利计算式如下

$$盈利 = 营业收入 - 经营成本 - 各种税金 \qquad (2.28)$$

五、投资项目净现金流量的计算

任何一个投资方案，尤其是新建工业项目，其寿命期内逐期净现金流量 F_t（$t = 1, 2, \cdots, n$）均由两部分组成：一部分是该期（通常指年份）的现金流入 CI_t；另一部分是该期的现金流出 CO_t。第 t 期的净现金流量 F_t 计算如下

$$F_t = CI_t - CO_t \qquad (2.29)$$

新建工业项目各期的净现金流量按图 2.12 计算。

在考察不同投资方案的经济效果时，利用"现金流量图"把各个方案的各期收支相抵后的净现金额的出入情况和对应的时间关系在数轴上表示出来，是一种很方便的方法。图 2.13 为一般工业项目的净现金流量图。

关于现金流量图的几点说明：

（1）在现金流量图中画一条横线，上面记有投资方案整个寿命周期延续时期中的时间尺度。例如新建工业项目的寿命周期分为建设期、投产期、稳产期、回收期四个部分，通常以"年"作为时间单位。

（2）现金流量图中时间刻度表示该时期的末尾，也是下一时期的起点。某期的收入以画在该期的向上的箭线表示；某期的支出以画在该期的向下的箭线表示。箭线的长短与收入或支出的大小成比例。

```
　营业收入
- 总成本费用
- 营业税金及附加
─────────────
　应纳税所得额
- 所得税
─────────────
　净利润
+ 折　旧
─────────────
　盈利
- 当年投资
+ 当年回收
─────────────
　净现金流量
```

图 2.12　净现金流量的计算

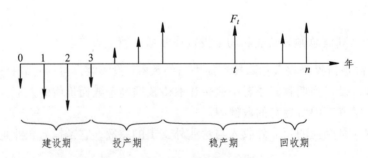

图 2.13　新建工业项目的净现金流量

（3）现金流量图的箭线方向与收、支方有关。相对于资金的收入和支出的借、贷两方的现金流量图，其收、支箭线方向正好相反。图 2.13 是以项目本身（企业方）作为立足点的净现金流量图。

习　题

1. 投资 10 000 元，4 年后所得利息是 3 500 元，问年单利率是多少？年复利率又是多少？

2. 某人 2 年前以年单利 8% 存入银行 5 000 元，现在银行改为复利计息，他把全部存款转为 3 年期年复利率为 6% 的定期存款，试问此人 3 年后可从银行共取得多少？

3. 某公司从银行取得 200 万贷款，协议规定在第 1 年末偿还 50 万元和这一年的利息，其余 150 万元在后 3 年内每年和利息一起等额偿还，试问该公司每年的偿还额各是多少（已知年复利率为 8%，按年计息）？

4. 一笔借款，月利率为 0.8%，半年计息一次，问这笔借款的名义利率、实际利率、实际年利率各是多少？

5. 年初借款 15 000 元，规定以后 5 年内每年年末等额偿还一次，按半年计息，年利率为 12%，问每次偿还额是多少？第 5 年末一次偿还应还多少？

6. 由世界银行贷款 1 000 万元的一个项目，建设期为 5 年，第 6 年年初开始计息，半年复利计息，名义利率为 3%，第 7 年年初开始按年等额偿还，8 年内（分 8 次）还清本利，问每年还款额是多少？

7. 某项目投资 1 000 万元，全部为贷款，第 1 年和第 2 年年初各投入 50%，第 3 年年初开始投产，第 3 年年末盈利为零，从第 4 年起，每年末盈利可达 300 万元。若盈利的 40% 用于还贷，问该项目在何年还清贷款（年复利率为 6%）？

8. 已知某项目的现金流量情况如图 2.14 所示（年利率为 r）。

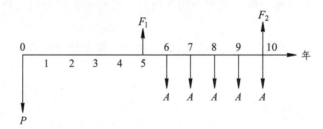

图　2.14

（1）已知 A、F_1、F_2，按年计息，求 P。

（2）已知 P、F_1、F_2，按季计息，求 A。

（3）若年利率为 r，两年计息一次，试据 P、F_1、F_2，求 A。

9. 某项目投资 2 000 万元，建设期 2 年，每年年初投入 1 000 万元，第 3 年开始投产，每年末净利润为 600 万元，预计项目使用寿命为 10 年。

（1）若投资全部转化为固定资产，按直线法计算折旧，残值为零，问该项目的年盈利是多少？

（2）若项目投资为贷款，年复利率为 6%，要求投产后 5 年内还清贷款本息，每年等额偿还一次，问项目每年的净利润至少应为多少？

第三章　投资方案经济分析方法

在企业的各种投资经营活动中，如新建生产项目、设备更新、技术改造、技术引进等，都可把其技术方案看做是投资方案。为了评价投资方案的经济效果，按经济效果评价指标，可采用静态经济分析和动态经济分析的方法。

第一节　静态经济分析法

静态经济分析法是不考虑资金时间价值因素的分析方法，主要采用静态经济评价指标（又称判据）对投资方案的经济效果进行评价。静态经济分析法的优点在于计算简便、直观，因而常用于投资方案的初选阶段，例如可用在项目可行性研究中的机会研究及初步可行性研究阶段。

常用的静态经济效果评价指标有静态投资回收期、静态投资收益率、差额投资回收期、差额投资收益率等。

一、静态投资回收期

投资回收期（Payback Period）又称投资返本期，是指项目投产后以每年取得的净收益回收项目投资所需要的时间。计算投资回收期一般从投资时算起，以年为单位，但也可从投产年算起。

静态投资回收期的计算可分为两种：

1. 简单投资回收期 T

若一个投资项目投产后所产生的净收益（净现金流量）每年基本上相等时，则投资回收期的计算式为

$$T = \frac{K}{F} \tag{3.1}$$

式中　K——项目总投资；

　　　F——项目投产后的年平均收益。

2. 实际投资回收期 τ

若项目各年的净收益不等，则投资回收期的计算式为

$$\sum_{t=0}^{\tau} F_t = 0 \tag{3.2}$$

式中 F_t——第 t 年的净现金流量。

在实际计算投资回收期 τ 时，可直接用项目投资现金流量表推算，其计算式为

$$\tau = \left(\begin{matrix}累计净现金流量开始\\出现正值的年份数\end{matrix}\right) - 1 + \left(\dfrac{上年累计现金流量的绝对值}{当年净现金流量}\right) \tag{3.3}$$

【例 3.1】 某建设项目建设投资 500 万元，预计使用 10 年，投资全部形成固定资产，直线法折旧，残值为固定资产原值的 5%。寿命期内该项目逐年的营业收入、成本费用、税金、利润、净现金流量分别见表 3.1 和表 3.2。试计算该项目的投资回收期。

表 3.1 利 润 表 （单位：万元）

序号	项 目	建设期		投产期	达 产 期				…		
		0	1	2	3	4	5	6	…	10	11
1	营业收入			400	720	720	720	720		720	720
2	总成本费用			360	490	490	490	490		490	490
	其中：折旧			47.5	47.5	47.5	47.5	47.5		47.5	47.5
3	营业税金及附加			45	80	80	80	80		80	80
4	利润总额			−5	150	150	150	150		150	150
5	所得税			0	47.9	49.5	49.5	49.5		49.5	49.5
6	净利润			−5	102.1	100.5	100.5	100.5		100.5	100.5
7	盈利			42.5	149.6	148.0	148.0	148.0		148.0	173.0

表 3.2 项 目 投 资 现 金 流 量 表 （单位：万元）

序号	项 目	建设期		投产期	达 产 期				…		
		0	1	2	3	4	5	6	…	10	11
1	现金流入			400	720	720	720	720		720	825
1.1	营业收入			400	720	720	720	720		720	720
1.2	回收固定资产余值										25
1.3	回收流动资金										80
2	现金流出	300	280	357.5	570.4	572.0	572.0	572.0		572.0	572.0
2.1	经营成本			312.5	442.5	442.5	442.5	442.5		442.5	442.5
2.2	建设投资	300	200								
2.3	流动资金		80								
2.4	营业税金及附加			45	80	80	80	80		80	80
2.5	所得税			0	47.9	49.5	49.5	49.5		49.5	49.5
3	净现金流量	−300	−280	42.5	149.6	148.0	148.0	148.0		148.0	253.0
4	累计净现金流量	−300	−580	−537.5	−387.9	−239.9	−91.9	56.1		648.1	901.1

解 该项目的年平均盈利为

$$F = (42.5 + 149.6 + \cdots + 148.0 + 253.0) \div 10 = 148.11 \text{（万元）}$$

于是，简单投资回收期为

$$T = \frac{580}{148.11} = 3.92 \text{（年）}$$

根据累计净现金流量，实际投资回收期为

$$\tau = 6 - 1 + \frac{91.9}{148} = 5.62 \text{（年）}$$

若从投产算起，则项目的实际投资回收期为 5.62 − 1（纯建设期）= 4.62 年。

假设基准投资回收期为 $T_0 = 5$ 年，则从项目的投资回收角度可判断该项目是可行的。

静态投资回收期作为判据的优点是计算简便，易于理解，可适用于各种投资规模。但它未考虑投资回收之后的收益情况以及项目的获得能力，同时它还忽略了资金的时间价值。

二、静态投资收益率

投资收益率（Return on Investment）又称投资效果系数，记为 R_E，它是指项目达到正常生产产量时，其年净收益与总投资额的比值。该指标是衡量项目获利能力的重要指标，其计算式如下

$$R_E = \frac{F}{K} \tag{3.4}$$

在采用该指标对项目进行经济效果评价时，若项目年净收益不等，也可用各年净收益的平均值计算。

用投资收益率指标评价方案，仅当 R_E 大于基准投资收益率 E_0 时，该方案才是可行的，否则为不可行。

【**例 3.2**】 使用例 3.1 中数据，设 $E_0 = 20\%$，问该投资项目是否可行？

解 由表 3.1 数据得

$$R_E = \frac{148.0}{580} = 25.5\% > E_0 = 20\%$$

因为 $R_E > E_0$，所以该项目可行。

静态投资收益率法的优点是计算简便，其缺点是没有考虑资金的时间价值。

三、差额投资回收期

企业为实现某种目标，往往有多个可行的互斥投资方案。所谓互斥投资方案是指接受了一个方案后就排斥了其他所有方案，这些方案称为互斥方案。投资者往往只能从各互斥

方案中选择一个相对最优的方案。差额投资回收期法就是对互斥方案进行比较择优的一种方法。

差额投资回收期（T'）是指对两个投资方案的比较中，以投资较大的方案每年经营成本的节约额来补偿其投资增额部分所需的时间，其计算式如下

$$T' = \frac{K_1 - K_2}{C_2 - C_1} \qquad (3.5)$$

式中 T'——差额投资回收期；

K_1、C_1——投资高方案的投资额和年经营成本；

K_2、C_2——投资低方案的投资额和年经营成本。

若 $T' < T_0$，说明投资高方案的投资增加部分的经济效果是好的，因此，投资高的方案是较优的。

四、差额投资收益率

差额投资收益率 R_E' 是指对两投资方案的比较中，投资高的方案每年经营成本的节约额与其投资增额的比值。显然，它是差额投资回收期的倒数，其计算式为

$$R_E' = \frac{C_2 - C_1}{K_1 - K_2} \qquad (3.6)$$

若 $R_E' > E_0$，则投资高的方案较优；否则，投资低的方案较优。

【例 3.3】 设某厂对产品的加工工艺有两种技改方案，它们的投资及年经营成本分别为：

第一方案：$K_1 = 35$ 万元，$C_1 = 8$ 万元；

第二方案：$K_2 = 30$ 万元，$C_2 = 10$ 万元。

设 $T_0 = 4$ 年或 $E_0 = 25\%$，问何种方案较优？

解 由公式（3.5）、（3.6）得

$$T' = \frac{K_1 - K_2}{C_2 - C_1} = \frac{35 - 30}{10 - 8} = 2.5 \text{（年）}$$

$$R_E' = \frac{C_2 - C_1}{K_1 - K_2} = \frac{10 - 8}{35 - 30} = 40\%$$

由于 $T' < T_0$ 或 $R_E' > E_0$，所以投资高的第一方案较优。

关于基准投资收益率 E_0 和基准投资回收期 T_0 的取值问题，在用（差额）投资回收期或（差额）投资收益率作为投资方案的评价判据时，均应与一个标准相比较才能确定方案的取舍，这个标准就是基准投资收益率 E_0 和基准投资回收期 T_0。基准投资收益率和基准投资回收期是取舍方案的决策标准，正确确定这两个标准具有重要意义。

基准投资收益率不应小于投资项目所属行业的平均盈利率，它反映投资收益的平均先进水平，否则就没有促进技术发展的作用。一般地说，项目的经济寿命越短、技术更新越快，其投资收益率应越高。我国目前大型工业部门常采用 10% 左右作为基准投资收益率。在对小型投资项目的经济评价中，例如购置设备等决策时，基准投资收益率的确定应考虑该项目技术更新情况，酌情确定其取值。

第二节 动态经济分析法

动态经济分析法是指考虑资金时间价值的分析方法，这是相对于静态经济分析法而言的。在西方国家，从 20 世纪 60 年代以来，除短期投资项目以外，一般都采用这种分析方法。随着我国投资管理体制的改革，所有的投资项目亦要相应重视资金的时间价值，充分考虑资金在不同时间投入和产出对经济效果的影响，同时把经济效果的计算和整个寿命期联系起来考虑。

动态经济分析法是建立在项目总寿命期内的逐年现金流量基础上，把逐年现金流量按一定的折现率折算成现值、年值或未来值，使之考虑不同时点发生的现金流入和流出所起的作用。常用的动态经济分析法有净现值法、内部收益率法、年值分析法、动态投资回收期分析法及增额投资分析法等。

一、净现值法

（一）净现值的概念与计算

净现值（Net Present Value，简称 NPV）是指在投资方案的整个寿命期内，把各年的净现金流量按一定折现率或基准收益率折算到期初的现值之和。

净现值的计算公式为

$$\text{NPV} = \sum_{t=0}^{n} F_t \frac{1}{(1+i_0)^t} = \sum_{t=0}^{n} F_t (P/F,\ i_0,\ t) \tag{3.7}$$

式中　F_t——方案在第 t 年的净现金流量；

　　　i_0——折现率或基准收益率；

　　　n——方案寿命年限。

特别地，当方案为一次性投资（记总投资为 K），各年现金流量（即净收益，记为 A）相等时，则其净现值计算公式为

$$\text{NPV} = -K + A(P/A,\ i_0,\ n) \tag{3.8}$$

在对某一方案评价时，若 NPV>0，则认为该方案可行；否则为不可行。在互斥方案的比较与选择中，净现值越大越好。

【例 3.4】　数据同例 3.1，设基准收益率为 12%，试用净现值法分析该项目是否可行。

解　根据表 3.2 第 3 项的净现金流量，并利用公式（3.7）可算得项目的净现值

$$\begin{aligned}
\text{NPV} &= -300 - 280(P/F,\ 12\%,\ 1) + 42.5(P/F,\ 12\%,\ 2) + 149.6(P/F,\ 12\%,\ 3) \\
&\quad + 148.0(P/A,\ 12\%,\ 7)\ (P/F,\ 12\%,\ 3) + 253.0(P/F,\ 12\%,\ 11) \\
&= 128.57\ （万元）
\end{aligned}$$

因为 NPV = 128.57 万元 > 0，所以该项目可行。

净现值考虑了资金流入与流出的时间，能明确地和一个期望投资收益率联系起来，在投资总额相等情况下，可以按照净现值的大小对项目或备选方案排序；但若投资总额不等，仅

仅依据净现值大小对方案选择，则有可能导致失误，同时，净现值不能反映项目或方案的相对收益水平。

（二）净现值函数曲线

从净现值的计算公式可以看出，净现值随着折现率的变化而变化。根据不同的 i，可以计算出不同的 NPV（i）。

例如，有一投资方案，其净现金流量见表 3.3，不同的折现率对应的净现值见表 3.4。

表 3.3 净 现 金 流 量 表　　（单位：万元）

年	0	1	2	3	4	5
净现金流量 F_t	$-5\,000$	$2\,000$	$2\,000$	$2\,000$	$2\,000$	$2\,000$

表 3.4 NPV（i） 值 表

i	0	10%	20%	28.65%	30%	40%	50%
NPV $= -5\,000 +$ $2\,000(P/A,\ i,\ 5)$	$5\,000$	$2\,346.9$	817.7	0	-99.1	-664.1	$-1\,017.8$

以 i 为横轴、NPV 为纵轴，根据表 3.4 中数据可绘制出 NPV 的函数曲线，如图 3.1 所示。

从图 3.1 可以看出，当 $0 \leqslant i < 28.65\%$ 时，NPV > 0，即收益的现值大于投资支出的现值；当 $i = 28.65\%$ 时，NPV $= 0$，说明收益现值等于投资支出现值；当 $i > 28.65\%$ 时，NPV < 0，说明收益现值不抵投资支出现值。这也说明基准收益率的选取对 NPV 作为评价判据有直接影响。

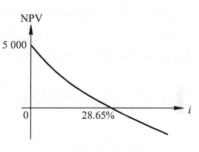

图 3.1　净现值函数曲线图

（三）基准收益率 i_0 的确定

基准收益率 i_0 又称为最低可接受收益率或目标收益率，是投资决策者对项目资金时间价值的估值。在一个企业或部门内部，根据各种因素（例如企业的财务状况、投资政策、存在的投资机会等）都规定有一个当前适用的"基准收益率"，它是由投资部门确定的重要决策参数。基准收益率定得太高，可能会使许多经济效果好的方案被拒绝；定得太低，则可能会接受过多的方案，其中一些方案经济效果可能较差。因此，合理确定基准收益率是投资经济分析的一项重要工作。一般情况下，项目最低可接受财务收益率由投资者自行确定。

基准收益率测定的基本思路是：对于产出物由政府定价的项目，其基准收益率根据政府政策导向确定；对于产出物由市场定价的项目，其基准收益率根据资金成本和风险收益由投资者自行确定。基准收益率的测定方法包括资本资产定价模型法、加权平均资金成本法、典型项目模拟法和德尔菲专家调查法。当以贷款作为投资项目的资金来源时，基准收益率 i_0 的选定应高于贷款利率，否则项目就无利可图。对自筹资金，虽不需支付利息，但应考虑资金的机会成本。也就是说，如果不进行该项投资，而把资金用于别的项目上而得到的机会收益。因此，用自筹资金投资时，基准收益率也应该大于贷款利率。

二、内部收益率法

（一）内部收益率的概念

内部收益率（Internal Rate of Return，简称 IRR）是指投资方案在其寿命期内，使各期净现金流量的现值之和为零时的折现率。简单地讲，内部收益率就是使净现值为零时的折现率，用公式表示如下

$$\mathrm{NPV} = \sum_{t=0}^{n} F_t \frac{1}{(1+\mathrm{IRR})^t} = 0 \qquad (3.9)$$

（二）内部收益率的经济含义

内部收益率被认为是项目的投资盈利率，反映项目的投资盈利能力大小以及投资资金的使用效率，是项目经济评价中的一个重要指标。

内部收益率的经济含义也可理解为：IRR 表示这样一种利率，即在这种利率下，项目在寿命期内始终存在着未能收回的投资，直到寿命终了时投资才能恰好被完全回收。下面用例子说明这一含义。

【例 3.5】 某投资项目的净现金流量见表 3.3，试分析该项目的投资回收过程。

解 可以算出该项目的内部收益率为 28.65%，则该项目的投资回收过程见表 3.5，表3.5 中的现金流量变动情况如图 3.2 所示。

表 3.5 投资回收过程计算表

年 ①	净现金流量 ②	年初未回收的投资 ③	当年所占利息 ④	年末未回收的投资 ⑤ = ② + ③ + ④
0	− 5 000			
1	2 000	− 5 000	− 1 433	− 4 433
2	2 000	− 4 433	− 1 270	− 3 703
3	2 000	− 3 703	− 1 061	− 2 764
4	2 000	− 2 764	− 791	− 1 555
5	2 000	− 1 555	− 445	0

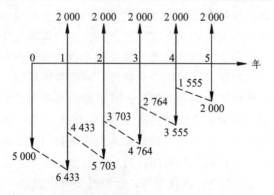

图 3.2 反映 IRR 含义的投资回收过程示意图

（三）内部收益率的计算

式（3.9）是一个一元高次方程，不易直接求解，通常采用线性插值法求 IRR 的近似值。求解过程如下：先分别估计出两个折现率 i_1 和 i_2（见图 3.3），且 $i_1 < i_2$，再分别计算与 i_1、i_2 对应的净现值 NPV_1 和 NPV_2，若 $NPV_1 > 0$，$NPV_2 < 0$，则可由下式计算 IRR 的近似值。

$$IRR = i_1 + \frac{NPV_1}{NPV_1 + |NPV_2|} \cdot (i_2 - i_1) \tag{3.10}$$

由于式（3.10）的计算误差与 $(i_2 - i_1)$ 的大小有关，i_2 与 i_1 相差越大，误差也越大。为控制误差，i_2 与 i_1 之差 $(i_2 - i_1)$ 一般不应超过 5%。

当 $IRR > i_0$ 时，则方案是可行的；否则，方案不可行。

【例 3.6】 利用例 3.1 中的数据计算该项目的 IRR。

解 求该项目的内部收益率的步骤如下：

第一步：先将该项目各年的净现金流量取平均值（见图 3.4），以求得一个现值系数 $(P/A, i, n) = K/A$。在图 3.4 中 $K = 580$ 万元，$A = (42.5 + 148.0 \times 8 + 253) \div 10 = 147.95$ 万元，则有

$$(F/A, i, 10) = \frac{580}{145} = 3.920\,2$$

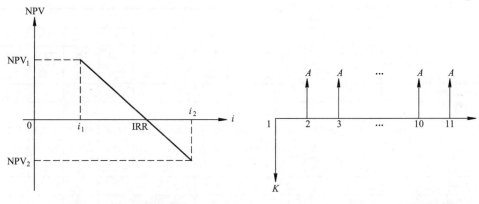

图 3.3　IRR 的计算图　　　　　图 3.4　净现金流量

第二步：试算。查利息表，当 $n = 10$ 时，$(P/A, 20\%, 10) = 4.195\,2$，这与 $(P/A, 20\%, 10) = 3.920\,2$ 最为接近，故可用 $i_1 = 20\%$ 做第一次试算：

$$NPV_1 = \sum F_t \cdot (P/F, 20\%, t) = -61.90 \quad （万元）$$

由于 $NPV_1 < 0$，可知 IRR 应小于 20%，取 $i_2 = 15\%$ 做第二次试算：

$$NPV_2 = \sum F_t \cdot (P/F, 15\%, t) = 40.36 \quad （万元）$$

$NPV_2 > 0$，说明 IRR 应大于 15%。

故有 $15\% < IRR < 20\%$。

第三步：线性插值求 IRR。

$$IRR = 15\% + \frac{40.36}{40.36 + 61.90} \times (20\% - 15\%) = 16.97\%$$

因为 IRR $> i_0$（$= 12\%$），所以可判断该项目是可行的。

（四）项目资本金内部收益率

投资项目的资金一般分资本金和债务资金两种情况，在评价和比较各投资项目的经济效果时，一般先不分投资资金来源，而是分析项目总投资的经济效果。但在许多情况下，为了分析贷款是否有利，或分析各种不同方式及条件下的贷款的利弊，就需要考虑贷款的偿还和付息问题，以反映项目资本金可获得的收益水平。

当投资中部分资金为贷款时，在现金流量计算中，对贷款部分应计算利息支出和本金偿还。"投资"项中只计资本金的投入。因为"贷款现金流入"和"贷款现金流出"在现金流量表上金额相等，时间相同，因此这两项相互抵消不再列出。下面用例子说明项目资本金现金流量和内部收益率的计算。

【例 3.7】　在例 3.1 的建设投资中，若有 150 万元为银行贷款，年利率为 8%，其余为项目资本金。假定从投产第 2 年起，分 4 年等额偿还贷款本息。其他条件同例 3.1，试计算项目资本金的内部收益率 IRR。

解　该项目资本金现金流量计算见表 3.6。

表 3.6　项目资本金现金流量表　　　　　　（单位：万元）

序号	项　　　目	建设期		投产期	达　　产　　期								
		0	1	2	3	4	5	6	7	8	9	10	11
1	现金流入			400	720	720	720	720	720	720	720	720	825
1.1	营业收入			400	720	720	720	720	720	720	720	720	720
1.2	回收固定资产余值												25
1.3	回收流动资金												80
2	现金流出	200	230	357.5	617.3	620.0	621.1	622.2	572.0	572.0	572.0	572.0	572.0
2.1	经营成本			312.5	442.5	442.5	442.5	442.5	442.5	442.5	442.5	442.5	442.5
2.2	项目资本金	200	230										
2.3	借款本息偿还				51.5	51.5	51.5	51.5					
2.4	营业税金及附加			45	80	80	80	80	80	80	80	80	80
2.5	所　得　税			0	43.3	46.0	47.1	48.2	49.5	49.5	49.5	49.5	49.5
3	净现金流量	−200	−230	42.5	102.7	100.0	98.9	97.8	148.0	148.0	148.0	148.0	253.0
4	累计净现金流量	−200.0	−430.0	−387.5	−284.8	−184.8	−85.9	11.9	159.9	307.9	455.9	603.9	856.9

根据表 3.6 第 3 项的逐年净现金流量，其净现值计算表达式为

$$\text{NPV} = -200 - 230(P/F,\ i,\ 1) + 42.5(P/F,\ i,\ 2) + 102.7(P/F,\ i,\ 3)$$
$$+ 100.0(P/F,\ i,\ 4) + 98.9(P/F,\ i,\ 5) + 97.8(P/F,\ i,\ 6)$$
$$+ 148.0(P/A,\ i,\ 4)(P/F,\ i,\ 6) + 253.0(P/F,\ i,\ 11)$$

取 $i_1 = 15\%$ 时，可算得 $\text{NPV}_1 = 75.2$ 万元；取 $i_2 = 20\%$ 时，可算得 $\text{NPV}_2 = -16.1$ 万元，于是自有资金的内部收益率为

$$\text{IRR} = 15\% + \frac{75.2}{75.2 + 16.1} \times (20\% - 15\%) = 19.12\%$$

对比本项目投资的内部收益率 IRR = 16.97% 和资本金内部收益率 IRR = 19.12%，说明该项目资本金投入的经济效果是良好的。

（五）内部收益率与净现值的关系

从表 3.3 对应方案的净现值函数曲线图（见图 3.1）可以看出，对于该方案，当 $i_0 <$ IRR（ = 28.65%）时，有 $NPV(i_0) > 0$；当 $i_0 >$ IRR 时，有 $NPV(i_0) < 0$。反之，当 $NPV(i_0) > 0$ 或 $NPV(i_0) < 0$ 时，相应有 $i_0 <$ IRR 或 $i_0 >$ IRR。

同样，对于任意一个常规的投资方案，上述结论都是成立的。于是有：当采用 IRR 或 NPV 作为独立方案的评价判据时，其评价结论是一致的，即要么评价结论同为可行，要么评价结论同为不可行。

但若用 IRR 与 NPV 分别对互斥方案评价时，有时会得出不一致的评价结论。

【例 3.8】 设 A、B 为两个互斥方案，其投资、各年收益以及两个方案相应的净现值及内部收益率见表 3.7。图 3.5 为表 3.7 中方案 A、B 的净现值函数曲线图。试分别用 IRR 与 NPV 对互斥方案进行评价。

表 3.7　NPV 与 IRR 作为判据的比较表

方　案	各年净现金流量（元）		NPV	IRR
	0	1 ~ 5		
A	− 5 000	2 000	2 346.9	28.65%
B	− 7 000	2 600	2 596.4	24.95%

解　由表 3.7 可知，以 NPV 作评价判据得方案 B 优于方案 A；以 IRR 作评价判据得方案 A 优于方案 B。从图 3.5 可以看出，当 $i_0 > I'$（ = 15.26%）时，用 NPV 作判据与用 IRR 作判据对两个方案评价的结论是一致的；当 $i_0 < I'$ 时，用 NPV 作判据与用 IRR 作判据对两个方案评价的结论是矛盾的。在对互斥方案的比较与选择时，一般不用 IRR 作判据。

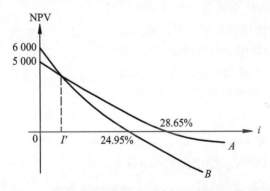

图 3.5　投资方案的净现值与内部收益的关系图

三、年值分析法

年值（Annual Worth）分析法的特点是把方案逐年净现金流量转化为等额年值，并以此对方案进行评价。它常用于一次性投资且年收益或年成本均匀的投资方案的评价或比较中。

例如用于对设备购置、设备更新等方案的评价或比较。年值分析法中包括两种判据，即净年值和费用年值。

（一）净年值

净年值是通过资金等值变换将方案净现值分摊到寿命期内各年上的等额年值。净年值可用符号 NAW 表示，其计算式为

$$\text{NAW} = \text{NPV} \cdot (A/P, i, n) = \sum_{t=0}^{n} F_t (1+i_0)^{-t} \cdot (A/P, i, n) \qquad (3.11)$$

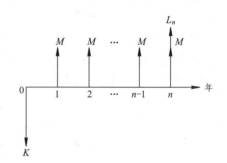

图 3.6　现金流量图

当 NAW > 0 时，方案可行；否则，方案不可行。并由式（3.11）可以看出，用 NAW 与用 NPV 评价方案，其评价的结论是一致的。

若对几个可行的互斥方案比较择优时，可采用净年值最大准则比较法，即净年值最大所对应的方案为最优方案。

若已知方案的初始投资及各年的净收益（设为相等，并记之为 M），如图 3.6 所示，则项目的净年值计算式如下

$$\text{NAW} = -K \cdot (A/P, i_0, n) + M + L_n \cdot (A/F, i_0, n) \qquad (3.12)$$

或
$$\text{NAW} = -(K - L_n) \cdot (A/P, i_0, n) + M - L_n \cdot i_0 \qquad (3.13)$$

式中　L_n——项目寿命期末残值。

（二）费用年值

如果某一投资项目的几个备选方案在产出上相差较小，那么对方案的评价与比较就可只考虑其耗费上的差异，即可采用费用年值比较法。若已知某方案的初始投资为 K，年经营成本为 C，期末残值为 L_n，如图 3.7 所示，则费用年值（记为 AC）的计算式如下

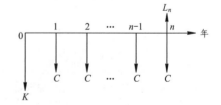

图 3.7　AC 的计算示意图

$$\text{AC} = K \cdot (A/P, i_0, n) + C - L_n \cdot (A/F, i_0, n) \qquad (3.14)$$

或
$$\text{AC} = (K - L_n)(A/P, i_0, n) + C + L_n \cdot i_0 \qquad (3.15)$$

对多个备选方案，则有 $\min\{\text{AC}_j\}$ 对应的方案为最优方案。

【例 3.9】　设有两种设备，它们在效率、加工精度和使用寿命上都能满足某项工艺的特定要求。A、B 两种设备的价格 K、预计的年经营费用 C 及期末残值 L 分别为：$K_A = 10\ 000$ 元，$C_A = 600$ 元，$L_A = 500$ 元；$K_B = 8\ 000$ 元，$C_B = 900$ 元，$L_B = 0$。若设备的使用寿命均为 5 年，$i_0 = 10\%$，问应购买哪种设备？

解　由式（3.15）得

$$AC_A = (1\,000 - 500) \cdot (A/P,\ 10\%,\ 5) + 600 + 500 \times 10\% = 3\,156.1 \quad （元）$$
$$AC_B = 8\,000 \cdot (A/P,\ 10\%,\ 5) + 900 = 3\,010.4 \quad （元）$$

因为 $AC_A > AC_B$，故应选择 B 种设备为好。

四、动态投资回收期分析法

动态投资回收期（记为 T_D）又称贴现偿还期，是指考虑资金时间价值后，用收益抵偿投资所需用的时间。其表达式为

$$\sum_{t=0}^{T_D} F_t \cdot (P/F,\ i_0,\ t) = 0 \tag{3.16}$$

例如，根据表 3.2 的净现金流量，取 $i_0 = 12\%$，可算得 $\sum_{t=0}^{6} F_t \cdot (P/F,\ 12\%,\ t) = -29.91$，

$\sum_{t=0}^{7} F_t \cdot (P/F,\ 12\%,\ t) = 16.39$，所以 T_D 应在第 6 年与第 7 年之间，用线性插值法计算可得

$$T_D = 6 + \frac{29.91}{16.39 + 29.91} \times (7 - 6) = 6.6 \quad （年）$$

若从投产时算起有 $T_D = 6.6 - 1 = 5.6$ 年。

从上述计算结果可以看出，项目的动态投资回收期大于实际投资回收期，这是因为考虑了时间因素所致。在实际工作中，对独立方案的评价常用实际投资回收期与基准投资回收期作比较，以确定方案的取舍。由于动态投资回收期考虑了资金的时间因素，对不同时点上的资金投入与产出作了更全面的分析，因此，动态投资回收期用于多方案的比较选择是更合适的。

五、增额投资分析法

在对多个方案的投资效果进行比较时，除采用净现值、净年值、回收期等作为判据外，还可利用"增额现金流量"计算增额投资净现值或增额投资内部收益率，并用此进行方案的比较。

（一）增额投资净现值

增额投资净现值是以两个互斥方案的增额净现金流量为基础计算的净现值。若设方案 I 的总投资为 K_I，方案 II 的总投资为 K_{II}，且 $K_I > K_{II}$，记增额投资净现值为 ΔNPV_{I-II}，其计算式如下：

$$\Delta NPV_{I-II} = \sum_{t=0}^{n} (F_{It} - F_{IIt})(P/F,\ i_0,\ t) \tag{3.17}$$

式中　F_{It}——投资高的方案第 t 年的净现金流量；

　　　F_{IIt}——投资低的方案第 t 年的净现金流量；

　　　$F_{It} - F_{IIt}$——第 t 年的增额净现金流量。

若 $\Delta NPV_{I-II} > 0$，表明投资高的方案比投资低的方案所增加的投资在经济上是合算的，则应取投资高的方案；反之，应取投资低的方案。

（二）增额投资收益率

利用两个互斥方案的增额净现金流量所算得的内部收益率，称为增额投资内部收益率，简称为增额投资收益率，记为 ΔIRR_{I-II}，即

$$\sum_{t=0}^{n} (F_{It} - F_{IIt}) (1 + \Delta IRR_{I-II})^{-t} = 0 \tag{3.18}$$

若 $\Delta IRR_{I-II} > i_0$，则表明方案 I（投资高的方案）与方案 II（投资低的方案）比较时，方案 I 的投资除与方案 II 相等的投资部分能获得同样的投资收益率外，其增额投资部分仍能获得较好（即超过 i_0）的投资收益率，所以应取投资高的方案 I；反之，取投资少的方案 II。

【例 3.10】 某一投资项目有三个互斥备选方案 A、B、C，其现金流量见表 3.8。设基准收益率 $i_0 = 12\%$，试采用增额投资净现值及增额投资收益率对方案选优。

解 采用增额投资净现值判据对三个互斥方案选优，其步骤如下：

首先，将各方案按初始投资额递增顺序排列，见表 3.8。然后，按投资额由小到大的顺序，依次进行方案的增额投资净现值计算。

表 3.8　方案的现金流量及用各种判据的计算结果表

方　案	各年净现金流量（万元）		NPV	IRR	ΔNPV	ΔIRR
	0	1~10				
A	−174	40	52.01	19.0%	$\Delta NPV_{B-A} = -35.15$	$\Delta IRR_{B-A} = 0.75\%$
B	−260	49	16.86	13.5%		
C	−300	66	72.91	17.4%	$\Delta NPV_{C-A} = 20.91$	$\Delta IRR_{C-A} = 15.9\%$

方案 B 相对于方案 A 的增额投资净现值为

$$NPV_{B-A} = -86 + 9(P/A, 12\%, 10) = -35.15 （万元）$$

由于方案 B 的增额投资净现值小于零，所以舍去方案 B，再把方案 A 与方案 C 比较。

方案 C 相对于方案 A 的增额投资净现值为

$$NPV_{C-A} = -126 + 26(P/A, 12\%, 10) = 20.91 （万元）$$

计算结果表明，方案 C 的增额投资净现值大于零，应保留方案 C。亦即方案 C 是三个方案中的最优方案。

若以增额投资收益率作为方案比较的判据，其过程为：

首先，计算方案 B 相对于方案 A 的增额投资收益率 IRR_{B-A}，并做出选择。

由　　　　　　$NPV_{B-A} = -86 + 9(P/A, \Delta IRR_{B-A}, 10) = 0$

解得　　　　　$\Delta IRR_{B-A} = 0.75\%$

即方案 B 的增额投资收益率为 0.75%，小于基准收益率 12%，所以舍去方案 B，再把方案 A 与方案 C 作比较。

然后，计算方案 C 相对于方案 A 的增额投资收益率 IRR_{C-A}，并做出选择。

由 $$\mathrm{NPV}_{C-A} = -126 + 26(P/A, \Delta\mathrm{IRR}_{C-A}, 10) = 0$$

解得 $$\Delta\mathrm{IRR}_{C-A} = 15.9\%$$

由于 $\Delta\mathrm{IRR}_{C-A} = 15.9\%$，大于基准收益率 12%，所以方案 C 的增额投资部分是合算的，故应舍去方案 A，保留方案 C。亦即方案 C 是三个方案中的最优方案。

另外，根据三个方案的净现金流量可分别求出它们的净现值及内部收益率，其结果也列在表 3.8 中。

该例的计算结果表明，采用增额投资净现值和增额投资收益率对多个方案进行比选时，它们是等效的，比选结论也是一致的。另外，由表 3.8 也可以看出，方案 A 的内部收益率最大，但不能就此说明方案 A 是最优方案。因为增额投资方案（$C-A$）的投资收益率 15.9% 包含有这种意思：在方案 C 的投资总额中，与方案 A 相等的那一部分投资能取得与方案 A 相同的内部收益率（19.0%），除此之外，其增额投资部分所获得的内部收益率（15.9%）也超过了基准收益率（12%）。所以，就全投资而言，方案 C 是盈利能力最强的方案。

六、独立方案的组合优化

企业在某一时期内可能会有多个可行的独立投资方案（独立方案是指一个方案的接受与否不影响其他方案能否被接受），但一般情况下，资金总是有限的，不能实施全部方案。在这种情况下，如何选取方案组合才能使企业达到最大的经济效益呢？这一问题可归结为独立方案的组合优化问题，它实际上也是在资金限额条件下的独立方案比选问题。

（一）收益率分配法

收益率分配法是以各独立方案的内部收益率大小作为分配资金的依据，常用于方案寿命不等的情况。

【例 3.11】 设企业有 6 个可以进行投资的独立方案，各方案的寿命、净现金流量及内部收益率见表 3.9。基准收益率为 10%，资金限额为 300 万元，问应选哪些方案？

表 3.9 例 3.11 各方案的数据表

方 案	年 净 收 益		寿命（年）	IRR
	0	1～10	n	
A	−50	18.0	5	23.5%
B	−80	31.4	4	20.8%
C	−120	30.8	8	19.5%
D	−40	18.2	3	17.2%
E	−200	54.3	6	16.0%
F	−80	22.2	5	12.0%

解 由于每一个方案的内部收益率均大于基准收益率，所以每一个方案均是可行的。依

次从内部收益率最大的方案开始选取，直到资金限额用完为止。最后的选择结果是方案 A、B、C、D 四个方案。

该方法简便易行，但有时不够准确，特别是当投资限额不等于所选取投资方案的投资总额时，由于方案的不可分性，使剩余资金无法充分利用。但若单个方案的投资额与总资金限额相比很小，这时由方案的不可分性造成的影响也很小，可以忽略不计。因此，在这种情况下，对有资金限额约束的多个独立方案，采用收益率分配法选择最优方案组合仍然是一种有用的简便方法。

（二）互斥组合法

该法首先把各方案组成互斥的方案组合，然后再从中求出一个满足资金限额条件的最优方案组合。

【例 3.12】某企业现有三个独立的投资方案 A、B、C，期初投资及年净收益见表 3.10，基准收益率为 12%，各方案的净现值也列于表 3.10 中。现企业可用于投资的金额为 700 万元，应怎样选取方案？

表 3.10　例 3.12 各方案的数据表　（单位：万元）

方案	各年净现金流量		NPV
	0	1～10	
A	−250	50	32.51
B	−400	80	52.02
C	−300	60	39.01

解　组成所有互斥的方案组合。对 n 个独立方案，共有 $2^n - 1$ 个互斥方案组合。本例共有 $2^3 - 1 = 7$ 个互斥的方案组合，各组合的投资及净现值见表 3.11。

表 3.11　方案组合表　（单位：万元）

组合号	方案组合	投资总额	年净现金流量（1～10 年）	NPV
1	A	250	50	32.51
2	B	400	80	52.02
3	C	300	60	39.01
4	AB	650	130	84.53
5	AC	550	110	71.52
6	BC	700	140	91.03
7	ABC	950	190	123.54

根据表 3.11，方案组合 7 的投资总额超出资金限额，所以不予考虑。对满足资金限额条件的前 6 个方案组合，由于第 6 个方案组合（BC）的净现值最大，故为最优方案组合。

对寿命不等的独立方案，这里也可用内部收益率标准对所有方案由大到小排列，并在资金限额条件下选择方案组合，使其达到整体内部收益率最大。所谓整体内部收益率是指方案组合内各项投资的内部收益率的加权平均值，对未使用的剩余资金则按基准收益率计算。例如，对例 3.11 中的 6 个独立方案可构成一系列互斥的方案组合，其中总投资额不超过 300 万元的部分互斥方案组合及其整体内部收益率的计算结果见表 3.12。

表 3.12　互 斥 方 案 组 合 表

组合号	方案组合	投资（万元）	整体 IRR
1	ABC	250	18.89%
2	ABCD	290	19.83%
3	ADE	290	17.23%
4	BE	280	16.87%
5	BCF	280	17.16%
6	ACDF	290	17.83%
⋮	⋮	⋮	⋮

　　表 3.12 只列举了几个整体内部收益率较大的方案组合。同时，当资金限额大于方案组合的需要量时，假定多余资金能转作他用，并可获得基准收益率为 10% 的期望收益。

　　整体内部收益率的计算举例如下。

　　第一个方案组合（ABC）的整体内部收益率为

$$\frac{1}{300}(50\times23.5\%+80\times20.8\%+120\times19.5\%+50\times10\%)=18.89\%$$

　　由表 3.12 知，第二个方案组合（ABCD）的整体内部收益率最大，故为最优方案组合。

习　　题

　　1. 某企业投资 1 000 万元建一项目，投产后预计年营业收入为 300 万元，经营成本为 120 万元，增值税为 8 万元，项目经济寿命为 10 年。已知基准收益率为 10%，问该项目是否可行？

　　2. 对上题拟建项目，若改用自动化程度较高的设备，投资需增加 800 万元，但年经营成本可节约 50 万元。若生产能力不变，问该方案是否可行？

　　3. 已知某投资方案的净现金流量见表 3.13，试求该方案的净现值、净年值、内部收益率和实际投资回收期（$i_0=10\%$），并说明该方案是否可行。

表　3.13

年末（t）	0	1	2	3	4	5～11	12
F_t	-600	-100	60	120	120	120×7	120

　　4. 有两个互斥方案 A、B，寿命均为 10 年（数据见表 3.14），基准收益率为 10%，算

得 $\Delta IRR_{B-A} = 10.9\%$，因此方案 B 优于方案 A，问此结论是否正确，为什么？

表　3.14

方　案	初始投资	年净现金流量	IRR
A	300	66	18.9%
B	170	44	22.5%

5. 两个互斥方案 A、B，净现金流量见表 3.15，试问：基准收益率在什么范围内应选方案 A？在什么范围内应选方案 B？

表　3.15

方　案	年　净　现　金　流　量（元）				
	0	1	2	3	4
A	−1 000	100	350	600	850
B	−1 000	1 000	200	200	200

6. 设有两个互斥方案 A、B，寿命相等，试证明采用 ΔNPV 方法与采用 NPV 最大化方法对两个方案比较的结论是一致的。

第四章　投资项目融资分析

投资项目的资金筹措是整个投资活动的一个重要环节，是项目实施的一项重要工作。通过对投资项目的资金来源渠道、融资方式、融资成本等进行分析，可以优化融资方案。

第一节　投资项目融资概述

一、投资项目的融资组织形式

项目融资有广义和狭义之分。从广义上来看，一切为建设新项目，或收购已有项目，或对已有项目进行债务重组所进行的融资活动均称为项目融资；从狭义上来看，项目融资是以项目资产、预期收益或权益作抵押而取得的一种无追索权或有限追索权的融资或贷款。

按照融资主体不同，融资方式分为既有法人融资和新设法人融资两种，国际上通常分类为项目融资和公司融资。这里参照《建设项目经济评价方法与参数》（第三版）的相关内容，分别介绍既有法人融资方式和新设法人融资方式。

（一）既有法人融资方式

既有法人融资又称公司融资，是以既有法人为融资主体的融资方式。由发起人公司——既有项目法人（包括企业、事业单位）组织融资活动，承担融资责任和风险，并投资于新项目，不组建新的独立法人。技术改造、改建和扩建项目、非独立法人的新建项目均可以采用既有法人融资方式。

采用既有法人融资方式，投资项目所需要的资金来源于既有法人内部融资、新增资本金和新增债务资金。

在既有法人融资方式下，其信用保证可以不依赖于项目投资形成的资产、未来的收益和权益，新增债务资金依靠既有法人的整体盈利能力来偿还，以既有法人全部的资产和信用承担债务担保。在这种融资方式下，难以实现"无追索权"或"有限追索权"融资，是完全追索权的融资方式，债权人的债务风险较低。采用这种融资方式，要充分考虑既有法人整体的盈利能力和信用状况，分析可用于偿还债务的既有法人整体（包括拟建项目）的未来的净现金流量。实力较强的公司在进行相对不大的项目投资时，可以采用既有法人融资方式。

（二）新设法人融资方式

新设法人融资又称项目融资，是以新组建的具有独立法人资格的项目公司为融资主体的融资方式。由项目发起人（企业或政府）发起组建新的具有独立法人资格的项目公司，由新组建的项目公司承担融资责任和风险。新建项目和将既有法人的一部分资产剥离出去后重新组建新的项目法人的改扩建项目可以采用新设法人融资方式。

采用新设法人融资方式，投资项目所需要的资金来源于项目公司股东投入的资本金和项目公司承担的债务资金。

在新设法人融资方式下，其信用基础为项目投资所形成的资产、未来的收益或权益，依靠项目自身的盈利能力来偿还债务，因此必须认真分析项目自身的现金流量和盈利能力。项目发起人与新组建的项目公司分属不同的实体，项目的债务风险由新组建的项目公司承担，可以实现"有限追索权"、"无追索权"，即项目的股本投资方不对项目的借款提供担保或只提供部分担保。项目公司股东对项目公司借款提供的担保程度是影响项目公司的资信和资金成本的因素之一，在融资方案设计中应该仔细加以研究。

二、融资渠道和筹资方式

（一）融资渠道

融资渠道是指资金的来源方向，是金融市场上客观存在的资金来源通道。可能的融资渠道是构造项目筹资方案的基础。融资渠道主要有：

（1）政府资金，包括财政预算内及预算外资金。政府的资金是国有企业筹集资金的一个渠道，该项资金可能是无偿的，也可能是作为项目资本金投资，或者以贷款的形式投资。

（2）国内外银行等金融机构的贷款，包括国家政策性银行、国内外商业银行、区域性及全球性国际金融机构的贷款。银行资本力量雄厚，贷款方式灵活多样，是各类投资项目的一个重要融资渠道。

（3）国内外非银行金融机构的资金，包括信托投资公司、投资基金公司、风险投资公司、保险公司、证券公司、租赁公司等。这些金融机构在各自的经营范围内提供各种金融服务，涉及领域广泛，是企业的重要融资渠道。

（4）外国政府的资金，可能以赠款或贷款方式提供。投资项目使用外国政府贷款需要得到我国政府的安排和支持，同时该项贷款通常有限制条件，限制贷款用于采购贷款国的设备，或用于某类项目建设。

（5）其他法人资本，包括除银行、非银行金融机构以外的企业法人、事业法人或团体法人的资本。这些法人组织可能会将部分闲置资本用于对外投资，构成投资人获取资金的一个重要渠道。

（6）企业内部资金，包括企业通过提取盈余公积金和保留未分配利润形成的资金及其他按规定可用于再投资的资金。企业内部资金是比较便利的筹资渠道，但数量通常比较有限。

（二）筹资方式

筹资方式是指取得资金的具体形式和手段，同一渠道的资金可由不同的筹资方式取得，不同筹资方式所筹集到的资金的属性与期限是不同的。随着我国金融市场的不断发展及投资主体的多元化，筹资方式会不断创新。筹资者需要全面掌握各种筹资方式的特点和适用条件，以便更好地为投资项目融资活动服务。目前筹资方式主要有以下几种：

1. 吸收直接投资

吸收直接投资是以协议的形式筹集政府、其他法人、自然人等直接投入的资本，筹资方与投资方通过协商达成协议，规定双方的权利和义务。这种融资方式不以股票为筹资工具，主要适用于非股份制企业，是筹集负债资本的一种重要筹资方式。

2. 股票融资

股票是股份有限公司依据公司法的规定为筹集资金所发行的一定数量和一定股份面额的所有权证。股票持有者，即为公司股东，是公司的投资者和财产所有者，股东有权依据股票票面金额每年从公司取得一定股息，但不能要求退还股本，只能在股票市场把股票转让他人以回收投资。

发行股票是股份有限公司筹集股权资本的基本筹资方式，显然，这种融资方式仅适用于股份有限公司。

3. 债券筹资

发行债券是企业根据国家的有关法律法规以及债券发行协议，通过发售债券的形式筹集负债资本的一种直接融资方式。债券持有人有权按期向发行单位取得利息，到期收回本金，但不参与发行单位对资金的使用和管理，对发行债券的企业经营效益不负连带责任，若企业破产，按破产法可获得清偿。

企业债券的种类很多，主要有抵押债券、信用债券等。抵押债券是企业以不动产作为抵押发行的债券；信用债券是企业以自身信誉发行的无担保债券。企业通过发行债券筹资的优点是：所筹资金在使用时不受银行信贷规模的制约；资金使用比较方便，无特殊的限定性条款。

按照《中华人民共和国公司法》规定，股份有限公司、国有独资公司和两个以上的国有企业或者其他两个以上的国有投资主体设立的有限责任公司，才有资格发行公司债券。发行债券通常要取得债券资信等级的评级，债券评级较高的，可以以较低的利率发行，而较低评级的债券，则利率较高。

4. 信贷筹资

信贷筹资是指企业按照同国内外金融机构或其他经济组织签订的借款合同借入各种款项的一种筹资方式。以信贷方式筹集资金是目前我国企业进行固定资产投资、更新改造投资及其他投资资金的主要来源。

国内资金贷款主要指国内银行贷款、信托贷款等。银行贷款种类有基本建设贷款、企业中短期设备投资贷款、企业技术改造和设备修理贷款、企业流动资金贷款等。信托贷款是信托机构运用所吸收的各种信托资金发放的贷款。

国外资金贷款主要指国际银行信贷及国际贸易信贷。

信贷筹资方式具有灵活、方便的特点，适用于各类企业，是筹集负债资本的重要筹资方式。

5. 租赁融资

租赁是指资产的所有权和使用权之间的一种借贷关系，即承租人按照契约规定，在一定时间内向出租人支付租金，以取得某项财产的使用权。租赁融资就是出租者向承租者以实物形式提供贷款，承租者以实物形式筹集资金，即企业通过"融物"达到"融资"目的，这就是通常所说的融资租赁。

采取融资租赁方式，通常由承租人选定需要的设备，由出租人购置后租赁给承租人使用，承租人向出租人支付租金，承租人租赁取得的设备按固定资产计提折旧，租赁期满，设备一般归承租人所有，并由承租人以事先约定的很低的价格向出租人收购的形式取得设备的所有权。由于出租人为承租人（企业）垫付了设备全部价款，实际上是为企业提供了百分之百的信贷。该方式租赁期较长，在租赁期内，租赁物的修理、保养、管理等均由承租人负责，承租人不得提前解除租赁合同。这种筹资方式筹集的是负债资本，适用于各种类型的企业。

6. 企业自有资金筹资

企业自有资金是指企业净收益或企业留利及按国家财政政策从营业收入及实现利润中提留的折旧基金、更新改造及大修理基金、新产品试制基金、生产发展基金等。企业利用其自有资金再投资是企业的重要筹资方式之一。

三、融资原则

（1）合法性原则。在融资活动中应该遵循国家的有关法律法规，依法履行约定的责任，维护各方的合法权益。

（2）经济性原则。在资金筹措工作中，不同资金筹措方式所付出的成本是不同的。资金成本直接影响到企业的经营效益，因此，在资金筹措过程中，要充分考虑降低成本的问题，以期达到最大经济效益。

（3）可靠性原则。可靠性主要是指资金来源的保证性及资金管理的安全性。对一建设项目必须在计划时间内筹措到所需要的资金数额。即使某种资金筹措方式的资金成本再低，但若资金来源的可靠性无保证，这种资金筹措方案也是不可取的。另外，在融资活动中会遇到很多风险，如利率变动风险、汇率变动风险、违约风险等，这些风险有些可以预测，有些难以预测，为保证资金筹集和管理的安全，应选择融资风险较低的融资渠道和筹资方式。

（4）合理性原则。融资活动不仅要使融资数量满足生产经营及建设项目投资的需要，同时必须考虑资金分年度供应计划与资金使用计划在时间上的协调一致。

第二节 融资成本分析

融资成本分析又称为资金成本分析，在计算各种债务资金成本和权益资金成本的基础上，再计算整个融资方案的加权平均资金成本，从而分析投资项目使用各种资金的实际成本及其合理性，为优化融资方案提供必要的依据。

一、资金成本的概念

资金成本是指项目为筹集和使用资金所支付的费用，具体包括筹资费用和资金占用成本。前者是指企业在筹集资金过程中所发生的费用，如债券、股票的印刷费和手续费，公证费、银行贷款的手续费等。由于筹资费用是在筹集资金时发生，因而一般可在筹资额中扣除。后者是指占用资金所支付的费用，如普通股、优先股的股息和红利，银行贷款的利息等，这类费用由筹资额、筹资期限、筹资方式、偿还方式和偿还期等决定，而且这类费用的"实际支付额"又受到国家税收政策的影响。根据我国新的税收制度，当以负债形式筹资时，由此而支付的利息可以列入期间费用，享受税收优惠，通过发行股票方式支付的股息必须在税后支付，不得享受税收优惠。

资金成本通常用资金成本率表示。

$$资金成本率 = 资金占用成本/筹资净额 \tag{4.1}$$
$$筹资净额 = 筹资总额 - 筹资费用 \tag{4.2}$$

二、资金成本的计算

对各种不同来源的资金，往往由于筹资方式不同，其还款付息方式、偿还期等也不相同。为了便于对不同筹资方式所筹集的资金进行成本比较，资金成本可按下面的公式计算

$$F_0 = \frac{F_1}{1+C} + \frac{F_2}{(1+C)^2} + \cdots + \frac{F_n}{(1+C)^n} \tag{4.3}$$

式中　F_0——第 0 期（即第 1 期初）筹资净额；

　　　F_t——第 t 期（$t = 1, 2, \cdots, n$）期末的支付款（如利息、股息、本金等）；

　　　n——资金偿还款期数；

　　　C——资金成本率。

在利用公式（4.3）计算资金成本时，通常是采用线性插值方法计算。若令

$$NV = -F_0 + \sum_{t=1}^{n} \frac{F_t}{(1+C)^t} \tag{4.4}$$

取 C_1、C_2 分别使 $NV_1 > 0$，$NV_2 < 0$（要求 $|C_2 - C_1| \leqslant 5\%$），则资金成本为

$$C = C_1 + \frac{NV_1}{NV_1 + |NV_2|} \times |C_2 - C_1| \tag{4.5}$$

对不同筹资方式筹集的资金，公式（4.3）中 F_0、F_t 具有不同的具体内容。在实际计算各种不同来源资金的资金成本时，通常可采用下面一些简单的近似计算方法。

（一）贷款的资金成本计算

仅就利息支付来看，取得贷款所要支付的利息就是贷款的资金成本。但由于贷款利息是税前支付的，即企业由于支付贷款利息而得到税收优惠，所以企业实际负担的利息费用应当扣除相应的所得税优惠额。考虑贷款利息以年为支付周期，于是贷款的资金成本可按下式计算

$$C_d = [(1 + r_d / m)^m - 1](1 - T_e) \qquad (4.6)$$

式中 C_d ——贷款资金成本;

   r_d ——贷款名义利率;

   m ——一年中的计息次数;

   T_e ——企业所得税税率。

【例 4.1】 某企业得到银行长期贷款,年利率 10%,期限 5 年,每年计息两次,年末支付利息,到期一次还本,企业所得税税率为 25%,试求资金成本。

解 由公式(4.6)得

$$C_d = \left[\left(1 + \frac{10\%}{2} \right)^2 - 1 \right](1 - 25\%) = 7.69\%$$

(二)债券的资金成本计算

企业通过发行债券筹集资金时,由于债券利息一般作为企业财务费用并在税前支付,所以企业因此而少缴一定的所得税,即实际负担的债券利息应当扣除相应的所得税额,若债券利息每年支付,则资金成本可按下式计算

$$C_z = \frac{[(1 + r_z / m)^m - 1](1 - T_e)}{1 - f} \qquad (4.7)$$

式中 C_z ——债券的资金成本;

   r_z ——债券的名义利率;

   f ——债券发行费用率。

【例 4.2】 某企业拟发行期限为 5 年的债券,票面价格为 100 元,票面利率为 12%,每年末付息一次,发行费用占票面价格的 3%,企业所得税税率为 25%,试求其资金成本。

解 由公式(4.7)得

$$C_z = \frac{12\%(1 - 25\%)}{1 - 3\%} = 9.28\%$$

债券发行价格通常有溢价发行、等价发行和折价发行,且债券的还本付息通常在期末一次进行,在我国支付债券利息往往是以单利计算的,因此在这种情况下,计算债券的资金成本时,最好利用公式(4.3)计算。

(三)股票的资金成本计算

1. 优先股的资金成本计算

优先股有固定的股息。优先股股息要用税后利润支付,这一点与贷款、债券不同。此外,股票一般不还本,故它可作为永续年金。优先股的资金成本计算公式为

$$C_y = \frac{r_y}{p_0(1 - f)} \qquad (4.8)$$

式中　C_y——优先股的资金成本；

　　　r_y——每年支付的优先股股息；

　　　p_0——优先股股票销售价格；

　　　f——股票发行费用占销售价格的百分比，即发行费用率。

【例4.3】某企业发行面值10元的优先股票，发行价格为每股12元，发行费用率为5%，年股利率为15%，试求资金成本。

解　由公式（6.8）得

$$C_y = \frac{10 \times 15\%}{12 \times (1-5\%)} = 13.16\%$$

2. 普通股的资金成本计算

普通股的股息是不固定的，它随企业经营状况好坏的变化而变化。与优先股相同的是普通股的股息不能在税前扣除。假定普通股每年的股息逐年等比增长，则普通股的资金成本可按下式计算

$$C_p = \frac{r_1}{p_0(1-f)} + q \qquad (4.9)$$

式中　C_p——普通股的资金成本；

　　　r_1——第一年支付的股息；

　　　p_0——普通股股票发行价格；

　　　q——每年股息增长率。

【例4.4】某企业发行普通股票的发行价为5元，发行费用率为5%，第一年末发放股息为0.5元，以后每年递增5%，试求资金成本。

解　由公式（4.9）得

$$C_p = \frac{0.5}{5 \times (1-5\%)} + 5\% = 15.53\%$$

（四）自有资金的资金成本计算

假若企业自有资金中的利润留成部分属于股东，则这部分资金不能无偿使用，应计算其资金成本，其资金成本可参照普通股的资金成本计算方法计算，在计算时可略去其发行费用。对企业自有资金中的其他部分也应按照"机会成本"原则计算其资金成本。

三、综合资金成本

同一投资项目可能会采用多种筹资方式，一般不同筹资方式的资金成本是不同的。各种筹资方式下的资金成本最终可形成一个总的资金成本，即综合资金成本，或称加权平均资金成本。综合资金成本是以各种筹资方式所筹集的资金比重为权数，并根据各种相应的资金成本，用加权平均方法计算出来的，其计算式为

$$C_{综} = \sum W_j C_j \qquad (4.10)$$

式中 $C_{综}$ ——综合资金成本；

      W_j ——第 j 种筹资方式所筹资金占全部筹集资金的比重；

      C_j ——第 j 种筹资方式所筹资金的资金成本。

【例 4.5】 某建设项目拟筹资 1 亿元，其中向银行贷款筹集 2 000 万元，成本为 10%；发行债券筹集 1 000 万元，成本为 12%；普通股筹集 6 000 万元，成本为 15%；优先股筹集 1 000 万元，成本为 15.5%。求该项目综合资金成本。

解 由公式（4.10）得

$$C_{综} = 0.2 \times 10\% + 0.1 \times 12\% + 0.6 \times 15\% + 0.1 \times 15.5\% = 13.75\%$$

资金成本在投资项目的经济评价中起着很重要的作用。对于一个投资项目，仅当投资收益率超过资金成本时，该项目才能获得真正收益，否则项目将会亏损。资金成本是项目投资的最低期望收益率，是决定项目取舍的重要标准之一。

第三节 项目融资方案设计

项目融资方案主要由项目投资结构、融资结构、资金结构和信用保证结构四个基本模块构成。这四个模块不是独立的，在进行项目融资的整体结构设计时，应综合考虑四个模块的相互关系，以获得最佳的方案。

一、项目投资结构设计

项目投资结构也称为项目的资产所有权结构，是指项目投资人对项目资产权益的法律拥有和处置形式、收益分配关系。采用不同的投资结构，投资者对其资产的拥有形式、对项目产品和项目现金流量的控制程度，以及投资者在项目中所承担的债务责任和所涉及的税务结构会有很大的差异。目前常用的几种主要投资结构有公司型投资结构、契约型投资结构和合伙制投资结构。

（一）公司型投资结构

采用公司型投资结构，项目公司是一个按照公司法成立的与其投资者(公司股东)完全分离的独立的法律实体。作为一个独立的法人，公司拥有一切项目资产和处置资产的权利，公司股东按照股份权比例分配利润。

公司型投资结构具有公司股东承担有限责任、融资安排比较容易、投资转让比较容易、股东之间关系清楚，以及可以安排非公司负债型融资结构等优点。同时，公司型投资结构也存在一些缺点，如投资者对项目现金流量缺乏直接的控制、项目的税务结构灵活性差等。

（二）契约型投资结构

契约型投资结构是公司的投资人为实现共同的目的，以合作协议方式结合在一起的一种投资结构。依据合资协议，每个投资者都需要投入一定比例的资金，并且依据这个比例独自占有和销售项目最终产品。这种结构主要集中在石油天然气开发、采矿及矿产加工、钢铁及有色金属等领域。

契约型投资结构的优点是：投资者在合资结构中承担有限责任、税务安排灵活、融资安排灵活、投资结构设计灵活；缺点是：结构设计存在一定的不确定性、投资转让程序比较复杂、管理程序比较复杂。

（三）合伙制投资结构

合伙制投资结构是至少两个以上合伙人之间以获取利润为目的共同从事某项商业活动而建立起来的一种法律关系。合伙制结构不是一个独立的法律实体，其合伙人可以是自然人也可以是公司法人。合伙制结构通过合伙人之间的法律合约建立起来，没有法定的形式。合伙制投资结构有两种基本形式：普通合伙制和有限合伙制。

1. 普通合伙制

普通合伙制是指由两个或两个以上的合伙人组成，各合伙人以自己个人的财产对合伙组织的债务承担无限连带责任。合伙的基本法律特征：一是依协议自愿成立；二是共同出资、共享利润；三是合伙经营，即全体合伙人共同经营；四是合伙人以其个人财产对合伙组织债务承担无限连带责任。

普通合伙制结构最主要的优点是在税务安排上具有灵活性。其缺点是合伙人承担风险大、每个合伙人都具有约束合伙制的能力、融资安排比较复杂。

2. 有限合伙制

有限合伙是指至少有一名普通合伙人和一名负有限责任的合伙人组成，有限合伙人对合伙组织债务只以其出资为限承担责任。有限合伙的基本法律特征：一是自愿组成，但除协议外，还必须有符合法律规定的有限合伙章程，而且，该章程须经登记；二是有限合伙人与普通合伙人共同出资并分享利润；三是有限合伙人不参与经营；四是有限合伙人对合伙组织债务只以其出资为限承担责任，普通合伙人对合伙组织的债务以其个人财产承担无限连带责任。

有限合伙制投资结构能够充分利用税收优惠，在一定程度上又可以避免普通合伙制的责任连带问题。

二、融资结构设计

项目融资模式的设计与选择是项目融资整体结构组成中的核心部分。项目融资模式的设计，需要与项目投资结构的设计同步考虑，并在项目的投资结构确定之后，加以细化。项目融资模式有很多种，这里选择几种具有代表性的项目融资模式进行分析。

（一）投资者直接融资

直接融资模式是指由项目投资者直接安排项目的融资，并直接承担起融资安排中相应的责任和义务的一种方式，这是结构上最简单的一种项目融资模式。当投资者本身的公司财务结构良好并且合理时，这种模式比较适用。直接融资模式在结构安排上有两种操作思路：一是由投资者面对同一贷款银行和市场直接安排融资；二是由投资者各自独立安排融资和承担市场销售责任。

直接融资模式的优点主要包括：选择融资结构及融资方式比较灵活；债务比例安排比较灵活；可以灵活运用发起人在商业社会中的信誉。其缺点主要表现在将融资结构设计成有限追索时比较复杂。

（二）投资者通过项目公司安排项目融资

投资者通过项目公司来安排融资，有两种基本形式：单一项目子公司形式和合资项目公司形式。

1. 单一项目子公司形式

单一项目子公司形式是由项目的投资者建立一个单一目的项目子公司作为投资载体，以该项目子公司的名义与其他投资者组成合资结构和安排融资，其特点是项目子公司将代表投资者承担项目中全部的或主要的经济责任。采用这种结构安排融资，对于其他投资者和合资项目本身而言，与投资者直接安排融资没有多大区别，但对投资者却有一定的影响，这主要表现在：容易划清项目的债务责任；项目融资有条件也有可能被安排成为非公司负债型的融资；在税务结构安排上灵活性可能会差一些。

2. 合资项目公司形式

合资项目公司形式是由投资者共同投资组建一个项目公司，再以该公司的名义拥有并经营项目和安排项目融资。这种模式在公司型合资结构中较为常用。其优点是：在融资结构上容易被银行接受，在法律结构上也比较简便；使投资者的债务责任较直接融资更为清晰明确，也比较容易实现有限追索的项目融资和非公司负债型融资的要求；在获得融资和经营便利的同时，共同融资避免了投资者之间为安排融资而可能出现的无序竞争。其缺点是：在税务结构的安排以及债务形式的选择上缺乏灵活性。

（三）以"杠杆租赁"为基础的项目融资模式

以杠杆租赁为基础组织起来的项目融资模式，是指在项目投资者的要求和安排下，由杠杆租赁结构中的资产出租人融资购买项目的资产，然后租赁给承租人（项目投资者）的一种融资结构。这种融资模式常用于以资产为基础的项目，如船舶、飞机、大型发电设备的购置。

资产出租人和融资贷款银行的收入以及信用保证主要来自结构中的税务好处、租赁费用、项目的资产以及对项目现金流量的控制。以杠杆租赁为基础的项目融资模式的特点是：可以利用项目的税务好处作为股本参加者的投资收益，由此降低投资者的融资成本和投资成本，同时也增加了融资结构中债务偿还的灵活性；但杠杆租赁融资结构中涉及的参与者数目较多，导致其结构较为复杂。

（四）以"设施使用协议"为基础的项目融资模式

在项目融资过程中，以一个工业设施或者服务性设施的使用协议为主体安排的融资形式称为以"设施使用协议"为基础的项目融资模式。这种设施使用协议是指在某种工业设施或服务性设施的提供者和这种设施的使用者之间达成的一种具有"无论提货与否均需付款"性质的协议。这种融资模式主要应用于一些带有服务性质的项目，例如石油、天然气管道项目、发电设施、某种专门产品的运输系统以及港口和铁路设施等。

以设施使用协议作为基础安排的项目融资具有以下几个特点：投资结构的选择比较灵活；可以利用项目设施使用者的信用来安排融资，分散风险，节约初始资金投入。

（五）以"产品支付"为基础的项目融资模式

产品支付型项目融资又称为生产支付型项目融资，是指贷款人在提供项目贷款后，根据项目融资文件直接取得一定比例的项目产品或该部分产品的全额销售收入，并以此进行偿本付息的项目融资方式。产品支付型项目融资是国际项目融资的早期形式，这种模式适用于资源储藏量已经探明并且项目生产的现金流量能够比较准确地计算出来的项目，特别适用于稀有资源或矿产开发类型的项目。其特点是：用来清偿债务本息的主要来源是项目的产品，融资比较容易被安排成为无追索或有限追索的形式；融资期限将短于项目的经济生命期；贷款方对项目经营费用不承担直接责任，但一般会要求项目投资者提供最低生产量、最低产品质量标准等方面的担保。

（六）以"黄金贷款"为基础的项目融资模式

黄金贷款类似于产品支付融资。因为黄金具有商品和货币双重特性，因此在黄金项目建设初期由贷款银行将一定数量的黄金借给投资人，以满足其项目建设的资金需求，而在项目生产期间投资者再以生产出来的黄金分期偿还贷款。黄金贷款的最大优点是为投资者提供了一种自然保值的融资工具，但也存在金价变动带来的风险。黄金贷款的概念逐渐被引入到其他一些有色金属项目的融资安排上，如铜、铝、铅、锌等。

（七）BOT 模式

BOT（Build-Operate-Transfer）意指"建设—经营—转让"，其基本形式是政府将重大项目的设计、融资、建设责任转让给开发商，开发商在项目建成后，在双方协定的时间内拥有该项目的所有权和经营权，以从项目经营中获取收益、偿还债务并收回投资；特许期结束后，项目无偿转让给所在国政府。BOT 融资不构成政府外债，可以提高政府的信用，但项目发起人对项目没有直接的控制权，在特许期内不能获取经营利润。BOT 模式适用于资金短缺的大型基础设施建设项目的融资，如收费公路、发电厂、铁路、废水处理设施和城市地铁等。

近年来，BOT 模式衍生出一些类似但又有不同内涵的模式，比较常见的有：TOT（转让 – 经营 – 转让）、BOOT（建设 – 经营 – 拥有 – 转让）、BOO（建设 – 经营 – 拥有）、BT（建设 – 转让）、BLT（建设 – 租赁 – 转让）、BTO（建设 – 转让 – 经营）等。

（八）PPP 融资模式

PPP（Public Private Partnership）指的是公共部门与私人企业合作的模式，是公共基础设施的一种项目融资模式。在该模式下，鼓励民营企业与政府进行合作，参与公共基础设施的建设。合作各方参与某个项目时，政府并不是把项目的责任全部转移给私人企业，而是由参与合作的各方共同承担责任和融资风险。

（九）ABS 融资模式

ABS（Asset—Backed Securitization）意为"资产证券化"，指以目标项目所拥有的资产为基础，以该项目资产的未来收益为保证，通过在国际资本市场发行高档债券等金融产品来筹集资金的一种项目证券融资方式。这种融资模式可以将缺乏流动性的资产转移为在金融市场上可以出售和流通的证券，使资产负债表更具流动性，可以改善资金来源，分散投资风险。

三、资金结构设计

资金结构是指融资方案中各种资金的比例关系。资金结构包括项目资本金与项目债务资金的比例、项目资本金内部结构比例和项目债务资金内部结构比例。项目融资重点解决的是项目的债务资金问题。

（一）项目资本金与项目债务资金的比例

项目资本金与项目债务资金的比例是项目资金结构中最重要的比例关系。根据"财务杠杆"原理，当项目的全部投资收益率高于借入资金利率时，借入资金的比例越大，则期望资本金收益率就越高；反之，当项目的全部投资收益率低于借入资金利率时，借入资金的比例就越大。从上述意义上讲，当项目的全部投资收益率高于借入资金利率时，对借入资金的比例没有量的限制。但现实是，项目借入资金时必须以一定量的资本金为基础，借入的资金越多，投资的风险就越大，因此，负债必定有一个限度。项目资本金与项目债务资金的比例应符合国家法律和行政法规规定，符合金融机构信贷法规及债权人有关资产负债比例的要求，满足权益投资者获得期望投资回报的要求。

【例 4.6】 某新建项目拟筹资 600 万元，项目投产后的产品销路分好、一般、差三种状态。各种状态出现的概率分别为 $P_1 = 0.5$，$P_2 = 0.3$，$P_3 = 0.2$，各状态下的年经营收益分别为 $R_1 = 130$ 万元，$R_2 = 100$ 万元，$R_3 = 50$ 万元。考虑六组资金结构，借入资金的年利率为 12%，年经营收益及资本金收益率等数据见表 4.1。试进行资金结构分析。

解 这里的经营收益是指利息税前的利润，即包括负债利息，因为债务利息属于资金成本而不是经营费用。当项目资金全部为资本金时，债务利息不再发生，从而保留在收益中；当项目资金中一部分为借入资金时，这部分收益就转移给贷款者，作为贷款投资者的收益。

资本金收益率 r 是指在某种资金结构及各种状态下的经营收益为已知条件时项目资本金收益率的期望值，其计算式为

$$r = \sum_i \frac{R_i - I}{K_z} \cdot P_i = \frac{1}{K_z}\left(\sum_i R_i P_i - I\right) \tag{4.11}$$

表 4.1 资金结构及资本金收益率数据表   单位：（万元）

组 别 项 目	第一组 0：1	第二组 0.25：1	第三组 1：1	第四组 4：1	第五组 1：1	第六组 4：1
借入资金 K_j	0	120	300	480	300	480
资本金 K_z	600	480	300	120	300	120
筹资总额 K	600	600	600	600	600	600
年经营收益 R	105	105	105	105	130*	50*
年利息 I	0	14.4	36	57.6	36	57.6
年资本金收益 $R-I$	105	90.6	69	47.4	94	−7.6
全部投资收益率 E	17.5%	17.5%	17.5%	17.5%	21.7%	8.3%
资本金收益率 r	17.5%	18.9%	23.0%	39.5%	31.3%	−6.3%
标准差 δ	5.1%	6.3%	10.1%	25.3%	—	—

* 产品销路在两种极端状态下相应的年经营收益。

标准差 δ 是指期望资本金收益率 r 的标准差，该指标主要衡量企业所承担筹资风险（这里主要指经营风险和财务风险）的大小。δ 越大，风险越大；δ 越小，风险越小。标准差 δ 的计算式为

$$\delta = \sqrt{\sum_i \left[\frac{R_i - I}{K_z} - r \right]^2 \cdot P_i} = \frac{1}{K_z} \sqrt{\sum_i (R_i - R)^2 \cdot P_i} \tag{4.12}$$

在表 4.1 的第一组资金结构中，全部资金是资本金，即实行无负债经营，其资本收益率为 17.5%。从第二组筹资结构到第四组资金结构，随着借入资金比例的增大，其资本金收益率随着增大，且资本金收益率的标准差也在增大。

第五组和第六组筹资结构只是考虑了年经营收益的两种极端情况，其目的是想说明，虽然两组筹资结构相同，但若年经营收益或全部投资收益率有较小差异时，其资本金收益率可能会有较大的差异。例如，第三组和第五组，虽然资金结构相同，但当项目全部投资收益率由第三组的 17.5% 变到第五组的 21.7% 时（提高了 4.2%），资本金收益率相应的由 23.0% 变到 31.3%（提高了 8.3%）。比较第六组和第四组可以看出，虽然两组资金结构相同，但从第六组数据看，其全部投资收益率仅有 8.3%，低于借入资金利率 12%，这时必须用资本金所获得的盈利（7.6 万元）填补借入资金利息。

（二）项目资本金内部结构比例

项目资本金内部结构是指项目投资各方的出资比例。不同的出资比例决定各投资方对项目建设和经营的决策权和承担的责任，以及项目收益的分配。

（1）采用新设法人融资方式的项目，应根据不同项目的行业特点、盈利能力、股东背景及其出资能力等因素来设计各股东的出资比例。

（2）采用既有法人融资方式的项目，项目的资金结构要考虑既有法人的财务状况和筹

资能力，合理确定既有法人内部融资与新增资本金在项目融资总额中所占的比例，分析既有法人内部融资与新增资本金的可能性和合理性。

（三）项目债务资金内部结构比例

项目债务资金结构反映债权各方为项目提供债务资金的数额比例、债务期限比例、内债和外债的比例，以及外债中各币种债务的比例等。在确定项目债务资金结构比例时，要根据债权人提供债务资金的条件（包括利率、宽限期、偿还期及担保方式等）合理确定各类借款和债券的比例；合理搭配短期、中期、长期债务比例；合理安排债务资金的偿还顺序；合理选择外汇币种；合理确定利率结构。

四、信用担保结构设计

对债权人来说，项目融资的安全性来自两个方面：一是来自项目本身的经济强度；二是来自项目之外的各种直接或间接的担保。在融资中采用的信用保证方式有很多种，如第三方保证、财产抵押与质押、账户质押与账户监管、借款人承诺、控股股东承诺、安慰函及支持函、项目合同保证(主要有项目建设工程总承包合同、项目产品的长期销售和服务合同、项目主要原材料的长期供给合同、项目经营管理合同、项目技术转让及技术服务合同等)、保险等。

在项目融资信用担保结构设计中应考虑每种担保方式的必要性、成本、保证措施的执行。在信用保证结构设计中，应采取合理的责任分担机制，保证项目参与各方责、权、利的平衡，这是保证措施能够有效执行的基础。

习　　题

1. 某企业向银行贷款 20 万元，年利率为 6%，每年计息 2 次，企业所得税税率为 25%，问这笔贷款的资金成本是多少？

2. 某企业平价发行每张面额 100 元的债券 10 000 张，票面利率为 4%，发行费占发行价格的 5%，企业所得税税率为 25%，试求该债券的资金成本。

3. 某股份有限公司发行每股面值 5 元的优先股 200 万股，发行价格为每股 7.5 元，发行费率为 5%，年股利率为 6%，试求其资金成本。

4. 某股份有限公司平价发行普通股总额为 2 000 万元，筹资费用率为 5%，第一年股利率为 10%，以后每年增长 4.5%，试求其资金成本。

5. 某企业拟进行技术改造需筹资 500 万元，资金来源有：① 银行贷款 200 万元，年利率 8%；② 发行债券 200 万元，年利率 10%；③ 企业资本金 100 万元，机会成本按 8% 计算。企业所得税税率为 25%。问筹集这笔资金的综合成本是多少？

6. 说明财务杠杆原理的含义和作用。

7. 有哪些常用的项目融资模式？说明各种融资模式的适用情况。

第五章　投资项目的风险分析

第一节　投资风险分析概述

任何投资都会伴随着一定的风险，投资获利机会越大，相应的投资风险越大。投资风险是每位投资者都会面临的重大问题。为了提高投资效益，防患于未然，必须对投资风险进行辨识、估计，并加以控制，以便做出科学的投资决策。

一、投资风险的含义

风险的含义可以从多个角度考察，目前对风险的定义有很多种，其中以下表述为大多数人所接受，即风险是由于不确定性因素和信息的不完全性而导致遭受损失或者错过收益的可能性。这一定义包括了以下三种观点：

（1）导致风险的原因既有不确定性的因素，也有信息的不完全性。例如，我们准备生产一种新产品，面临有两种状态，一种是销路好，另一种是销路差。如果我们对各种状态未来发生的可能性一无所知，即并不知道哪个状态会发生，哪个状态不会发生，也不知道哪个状态发生的可能性大，哪个状态发生的可能性小，这就是典型的产生不确定性的因素。有时，不确定性正是由于信息的不完全性引起的。在前面讲述的生产一种新产品的例子中，如果我们事先知道我们的竞争者的一些情况（比如成本和定价），我们就可以制定相应的销售策略，从而可以肯定每个状态（销路好或者差）发生的可能性的大小，进而做出正确的风险分析。也就是说，如果能够获得充分的信息，我们就可以"减少"每个状态的不确定性，从而减少风险。

（2）风险研究的是一种可能性。在前面讲述的生产一种新产品的例子中，我们虽然不知道未来哪个状态（销路好或者差）会发生，但我们进行风险分析时，一般要求知道（或者可设定）每个状态发生的可能性有多大。换句话说，就是应该知道（或者可设定）每个状态发生的概率分布。

（3）风险既包括遭受损失的可能性，也包括错过收益的可能性。风险传统的基本含义是损失的不确定性。我们认为，蒙受损失肯定是一种风险，同时，如果错过本可以或本应该得到的利润也是一种风险。

投资风险则是指在投资活动中，由于各种经济变量的变化和信息的不完全性，从而导致投资项目无法实现预期结果的可能性。

二、投资风险的特征

投资风险与一般意义上的风险具有以下一些相同的基本特征：

（1）不确定性。不确定性是指不知道未来哪种结果会发生，哪种结果不会发生；也不知道未来哪种结果发生的可能性大，哪种结果发生的可能性小。这是风险最明显的特征，如果能够确定地知道未来哪种结果会发生，则不会有任何风险存在。

（2）客观性。风险的客观性是不以人们的意志为转移的确实存在的东西。无论人们是愿意接受风险，还是不愿意接受风险，任何人都无法消除它。

（3）主观性。风险一方面具有客观性，另一方面也具有主观性。也就是说，风险与人们的主观认识有着直接的联系。对于相同的一个事物的风险程度，一部分人会认为它的风险不大，另一部分人会认为它有很大的风险。这种个人对客观风险的主观估计，与个人的知识、经验、偏好、精神、身体和心理状态等有关。

（4）相对性。风险的相对性包括两个方面：第一，对于不同的承受风险的主体，风险的含义不同。例如，对于国际投资者来说，汇率风险是较大的一种风险；而对于不从事国际投资的人来说，则可能根本算不上风险。第二，对于同样的事物，随着时空条件的变化，人们对其风险的认识会发生变化。例如，对于经过长时间调整的股价，人们一般会认为这时的风险比以前股价在高位的时候要小。

（5）随机性。人们通过长期的观察发现，许多风险事件的发生都遵循一定的统计规律，这种性质称为随机性。人们能通过一定的途径、方法和手段对其进行计量和测定。人们可以通过研究过去的统计资料来分析判断风险发生的可能性大小以及风险可能会给投资带来的损失或者收益的程度。

三、投资风险分类

按照不同的分类标准，可以对投资风险进行不同的分类，下面介绍几种常见的分类。

1. 系统风险和非系统风险

系统风险是指在某一投资领域内的所有投资者都共同面临的风险，是一项难以避免的风险。如通货膨胀、经济衰退等因素会引起股票市场上所有股票价格的变动。系统性风险主要包括利率风险、市场风险、通货膨胀风险。

非系统风险又称剩余风险或个体风险，是指影响某一投资项目的一些独特事件的发生，导致投资者损失的可能性。如某上市公司由于技术落后、投资失误、重大诈骗或内部管理者舞弊等事件被披露所造成的这家公司股价大幅下跌的风险。

2. 纯粹风险和投机风险

纯粹风险是指有损失机会的风险。纯粹风险所造成的损失是绝对损失。如某建设项目在施工过程中遭受水灾而蒙受的损失。该损失不但是该项目投资者的，也是全社会的。

投机风险是指既可能带来机会、获得利益，又可能隐含威胁、造成损失的风险。如投资股票，即可能赚钱也可能亏损。

3. 局部风险和总体风险

局部风险是指影响投资过程中某一阶段或某一小范围的风险。总体风险是指影响投资全过程或影响范围很大的风险。例如，一个投资项目所有的活动都有拖延的风险，但是处在关键路线上的活动一旦延误，就要推迟整个项目的完成日期，形成总体风险；而非关键路线上的活动延误，在许多情况下是局部风险。

以上对风险的分类是相对的，只反映了风险表现形式的一个方面，各种分类不是完全割裂的，而是相互交叉和渗透的。此外，我们还可以从很多角度对风险进行分类，如内部风险和外部风险、静态风险和动态风险、自然风险和人为风险等。

对各类风险进行归纳总结，在各种投资活动中可能面临的风险因素主要有以下几种：

（1）企业经营风险。企业的经营风险是指企业在生产经营过程中，由于某些因素，如销售量、产品价格、管理组织等发生变化而产生投资风险。这种风险既可能来源于投资者本身主观决策的失误或管理的失败，也可能来源于客观经济环境的急剧变化和高度的不确定性。

（2）利率风险。利率风险是指由于各种不确定性因素的变化导致利率变化，从而给投资者带来损失的可能性。国家对宏观经济的调控、产业结构的调整、政府的财政税收政策的变化等都会引起利率波动，进而引起投资风险。

（3）外汇风险。外汇风险，亦称汇率风险，是指由于汇率的变化而给投资者带来损失的可能。外汇风险主要表现在三个方面：交易汇率风险、折算汇率风险和经济汇率风险。交易汇率风险是指由于汇率的变动给国际投资主体之间用外币结算带来的风险。折算汇率风险，亦称会计汇率风险或者会计结算风险，是指反映在跨国公司总公司汇总报表上的、因汇率变化而使其国外子公司产生损失的可能性。经济汇率风险是指未能预测的汇率变化导致跨国公司设在国外的子公司的现金流量净现值变化的可能性。

（4）市场风险。市场是在不断发展变化的，由于各种经济形势动荡及原材料、资金、产品、劳务等市场供求关系的变化而产生的投资风险即为市场风险。

（5）通货膨胀风险。通货膨胀将会导致投资项目的各类投入物的价格上涨，从而使工程项目造价大幅度提高及各项费用大幅度增加，致使企业的产品失去市场竞争能力，使投资者产生损失。

（6）技术风险。技术风险是指由于技术进步、技术结构及相关变量的变动，而导致设备的无形损耗、工人结构性失业、产品被迅速淘汰等风险。

（7）政治风险。政治风险，亦称国家风险，是指由于投资所在东道国政局的变化、经济政策的变动、社会安定状况的变化给投资带来的风险。投资者最敏感的问题是投资东道国的政局是否稳定，各项经济政策是否具有连续性，社会是否安定。

（8）自然风险。自然风险是指由于自然因素和物理现象（如火灾、水灾、地震、台风、海啸等）而给企业带来的风险。

投资风险的发生有其偶然性，也有其必然性。作为现代企业管理人员应努力探索和认识投资风险的必然性规律，以提高决策的科学性，减少投资风险造成的损失。特别是在对外投资过程中，要全面分析投资地的政治、经济、政策、地理环境、技术标准等复杂因素，只有认真分析、辨识、估计投资风险，才能分散和减轻投资风险，并做出正确的投资决策。

四、投资风险识别

投资风险识别就是要求找出投资风险所在和引起投资风险的主要因素。投资风险识别是投资风险估计和投资决策的首要工作。下面主要介绍几种常用的投资风险识别的方法。

（一）专家调查方法

投资风险辨识阶段的主要任务是发现和找出潜在的风险，并对其后果做出定性估计，一般不要求做定量分析。对于一些很难在短时间内用统计方法、实验分析方法或者因果关系论证得到证实的风险识别问题（如某国的金融局势动荡对于投资某项目的影响），专家调查法很有用处。下面介绍专家调查法中最典型的两种方法：头脑风暴法和德尔菲法。

1. 头脑风暴（Brain Storming）法

头脑风暴法，于1939年由美国的奥斯本首创，亦称智暴法或者集思广益法，是一种能够刺激创造性、产生新思想的方法。这种方法可以在一个专家小组内进行，也可以由各单位的个人进行，然后由组织者将他们的意见汇集起来。一个专家小组内参加的人数不宜太多，一般为五六个人，多则十来个人，这样可以使大家都有充分发表看法的机会。头脑风暴法提倡畅所欲言，新思想、新观点、新看法的数量越多越好。这种方法要求组织者要善于提出问题，并及时整理公布，以促使参加者能够不断产生新的意见。专家就某一具体投资项目在投资过程中会遇到哪些风险、原因是什么、其危害程度如何进行讨论，并给决策者提出忠告或建议。这个小组成员应由风险分析专家、预测专家、各专业领域的专家组成。

头脑风暴法比较适合于问题简单、目标明确的情况。如果问题比较复杂，包含的因素太多，牵扯面太广，那么可以用后面讲到的分解法首先对问题进行分解处理。

2. 德尔菲（Delphi）法

用德尔菲法识别风险时，人数以20~50人为宜。它不需要面对面的接触，而是依靠书面回答。德尔菲法所需的时间较长，一般需要几周甚至更长的时间。这种方法有三个特点：① 参加者之间相互匿名，使他们仅根据其自身的价值观提出看法，不受其他参与者的地位、名誉、资历、劝说、压力、个人权威等的影响；② 组织者要把每一轮收集到的意见进行统计处理，然后反馈给所有参加者，经过这种处理，参与者的意见可能会逐步集中；③ 反复进行几次意见测验后，要将最后一轮得到的所有参与者的意见进行整理，作为最终的咨询结果。

德尔菲法风险识别的程序如下：

（1）提出清楚、明确、简明扼要的问题。

（2）选择并确定参与的专家，要求这些专家熟悉所咨询的问题，有兴趣且有时间完成最终的咨询。

（3）制订第一轮咨询表并以书面的形式发给每位参加者。

（4）收集第一轮咨询表，并进行统计分析。

（5）制订第二轮咨询表，提供上一次的统计反馈结果，发给参与者。

（6）反复进行几轮咨询后，随着每次反复所得到的信息量的减少，由组织者决定在某一轮结束咨询。

（7）将最后一轮的咨询结果进行整理，得到最后的咨询报告。

（二）幕景分析（Scenarios Analysis）方法

影响投资风险的因素很多，这就要求有一种能够识别引起风险的关键因素及其影响程度的方法。幕景分析方法便是这样一种方法。一个幕景就是一个企业未来某种状态的描绘，或者以年代的梗概进行的描绘。这种描绘可以用图表或者曲线的形式进行描述。幕景分析方法研究的重点是：当某种因素变化时，整个情况会是什么样的？会有什么样的风险？其后果程度如何？像电影上一幕幕的场景一样，供人们进行研究分析。幕景分析的结果都是以通俗易懂的方式表示出来，一般可分为两类：一类是对未来某种状态的描述；另一类是描述一个发展过程，即未来若干年某种情况的变化链，例如，它可向投资者提供未来某种机会最好的、最可能发生的和最坏的前景，并且可详细给出这三种情况下可能发生的风险和危害程度，供投资决策时参考。

幕景分析方法由筛选、监测和诊断三个环节组成。筛选是依据某种程序将具有潜在风险的产品、过程、现象或者个人进行分类选择的风险识别过程；监测是对应于某种险情及其后果对产品、过程、现象或者个人进行观测、记录和分析的显示过程；诊断是对风险及损失前兆、风险后果与各种起因进行评价和判断，找出主要原因并进行仔细检查，诊断技术对于企业寻找到引起风险的关键因素很有用处。

幕景分析法在投资项目风险分析中的主要作用有：提醒决策者重视某项措施可能引起的风险性后果；建议需要监视的风险范围；研究某些有关因素对今后事态发展的影响等。

（三）列表检查法

列表检查法是一种最简单明了的方法，就是将需要了解的问题制成表格或者其他形式的问卷发放给有关人员，填写完毕后，组织者即可大致知道有什么风险，为什么会有风险以及可能会有多大的影响程度，并可及时采取某些行动防范和减少风险。

（四）分解法

分解法是指利用分解原则将复杂的事物逐层分解为比较简单清楚而容易被认识的事物，将大系统分解为小系统，从而使人们更易于认识事物存在的风险及可能的损失。例如，对某一投资项目，首先对其可能存在的风险分解为以下几个方面：市场风险、技术风险、环境风险等。然后对每一种风险再作进一步的分解。比如，在对项目进行可行性研究时，市场及市场风险是投资者首先要考虑的因素。市场风险又可分解为三个方面：① 竞争能力，产品的竞争能力主要取决于产品质量和销售价格；② 国内外同类产品的预计产量或有相似功能的产品出现的时间和产量；③ 社会购买力和消费者拥有该类产品的饱和度。除以上三个方面的因素外，在对市场风险研究时，还要考虑地区、时间及社会条件等因素的影响。

投资风险辨识是投资风险分析的一项重要工作。投资风险辨识，实质上是应用已有知识、经验、方法，对风险事件、风险起因和后果进行推断和认识的过程。可用于进行风险识别的方法还有很多，随着科学技术的发展，投资风险识别的方法会愈来愈完善。在投资风险识别的工作中需要注意识别的可靠性和准确性，同时也要力争以最低的费用支出做好此项工作。

五、投资风险估计

投资风险估计是在投资风险识别的基础上，对投资项目中潜在风险发生的可能性及可能造成的损失进行估计。投资风险估计的意义在于使投资决策者对投资项目的未来状态有充分的认识，对以后可能发生的风险及时给予关注，并有效地选择风险管理手段以消除各种隐患，减少风险损失。

第二节　投资风险分析的工具与方法

投资项目经济分析中所用到的数据，如投资额、产品产量、销售价格、成本费用、项目寿命等，都是基于历史资料和目前现状而对未来可能发生的值所做的估计或预测。在前面章节的分析中，均假设这些参数是确定的、有效的和可靠的。但在项目的实际运行中，由于受客观环境变化的影响，要对这些参数进行准确的"点估计"是很难的，即一般的估计值与实际值都存在着一定的偏差，这种偏差的存在必将对投资项目的经济分析与正确评价产生一定影响。于是，对投资项目的经济分析与评价就不可避免地带有一定程度的不确定性，从而使项目的投资决策带有一定的风险。虽然不确定性不可避免，但可以通过不确定性分析，事先对它们做出估计和防范，这无疑对提高投资项目经济分析与评价的可靠性及投资决策的科学性起到重要作用。常用的投资风险分析方法有盈亏平衡分析、敏感性分析和概率分析。

一、盈亏平衡分析

盈亏平衡分析（Break-Even Analysis）又称量本利分析或损益平衡分析，它是根据投资项目在正常生产年份的产品产量或销售量、成本、产品销售价格等数据，计算和分析产量、成本、收益三者之间的关系，并确定项目成本和收益相等时的点（即盈亏平衡点，简称 BEP）的一种分析方法。在盈亏平衡点上，投资项目不亏不盈，即达到盈亏平衡。

（一）线性盈亏平衡分析

实际工作中，常常是通过求线性盈亏平衡点以进行项目的不确定性分析的，即所谓线性盈亏平衡分析。如果计算出的盈亏平衡点较低，说明项目的投资风险较小；反之，说明投资风险较大。在进行线性盈亏平衡分析时，通常假定：产品产量等于销量；成本费用总额可以分解为固定成本和变动成本；产品销售单位价格、单位产品变动成本和固定成本总额不变；只考虑单一产品情况，若需同时考虑多种产品时，要用适当方法将其折算为一种基本产品。在此假定下，投资项目在正常生产年份内的年营业收入和总成本费用可表示为产品产量或销量的线性函数，即

$$R = P \cdot Q \tag{5.1}$$

$$C = F + \upsilon \cdot Q \qquad (5.2)$$

式中　R——营业收入；

　　　P——单位产品销售价格；

　　　Q——产量（或销量）；

　　　C——产品总成本（一定产量时）；

　　　F——总固定成本；

　　　υ——单位产品可变成本。

在盈亏平衡点上有 $R = C$，即

$$P \cdot Q_0 = F + \upsilon \cdot Q_0 \qquad (5.3)$$

并由此可推导出四种计算盈亏平衡点的公式，分别表述如下。

1. 以产量（或销量）表示的盈亏平衡点

由式（5.3）得

$$Q_0 = \frac{F}{P - \upsilon} \qquad (5.4)$$

式中　Q_0——盈亏平衡点产量。

盈亏平衡点及对应的产量如图 5.1 所示。当 $Q < Q_0$ 时，项目亏损；当 $Q > Q_0$ 时，项目盈利。

2. 以营业收入表示的盈亏平衡点

求得盈亏平衡产量后，立即可得盈亏平衡时的营业收入 R_0，R_0 又可称为保本销售额，即

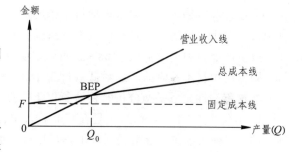

图 5.1　线性盈亏平衡分析图

$$R_0 = P \frac{F}{P - \upsilon} \qquad (5.5)$$

当营业收入超过保本销售额时，出现盈利；否则，出现亏损。

3. 以生产能力利用率表示的盈亏平衡点

在投资项目可行性研究的经济评价中，常用生产能力利用率 f 表示盈亏平衡点，它是指生产能力利用率为多少时能达到盈亏平衡，即

$$f = \frac{Q_0}{Q_{\max}} \times 100\% = \frac{F}{Q_{\max}(P - \upsilon)} \times 100\% \qquad (5.6)$$

式中　$Q_{\max}$——设计生产能力。

4. 以产品销售价格表示的盈亏平衡点

当项目达到正常年产量时，若使其保持盈亏平衡，其产品的最低售价为

$$P_{\min} = \upsilon + \frac{F}{Q_{\max}} \qquad (5.7)$$

显然，产品售价与单位产品成本相等时达到盈亏平衡。

保本产量 Q_0，保本销售额 R_0，生产能力利用率 f 和产品最低售价 P_{min} 是盈亏平衡点的四种不同表达形式。在应用中，应根据项目的具体情况有选择地计算、分析和使用。盈亏平衡点的高低有助于分析判断项目的应变能力和承受风险的能力。

【例 5.1】 某项目生产某种产品的设计生产能力为年产量 100 000 件，产品出厂单价为 200 元，单位产品可变成本为 100 元，正常生产年份的年固定成本为 680 万元，试对该项目进行盈亏平衡分析。

解 分别按式（5.4）、（5.5）、（5.6）、（5.7）计算可得

$$Q_0 = \frac{6\,800\,000}{200-100} = 68\,000 \quad （件）$$

$$R_0 = 200 \times \frac{6\,800\,000}{200-100} = 1\,360\,000 \quad （元）$$

$$f = \frac{6\,800\,000}{100\,000 \times (200-100)} \times 100\% = 68\%$$

$$P_{min} = 100 + \frac{6\,800\,000}{100\,000} = 168 \quad （元）$$

上述计算结果表明，如果该项目未来的产品销售价格、全部成本与预计的相同，则该投资项目不发生亏损的条件是年产量（或销量）不低于 68 000 件，或年营业收入不低于 136 万元，或生产能力利用率不低于 68%。如果按项目设计生产能力进行生产，并能使产品全部出售，则保持项目不亏时的产品最低售价为 168 元。

在进行线性盈亏平衡分析时要注意以下几点：

（1）公式（5.4）~（5.7）是在营业收入 R、成本 C 与产量（或销量）Q 为线性关系时导出的。这种假定在一定市场条件下是可以成立的，但超越了这种条件，原假定便不能成立。例如，当产量达到一定程度，产品售价会因市场需求饱和而被迫降低等，此时，原公式便需要修正。

（2）对项目进行盈亏平衡分析时，应考虑税金。

（3）变动成本及固定成本的确定应尽量准确。

（4）实际中的产品销售量应接近产量。

（二）非线性盈亏平衡分析

对于任何一个现有企业或拟建生产项目，在以后经营的不同时期内，其营业收入、产品总成本并非是产量的线性函数。当产量不同或市场供求关系变化时，产品价格不再是一个不变的值。另外，产量不同时，产品总成本中除固定成本在一定时期内不随产量变化外，其中的可变成本将随产量的变化呈非线性变化。因此，营业收入、产品总成本均应看做是产量的非线性函数，即 $R = R(Q)$，$C = C(Q)$，如图 5.2 所示。

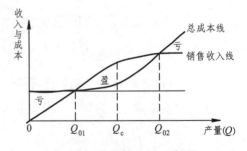

图 5.2 非线性盈亏平衡图

在进行盈亏平衡分析时，应有 $R(Q) = C(Q)$，由此方程可求得两个盈亏平衡时的产量：Q_{01}、Q_{02}，Q_{01} 到 Q_{02} 内的产量即为盈利区的产量范围。

盈利函数式为：$E(Q) = R(Q) - C(Q)$，由极值原理，令 $E'(Q) = R'(Q) - C'(Q) = 0$，可求得一解 Q_c，若当 $E''(Q_c) \leqslant 0$ 时，Q_c 就是最大盈利时的最优产量。

【例 5.2】　某企业生产某种产品，年固定成本为 50 000 元，当原材料为批量采购时，可使单位产品成本比在原来每件 48 元的基础上降低 0.4%，产品售价在原来每件 75 元的基础上降低 0.7%，试求企业在盈亏平衡时的产量及最优产量。

解　由题意，营业收入、产品总成本分别可表示为产量 Q 的函数

$$R(Q) = (75 - 0.007Q)Q = 75Q - 0.007Q^2$$
$$C(Q) = 50\,000 + (48 - 0.004Q)Q = 50\,000 + 48Q - 0.004Q^2$$

盈亏平衡时有 $R(Q) = C(Q)$，即

$$75Q - 0.007Q^2 = 50\,000 + 48Q - 0.004Q^2$$
$$0.003Q^2 - 27Q + 50\,000 = 0$$

解方程得两个盈亏平衡产量为

$$Q_{01} = 2\,607\,（件），\quad Q_{02} = 6\,393\,（件）$$

而盈利函数为

$$E(Q) = R(Q) - C(Q) = -0.003Q^2 + 27Q - 50\,000$$

令

$$E'(Q) = -0.006Q + 27 = 0$$

则解得

$$Q_c = 4\,500\,（件）$$

又因为

$$E''(Q_c) = -0.006 < 0$$

故 $Q_c = 4\,500$ 件为盈利最大时的最优产量。

（三）多方案的盈亏平衡分析

对于一个拟建投资项目，当存在两个或两个以上互斥方案且各方案的费用假定可由同一个参数确定时，则可求出这些方案的盈亏平衡点，如图 5.3 所示，并把它们作为对方案取舍的依据。

【例 5.3】　某拟建项目，设有两个互斥的技术方案 A、B，设计生产能力相同。若采用方案 A，估计单位产品变动成本为 120 元，年固定成本为 9 500 元；若采用方案 B，估计单位产品变动成本为 98 元，年固定成本为 11 300 元。试用盈亏平衡分析对两方案进行分析比较。

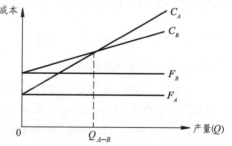

图 5.3　多方案盈亏平衡分析

解　由于两方案设计生产能力相同，且总成本均可表示为产量的线性函数，即

$$C_A(Q) = 9\,500 + 120Q$$
$$C_B(Q) = 11\,300 + 98Q$$

当 $C_A(Q) = C_B(Q)$ 时，解得 $Q_{A-B} = 82$ 件，则 $Q_{A-B} = 82$ 件就是两方案分界点的产量。如图 5.3 所示，当产量小于 Q_{A-B} 时，由于方案 A 的总成本低于方案 B 的总成本，方案 A 较优；而当产量大于 Q_{A-B} 时，方案 B 较优。

（四）盈亏平衡分析方法的优缺点

盈亏平衡分析法的优点在于其计算比较简单，有助于迅速了解项目可能承担的风险程度。作为项目不确定性分析的方法之一，盈亏平衡分析法至今在投资项目评价中仍被广泛地采用。

盈亏平衡分析法也存在一定的缺点：① 该方法是建立在生产量等于销售量的基础上，即产品无积压全部销售完，这实际上是一种理想状态；② 进行分析时采用的数据通常是某一正常生产年份的数据，由于建设项目是一个长期的过程，所以用盈亏平衡分析法较难得到一个全面的结论。

二、敏感性分析

敏感性分析是对投资项目进行经济评价时常用的一种不确定性分析方法。所谓敏感性分析，就是通过测定一个或多个不确定性因素的变化所导致的经济效果评价指标的变化幅度，以了解各种因素的变化对项目实现其预期目标的影响程度，从而分析投资项目当外部条件发生不利变化时所能承担风险的能力。

在敏感性分析中，所考察的不确定性因素和使用的经济效果评价指标，应根据项目的特点和实际需要确定。可能发生变化的主要因素通常为产品销售量、产品价格、固定成本、可变成本、投资额、项目寿命、残值、生产能力利用率等。通过敏感性分析，可以弄清这些不确定性因素对经济效果评价指标的影响程度，以提高投资决策的科学性。

通常把对经济效果评价指标产生较强影响的不确定性因素称为敏感因素，反之称为非敏感因素。因此，敏感性分析的核心问题是从所考察的众多不确定性因素中找出敏感因素，并提出相应的控制对策，以供决策者参考。

进行敏感性分析时，通常要考察的因素众多，为了简单起见，往往假定因素之间相互独立，且每次只研究一个因素的变化对项目经济效果评价指标的影响，并假定其他因素保持不变。

（一）敏感性分析的一般程序

敏感性分析的步骤如下：

（1）明确问题，并确定对项目进行敏感性分析时所要采用的经济效果评价指标。

（2）设定待分析的不确定性因素及其变化幅度。

（3）计算分析不确定性因素的变动对经济效果评价指标的影响程度。

（4）找出敏感因素，对项目的风险情况做出判断。

下面用一个例子说明敏感性分析的方法。

【例 5.4】 设有一个投资项目，数据见表 5.1，表 5.1 中数据是根据项目未来最可能的情况预测估算的（其中，净现金流量中包含有所得税）。预计投资额、经营成本和产品价格均有可能在 ±20% 的范围内变动。试分别就上述三个不确定性因素作敏感性分析。经济效果评价指标取净现值。

表 5.1 投 资 项 目 的 数 据 （单位：万元）

年 份	0	1	2	⋯	11
投资额 K	3 000				
营业收入 R			4 300	⋯	4 300
经营成本 C			3 050	⋯	3 050
营业税金及附加 T		0	430	⋯	430
净现金流量 F_t	− 3 000		820	⋯	820

解 由表 5.1 中的数据，在各因素无变化时，其净现值为

$$\text{NPV} = -3\,000 + 820(P/A, 10\%, 10)(P/F, 10\%, 1) = 1\,580 \quad （万元）$$

下面就净现值指标分别对投资额、产品价格和经营成本三个不确定性因素作敏感性分析。设投资额变动的百分比为 x，分析投资额变动对项目净现值影响的计算公式为

$$\text{NPV} = -K(1 + x) + (R - C - T)(P/A, 10\%, 10)(P/F, 10\%, 1) \tag{5.8}$$

设产品价格变动的百分比为 y，产品价格的变动将导致营业收入和营业税金的变动，故产品价格变动对项目净现值影响的计算公式为

$$\text{NPV} = -K + [(R - T)(1 + y) - C](P/A, 10\%, 10)(P/F, 10\%, 1) \tag{5.9}$$

设经营成本变动的百分比为 z，分析经营成本变动对项目净现值影响的计算公式为

$$\text{NPV} = -K + [R - C(1 - z) - T](P/A, 10\%, 10)(P/F, 10\%, 1) \tag{5.10}$$

根据公式（5.8）～（5.10），使用表 5.1 中的数据，并对 x、y、z 分别取值，可计算出各个不确定性因素在不同变化幅度下项目的净现值，其计算结果见表 5.2。根据表 5.2 中数据可以绘出敏感性分析图，如图 5.4 所示。

表 5.2 计 算 结 果 （单位：万元）

因素 ＼ 变动率	− 20%	− 10%	0	10%	20%
投 资 额	2 180	1 880	1 580	1 280	980
产 品 价 格	− 2 743	− 582	1 580	3 742	5 903
经 营 成 本	4 986	3 284	1 580	− 124	− 1 827

由表 5.2 和图 5.4 可以看出，在同样的变动率下，产品价格的变动对项目净现值影响最大，经营成本的变动对项目净现值影响次之，投资额的变动对项目净现值影响最小。

由公式（5.8）～（5.10），当 NPV = 0 时，可算得：$x = 52.7\%$，$y = -7.3\%$，$z = 9.2\%$。也就是说，如果产品价格、经营成本不变，投资额高于

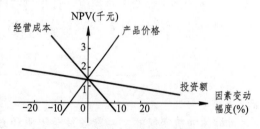

图 5.4 敏感性分析图

预期值的 52.7%，或者投资额、经营成本不变，产品价格低于预期值的 7.3%，或者投资额、产品价格不变，经营成本高于预期值的 9.2%，则该项目不能被接受。

根据以上分析可知，对该投资项目，产品价格、经营成本都是敏感因素，在该项目投资决策之前，应该对产品价格、经营成本在未来可能变动的范围内做出更为精确的预测。如果产品价格低于预期值或经营成本高于预期值的可能性较大，则意味着该投资项目将有较大的风险。

（二）敏感性分析的局限性

敏感性分析在一定程度上就各种不确定性因素的变动对方案经济效果的影响作了定量的描述，这有助于决策者了解方案的风险情况。在进行敏感性分析时，只考虑了各个不确定性因素对方案经济效果的影响程度，但没有考虑各个不确定性因素在未来发生变动的概率，由此可能会影响分析结论的准确性。在实际中，各个不确定性因素在未来发生变动的概率一般是不同的，有些因素非常敏感，一旦发生变动对方案的经济效果影响很大，但它发生变动的可能性（概率）很小，以至于可以忽略不计。而另一些因素可能不是很敏感，但它发生的可能性很大，实际所带来的风险比那些敏感因素更大。敏感性分析无法解决这类问题，而需要借助于概率分析的方法。

三、概率分析

项目的风险来自影响项目经济效果的各种因素的不确定性。敏感性分析只能告诉某种因素变动对项目经济效果评价指标影响的强弱，并不能告诉产生这种影响的可能性有多大。概率分析是通过研究各种不确定性因素发生不同幅度变动的概率分布及其对项目经济效果的影响，并对项目的净现金流量与经济效果评价指标做出某种概率描述，从而对项目的风险情况做出更加准确的判断。

（一）随机净现金流量

影响项目经济效果的大多数因素，如投资额、成本、销售量、产品价格、项目寿命等都是随机变量。而项目各年的净现金流量又都是由这些变量所确定的，所以它也是随机变量，通常称之为随机净现金流量。

设项目寿命期为 n 年，为简单起见，设 n 为常数，F_0，F_1，$\cdots$，F_n 是其净现金流量序列，且都是随机变量。对第 t 年的随机净现金流量 F_t，设在其可能发生变化幅度内取 m 个值，记为 $F_t^{(1)}$，$F_t^{(2)}$，$\cdots$，$F_t^{(m)}$，并相应估计出这些值在实际中可能发生的概率，分别记为 P_1，P_2，$\cdots$，P_m，则随机净现金流量 F_t 的概率分布可用下面的表格形式给出。

F_t	$F_t^{(1)}$	$F_t^{(2)}$	$\cdots$	$F_t^{(m)}$
P	P_1	P_2	$\cdots$	P_m

描述随机变量的主要参数是期望值和方差。随机净现金流量 F_t 的期望值和方差可分别由下面两式求得

$$E(F_t) = \sum_{j=1}^{m} F_t^{(j)} \cdot P_j \qquad (5.11)$$

$$D(F_t) = \sum_{j=1}^{m} [F_t^{(j)} - E(F_t)]^2 \cdot P_j \qquad (5.12)$$

（二）期望净现值及其方差

下面以净现值为例，讨论项目经济效果评价指标的概率描述。由于各期的净现金流量都是随机变量，所以各期净现金流量的现值之和，即净现值也是随机变量，称之为随机净现值。由概率论知，即使各期净现金流量不服从正态分布，它们的代数和（即净现值）也近似服从正态分布。随机净现值的计算公式为

$$NPV = \sum_{t=0}^{n} F_t \cdot (1+i_0)^{-t} \qquad (5.13)$$

若不考虑各期随机净现金流量之间的相关关系，则项目的期望净现值 $E(NPV)$ 及净现值方差 $D(NPV)$ 可由下面两式给出

$$E(NPV) = \sum_{t=0}^{n} E(F_t) \cdot (1+i_0)^{-t} \qquad (5.14)$$

$$D(NPV) = \sum_{t=0}^{n} D(F_t) \cdot (1+i_0)^{-2t} \qquad (5.15)$$

若考虑各期随机净现金流量之间的相关关系，则净现值的方差要比不考虑相关关系时要大，由于计算较繁，这里从略。

对期望净现值及其方差也可采用下述方法计算。

假定项目在寿命期内各因素的变化仅有 k 种变化状态，随机变量 F_t 在 k 个状态下的取值分别记为 $F_t^{(1)}$, $F_t^{(2)}$, $\cdots$, $F_t^{(k)}$，并设各状态出现的概率分别为 P_1, P_2, $\cdots$, P_k。则第 j 种状态下的净现值为

$$NPV^{(j)} = \sum_{j=1}^{n} F_t^{(j)} \cdot (1+i_0)^{-t} \qquad (5.16)$$

于是，净现值的期望值及方差分别为

$$E(NPV) = \sum_{j=1}^{k} NPV^{(j)} \cdot P_j \qquad (5.17)$$

$$D(NPV) = \sum_{j=1}^{k} [NPV^{(j)} - E(NPV)]^2 \cdot P_j \qquad (5.18)$$

在实际应用中，常用净现值的标准差来反映随机净现值取值的离散程度。净现值的标准差记为 $\sigma(NPV)$，可由下式求得

$$\sigma(NPV) = \sqrt{D(NPV)} \qquad (5.19)$$

在利用式（5.14）和式（5.15）求项目的期望净现值及净现值方差时，除了需要各期随机净现金流量 F_t 的期望值 $E(F_t)$ 及方差 $D(F_t)$ 外，并不要求各期的随机净现金流量有特殊的概率分布形式。由概率论的中心极限定理可知，若随机净现金流量本身服从正态分布，则项目的净现值 NPV 便是具有期望值为 $E(\text{NPV})$、方差为 $D(\text{NPV})$ 的正态分布；当 F_t 不服从正态分布时，同样由中心极限定理可知，各期随机净现金流量的线性组合（当组合系数为 $(1+i_0)^{-t}$ 时，其线性组合就是项目的净现值）也可以认为近似服从正态分布。因此，当获得一个项目的期望净现值及净现值方差后，我们也就有了更多的对项目评价的信息，由此就能对项目实际可能出现的结果做出估计，并用概率表示出来。

（三）概率分析的应用

假设项目的经济效果评价指标（如净现值）服从某种典型的分布，并已知其期望值与标准差，就可对其进行概率分析。下面举例说明概率分析的方法及应用。

【例 5.5】 在例 5.4 中，对各期净现金流量给出三种状态下的估算值及其相应概率，其数据见表 5.3。试分析该项目的净现值大于或等于 1 000 万元的概率（设 $i_0 = 10\%$）。

表 5.3 估 算 值 及 概 率 （单位：万元）

年　末 ＼ 状态 ＼ 概率	θ_1 $P_1 = 0.25$	θ_2 $P_2 = 0.5$	θ_3 $P_3 = 0.25$
0	− 2 900	− 3 000	− 3 500
1	0	0	0
2 ~ 11	900	820	750
$\text{NPV}^{(j)}$	2 126	1 580	689

解 因为项目的净现值近似服从正态分布，由公式（5.16）可算得项目在各状态下的净现值，其计算结果见表 5.3。

由公式（5.17）、（5.18）、（5.19）可分别算得项目的期望净现值、净现值方差及标准差为

$$E(\text{NPV}) = \text{NPV}^{(1)} \times P_1 + \text{NPV}^{(2)} \times P_2 + \text{NPV}^{(3)} \times P_3$$
$$= 2\,126 \times 0.25 + 1\,580 \times 0.5 + 689 \times 0.25$$
$$= 1\,493.8 \quad （万元）$$
$$D(\text{NPV}) = [\text{NPV}^{(1)} - E(\text{NPV})]^2 \times P_1 + [\text{NPV}^{(2)} - E(\text{NPV})]^2 \times P_2 +$$
$$[\text{NPV}^{(3)} - E(\text{NPV})]^2 \times P_3$$
$$= (2\,126 - 1\,493.8)^2 \times 0.25 + (1\,580 - 1\,493.8)^2 \times 0.5 +$$
$$(689 - 1\,493.8)^2 \times 0.25$$
$$= 265\,559.8$$
$$\sigma(\text{NPV}) = \sqrt{D(\text{NPV})} = \sqrt{265\,559.8} = 515.3 \quad （万元）$$

由概率论知，净现值不超过 x_0 的概率可由下式计算

$$P(\text{NPV} < x_0) = P\left(Z < \frac{x_0 - E(\text{NPV})}{\sigma(\text{NPV})}\right) = \Phi\left(\frac{x_0 - E(\text{NPV})}{\sigma(\text{NPV})}\right) \tag{5.20}$$

式中
$$Z = \frac{\text{NPV} - E(\text{NPV})}{\sigma(\text{NPV})}$$

而 $\Phi(x_0)$ 可查概率论教材的附表得到。

在本例中，净现值小于 0 的概率为

$$P(\text{NPV} < 0) = P\left(Z < \frac{-1\,494.3}{515.3} \right) = P(Z < -2.901)$$
$$= \Phi(-2.901) = 0.002$$

以上计算说明，项目的净现值小于 0 的概率为 0.2%。根据上述方法还可计算出净现值发生在不同范围内的概率，从而为项目的最终决策提供更加可靠的依据。

第三节　蒙特卡洛分析法

一、蒙特卡洛分析法的原理

蒙特卡洛（Monte Carlo）分析法是以概率统计原理为基础，模拟事物的形成过程，以达到认识事物特征及其变化规律的方法。

一个投资项目的评价结果受到投资额、产品销售量、产品售价、生产成本、寿命、利率等多种随机因素的影响。用 x_1，x_2，$\cdots$，x_m 表示影响项目评价的随机因素，且 x_j（$j = 1，2，\cdots，m$）实际上是可用某种概率分布表示的随机变量。

如果考察某一评价指标 W（如净现值、内部收益率或投资回收期等），则

$$W = f(x_1，x_2，\cdots，x_m) \tag{5.21}$$

设每一随机变量均有若干个不同的离散取值，为了求得 W 的统计分布规律，需算遍这 m 个随机变量的各种可能情况的组合，但当 m 较大时，即使利用计算机，其计算量也是相当大的。

蒙特卡洛分析法正是为解决这一困难而设计的。这种方法可以看成是对实际可能发生情况的模拟。它是根据各随机变量的概率分布，并利用随机数表或计算机上的专门程序来产生具有与原随机变量的概率分布相同的一组数值，然后把该组数值分别赋值给各相应的随机变量，并由公式（5.21）即可计算出一个 W 值，这就实现了对实际可能发生情况的一次模拟。如此反复 l 次，一般当 $l = 50 \sim 300$ 时，评价指标 W 的分布规律基本上趋于稳定。于是，由 l 个 W 值即可求得关于评价指标 W 的具体概率分布，由此分布就可对项目的各种可能盈利水平做出相应的概率表示。蒙特卡洛分析法在投资项目的风险及不确定性分析中已成为一种重要的工具。

二、蒙特卡洛分析法的步骤

应用蒙特卡洛分析法对投资项目进行风险分析的步骤如下：

（1）利用随机数表产生 $[0,1]$ 内的随机数。随机数表是由 $0\sim9$ 的数字随机排列而成的。随机数表及其用法在一般数理统计书中均可见到。例如，假设需要得到 6 个两位数字的随机数，则可通过查随机数表，比如得

$$73,\ 43,\ 59,\ 42,\ 03,\ 86$$

为使用方便，也可把它们转化为 $[0,1]$ 内的随机数

$$0.73,\ 0.43,\ 0.59,\ 0.42,\ 0.03,\ 0.86$$

也可以利用电子计算机上的 RND（X）函数来产生 $[0,1]$ 内的随机数。

（2）随机数转换。将得到的 $[0,1]$ 内的随机数按一定的规律进行随机数转换，即可得到所需要的随机数。怎样进行随机数转换，要视原随机变量的分布函数而定。下面是一个产生离散分布随机数并进行随机数转换的例子。

【例 5.6】 设有一个投资项目，估计投产后产品的价格 x 及其出现概率见表 5.4，其概率分布如图 5.5 所示。试对其产生离散分布随机数并进行随机数转换。

解 由 x 的概率分布可得出相应的分布函数为

$$F(x) = \begin{cases} 0.00 & \text{当 } x < 100 \\ 0.15 & \text{当 } 100 \leqslant x < 110 \\ 0.45 & \text{当 } 110 \leqslant x < 120 \\ 0.85 & \text{当 } 120 \leqslant x < 130 \\ 1.00 & \text{当 } x \geqslant 130 \end{cases}$$

表 5.4 产品的价格及其出现概率

价格 x（元）	100	110	120	130
概率 P	0.15	0.30	0.40	0.15

随机变量 x 的分布函数的图形如图 5.6 所示。

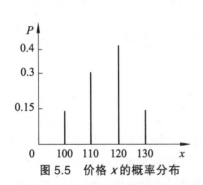

图 5.5 价格 x 的概率分布

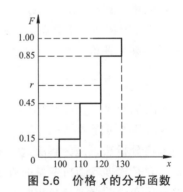

图 5.6 价格 x 的分布函数

利用 x 的分布函数即可进行随机数的转换。例如，由随机数表产生的 $[0,1]$ 内的随机数为 r，设 $r = 0.59$，在图 5.6 的纵轴上找到 $r = 0.59$，并通过分布函数曲线可在横轴上找到相应的随机数 x 的值，即 $x = 120$。图 5.6 的随机数转换规律可用下式表示

$$x = \begin{cases} 100 & \text{当 } r \leqslant 0.15 \\ 110 & \text{当 } 0.15 < r \leqslant 0.45 \\ 120 & \text{当 } 0.45 < r \leqslant 0.85 \\ 130 & \text{当 } 0.85 < r \leqslant 1.00 \end{cases}$$

（3）根据各随机变量所取的随机数，并由式（5.21）就可计算出一个 W 值。这样重复 l 次，就可得出 l 个 W 值。

（4）根据 l 个计算结果，绘制评价指标 W 的频率分布直方图，并计算其期望值、方差及各种盈利情况的概率表示。

三、蒙特卡洛分析法的应用举例

假设某企业拟投资建一化工项目，项目的总投资（设仅发生在 $t=0$ 时）、年销售量、产品销售单价、年经营成本、项目寿命均为随机变量。企业销售税金及附加为销售收入的 5.7%，企业所得税税率为 25%，项目的基准收益率取 10%。设项目总投资中建设投资占 80%（全部形成固定资产），流动资金占 20%。

假设项目总投资、年销售量、年经营成本、项目寿命的概率分布如图 5.7 所示，产品销售价格的概率分布如图 5.5 所示。试对该项目作投资风险（概率）分析。

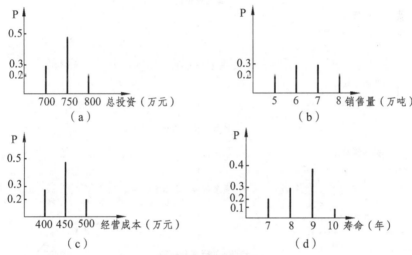

图 5.7 概率分布图

取 NPV 作为评价指标。首先做第 1 次模拟计算。

该项目共有五个随机变量：总投资、年销售量、产品销售单价、年经营成本、项目寿命，根据其概率分布可分别求得其相应的分布函数（略）。

取第一组随机数：0.73，0.43，0.59，0.42，0.03，利用五个随机变量的分布函数依次进行随机数的转换，可得该项目实施的相应各经济要素的第一次模拟取值，见表 5.5 所示。

表 5.5 项目第一次模拟的经济要素值

经济要素	总投资额（万元）	年销售量（万吨）	销售单价（元/吨）	经营成本（万元）	项目寿命（年）	基准收益率（i_0）
随机数	0.73	0.43	0.59	0.42	0.03	10%
转换关系	↓	↓	↓	↓	↓	
模拟的经济要素值	750	6	120	450	7	10%

根据第一次模拟数据可计算出该次模拟的 NPV 值为

$$NPV^{(1)} = 173.03（万元）$$

这只是对项目的一次模拟，如果这样反复模拟多次，譬如说 300 次，则根据这 300 次模拟的结果，就可以做出净现值的频率分布直方图。利用直方图中的统计数据，可以计算出项目的期望净现值及其标准差，再由公式（5.20）计算出净现值小于零的概率，并依此直观判断项目的风险大小。

另外，对项目的内部收益率、投资回收期等评价指标都可采用蒙特卡洛分析法模拟计算。通常这种模拟需在计算机上进行，其模拟流程如图 5.8 所示。

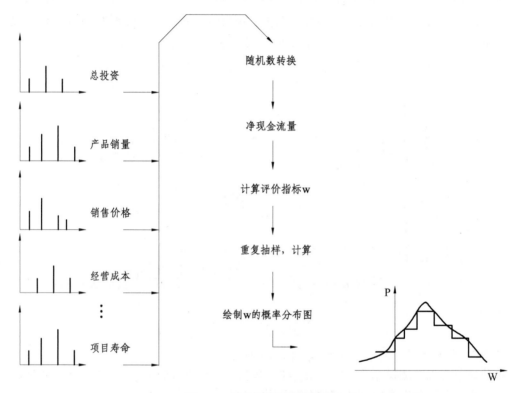

图 5.8　蒙特卡洛模拟流程图

第四节　投资风险控制

正确识别出各类投资风险并进行估计、评价后，接下来就需要考虑如何面对这些风险：是改变计划完全回避这些风险，还是在坚持原计划的同时，采取相关措施尽可能使有关潜在的损失减少到最低程度，甚至是勇敢地知险而上，去迎接最终可能伴随着高风险而到来的高收益。这些便是风险控制阶段的主要工作。

我们认为，投资风险控制主要是指对影响投资项目的不利因素采取相应的行动、手段、措施等，力求避免、消除、减少风险发生的概率和可能带来的损失程度，确保投资目标的实现。

投资风险控制主要有风险回避、风险抑制、风险自留、风险分散和风险转移等五种基本手段。

一、投资风险回避

当投资者识别到可能面临的风险以后，如果某些风险造成损失的可能性很大，或者如果产生损失，则损失的程度会很严重时，投资者可以采取避免或者回避风险的手段，也就是主动放弃原先承担的风险或者完全拒绝导致该种风险的决策方案。例如，某企业计划投资某一项目，但在进行可行性研究时，发现如果现有条件一旦有所改变，将可能血本无归，从而给企业带来致命的打击，此时，投资者决定主动放弃这一投资方案，就是采取了风险回避的方法。

仅从处理特定风险的角度来看，风险回避自然是最彻底的方法，采取有效的风险回避措施，可以将损失发生的可能性降为零，完全避免了可能造成的损失，而其他风险控制手段，仅通过减少风险发生的概率和损失的程度，来减少风险的潜在影响。

风险回避手段的实际运用要受到一定的限制，或者说这一方法有一定的适应范围。

（1）虽然回避风险的方法看起来很简单，但投资者为什么要对某种风险采取这种手段却是个很复杂的问题，原因包括社会因素和心理因素，与危险发生的概率以及后果的大小也有关系。

（2）某些风险是无法避免的。例如，暴风雨、地震、海啸等不可抗力对投资者来说是不可避免的。

（3）当采取回避风险的手段来避免某种风险时，往往会产生另一种风险。例如，当投资者意识到某一投资项目的潜在风险后，决定放弃这一投资项目，转而进行另一投资项目，此时就产生了另一投资项目的风险。

（4）更为重要的是，风险的存在往往伴随着可能的收益，回避风险就意味着放弃收益。几乎可以肯定地说，任何一种经济行为都必然存在一定的风险。风险与收益一般是成正比的，要想获得高额的收益，就必须承担巨大的风险。放弃某种投资机会，就失去了与之相联系的收益。

二、投资风险抑制

由于风险回避方法本身具有的局限性，它的使用在风险控制中受到了一定的限制。作为风险控制的手段之一，风险抑制得到相当广泛的应用和高度的重视。

风险抑制是指采取各种可能的措施减少风险出现的概率以及潜在经济损失的程度。当投资者采取风险抑制手段时，并不是像采取风险回避方法时那样放弃原来的投资方案，而是力争维持既定的决策方案不变，但同时采取一些对抗风险或者减少风险的积极措施。

采取风险抑制手段控制风险时，可以从两个方面考虑。一方面，在风险发生前，采取措施力图减少风险出现的可能性，即采取预防损失发生的措施。例如，对于工厂的火灾风险，可以通过加强安全检查，以耐火材料代替易燃材料等措施来消除。另一方面，在风险出现之后，采取相应的措施来减少损失发生的程度。例如，安装灭火装置的目的是为了在火灾发生时能够立即控制火势蔓延，以减少火灾造成的损失。

采取风险抑制手段控制风险时，有一个不可忽视的问题，即采取相关措施抑制风险时，必须付出一定的成本，投资者应当考虑到要付出多大的代价以及能够取得多大的效果。例如，为了减少某项投资项目的风险，需要增加可供投资者选择的决策方案，这需要付出一定的代价；为了减少产品的市场风险，需要进行仔细的市场调查，这必然需要投资者付出更多的资料费、咨询费以及可行性研究费等。同时，人们对不同水平的风险所付出的努力和代价是不同的。因此，投资者考虑采取措施抑制风险时，并不是要采取很多措施，保险越多越好，而是应该考虑所要付出的代价，采取适当的措施来抑制风险。

三、投资风险自留

当某些风险无法回避或者采取风险抑制手段需要付出太高的成本时，投资者可能需要将风险留给自己，即面对潜在的风险，考虑自己承担由于风险导致的损失，同时做好各种准备工作。当然，采取这种手段控制风险时，应该是在不会影响企业的根本利益的前提下将风险留给自己。

当投资者决定采取风险自留这种积极的风险控制手段时，投资者应当事先做好相应的安排，努力将风险损失降到最低限度。这种相应的安排，主要是指资金的安排，因为一旦损失出现后，必然会对企业的资金流动情况产生冲击，可能给企业造成流动资金困难等问题，资金周转不灵是很多企业无法在竞争激烈的市场立稳脚跟并取得发展的重要因素之一。在确定自留风险的资金安排时，主要考虑以下因素：资金的来源，对损失的补偿程度，损失发生时资金来源的变现性等。资金准备形式可以有多种，如现金、专用基金、借款等，各个投资者根据自己的实际情况采取相应的形式。

风险与收益常常是结伴而行的，承担了风险，就应当有相应的收益。多大的风险对应于多大的收益，这是投资者决定风险自留时要考虑的问题。对于风险大的投资项目，必须要求其具有较大的潜在获利性。

当投资者决定将风险自留时，还应当考虑自身的经济实力。对于经济实力雄厚的投资者，可以承受很大的意外损失，而经济实力较弱的投资者，则不宜自己承担较大的风险损失，各个投资者应当量力而行。

四、投资风险分散

假如我们把投资者的所有投资比作一篮子鸡蛋，如果把所有的鸡蛋都放在一个篮子里，然后好好看护，也就是说，投资者孤注一掷，这会冒很大的风险。作为投资者，为降低投资的风险，最好采用多元化投资或多元化经营的方式，而不是把所有的鸡蛋放在同一个篮子里。

多元化经营的一个最大优势就是可以避免市场中的系统风险，从而达到减少风险的目的。投资者进行多种投资或者多种经营时，"东方不亮西方亮"，如果某种产品市场疲软，也许会在另一个火暴的市场中得到弥补，这样可以避免出现一下子元气大伤的局面。采取多元化经营分散风险时，要注意设法使整体风险最小而收益最大。例如，在证券市场买股票，要注意把风险高、收益高的股票与收益少、风险低的股票搭配起来。又如，某公司除了从事电脑、芯片的生产外，也涉及一些风险小、波动不大的行业，当世界芯片市场上出现价格暴涨暴跌的剧烈动荡时，该公司还可以依靠其他业务的收益渡过潜在难关，从而达到了减少风险的目的。

五、投资风险转移

风险转移是指某风险承担者通过若干技术和经济手段将风险转移给他人承担，以避免风险损失的一种方法。风险转移分为保险转移和非保险转移两种方式。

1. 保险转移

保险是对付风险的一种方法。所谓保险，从经济角度上说，是指分摊灾害事故损失或者分担风险的一种财务安排。投资者控制风险时，可以考虑把损失风险转移给保险组织，由于保险组织集中了大量同质的风险，所以能借助大数法则正确预见损失发生的金额，并据此制订保险费率，通过向所有成员收取保险费来补偿少数成员遭受意外事故的损失。因此，少数不幸成员的损失由包括受损者在内的所有成员分摊。保险转移是指投资者向保险公司投保，以交纳保险费为代价，将风险转移给保险公司承担。如果承保风险发生了，其损失由保险公司按照事先签订的保险合同进行补偿。

2. 非保险转移

非保险转移是指不向保险公司投保而利用其他途径将风险转移给别人。非保险转移方式一般是借助协议或者合同，将损失的法律责任或者财务后果转由他人承担。例如投资者将具有风险的生产经营活动（如建筑工程中的高空作业等）通过分包合同转包给别人，此时，风险便转移给承包者。

以上所介绍的投资风险控制方法不是互斥的，实践中要注意各种方法的组合使用。

习　题

1. 假设某企业新建一条生产线，设计生产能力为年产量 7 200 件，投产后的正常年份内，固定成本总额为 18 000 元，产品售价为每件 12 元，单位产品变动成本为 8 元。试求产品的保本销售量、保本销售额及达到设计产量时产品的最低出厂价格。

2. 某企业为扩大生产能力投资扩建，设计生产能力为年产某产品 462.8 万吨，使用期头几年的收入和支出情况见表 5.6，求盈亏平衡时的产量。

表 5.6　项目使用期收入和成本数据　　　（单位：万元）

年　份	使　用　期				
	1	2	3	4	…
开 工 率	40%	60%	100%	100%	…
营业收入	1 258.82	1 888.22	3 147.04	3 147.04	…
总 成 本	1 428.51	1 972.76	3 061.26	3 061.26	…

3. 已知某项目生产期营业收入函数为 $R(Q) = 40Q - 1.1Q^2$，总成本函数为 $C(Q) = 100 + 12Q - 0.8Q^2$，求该项目盈亏平衡时的产量及利润最大时的产量。

4. 对某方案预测结果如下：投资额为 12 万元，年净收入为 4.2 万元，寿命为 6 年，设 $i_0 = 12\%$。试就净现值对参数分别作敏感性分析。

5. 某投资项目，预计投资额为 80 万元，以后 5 年的年平均净现金流量为 48 万元，各年净现金流量的期望值和方差见表 5.7，假定各年净现金流量独立，$i_0 = 10\%$。试求：

（1）该项目净现值大于或等于 0 的概率；

（2）该项目净现值大于或等于 80 万元的概率。

表 5.7　净现金流量的期望值和方差 　　（单位：万元）

年末 t	0	1	2	3	4	5
$E(F_t)$	-80	48	48	48	48	48
$D(F_t)$	20^2	10^2	12^2	15^2	20^2	30^2

第六章　投资项目可行性研究

项目投资是社会经济发展不可或缺的经济活动形式，其成功与否在很大程度上取决于项目投资决策的质量和效果。因此，在投资实施之前进行科学缜密的决策活动是项目投资的前提。目前，以可行性研究为代表的项目投资决策活动（也称为项目评估工作）在投资领域内方兴未艾，已逐渐成为投资决策工作的一种标准化方法。了解并掌握可行性研究方法，对提高投资效益、减少投资风险以及保障投资项目相关各方利益都是非常必要的。

第一节　可行性研究概述

可行性研究是一种在项目投资前期进行技术经济论证的科学方法，也称为可行性论证。它起源于 20 世纪 30 年代的美国，在 20 世纪 60 年代以后随着世界科学技术和经济管理科学的迅猛发展得到不断的充实和完善，逐步形成为一整套系统的科学研究方法，并在全球范围内得到普及。

可行性研究在世界范围内得到了日益广泛的应用，为此，联合国工业发展组织（UNIDO）、世界银行等全球性组织，以及经济合作与发展组织（OECD）、阿拉伯工业发展中心、亚洲开发银行等区域性经济组织，分别编写了投资项目可行性研究的手册及各种培训资料，用以指导有关国家开展可行性研究工作。

我国正式引入可行性研究方法是以 1981 年原国家计划委员会正式下文将可行性研究纳入基本建设程序为标志。经过多年的探索与实践，尤其是伴随着我国投资建设领域出现的许多新变化和新情况，可行性研究工作积累了不少宝贵的经验，也暴露了一些问题。适合中国国情的可行性研究工作的原则、程序、内容和方法在这一过程中逐步地完善、规范和统一。目前，国内的可行性研究工作均以国家发展改革委员会和原建设部 2006 年颁布的《建设项目经济评价方法与参数》（第三版）为规范性指南。

一、可行性研究的含义

可行性研究是对拟议中的投资项目进行的全面、综合和科学的技术经济分析论证。其论证的核心问题即投资项目的"可行性"。对投资项目而言，所谓"可行性"一般应该包含项目所涉及的所有方面，可以归纳为建设、技术和经济三个方面，即"建设条件是否具备、技术上是否适度和经济上是否合理"。只有同时考察这三个方面是否可行，我们才能对一个拟议中的投资项目是否值得投资做出比较准确的判断和决策。

因此，本书将可行性研究定义为：在项目投资决策之前，通过对项目有关技术、经济和社会等方面的条件和情况进行调查、研究和分析，对各种可能的实施方案进行规划和比较，以考察项目投资建设的必要性、技术上的先进性和适用性、经济上的合理性以及建设条件上的可能性和可行性，从而提出该项目是否值得投资和如何实施的意见的一种决策方法和工作方法。

可行性研究是项目投资决策阶段最重要的工作，也是项目建设前期的一项基础性工作。它要求从市场需求、工程建设条件、生产技术手段、原材料供应、人力资源、财务经济状况、国民经济发展和社会效益等多方面、全方位对项目及方案进行论证，并最终回答项目是否可行、经济效益和社会效益是否显著、如何实施等一系列重大问题，为项目的最终决策提供直接依据。

可行性研究的对象是项目投资决策中的技术经济问题。研究的目的是揭示客观规律，提供科学手段，以减少决策失误风险，有效地利用有限的资源，获取尽可能高的投资效益。

一项成功的可行性研究，应该明确回答拟议项目是否应该投资和如何投资，在多种可行的投资方案中推荐最佳的选择，为投资决策提供科学的依据，为进一步的工作奠定基础。其研究结论，从投资者的角度可以得知该项目是否值得投资建设，从政府部门的角度可以辨别该项目是否值得批准和支持，从银行等贷款机构的角度可以判断该项目能否予以提供贷款，从其他相关各方（如投资合作方、原材料供应商、工程承包商等）的角度可以分析该项目是否值得参与。

在投资项目管理中，可行性研究的作用集中体现为：① 可作为项目投资决策的依据；② 可作为向银行等金融组织和机构申请贷款、筹集资金的依据；③ 可作为下一阶段工程设计和开展建设工作的依据；④ 可作为供环保部门审查的依据和向政府建设、规划主管部门申请建设执照的依据；⑤ 可作为签订有关合同、协议的依据；⑥ 可作为组织管理、机构设置、劳动定员和职工培训工作安排的依据。

我国在投资领域中推行可行性研究工作的目的就是要改进投资项目的管理，做好投资前期工作，避免和减少决策失误，加强投资决策的科学性和客观性，提高建设投资的综合效益。从实践上看，推行可行性研究确实是促进经济建设各部门、各地区、各企事业单位尊重客观实际，按照经济规律办事，提高投资效益的有效措施和必要途径。

二、可行性研究的工作阶段

可行性研究工作一般按四个阶段逐步展开，即机会研究，初步可行性研究，详细可行性研究，项目评估与决策。

由于基础资料的占有程度、研究深度与可靠程度的要求不同，可行性研究各阶段的工作性质、工作内容、工作成果及作用、投资成本估算精度、工作时间与费用各不相同。

1. 机会研究

机会研究的主要任务是捕捉投资机会，为拟建投资项目的投资方向提出轮廓性的建议。

　　机会研究还可以进一步划分为一般机会研究和具体机会研究两部分：一般机会研究是对与投资意向有关的（如地区、行业或部门、市场、资源等外部因素及投资者内部因素）一般情况和投资可能性进行的研究；具体机会研究是在一般机会研究基础上以项目为对象进行的研究，通过具体机会研究将项目设想落实到项目建议，以引起投资者关注，使其明确投资意向。

　　这一阶段的工作比较粗略，一般根据相似工程项目来估算投资额与生产成本，初步分析投资效果。估算误差为 ±30% 左右，所需费用约占投资总额的 0.2% ~ 1%。

　　2. 初步可行性研究

　　初步可行性研究是介于机会研究和详细可行性研究的中间阶段。其主要任务是进一步分析与判断拟议项目的生命力与盈利性。初步可行性研究必须对项目的规模、厂址、市场、资源条件、工艺设备、组织机构、资金筹措、建设进度、财务、效益等情况进行较为全面、系统的定性和定量分析，为设想项目的初选提供依据。

　　这一阶段的主要工作包括：分析投资机会研究的结论；对关键性问题进行专题辅助研究；论证项目的初步可行性，判定有无必要继续进行研究；编制初步可行性研究报告。

　　初步可行性研究的内容与详细可行性研究基本相同，主要区别在于获取资料的详细程度不同，研究的深度和广度略低。

　　初步可行性研究对投资估算可采用生产能力指数法、因素法、比例法等方法。估算误差控制在为 ±20% 以内，所需费用约占投资总额的 0.25% ~ 1.25%。

　　3. 详细可行性研究

　　详细可行性研究是对项目进行详细深入技术经济分析论证的阶段，是项目可行性研究的关键环节。它要求对投资项目的市场需求、工艺技术、财务经济等各个方面的可行性问题，采用系统准确的资料并结合实地考察的情况，进行全面分析论证，做出多方案的规划及比较；如项目的主要技术经济状态不能满足目标要求，还须对其主要因素诸如工艺流程、设备造型、厂房布局、生产组织管理等进行调整，认为项目可行后，提出若干推荐方案并比较优选；最终形成一个技术先进适用、经济上有生命力的方案。

　　这一阶段的主要工作包括：对项目投资的必要性和可能性的分析论证；对项目实施计划、方案的比较论证；项目的经济分析与评价；编制可行性研究报告。

　　详细可行性研究以提交书面正式的可行性研究报告为其完成标志。

　　详细可行性研究其投资估算误差要求在 ±10% 以内，所需费用占总投资的比例：中小型项目为 1% ~ 3%，大型项目为 0.2% ~ 1%。

　　4. 项目评估与决策

　　项目评估与决策是可行性研究的最后一个步骤，也是非常重要的一步。

　　项目评估是在可行性研究报告的基础上进行的，其主要任务是对拟建项目的可行性研究报告提出评价意见，对可行性研究所得出的结论进行全面综合的评估与分析。这种评估不仅要对拟建项目本身的经济效益进行分析，而且必须从国民经济整体发展需要和社会发展需要的角度来考虑和评估项目的优势，使有限的资源实现最优配置。

　　通过本阶段的工作，将最终决策项目投资是否可行并确定满意的投资方案。

就一般的投资项目来说，都要经过上述四个阶段的工作。在可行性研究的任何一个阶段，只要得出"不可行"的结论，就不再继续进行下一步的研究工作。可行性研究的工作阶段和内容也可以根据项目规模、性质、要求和复杂程度的不同，进行适当的调整和简化。可行性研究各个阶段是循序渐进的，这种工作程序符合客观规律，具有较强的适应能力，还可以取得减少工作量、节省时间和降低费用的效果。

为了适应我国的经济管理体制和投资体制，根据我国现行投资建设程序，投资项目决策阶段主要是编制、审批项目建议书和可行性研究报告两个阶段的工作。与之相适应，可行性研究也分为初步可行性研究与详细可行性研究两个主要的阶段进行。

三、项目可行性研究报告的内容

投资项目可行性研究的内容和深度应能满足编制和审批可行性研究报告的要求，满足作为项目投资决策的基础和重要依据的要求。

按照现行规定，一般工业建设项目的可行性研究报告应该包括以下 11 个方面的内容：

（1）总论。说明项目提出的背景、必要性和社会经济意义；提出项目调查的主要依据、工作范围和要求，项目的历史发展概况及与项目有关的政策性、法律性文件；综述可行性研究的主要结论、存在的问题与建议。

（2）市场情况和拟建规模。国内、国外市场需求的调查与预测；国内现有生产能力估计；销售预测与价格分析，产品竞争力与市场前景分析；拟建项目的规模、产品方案和发展方向的技术经济分析和确定。

（3）资源状况及外协条件。说明项目所需自然资源的储量、分布、品位、成分等技术性能指标，明确其审批情况和可行性；说明原材料、辅助材料、燃料的种类、数量、来源、供应可能性和经济性；说明所需动力及公用设施的数量、供应方式、外部协作条件等情况。

（4）厂址选择。建厂的地理位置、气象、水文、地质、地形条件和社会经济状况；交通、运输及水、电、气的现状和发展趋势；厂址比较和选择意见；厂址占地面积、范围、厂区布置方案、建设条件、地价、拆迁及其他工程费用情况。

（5）项目方案。项目的构成范围、技术来源和生产方法；主要技术工艺和设备造型方案的比较，引进技术、设备的设想；全厂布置方案的初步选择和土建工程量估算；公用辅助设施和厂内外交通运输方式的比较和初步选择。

（6）环境保护和劳动安全。调查环境状况，预测项目对环境的影响，提出环境保护、三废治理和劳动保护的初步方案，估算其费用。

（7）工厂组织设计。明确全厂的生产管理体制和机构设置；明确对工程技术人员和管理人员素质、数量的要求；提出劳动定员的配备方案；人员培训规划和费用估算。

（8）项目实施计划和进度。明确勘察设计、设备制造、工程施工、安装、试生产所需时间和进度的要求，统筹安排整个工程项目的实施方案和进度选择方案，采用科学方法（如网格图）表述最佳实施计划方案的选择。

（9）投资估算与资金筹措。主体工程和协作配套工程所需投资的估算；营运资金的估算；资金来源、筹措方式及贷款的偿付方式的比较选优。

（10）项目评价。财务评价（企业经济评价）、国民经济评价、社会评价和不确定性分析。

（11）评价结论。项目投资方案的综合分析评价与方案选择；项目存在的问题、改进建议及结论性意见。

综上所述，项目可行性研究的基本内容可概括为三部分。第一部分是市场研究，说明项目建设的"必要性"；第二部分是建设条件和技术方案研究，说明项目在技术上的"可行性"；第三部分是经济效益的分析与评价，这是可行性研究的核心，说明项目在经济上的"合理性"。可行性研究就是主要从这三个方面对项目进行优化研究，并为投资决策提供依据的。

上述可行性研究的内容主要适用于新建工业项目。鉴于投资项目所在的行业、性质、任务、规模及工程复杂程度不同，可行性研究的内容有所侧重，深度和广度不尽一致，但其基本内容从总体上看是相同或相似的。

第二节　市场分析和生产规模的确定

一、市场分析

市场分析也称为市场研究，是项目可行性研究的首项内容。市场分析结果直接决定着拟建项目投资的必要性和投资规模的大小，并对项目建成后的经济效果产生决定性影响，因此，市场分析往往成为可行性研究工作成败的关键。

（一）市场分析概述

市场分析是指根据拟建项目的设想，在对相关市场的现状及发展变化的过程进行全面充分的调查研究的基础上，就相关市场及产品的未来发展趋势（尤其是供需状况）做出合理的预测和估计，并分析项目建成后可能的市场表现。

在市场经济条件下，项目投资的效益主要体现在产品或服务的市场竞争力和适应性。好的投资项目总是表现出较高的市场潜力和成长性，并且依靠市场机制的作用使自身不断地发展壮大。从实现资源合理配置的要求看，市场的基础性作用决定了有限资源的合理流向，而资源流动的难易也就决定了项目生存的难易。一般而言，远离市场和市场作用的项目是谈不上效益的。再者，绝大多数市场的状态总是处在不断变化当中，供求关系也是在持续的调整中才能保持动态的平衡。项目的投资策略必须不断适应这些变化并做出相应调整，一成不变的模式只能导致投资风险的不断放大。总之，研究市场是项目投资决策的一项重要基础性工作，应该高度重视。

投资项目的市场分析包括市场调查和市场预测两个方面的工作。市场调查是利用科学的手段，有目的地、系统地收集目标市场的信息资料，分析研究目标市场的实际状况及变化情况。市场预测是运用科学的方法，依据市场调查提供的相关信息资料，对目标市场供需状况以及与之相关联的各种因素的发展变化趋势进行的分析、判断与测算，以提供较为详细、准确的未来市场信息。

市场调查和市场预测在研究对象、研究结果和研究方法上存在着一定的差异。但作为市场分析有序且不可缺少的两个阶段，它们之间又有着密切的联系，即市场调查是市场预测的基础和前提，市场预测是市场调查的目的和归宿。本书对市场调查的内容从略，下面着重介绍有关市场预测的主要内容。

（二）市场预测内容与方法

市场预测的内容相当广泛，涉及所有可能引起市场供求关系变化的因素。归纳起来，主要包括以下内容：

（1）市场容量预测。市场容量是指在一定市场范围内有一定货币支付能力的需求总量。通过市场容量预测，可以分析市场上商品的需求变化趋势，指导企业科学安排生产经营计划，帮助投资者分析项目的前景。

（2）商品供需关系发展趋势预测。商品供需关系及其变化影响着市场未来的发展趋势。根据市场商品可供量与购买力总量的预测及对比，为企业制订生产计划和营销策略提供依据。

（3）成本和价格预测。商品成本和价格的变化直接影响着供需关系的变化，关系到项目投资效益和市场消费结构的变化，影响企业的生产积极性和社会利益分配。成本和价格预测是市场预测的一项至关重要的内容。

（4）消费需求预测。消费需求预测是针对消费需求趋势和消费心理变化的预测活动。前者主要受生产发展、收入增长和价格波动等因素的影响，后者则取决于社会发展和社会风尚、生活习俗的改变。

（5）销售预测。销售预测是制订生产经营计划、资金占用计划和利润目标的基础和依据，它包括销售总额预测和具体商品品种的销售额预测。销售预测应建立在供需分析、产品方案选择、生产规模分析、营销策略选择和价格预测的基础上。

（6）市场占有率预测。市场占有率是指在一定的市场范围内，企业所生产的某种商品的销量占同一市场同一商品总销量的比例，或销售额占销售总额的比例。市场占有率反映了企业商品的市场竞争力和企业的信誉，是检验企业市场地位的一项重要指标，其预测对项目决策具有很强的指导意义。

上述市场预测的内容（也就是市场预测的对象），既可以用反映事物性质、状态或发展趋势等特征的定性类指标来描述，也可以用反映事物数量特征的定量指标来描述。因此，针对预测对象进行具体的预测工作时，在预测手段和预测方法的选用上，也就存在定性、定量两种手段和方法。事实上，投资项目的市场预测必须借助于定性、定量两种方法相结合才能完成全部的预测任务。

市场预测的具体方法很多，下面就几类常用的定性、定量方法作扼要的介绍。

1. 德尔菲法

德尔菲法是一种专家意见法，由美国兰德公司于 20 世纪 50 年代提出并首先应用。这种方法能克服早期专家调查法在应用过程中出现的诸多缺陷，有效地发挥被调查者——专家的综合判断能力和自身的特长，并能对预测问题做出更为全面、准确的结论，因此得到广泛的应用。目前，在市场分析、技术研究、社会评价和管理领域等很多预测工作中都有德尔菲法的使用，并表现出较强的适用性和灵活性。

概括地讲，德尔菲法是采用函询调查，对与预测问题有关的各领域专家以书面方式分别提出问题，而后将回收的意见综合、整理，匿名反馈给各位专家，再次征求意见，然后再回收、综合、反馈。这样经过多次循环，最终得到比较一致且可靠性较大的意见，并形成预测结果。德尔菲法有如下三个显著的特点：

（1）匿名性。在预测方法的实施过程中，被调查者彼此互不相知，应答者可以不公开地改变自己的意见或评述他人的意见，避免了某些心理因素的影响，亦无损于自身的威望，各种不同的论点都可以得到充分的发表。实践表明，"背靠背"的方式更有利于意见的统一。

（2）有控制的反馈沟通。德尔菲法的多轮调查方式便于专家们在不断反馈的过程中充分了解问题的方方面面及各种见解，这样可促使专家们不断深入地思考、完善或更正自己的观点，或者形成新的认识。这实际上是通过意见的反馈来组织专家之间的信息交流和讨论。此外，预测组织机构利用组织权力对反馈过程实施控制，使整个调查过程在既定的或合理的程序中运转，并排除个别非理性因素的干扰，以提高咨询的效率。

（3）预测结果的统计特性——收敛性。作定量处理是德尔菲法的一个重要特点。多轮调查与反馈的过程，也是专家们在匿名状态下相互影响和说服的过程。更为合理的意见会逐渐为大多数专家所接受，呈现出收敛的趋势。通过统计手段的合理利用，可以更简洁、更清晰地把这种收敛特性表达出来，从而达到更好的预测效果。

运用德尔菲法进行预测的步骤可以归纳为：

（1）预测准备。包括成立预测组织机构，广泛收集资料，选择专家和确定被调查者数目，拟订各种调查表格问卷等预测准备工作。

（2）预测过程的实施。这是德尔菲法预测的主要阶段，一般应完成 3 ~ 4 轮的征询。每一轮征询都包含有各个专家的预测结果及理由的陈述，与预测有关的信息资料，各轮意见的统计结果，以及专家和组织者的其他意见。由于德尔菲法预测过程周期相对较长，组织者既要保证这一过程的顺利进行，还要处理好各种突发事件（如预测问题的外部环境发生重大变化）或棘手情况（如几轮征询过后专家意见仍过于分散），提高预测成功的可能性。

（3）预测结果的处理。专家预测的结果往往只能达到趋近一致，不可能完全一致。组织者应对最后一轮反馈回来的各种结果进行统计处理，以获得反映预测结果的全面信息和最终的预测值。

（4）预测报告的审核。预测组织机构编写详细的预测结果报告，并附上对预测过程的概要说明交预测委托方审核。委托方确认所委托的预测任务确已完成，预测工作即告一段落。

作为一种定性预测方法，德尔菲法在长期预测中享有较高的声誉，但不太适用于短期预测问题。

2. 回归预测法

回归预测是一种应用非常广泛的定量预测方法。它通过研究事物——预测对象在发展变化过程中表现出来的与其他事物变动之间的内在联系，确定这种联系的密切性及规律性，并利用有关历史数据资料将其以数学模型（通常称为回归模型）的形式描述出来，并依据该模型对预测对象的未来状态做出数量估计。回归预测法按影响因素的数目可分为一元回归和多元回归，按预测对象与影响因素之间关系的性质可分为线性回归预测和非线性回归预测。这里仅介绍应用最多的一元线性回归预测方法。

在对预测对象历史资料的分析过程中，常常会发现预测对象的变化趋势明显地受到某一

其他因素变动的影响。如果将两者的对应历史数据
以散点图的形式绘于直角坐标系上，发现可以用一
条直线近似地描述它们之间的相互变化关系（见图
6.1），找到一个最合适的直线方程来近似地表达这
种关系，建立预测对象的一元线性回归预测模型。
方程形式如下

$$\hat{y} = a + bx \qquad (6.1)$$

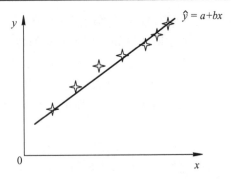

图 6.1　一元线性回归模型图示

式中　x——自变量；

　　　$\hat{y}$——自变量 x 对应的因变量预测值；

　　　a、b——回归系数，分别表示预测直线在纵坐标轴上的截距和直线的斜率。

如能得到模型中两个系数的具体数值，即可运用该模型算出当自变量因素达到某一数量
时预测对象相应的预测数值。实践中常常利用所掌握的历史样本数据来测算系数的值。

设已掌握的样本数据量有 n 组，即（x_1，y_1），（x_2，y_2），…，（x_n，y_n），其中 x_i 为 x 的第
i 个实际数据，y_i 为对应于 x_i 的 y 的实际值（$i=1$，2，…，n）。则回归系数 a、b 可由下面两
个公式求取

$$a = \frac{\sum_{i=1}^{n} y_i}{n} - \frac{b\sum_{i=1}^{n} x_i}{n} = \bar{y} - b\bar{x} \qquad (6.2)$$

$$b = \frac{\sum_{i=1}^{n} x_i y_i - \frac{1}{n}\left(\sum_{i=1}^{n} x_i\right)\left(\sum_{i=1}^{n} y_i\right)}{\sum_{i=1}^{n} x_i^2 - \frac{1}{n}\left(\sum_{i=1}^{n} x_i\right)^2} \qquad (6.3)$$

式中　$\bar{x}$——自变量 x 的样本算数平均值，$\bar{x} = \frac{1}{n}\sum_{i=1}^{n} x_i$；

　　　$\bar{y}$——因变量 y 实际值的样本算数平均值，$\bar{y} = \frac{1}{n}\sum_{i=1}^{n} y_i$。

回归系数 a 和 b 确定后，即可运用回归模型（公式 6.1）进行预测。

需要强调的是，一元线性回归预测模型是以 x 与 y 间有近似线性关系为前提的。但 x 与
y 之间是否确有此关系呢？要通过相关检验后才能确定。相关检验要求计算 x 与 y 间的相关
系数 r 的值，其计算公式如下

$$r = \frac{n\sum_{i=1}^{n} x_i y_i - \sum_{i=1}^{n} x_i \sum_{i=1}^{n} y_i}{\sqrt{\left[n\sum_{i=1}^{n} x_i^2 - \left(\sum_{i=1}^{n} x_i\right)^2\right]\left[n\sum_{i=1}^{n} y_i^2 - \left(\sum_{i=1}^{n} y_i\right)^2\right]}} \qquad (6.4)$$

相关系数的取值范围为 $0 \le |r| \le 1$。r 的绝对值越接近 1，x 与 y 间的线性相关程度越高；
越接近 0，则 x 与 y 间的线性相关程度越低。$r > 0$，称 x 与 y 正相关；$r < 0$，称 x 与 y 负相关。
通过相关系数值与相应的线性相关临界值比较就能判别变量间的线性相关性。当相关系数 r

的绝对值大于相应的线性相关临界值 $r_\alpha(n-2)$ 时，方能认为 x 与 y 线性相关，这时才能应用求得的一元线性回归预测模型进行预测。否则，模型不适用。线性相关临界值可由附表查取。

应用一元线性回归预测模型所得的预测值与实际值间总会有一定的误差，为了鉴别预测模型的准确范围，也即预测值的可信任范围（置信度），需确定模型的置信区间。置信区间的确定可通过计算实际值对预测值的标准差来实现，计算公式如下

$$S_y = \sqrt{\frac{\sum_{i=1}^{n}(y_i - \hat{y}_i)^2}{n-2}} \qquad (6.5)$$

其中 $\hat{y}_i = a + bx_i$（$i = 1, 2, \cdots, n$）。置信度为 95% 时的置信区间上、下限值为 $\hat{y} \pm 2S_y$。

3. 时序预测法

时序预测法是指研究事物随时间变化的规律，并根据这个规律来预测事物未来时点的发展水平或趋势的定量预测方法。常用的时序预测法有移动平均法和指数平滑法。

移动平均法假定事物发展的未来状况只与最近 n 期的状况有关，而与较远期的状况无关。该方法以每期权重相同为前提条件，并保持每段间距不变，逐次后移一期求最近 n 期实际值的算数平均值 M_t，以此作为下期预测值 $\hat{y}_{t+1}$。其数学模型如下

$$\hat{y}_{t+1} = M_t = \frac{x_t + x_{t-1} + \cdots + x_{t-n+1}}{n} \qquad (6.6)$$

或 $$\hat{y}_{t+1} = \hat{y}_t + \frac{x_t - x_{t-n}}{n} \qquad (6.7)$$

式中 $\hat{y}_{t+1}$、$\hat{y}_t$——第 $t+1$ 期、第 t 期的预测值；

M_t——第 t 期的一次移动平均值；

x_t——第 t 期的实际值；

n——移动平均时段的期数；

t——时期序数。

式（6.7）是式（6.6）的递推形式。

移动平均法多用于短期预测。这种方法简单易行，能在一定程度上反映事物未来发展的趋势，但预测值有一定程度的滞后现象。为提高预测的准确性，一般要求预测对象随时间变化有近似线性关系，尤其以水平数据模式为佳。

指数平滑法的原理与移动平均法略有不同，它考虑了全部历史数据对预测值产生的影响，并设定这种影响作用非均等，不同期数据影响的权重按指数规律由近至远做递减处理。指数平滑法的递推公式为

$$\hat{y}_{t+1} = S_t = \alpha x_t + (1-\alpha)S_{t-1} \qquad (6.8)$$

式中 $\hat{y}_{t+1}$——第 $t+1$ 期的预测值；

S_t、S_{t-1}——第 t 期、第 $t-1$ 期的指数平滑值；

α——平滑系数，$0 < \alpha < 1$；

x_t——第 t 期的实际值。

如果将上式递推展开，则有

$$S_t = \alpha \sum_{i=0}^{t-1} (1-\alpha)^i x_{t-i} + (1-\alpha)^t S_0 \qquad (6.9)$$

式中　S_0——指数平滑初始值。

根据指数平滑法的特点，权重序列 $\{\alpha(1-\alpha)^i\}$ 为递减序列，且所有权重值之和应该等于 1，即满足 $\lim\limits_{t \to \infty}\left[\alpha \sum_{i=0}^{t-1} (1-\alpha)^i \right] = 1$。

应用指数平滑法时，必须合理选择平滑系数 α 和确定平滑初始值 S_0。α 值主要根据实际时间序列数据的波动情况和经验来选取，当时间序列数据呈水平波动时，α 值应取小一些；当时间序列数据有明显变动趋势时，α 值应取大一些。实际预测时可估计几个 α 值，通过试算比较预测误差，取误差最小者所对应的 α 值即可。初始值 S_0 一般可以用计算起始期的实际值替代，或者采用专家评估法来确定。

指数平滑法主要用来进行短期预测。这种方法具有自我修正的优点，适应性较好。但对于具有明显变动趋势的时间序列，指数平滑法仍然不能克服预测值滞后的弱点。

4. 产品生命周期预测法

产品生命周期是指一项产品从开发、投产上市直到被市场淘汰所经历的时期。大多数产品的生命周期均表现出如图 6.2 中曲线所示的基本特征：$A \sim B$ 为萌芽期，是指产品开发出来后的试销阶段；$B \sim C$ 为成长期，是指产品销售量迅速增长的阶段；$C \sim E$ 为成熟期，是指销售量从缓慢增长达到顶峰（D 点）继而缓慢下降的阶段；$E \sim F$ 为衰退期，是指销售量持续下滑直至产品退出市场的阶段。事实上，并非所有类型的产品都会完整地经历上述四个阶段，并且各类产品在各阶段的表现及维持的时间也可能有差异。具体产品的生命周期特征、当前所处的生命周期阶段及其曲线形态应结合其自身的情况进行分析。

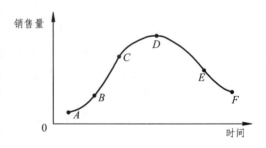

图 6.2　产品生命周期曲线

对产品生命周期内各时期销售量的预测，尤其是对处于销售增长阶段产品的销售量（有时也用需求量）的预测，目前多采用成长模型。成长模型曲线的基本形态与图 6.2 中的 $A \sim D$ 段曲线相似。其模型具体形式有两种，分别为：

皮尔模型

$$y = \frac{k}{1 + Be^{-At}} \qquad (6.10)$$

戈柏兹模型

$$y = k \cdot a^{b^t} \qquad (6.11)$$

式中　y——销售量（需求量）预测值；

　　　t——时期（常用年份）；

k——饱和值（极大值）；

A、B、a、b——参数。

这两种模型的区别在于曲线的形状略有差异。根据具体产品的情况和特点，可选取其中之一来描述其市场发展演变规律，并进行预测。

成长模型中参数的估计，应根据已有的销售量或需求量的历史数据（时间序列），可采用三段估计法进行。限于篇幅，这里从略。

二、生产规模的确定

通过项目的市场分析，明确了投资方向及产品品种方案，摸清了市场对该产品的需求量，便为确定项目的生产规模提供了依据。项目规模选择得是否合理，直接关系到项目建成交付使用后的投资经济效益。

（一）项目的生产规模及其影响因素

生产规模一般指项目的生产（服务）能力，即项目交付使用后一定时期内（通常为一年）在所有内外部条件得到满足的情况下能够生产的产品（提供的服务）数量。生产规模表明劳动力、生产资料和产品的生产在项目中集中的程度，是确定项目投资额的主要依据。

生产规模或生产能力通常按产品的年产量计算，但也按其他的计算方式（如按装机能力等）来计算。

从投资项目决策所面临的经济环境分析来看，影响项目生产规模的因素非常复杂，主要的制约因素包括产业政策、市场需求和产品生产的物质技术条件等。

（1）产业政策。包括产业结构政策、产业组织政策、产业技术政策和产业布局政策，以及其他对产业发展有重大影响的政策和法规。确定项目的生产规模应以国家产业政策所规定的固定资产投资项目的经济规模标准作为项目的最低生产规模或适度生产规模的参考。

（2）市场需求。市场需求的数量、强度、特点、特定要求和时间因素等都是影响项目生产规模的重要因素。合理的生产规模既能充分满足市场的需求，又不致造成资源的浪费。

（3）生产的物质技术条件。必须考虑包括资本投入规模、资源供应条件、运输条件、生产技术条件、专业化分工与协作配套条件等要素对项目规模的要求，实现合理的匹配，量力而为。

（4）其他因素。从投资项目整体出发，影响生产规模的其他因素包括土地、交通、通信、区位条件、政务水平、环境保护等，这些因素从不同的方面制约着项目的生产规模。

合理的生产规模能实现生产要素的最佳组合，最大限度地发挥各生产要素的能力，提高其利用率及生产效率，获取规模效益。因此，生产规模的选择和确定，不仅要考虑各种影响因素的综合作用，更主要的是要分析研究怎样的规模能够让项目获得理想的投资效益。

（二）确定生产规模的方法

生产规模的确定一般应该从生产技术和经济性两个方面着手，以成本最小化或者利润最大化这两类目标来衡量特定生产规模的合理性，并进行生产规模优化。

1. 经验分析法

经验分析法是指依据国内外同类或类似项目生产规模与生产成本相互关系的历史资料，考虑影响投资规模的各种约束，来确定投资项目合理生产规模的方法。运用经验分析法的前提条件是国内外有较多同类项目存在，并且其相当部分的数据和资料是完整的、公开的和可信任的。这样才能有效地对生产规模与成本之间存在的一般关系进行抽象。

在具体运用过程中，要注意的问题有：① 剔除非正常因素对生产规模与成本相互关系的影响；② 考虑投资期间技术进步对原有两者关系的影响；③ 认真分析市场需求量，切不可盲目、教条地确定生产规模；④ 加强对本项目所处特定外部环境影响程度的研究。

2. 盈亏分析法

相对来讲，生产规模较大为好，但并非越大越好。大多数项目的生产规模存在界限问题，需研究产量与成本、收益的演变关系。当条件一定时，生产规模将有个可行范围的优选区域，称为经济规模区。

对一般项目而言，产品的营业收入、总成本与产量之间的变化关系如图 6.3 所示。销售收入线与总成本线交于 E_1 和 E_2，为盈亏平衡点，对应的产量 Q_1 和 Q_2 为盈亏平衡产量。当项目规模小于 Q_1 或大于 Q_2 时均会亏损。产量区间 $Q_1 \sim Q_2$ 即为项目的经济规模区，是项目规模决策的极限区域。产量 Q^* 为最优生产规模，以该水平组织生产项目可获取最大利润，是项目规模决策的理想目标。但由于各种条件的限制，项目规模难以恰好达到 Q^* 的水平，实践中也很难得到 Q^* 的精确数值。因此，现实的做法是在 Q^* 的附近进行选择，形成产量区间 $Q_3 \sim Q_4$，即项目优选的合理规模区。在该区域内组织生产，可以获得比较可观的效益。

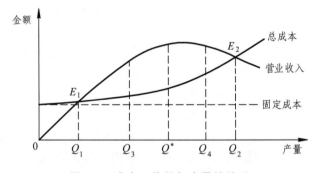

图 6.3 成本、收益与产量的关系

利用有关的历史数据资料和分析模型，可将经济规模区、最优规模和合理规模区定量化，供项目规模决策参考。

盈亏分析法能使决策者掌握生产的转折点，合理地安排和利用项目生产能力，发挥规模优势，取得较好的规模效益。

3. 线性规划法

线性规划法要求首先确定成本与利润的目标函数及其约束条件（如经济资源、资金、设备的技术先进程度、生产工艺、工时与劳动力、原材料供应等），然后运用最优化算法确定在一系列约束条件下达到成本最小化或利润最大化目标的生产规模。

采用线性规划法进行最优规模分析的一般步骤为：

（1）建立数学分析模型。分析所要实现的目标和实现目标的约束条件，并使其定量化（模型化、公式化）。

（2）通过模型求解。可以采用迭代法确定最优解。

（3）检验模型。应用若干样本资料，试用模型取得其最优解；进行样本值与最优解的比较，必要时对模型进行适当的调整。

（4）运用模型，测算最优生产规模。

第三节　投资项目的财务评价

经济评价是投资项目可行性研究的有机组成部分和重要内容，是项目投资决策科学化的基本手段和有效途径。经济评价的目的是根据国民经济和社会发展战略以及行业、地区发展规划的要求，在做好产品（服务）市场需求预测及厂址选择、工艺技术选择等工程技术研究的基础上，计算项目的效益和费用，通过多方案比较，对拟建项目的财务可行性和经济合理性进行分析论证，做出全面的评价，为项目的科学决策提供经济方面的依据。根据评价目的和范围的不同，项目经济评价分为财务评价（也称财务分析）和国民经济评价（也称经济分析）。项目经济评价内容的选择，应根据项目性质、项目目标、项目投资者、项目财务主体以及项目对经济与社会的影响程度等具体情况确定。

投资项目的财务评价是根据国家现行财税制度和价格体系，分析、计算项目范围内的财务效益和费用，编制财务报表，计算评价指标，考察项目的盈利能力和清偿能力（偿债能力），据以判别项目的财务可行性。从财务上分析，如果一个项目的产出大于对它的投入，就意味着该项目是盈利的，可以被采纳；反之，则应放弃该项目。所以，财务评价是决定项目取舍的基本依据。

一、财务评价的主要内容

项目财务评价的主要内容有两项，一是项目盈利能力分析，二是项目清偿能力分析。前者考察项目可能具有的获利水平，后者考察项目偿还贷款的能力。一个项目必须具有较强的盈利能力和清偿能力才是可取的。以上分析内容都是建立在大量的前期准备工作（如需求预测、规模确定、厂址选择、工艺技术选择、资金筹措等）并取得大量数据的基础上的。具体来说，开展财务评价主要应做好以下三项工作：

（1）在对投资项目总体情况进行详细了解和对市场、环境、技术方案等充分调查的基础上，收集、整理并预测财务评价相关的基础数据。这些数据包括：项目的投资及相关费用，资金的筹措及运用计划，产品的成本及构成，产品的价格及变动趋势，有关财务费用的执行标准等。部分数据需选用合适的方法加以估算。将上述基础数据分类汇总可得到若干基础财务报表。

（2）利用各种基础财务分析表编制项目的财务报表，以反映项目寿命期内的具体财务状况。在编制过程中，可能涉及的诸如贷款利息的计算和偿还方式、折旧基金的留用和分配、计税时限及减免等问题，按有关规定和项目的实际情况处理。

（3）依据项目各财务分析报表的相关数据计算各项财务经济评价指标，并与相应的评价标准作比较，区分优劣，分析原因；在综合各方面结果的基础上做出项目财务上是否可行的判断结论。

在完成财务评价各项内容的过程中，为保证评价结论的科学性和可靠性，应严格遵循以下要求：

（1）各项基础数据的来源必须与项目规划的内容相符，与已有类似项目的合理状况相近；有关的预测和估算应有严格的依据，保持计算口径对应一致，并留有余地。

（2）各类报表的编制应符合国家有关财经政策和会计制度，反映行业、部门特殊规定的应予以明确。

（3）各项分析内容必须客观、公正，保持前后一致；不得为粉饰项目的财务状况而任意篡改、增减数据或计算程序。

二、财务评价的基本报表

财务评价的基本报表有现金流量表、利润与利润分配表、财务计划现金流量表、资产负债表和借款还本付息计划表等。

（1）现金流量表反映项目计算期内各年的现金收支（现金流入和现金流出），用以计算各项动态和静态评价指标，进行项目财务盈利能力分析。按投资计算基础的不同，现金流量表分为：

① 项目投资现金流量表。该表不分投资资金来源，以总投资作为计算基础，用以计算项目投资所得税前及所得税后财务净现值、财务内部收益率及投资回收期等评价指标，考察项目投资总的盈利能力，为各个投资方案（不论其资金来源及资金成本高低）进行比较建立共同基础。

② 项目资本金现金流量表。该表从项目资本金出资者整体角度出发，以投资者的出资额作为计算基础，把借款本金偿还和利息支付作为现金流出，用以计算项目资本金财务内部收益率指标，考察项目资本金可获得的收益水平。

③ 投资各方现金流量表。该表从投资各方实际收入和支出的角度，确定其现金流入和现金流出，分别计算投资各方的财务内部收益率指标，考察投资各方可能获得的收益水平。

（2）利润与利润分配表。该表反映项目计算期内各年的利润总额、所得税及税后利润的分配情况，用以计算总投资收益率、项目资本金净利润率等指标。

（3）财务计划现金流量表。该表通过考察项目计算期内的投资、融资和经营活动所产生的各项现金流入和流出，计算净现金流量和累计盈余资金，分析项目是否有足够的净现金流量维持正常运营，以实现财务可持续性。

（4）资产负债表。该表综合反映项目计算期内各年末资产、负债和所有者权益的增减变化及对应关系，以考察项目资产、负债、所有者权益的结构是否合理，用以计算资产负债率、流动比率及速动比率，进行清偿能力分析。

（5）借款还本付息计划表。该表反映项目计算期内各年借款本金偿还和利息支付情况，用以计算偿债备付率和利息备付率指标。

除必须编制以上几类基本财务分析报表外，还应编制辅助报表，如建设投资估算表、建设期利息估算表、流动资金估算表、项目总投资使用计划与资金筹措表、营业收入、营业税金及附加和增值税估算表、总成本费用估算表等。以上基本报表和辅助报表的格式参见本章第五节的投资项目经济评价案例介绍。

三、财务评价指标

为科学、客观、简便地对项目进行盈利能力、清偿能力等的分析评价,并做出正确结论、选出最优方案,需要在前述一整套计算表的基础上计算一系列评价指标。完整的财务评价指标体系见表 6.1,这些指标都属于价值类定量指标。

表 6.1　财务评价指标体系

财务评价内容	财务评价基本报表	财务评价指标	
		静态指标	动态指标
盈利能力分析	项目投资现金流量表 项目资本金现金流量表 投资各方现金流量表 利润与利润分配表	投资回收期 总投资收益率 项目资本金净利润率	项目投资财务内部收益率 项目投资财务净现值 项目资本金财务内部收益率
清偿能力分析	财务计划现金流量表 资产负债表 借款还本付息计划表	利息备付率 偿债备付率 资产负债率 流动比率 速动比率	

需要说明的是,投资项目的财务评价应该体现动态分析与静态分析相结合、定量分析与定性分析相结合、价值量分析与实物量分析相结合的特点。因此,在具体评价过程中,不能认为完成上述的评价指标计算就可以形成评价结论了,而应该进一步地分析有哪些重要因素尚未体现于这些评价指标值中,并做出专门的研究,以完善评价结论。当然,评价指标体系的有效性是不容置疑的。

此外,实践中可能出现各类评价指标计算值体现的评价结论(即对项目财务状况的反映)不尽一致的情况,这需要对项目有关情况作进一步的分析,查明出现分歧的原因,并根据对项目的总体要求做出判断;或者对项目实施方案进行适当的调整,以确保最终各项评价指标结论的一致性。

四、财务评价中的几个重要问题

1. 项目计算期

项目计算期包括项目的建设期和运营期。关于项目的计算期,有两点意见可供参考。

(1)有些折旧年限很长甚至是"永久性"的工程项目,如水坝等,其计算期中的运营期可低于其折旧年限。此时在现金流量表及财务计划现金流量表中最末一年"回收固定资产余值"栏内可填写该年的固定资产净值。

(2)计算期不宜定得太长。建设期应根据合理工期或预计建设进度确定,运营期一般应以项目主要设备的经济寿命期确定。一般来说,运营期不宜超过 20 年,因为按折现法计算,把 20 年后的收益金额折算为现值的数值相对较小,对财务评价结论不会产生决定性的影响;并且时间越长,预测的数据越不准确。

项目计算期应根据多种因素综合确定。行业有规定时,应从其规定。

2. 计算期的年序

财务现金流量表的年序为 1,2,…,n,建设开始年作为计算期的第一年,年序为 1。为了与复利系数表的年序相对应,在折现计算中,采用了年末习惯法,即年序 1 发生的现金流量按 $(1+i)^{-1}$ 折现,年序 2 发生的现金流量按 $(1+i)^{-2}$ 折现,其余类推。通常,在项目建设期以前发生的费用占总费用的比例不大,为简化计算,这部分费用可列入年序 1。有些项目如改扩建项目,需要计算技改扩建后的效益,且原有固定资产净值占改扩建后总投资的比例较大,需要单独列出时,可在建设期以前另加一栏"建设起点",将建设期以前发生的现金流出填入该栏,计算净现值时不予折现。

3. 建设期利息的计算

计算建设期利息时,为了简化计算,通常假定借款均在每年的年中支用,借款当年按半年计息,其余各年份按全年计息。

4. 财务评价价格

财务评价采用的价格(简称财务价格)是以现行价格体系为基础的预测价格。确定财务价格时要遵循以下基本要求:

(1)国内现行价格是指现行商品价格和收费标准,有国家定价、国家指导价和市场价三种价格形式。在多种价格并存的情况下,项目财务价格应采用预计最有可能发生的价格。

(2)现行价格的变化受多种因素的影响,例如价格政策、商品供求关系等。导致价格变动的这类因素称为相对价格变动因素。另一类使价格变动的因素是物价总体水平的上涨,即因通货膨胀而引起的所有商品的价格以相同比例向上浮动。预测现行价格除必须考虑前一类相对价格的变动因素外,原则上还应考虑后一类物价总水平的上涨因素。

(3)在财务评价中,对于价格变动因素,项目财务盈利能力分析和清偿能力分析原则上应作不同处理。即为了消除通货膨胀引起的财务"虚"数,使项目与项目之间、项目评价指标与行业财务评价参数(不含通货膨胀的基准收益率和基准投资回收期)之间具有可比性,财务盈利能力分析应采用以基年(或建设期初)物价总水平为基础,并考虑计算期内相对价格变化,但不考虑物价总水平上涨因素,计算相关指标;同时,为了使项目投资估算、资金筹措及清偿能力的计算与项目实施中实际发生的数值相一致,清偿能力分析应采用时价(既考虑计算期内相对价格变化,又考虑物价总水平上涨因素)进行还本付息等财务平衡计算。

结合我国的情况,在财务评价实践中,是否考虑物价总水平上涨因素以及如何考虑,应根据项目的具体情况和预测物价总水平变动的难易程度、准确程度合理确定,可以作适当的简化处理。

第四节 投资项目的国民经济评价

项目的国民经济评价,是在合理配置社会资源的前提下,从国家经济整体利益的角度出发，计算项目对国民经济的贡献，分析项目的经济效率、效果和对社会的影响，评价项目在宏观经济上的合理性。项目的国民经济评价，要求将项目置于国民经济大系统当中，通过考察项目与国民经济系统间的输入、输出关系，分析项目的建设对国民经济和社会的影响，以此作为项目是否值得投资的重要依据。

一、国民经济评价与财务评价的关系

作为项目经济评价的两个层次，国民经济评价和财务评价各有其任务和作用，其主要区别是：

（1）评价角度不同。财务评价是从项目财务角度考察项目的盈利状况及借款偿还能力，以确定投资行为的财务可行性；国民经济评价是从国家整体的角度考察项目对国民经济的贡献以及需要国民经济付出的代价，判断项目是否符合国民经济发展目标的要求，以评价其经济合理性。

（2）效益与费用的含义及划分范围不同。财务评价是根据项目的实际收支确定项目的效益和费用，补贴计为效益，税金和利息均计为费用。国民经济评价是着眼于项目对社会提供的有用产品和服务及项目所耗费的全社会有用资源，来考察项目的效益和费用，故补贴不计为项目的效益，税金和国内借款利息均不计为项目的费用。财务评价只计算项目直接发生的效益和费用，国民经济评价对项目引起的间接效益和费用也要计算和分析。

（3）评价采用的价格不同。财务评价对投入物和产出物采用财务价格，国民经济评价则采用影子价格（一种反映物品真实价值的计算价格）来计算项目的效益和费用。

（4）主要经济参数不同。财务评价采用官方汇率和行业基准收益率，国民经济评价采用国家统一测定的影子汇率和社会折现率。

一个好的投资项目应该是财务上有利，并且对国民经济的发展有促进作用。财务评价与国民经济评价的结论均可行的项目，应予通过；国民经济评价结论不可行的项目，一般应予否定；对于关系公共利益、国家安全和市场不能有效配置资源的经济和社会发展的项目，如国民经济评价合理，但财务评价结论不可行，应重新考虑方案，必要时可提出经济优惠措施的建议，使项目具备财务生存能力。

二、项目的效益和费用

基于国民经济评价自身的特点，其"效益"和"费用"具有更深的内涵和更广的外延。国民经济评价中，效益是指项目对国民经济所做的贡献，表现为导致社会最终产品增加的各类产出；费用是指国民经济为项目所付出的代价，表现为导致社会最终产品减少的各类投入。

项目的效益分为直接效益和间接效益。直接效益是指由项目产出物产生并在项目范围内计算的经济效益。一般表现为增加该产出物数量满足国内需求的效益；替代其他相同或类似企业的产出物，使被替代企业减产以减少国家有用资源耗费（或损失）的效益；增加出口（或减少进口）所增加（或节支）的国家外汇等。间接效益是指由项目引起而在直接效益中未得到反映的那部分效益。例如，一个新建高速公路项目，将给过往旅客带来时间的节约，给货主带来运输成本的节约，以及给沿途地区带来发展经济的潜力等，这些都属于该项目的间接效益。

项目的费用分为直接费用和间接费用。直接费用是指项目使用投入物所产生并在项目范围内计算的经济费用。一般表现为其他部门为供应本项目投入物而扩大生产规模所耗用的资源；减少对其他项目（或最终消费）投入物的供应而放弃的效益；增加进口（或减少出口）所耗用（或减收）的外汇等。间接费用是指由项目引起而在项目的直接费用中未得到反映的那部分费用。典型的例子是工业项目的废水、废气和废渣引起的环境污染和对生态的破坏所造成的损失。

与项目相关的间接效益和间接费用统称为外部效果。外部效果是国民经济评价分析的重点。对显著的外部效果能定量的要做定量分析，计入项目的效益和费用；不能或难以定量的，应作定性描述。为了减少计量上的困难，首先应力求明确项目范围的"边界"。一般情况下可扩大项目的范围，把一些相互关联的项目合在一起作为"联合体"进行评价。另外，采用影子价格计算效益和费用，在很大程度上使项目的外部效果在项目内部得到了体现。因此，通过扩大计算范围和调整价格，就能将很多"外部效果"内部化。为防止"外部效果"计算扩大化，一般只计算一次相关效果。

国家对项目的补贴，项目向国家交纳的税金，项目支付的国内贷款利息，由于并不发生实际资源的增加和耗用，而是国民经济内部的"转移支付"，因此不计为项目的效益和费用。

三、影子价格及其确定

为了正确计算项目对国民经济所做的净贡献，在进行国民经济评价时，原则上都应该使用影子价格。为了简化计算，在不影响评价结论的前提下，可只对其价值在效益或费用中占比重较大，或者国内价格明显不合理的产出物或投入物使用影子价格。

（一）影子价格的含义

价格是进行国民经济评价的主要尺度。在效益和费用的计算中如果采用不合理的价格，就会影响到项目国民经济评价的可靠性和真实性，从而导致决策失误。因此，选择合理的价格是正确进行国民经济评价的关键。就我国目前的情况来看，现行的价格体系（市场价、政府指导价和政府定价相结合）由于种种原因还不能完全客观地反映社会成本、供求关系和资源利用情况，仍然存在着一定程度和范围内的价格"扭曲"。为了能更好地反映项目的社会效益和国民经济实际收益，促进对自然资源、物资和劳动力的合理利用，必须对项目的投入物、产出物的现行价格（即财务价格）进行适当调整，以影子价格作为国民经济评价的价格标准。

所谓影子价格，是指在社会最佳生产组织的情况下，供求达到均衡时资源和物品的价格。某种资源的影子价格大于零的程度，表示该种资源的稀缺程度，这时如增加该种资源的供应量，就可使系统取得更大的效益，影子价格则减小；当影子价格等于零时，表示该种资源不再稀缺，即使再增加供应量，也不能使系统的效益增大。采用影子价格来计算项目的投入和产出，能使资源在优化条件下得到利用，从而保证国民经济能取得良好的效益。

理论上，影子价格可通过求解线性规划模型得到。但因现实的国民经济评价难以建立相应的模型，及获得所需的数据，影子价格不易得到。实际操作中一般都是以现行价格为基础，通过合理的调整、修正后得到影子价格的。

（二）影子价格的确定

1. 投入物与产出物的分类

我国建设项目经济评价方法规定，在确定影子价格时，把项目投入物和产出物分为可外贸货物、非外贸货物和特殊投入物三种类型。

可外贸货物是指其生产或使用将直接或间接影响国家进出口的货物。包括：项目产出物中直接出口（增加出口）、间接出口（替代其他企业产品使其增加出口）或替代进口（以产顶进减少进口）者；项目投入物中直接进口（增加进口）、间接进口（挤占其他企业的投入物使其增加进口）或挤占原可用于出口的国内产品（减少出口）者。

非外贸货物是指其生产或使用将不影响国家进出口的货物。除了所谓"天然"的非外贸货物（如建筑、国内运输等基础设施和商业的产品及服务）外，还有由于运输费用过高或受国内外贸易政策和其他条件的限制不能进行外贸的货物。

特殊投入物是指劳动力、土地和自然资源。

可外贸货物与非外贸货物的划分会因国家外贸政策和国内外市场情况的改变而发生变化，评价时应结合项目的具体情况予以考虑。

2. 可外贸货物影子价格的确定

可外贸货物的影子价格是以实际可能发生的口岸价格（离岸价 FOB 和到岸价 CIF）为基础确定的。根据项目涉及的可外贸货物的性质及其流向，考虑该外贸物及其可能的替代物在国内发生的有关运输费用和贸易费用，以口岸价倒算得到项目可外贸货物的影子价格（产出物出厂价格或投入物到厂价格）。

在影子价格计算中应以国际价格为基准，国内市场价格与国际市场价格的价差，或人民币与外币之间的换算，可通过影子汇率来修正和完成。影子汇率反映外汇的真实价值，是国民经济评价中一个重要的通用参数，由国家统一测定发布。

确定可外贸货物的口岸价格应考虑国际市场的变化趋势，力求做出有根据的预测。要注意由于倾销或暂时紧缺出现的口岸价格异常变化，并剔除其影响。

3. 非外贸货物影子价格的确定

非外贸货物的影子价格按下述原则和思路确定：

（1）产出物。增加供应数量满足国内消费的产出物，供求均衡的，按财务价格定价；供不应求的，参照国内市场价格并考虑价格变化的趋势定价，但不应高于相同质量产品的进口价格；无法判断供求情况的，取上述价格中较低者。不增加国内供应数量，只是替代其他相同或类似企业的产出物，致使被替代企业停产或减产的，质量相同的，应按被替代企业相应产品的可变成本分解定价；提高产品质量的，原则上应按被替代产品的可变成本加提高产品质量带来的国民经济效益定价。

（2）投入物。能通过原有企业挖潜增加供应的，按可变成本分解定价；在拟建项目计算期内需通过增加投资扩大生产规模来满足项目需要的，按全部成本分解定价；项目计算期内无法通过扩大生产规模增加供应的，参照国内市场价格、国家统一价格加补贴（如有时）中较高者定价。

4. 特殊投入物影子价格的确定

特殊投入物的影子价格，原则上应主要考虑其机会成本，即反映该特殊投入物用于拟建项目而放弃了其他用途使社会为此放弃的效益，以及社会为此而增加的资源耗费。

四、国民经济评价指标

国民经济评价要从资源合理配置的角度，量化分析项目投资的经济效率和对社会福利做出的贡献。此外，根据需要还可对难以量化的外部效果进行定性分析。

国民经济评价指标应最大限度地反映投资项目为国民经济增长所做的贡献和创造的社会净效益，主要从动态的角度考察项目的国民经济效果。常用的评价指标有：

1. 经济净现值（ENPV）

经济净现值是反映项目对国民经济净贡献的绝对指标。它是指用社会折现率将项目计算期内各年经济净效益流量折算到建设期初的现值之和。其计算式为

$$\mathrm{ENPV} = \sum_{t=1}^{n} (B-C)_t (1+i_s)^{-t} \qquad (6.12)$$

式中　B——经济效益流量；

　　　C——经济费用流量；

　　　$(B-C)_t$——第 t 年的经济净效益流量（$t=1,2,\cdots,n$）；

　　　n——项目计算期；

　　　i_s——社会折现率。

经济净现值等于或大于零，表示国家为拟建项目付出代价后，可以得到符合社会折现率的社会盈余，或除得到符合社会折现率的社会盈余外，还可以得到以现值计算的超额社会盈余。这是判断投资项目取舍的必要条件。

社会折现率反映国家对资金时间价值的估量，是一个重要的通用参数，由国家统一测定发布。

2. 经济内部收益率（EIRR）

经济内部收益率是反映项目国民经济净贡献的相对指标。它是项目在计算期内各年经济净效益流量的现值累计等于零时的折现率。其表达式为

$$\sum_{t=1}^{n} (B-C)_t (1+\mathrm{EIRR})^{-t} = 0 \qquad (6.13)$$

如果经济内部收益率等于或大于社会折现率，表明项目资源配置的经济效率达到了可以被接受的水平。

另外，涉及产品出口创汇及替代进口节汇的项目，还要计算经济外汇净现值（ENPVF）、经济换汇成本、经济节汇成本指标，以反映项目的外汇效果。

五、国民经济评价的具体做法

国民经济评价可以在财务评价基础上进行，也可以直接进行。

在财务评价基础上进行国民经济评价时，首先剔除在财务评价中已计算为效益或费用的转移支付，增加财务评价中未反映的间接效益和间接费用，然后用影子价格、影子工资、影子汇率、土地影子费用等代替财务价格及费用，对营业收入（或效益）、建设投资、流动资金、经营成本等进行调整，并以此为基础计算项目的国民经济评价指标。

直接进行国民经济评价的项目，首先应识别和计算项目的直接效益、间接效益、直接费用和间接费用，然后以货物影子价格、影子工资、影子汇率和土地影子费用等计算项目建设投资、流动资金、经营费用、直接效益、间接费用和间接效益，并在此基础上计算项目的国民经济评价指标。

第五节　投资项目经济评价案例
——某化学原料厂财务评价

一、概　述

某化学原料厂为新建项目。该项目财务评价是在对市场需求预测、生产规模、工艺技术方案、原材料和燃料及动力的供应、建厂条件和厂址方案、公用工程和辅助设施、环境保护、工厂组织和劳动定员以及项目实施规划诸方面进行可行性研究论证和多方案比较后，确定了最佳方案的基础上进行的。

项目生产国内市场比较紧俏的某种化学原料 S 产品。这种产品是精细化工不可缺少的原料，国内市场供不应求，每年需要一定数量的进口。项目投产后可以替代部分进口。

关键生产技术国内已掌握，项目拟采用国产化设备。

厂址位于某市近郊，占地 30 亩，靠近铁路、公路、码头，交通运输方便。靠近主要原料和燃料产地，供应有保证。水、电供应可靠。

该项目主要设施包括生产主车间，与工艺生产相适应的辅助生产设施、公用工程以及有关的生产管理、生活福利等设施。

二、基础数据

1. 生产规模和产品方案

生产规模为年产 2 000 吨 S 产品。产品方案为一级。

2. 实施进度

项目拟一年建成，第二年投产，当年生产负荷达到设计能力的 70%，第三年达到 100%。

生产期按 10 年计算，计算期为 11 年。

3. 总投资估算及资金来源

（1）建设投资估算见表 6.2。投资估算额为 3 960 万元。

表 6.2　建设投资估算表　　　　（单位：万元）

工程或费用名称	估　算　价　值			
	建筑安装工程	设备购置	其　　他	总　　值
1. 工程费用	1 820	1 415		3 235
2. 其他费用			440	440
其中：土地费用			180	180
3. 预备费			285	285
合计（1＋2＋3）	1 820	1 415	725	3 960

（2）建设期利息估算为 81 万元。

（3）流动资金估算见表 6.3，估算总额为 640 万元。

表 6.3　流 动 资 金 估 算 表　　　　（单位：万元）

序号	年份项目	投产期	达 到 设 计 能 力 的 生 产 期								
		2	3	4	5	6	7	8	9	10	11
1	流动资产	525	750	750	750	750	750	750	750	750	750
1.1	现　金	4	7	7	7	7	7	7	7	7	7
1.2	应收账款	102	148	148	148	148	148	148	148	148	148
1.3	存　货	419	595	595	595	595	595	595	595	595	595
2	流动负债	77	110	110	110	110	110	110	110	110	110
	应付账款	77	110	110	110	110	110	110	110	110	110
3	流动资金（流动资产－流动负债）	448	640	640	640	640	640	640	640	640	640
4	流动资金增加额	448	192	0	0	0	0	0	0	0	0

总投资 ＝ 建设投资 ＋ 建设期利息 ＋ 流动资金 ＝ 4 681（万元）

（4）项目资本金为 1 500 万元，其余为国内借款。其中，建设借款（不含建设期利息）2 700 万元，年利率为 6%；流动资金贷款 400 万元（要求自有流动资金不低于 30%），年利率为 7%。

项目总投资使用计划与资金筹措见表 6.4。

表 6.4　项目总投资使用计划与资金筹措表　　（单位：万元）

序号	年份项目	1	2	3	合　计
1	总投资	4 041	448	192	4 681
1.1	建设投资	3 960			3 960
1.2	建设期利息	81			81
1.3	流动资金		448	192	640
2	资金筹措	4 041	448	192	4 681
2.1	项目资本金	1 260	240		1 500
	其中：用于流动资金		240		240
2.2	借　款	2 781	208	192	3 181
2.2.1	长期借款（含利息）	2 781			2 781
2.2.2	流动资金借款		208	192	400

4. 工资及福利费估算

全厂定员为 180 人，工资及福利费按每人每年 10 944 元估算（其中福利费按工资总额的 14% 计取），全年工资及福利费为 197 万元。

5. 年营业收入和营业税金及附加估算

S 产品年产量 2 000 吨，产品销售价格是根据财务评价的定价原则，考虑该产品属国内市场较紧俏产品，在一段时间内仍呈供不应求状态，经分析论证，确定产品销售价格以近几年国内市场已实现的价格为基础，预测到生产期初的市场价格，每吨出厂价按 19 500 元计算。在正常年份，年营业收入估算值为 3 900 万元。

营业税金及附加按国家规定计取：产品缴纳增值税，税率为 17%；城市维护建设税按增值税的 7% 计，教育费附加按增值税的 3% 计。营业税金及附加的估算值在正常生产年份为 433 万元。

年营业收入和营业税金及附加的估算见表 6.5。

表 6.5　营业收入和营业税金及附加估算表　　（单位：万元）

序号	项　目	第 2 年（生产负荷70%）		第 3～11 年(生产负荷100%)	
		销售量（吨）	金　额	销售量（吨）	金　额
1	营业收入	1 400	2 730	2 000	3 900
2	营业税金及附加		302		433
2.1	增值税（17%）		275		393
2.2	城市维护建设税(7%)		19		28
2.3	教育费附加（3%）		8		12

6. 产品成本估算

根据需要，该项目分别作了单位生产成本和总成本费用估算。正常年份的总成本费用估算为 2 654 万元，其中经营成本为 2 260 万元。

单位产品生产成本估算见表 6.6，总成本费用估算见表 6.7。

表 6.6　单位产品生产成本估算表　　　　（单位：元）

项　　　目		单　位	消耗定额	单　价	金　额
原材料及辅料	A	t	1.08	4 800	5 184
	B	t	0.42	2 500	1 050
	C	kg	13.5	34	459
	D	kg	2.6	65	169
	小　计				6 862
燃料及动力	水	t	69	1.25	86
	电	kW·h	2 180	0.28	610
	气	m^3	315	1.20	378
	小　计				1 074
工资及福利费					690
制造费用					853
单位生产成本					9 479

表 6.7　总成本费用估算表　　　　（单位：万元）

序号	年份 / 负荷 / 项目	投产期 2　70%	达到设计能力的生产期									合计
			3　100%	4　100%	5　100%	6　100%	7　100%	8　100%	9　100%	10　100%	11　100%	
1	外购材料	960	1 372	1 372	1 372	1 372	1 372	1 372	1 372	1 372	1 372	13 308
2	外购燃料动力	150	215	215	215	215	215	215	215	215	215	2 085
3	工资及福利费	197	197	197	197	197	197	197	197	197	197	1 970
4	折旧费	348	348	348	348	348	348	348	348	348	348	3 480
5	摊销费	34	34	34	34	34	18	18	18	18	18	260
6	修理费	174	174	174	174	174	174	174	174	174	174	1 740
7	财务费用	182	169	124	77	29	28	28	28	28	28	721
8	其他费用	302	302	302	302	302	302	302	302	302	302	3 020
9	总成本费用	2 347	2 811	2 766	2 719	2 671	2 654	2 654	2 654	2 654	2 654	26 584
10	经营成本	1 783	2 260	2 260	2 260	2 260	2 260	2 260	2 260	2 260	2 260	22 123

成本估算说明如下：

（1）为了与产品销售价格相对应，所有的原材料、辅助材料及燃料动力价格均以近几年市场已实现的价格为基础，预测到生产期初的价格。特别对占比重较大的原料A进行了分析论证，该种原料在市场上趋于供求均衡，并且在一段时间内这种状态还将维持，故采用的预测价格为现行市场价格。

（2）固定资产折旧和无形及其他资产摊销计算。在建设投资中其他费用除土地费用进入固定资产原值外，其余费用均作为无形及其他资产。固定资产原值为3 781万元（含建设期利息81万元），按直线法计算折旧，折旧年限为10年，残值率为8%，年折旧额为348万元。无形资产为180万元，按10年摊销，年摊销费为18万元；其他资产为80万元，按5年摊销，年摊销费为16万元。

（3）修理费计算。修理费按年折旧额的50%计取，每年174万元。

（4）借款利息计算。长期借款利息计算见表6.8，利率以6%计，生产经营期间应计利息计入财务费用。流动资金借款利息计入财务费用，正常年份应计利息为28万元。借款偿还期（从借款开始年算起）为5.01年。

表6.8　借款还本付息计划表　　　　（单位：万元）

序号	项目　　　　　年份	建设期 1	投产期 2	达到设计能力的生产期			
				3	4	5	6
1	年初借款本息累计		2 781	2 353	1 597	816	8
1.1	本　金		2 700	2 353	1 597	816	8
1.2	建设期利息		81				
2	本年借款	2 700					
3	本年应计利息	81	167	141	96	49	1
4	本年偿还本金		428	756	781	808	8
5	本年支付利息		167	141	96	49	1
6	偿还借款本金资金来源		428	756	781	808	835
6.1	利　润		46	374	399	426	453
6.2	折旧费		348	348	348	348	348
6.3	摊销费		34	34	34	34	34
7	偿还本金后余额						827

（5）其他费用计算。其他费用是在制造费用、营业费用、管理费用中扣除工资及福利费、折旧费、摊销费、修理费后的费用。为简化计算，该部分费用按工资及福利费的150%计取，每年约为296万元。土地使用税每年为6万元。其他费用共计每年为302万元。

7．利润总额及分配

利润总额及分配估算见表6.9。利润总额正常年份为813万元。所得税按利润总额的33%计取，盈余公积和公益金分别按净利润的10%和5%提取。未分配利润正常年份为463万元。

表6.9　利润与利润分配表　　　　　　（单位：万元）

序号	年份 负荷 项目	投产期 2 70%	达到设计能力的生产期								合计
			3 100%	4 100%	5 100%	6 100%	7 100%	8 100%	9 100%	10 100%	11 100%	
1	营业收入	2 730	3 900	3 900	3 900	3 900	3 900	3 900	3 900	3 900	3 900	37 830
2	营业税金及附加	302	433	433	433	433	433	433	433	433	433	4 199
3	总成本费用	2 347	2 811	2 766	2 719	2 671	2 654	2 654	2 654	2 654	2 654	26 584
4	利润总额	81	656	701	748	796	813	813	813	813	813	7 047
5	所得税（33%）	27	216	231	247	263	268	268	268	268	268	2 324
6	净利润	54	440	470	501	533	545	545	545	545	545	4 723
6.1	盈余公积（10%）	5	44	47	50	53	55	55	55	55	55	474
6.2	公益金（5%）	3	22	24	25	27	27	27	27	27	27	236
6.3	未分配利润	46	374	399	426	453	463	463	463	463	463	4 013
	累计未分配利润	46	420	819	1 245	1 698	2 161	2 624	3 087	3 550	4 013	

三、财务盈利能力分析

1. 项目投资的财务现金流量

项目投资现金流量表见表6.10。根据表6.10计算出以下财务评价指标：

表6.10　项目投资现金流量表　　　　　　（单位：万元）

序号	年份 负荷 项目	建设期 1	投产期 2 70%	达到设计能力的生产期								合计
				3 100%	4 100%	5 100%	6 100%	7 100%	8 100%	9 100%	10 100%	11 100%	
1	现金流入		2 730	3 900	3 900	3 900	3 900	3 900	3 900	3 900	3 900	4 841	38 771
1.1	营业收入		2 730	3 900	3 900	3 900	3 900	3 900	3 900	3 900	3 900	3 900	37 830
1.2	回收固定资产余值											301	301
1.3	回收流动资金											640	640
2	现金流出	3 960	2 560	3 101	2 924	2 940	2 956	2 961	2 961	2 961	2 961	2 961	33 246
2.1	建设投资	3 960											3 960
2.2	流动资金		448	192									640
2.3	经营成本		1 783	2 260	2 260	2 260	2 260	2 260	2 260	2 260	2 260	2 260	22 123
2.4	营业税金及附加		302	433	433	433	433	433	433	433	433	433	4 199
2.5	所得税		27	216	231	247	263	268	268	268	268	268	2 324
3	净现金流量	− 3 960	170	799	976	960	944	939	939	939	939	1 880	5 525
4	累计净现金流量	− 3 960	− 3 790	− 2 991	− 2 015	− 1 055	− 111	828	1 767	2 706	3 645	5 525	

（1）财务内部收益率（FIRR）为 16.35%，大于行业基准收益率（$i_c = 12\%$），说明该项目盈利能力满足行业的要求。

（2）财务净现值（FNPV）为 797 万元，大于零，项目在财务上是可以接受的。

（3）投资回收期为 6.12 年（含建设期），小于行业基准投资回收期（10 年），表明项目投资能按时收回。

2. 项目资本金的财务现金流量

项目资本金现金流量表见表 6.11。根据表 6.11 计算出以下指标：

（1）项目资本金财务内部收益率为 22.53%。

（2）项目资本金财务净现值（$i_c = 12\%$）为 1 104 万元。

（3）项目资本金投资回收期为 6.41 年（含建设期）。

表 6.11　现金流量表（项目资本金）　　（单位：万元）

序号	年份 负荷 项目	建设期 1	投产期 2 70%	达到设计能力的生产期								合计
				3 100%	4 100%	5 100%	6 100%	7 100%	8 100%	9 100%	10 100%	11 100%	
1	现金流入		2 730	3 900	3 900	3 900	3 900	3 900	3 900	3 900	3 900	4 841	38 771
1.1	营业收入		2 730	3 900	3 900	3 900	3 900	3 900	3 900	3 900	3 900	3 900	37 830
1.2	回收固定资产余值											301	301
1.3	回收流动资金											640	640
2	现金流出	1 260	2 962	3 834	3 829	3 825	2 993	2 989	2 989	2 989	2 989	3 389	34 048
2.1	项目资本金	1 260	240										1 500
2.2	借款本金偿还		428	756	781	808	8					400	3 181
2.3	借款利息支付		182	169	124	77	29	28	28	28	28	28	721
2.4	经营成本		1 783	2 260	2 260	2 260	2 260	2 260	2 260	2 260	2 260	2 260	22 123
2.5	营业税金及附加		302	433	433	433	433	433	433	433	433	433	4 199
2.6	所得税		27	216	231	247	263	268	268	268	268	268	2 324
3	净现金流量	−1 260	−232	66	71	75	907	911	911	911	911	1 452	4 723
4	累计净现金流量	−1 260	−1 492	−1 426	−1 355	−1 280	−373	538	1 449	2 360	3 271	4 723	

以上指标均能满足财务可行的要求。

3. 计算投资利润率、投资利税率和资本金利润率

根据利润与利润分配表（表 6.9）和建设投资估算表（表 6.2）可计算出总投资收益率和项目资本金净利润率。

$$\text{总投资收益率} = \frac{\text{年息税前利润}}{\text{总投资}} \times 100\% = \frac{841}{4\,681} \times 100\% = 18\%$$

$$\text{项目资本金净利润率} = \frac{\text{年净利润}}{\text{项目资本金}} \times 100\% = \frac{545}{1\,500} \times 100\% = 36\%$$

该项目总投资收益率和项目资本金净利润率均大于行业平均水平，说明单位投资对国家积累的贡献水平达到了本行业的较好水平，项目盈利能力也能满足出资人的要求。

四、清偿能力分析

清偿能力分析是通过对"借款还本付息计划表"、"财务计划现金流量表"、"资产负债表"的编制计算，考察项目计算期内各年的财务状况及偿债能力，并计算资产负债率、流动比率、速动比率和建设投资借款偿还期。

财务计划现金流量见表 6.12。资产负债见表 6.13，表 6.13 中包括资产负债率、流动比率和速动比率等指标的计算。

建设投资借款偿还期（从借款开始年算起）为 5.01 年（见表 6.8），能满足贷款机构要求的期限。项目具有较强的偿债能力。

表 6.12　财 务 计 划 现 金 流 量 表　　　（单位：万元）

序号	项目	建设期	投产期 1 (70%)	达到设计能力的生产期 2 (100%)	3 (100%)	4 (100%)	5 (100%)	6 (100%)	7 (100%)	8 (100%)	9 (100%)	10 (100%)	11 (100%)	合计
1	现金流入	4 041	884	1 014	852	883	915	911	911	911	911	1 852	14 085
1.1	净利润		54	440	470	501	533	545	545	545	545	545	4 723
1.2	折旧费		348	348	348	348	348	348	348	348	348	348	3 480
1.3	摊销费		34	34	34	34	34	18	18	18	18	18	260
1.4	长期借款	2 781											2 781
1.5	流动资金借款		208	192									400
1.6	项目资本金投入	1 260	240										1 500
1.7	回收固定资产余值											301	301
1.8	回收流动资金											640	640
2	现金流出	4 041	876	948	781	808	8					400	7 862
2.1	建设投资	3 960											3 960
2.2	建设期利息	81											81
2.3	流动资金		448	192									640
2.4	长期借款本金偿还		428	756	781	808	8						2 781
2.5	流动资金借款偿还											400	400
3	净现金流量		8	66	71	75	907	911	911	911	911	1 452	6 223
4	累计盈余资金		8	74	145	220	1 127	2 038	2 949	3 860	4 771	6 223	

表6.13 资 产 负 债 表 （单位：万元）

序号	年份 项目	建设期 1	投产期 2	达 到 设 计 能 力 的 生 产 期								
				3	4	5	6	7	8	9	10	11
1	资产	4 041	4 192	4 101	3 790	3 483	4 008	4 553	5 098	5 643	6 188	6 733
1.1	流动资产总额		533	824	895	970	1 877	2 788	3 699	4 610	5 521	6 432
1.1.1	现金		4	7	7	7	7	7	7	7	7	7
1.1.2	应收账款		102	148	148	148	148	148	148	148	148	148
1.1.3	存货		419	595	595	595	595	595	595	595	595	595
1.1.4	累计盈余资金		8	74	145	220	1 127	2 038	2 949	3 860	4 771	5 682
1.2	在建工程	4 041										
1.3	固定资产净值		3 433	3 085	2 737	2 389	2 041	1 693	1 345	997	649	301
1.4	无形及其他资产净值		226	192	158	124	90	72	54	36	18	0
2	负债及所有者权益	4 041	4 192	4 101	3 790	3 483	4 008	4 553	5 098	5 643	6 188	6 733
2.1	流动负债总额		285	510	510	510	510	510	510	510	510	510
2.1.1	应付账款		77	110	110	110	110	110	110	110	110	110
2.1.2	短期借款		208	400	400	400	400	400	400	400	400	400
	其中：流动资金借款		208	400	400	400	400	400	400	400	400	400
2.2	长期负债	2 781	2 353	1 597	816	8	0	0	0	0	0	0
	负债小计	2 781	2 638	2 107	1 326	518	510	510	510	510	510	510
2.3	所有者权益	1 260	1 554	1 994	2 464	2 965	3 498	4 043	4 588	5 133	5 678	6 223
2.3.1	资本金	1 260	1 500	1 500	1 500	1 500	1 500	1 500	1 500	1 500	1 500	1 500
2.3.2	盈余公积		5	49	96	146	199	254	309	364	419	474
2.3.3	公益金		3	25	49	74	101	128	155	182	209	236
2.3.4	累计未分配利润		46	420	819	1 245	1 698	2 161	2 624	3 087	3 550	4 013
	资产负债率（%）	69	63	51	35	15	13	11	10	9	8	8
	流动比率（%）		187	162	175	190	368	547	725	904	1 083	1 261
	速动比率（%）		40	45	59	74	251	430	609	787	966	1 145

五、结 论

从上述财务评价看，项目投资财务内部收益率高于行业基准收益率，投资回收期低于行业基准投资回收期，借款偿还期能满足贷款机构的要求。因此，本项目从财务上看是可行的。

习 题

1. 项目可行性研究的阶段如何划分？各阶段的主要工作和特点是什么？

2. 项目可行性研究报告的主要内容有哪些？

3. 某地区 1996—2003 年居民的货币收入和购买消费品支出情况见表 6.14。建立购买消费品支出与货币收入间的一元线性回归预测模型。估计该地区 2004 年居民货币收入为 21 亿元，试预测该地区 2004 年居民购买消费品支出的数额，并判断预测结果的合理性。

表 6.14　1996—2003 年居民的货币收入和购买消费品支出情况

年　　份	1996	1997	1998	1999	2000	2001	2002	2003
货币收入 x	11.6	12.9	13.7	14.6	14.4	16.5	18.2	19.8
购买消费品支出 y	10.4	11.5	12.4	13.1	13.2	14.5	15.8	17.2

4. 某铁路分局上年度 1~12 月的实际货运量列于表 6.15 中。

表 6.15　某铁路分局上年度 1~12 月的实际货运量　　　（单位：万吨）

月　　份	1	2	3	4	5	6	7	8	9	10	11	12
货运量	155	164	162	143	124	113	101	87	81	89	108	137

（1）分别以 $n=3$ 和 $n=5$ 用移动平均法求本年度 1 月份货运量的预测值。

（2）以上年度 1 月份的实际值作为预测的初始值，分别求 $\alpha=0.3$ 和 $\alpha=0.7$ 时，本年度 1 月份货运量的指数平滑预测值。

5. 项目的生产规模受哪些因素的影响？如何确定？

6. 项目财务评价的基本报表都有哪些？其作用是什么？

7. 怎样正确确定项目的财务价格？

8. 国民经济评价与财务评价的主要区别是什么？它们在投资项目可行性研究中各有什么作用？

9. 怎样理解项目的费用和效益？如何识别项目的外部效果？举例说明。

10. 说明影子价格的含义及其确定思路。

第七章　企业投资决策

第一节　企业投资概述

一、企业投资的含义和目的

企业投资是指企业为了获取预期收益而投入资金用以转化为实物资产或金融资产的行为和过程。

企业作为一个经济实体进行投资，事实上是以"法人"的形式进行的。从利益动机角度来看，企业法人投资与公众自然人投资并无本质区别。企业的投资决策是市场导向的，即自主选择、自主决策、自主经营、自负盈亏，同时接受政府和社会公众的引导和监督。企业所有的投资策略是围绕着资产增值和经济效益而展开的，其投资方向的确定、投资规模的决定、投资项目的选择，都是以投资收益为决策依据的。因此，作为企业法人，它的投资行为与公众一样，是一种"经济人"的行为。

企业作为市场经济中最重要的投资主体之一，其投资的目的往往是多元化的。在企业的成长发展期，特别是预期未来市场需求有较大增长时，企业会倾向于通过投资实业来获取未来的经营利润，扩大经营规模和新建子公司等，并借此提升自身的竞争力和抵御市场风险的能力。当企业处于稳定发展时期，企业会将部分资金投放于金融市场。现代企业特别强调多元化投资的合理组合，以有效地避免各类投资风险，并试图通过各项投资的有效组合来提高企业的综合报酬水平，并享受相关的税收优惠政策等。

二、企业投资的特性

与个人投资相比，企业投资有着非常鲜明的特性，主要表现在以下几个方面：

（1）企业的资本都来自于外部投资者，企业的经营者只是接受外部投资者（股东）的委托从事投资与管理。因此，企业投资事实上是个人投资的委托代理关系。企业投资的所有权益都归外部投资者所有，企业从事投资活动从本质上讲是服从于股东利益的需要，而不是企业法人的需要。

（2）投资对象的选择与企业的发展状况和成长周期紧密相关。一般企业以实业投资为主，金融投资往往只是其投资总量中的一小部分，并没有固定的资金来源；只有规模较大和发展成熟的企业才有能力将相对大量和固定的资金介入金融资产投资领域。

（3）投资的目标不仅仅是可观的回报，还要实现有效的资产组合，以规避投资风险、控制被投资公司、相互参股建立合作关系和充分利用闲置资金等。现代经济和社会的发展赋予企业尤其是大中型企业更多的社会责任与公众义务，使得企业的投资活动不得不考虑诸如解决就业、保护资源、促进科技进步等重大社会问题。

（4）投资的稳定性强，较少有短期投机行为，注重长期投资的效益。企业投资所谋求的不是一朝一夕的得失，企业的发展也不可能建立在类似股票价格大起大落的动荡的基础之上。这也是与企业存在的根本目的相一致的。

（5）资金规模较大，融资和再融资活动比较频繁，对资本市场的依赖性比较明显。如果经济前景不乐观或者市场不稳定，企业的短期投资行为将显著增加，其交易的资金量增大，会对投资领域和金融领域造成较大的影响。

三、企业投资的原则

（1）效益性原则。效益是企业生存的源泉，这一原则要求企业以利润最大化为目标进行投资选择。当然，这并不意味着企业可以不顾及市场供求现状及其发展趋势和国家宏观调控的阶段性要求而盲目投资于高获利的项目或产品。

（2）合法性原则。企业的投资活动必须在国家相关法律、法规所规范的范围以内开展，并接受法律法规的监督和制约，才能得到应有的保护。此外，企业投资还必须符合国家产业政策的要求和具体行业、部门的管理要求，从而能争取到投资审批、信贷、工商、税收、规划、建设等部门的扶持和相关优惠政策，为企业投资创造宽松的外部环境。

（3）时效性原则。由于企业投资以盈利为基本目的，一般情况下，只要在其所生产产品或提供服务的寿命周期内能取得较为客观的收益，企业就愿意投资。这一原则决定了企业投资一般投向周期短、见效快的项目。但对于至关企业生存发展的重大投资活动，企业则必须反复权衡、慎重决断，不能只图短期利益。对于短期投机行为的实施，必须控制好风险，做到"有所为有所不为"。

（4）灵活性原则。企业的投资方向必须与市场相联系、相适应，而市场形势瞬息万变，这就要求企业投资应具有较大的灵活性，以适合于市场需求的变化。灵活性应具体体现在企业投资资金的筹集和使用、投资方向和规模的确定、投资环境的依赖程度、投资中断和转向等方面。强调灵活性不等于鼓动企业投资"打一枪换一个地方"，而是要求企业"总是处于有利于打枪的地方"。

四、企业投资的类型

企业投资的类型既服从于一般投资的类型划分，也有其独特之处。下面简述几种有研究和实践价值的主要分类标准下的具体类型。

1. 实业投资和金融投资

这是按企业投资对象存在形式的不同划分的。实业投资是投入资金形成实物资产的投资行为。实物资产的具体形式多种多样，可以是不动产和动产，固定资产和流动资产，有形资产和无形资产，物质资产和人力资产。实业投资大多是为了满足企业从事具体生产经营活动的需要，是传统的投资方式。金融投资是一种依托于资本市场的投资活动，形成的资产是金融资产，即证券或权证形式的收益凭证。金融资产的种类繁多，对于投资人来讲是一种虚拟资本，并不具有实体资产形态，也不增加企业的生产经营资金。需要强调的是，购买金融资产虽然不直接与实业活动相关，但资本运动的结果必然导致其进入产业经营领域，因而金融投资与实业投资事实上存在着相互的联系，很难完全分割。

2. 直接投资和间接投资

这是按企业能否直接控制其投资资金的运用来划分的。直接投资是指企业用于建造房屋、购置设备、开设子公司、收购和兼并其他企业等的投资行为，其主要特征是投资企业能有效地控制各类投资资金的使用，并能实施全过程的管理。间接投资主要是指企业购买金融资产的投资行为，其特点是在资本市场上投资企业可以灵活地购入各种金融资产，并能随时进行调整和转移，但投资企业一般不能直接干预和有效控制其投放资金的运用状况。

3. 长期投资和短期投资

这是按投资期限或投资回收期长短来划分的。长期投资一般是指投资期在一年以上的各类投资，如企业的固定资产投资、对下属企业的投资、对长期金融资产的投资等。长期投资周期长，资金周转慢，短期变现能力较差，风险较高，但其期望收益率也较高。短期投资是指预期在一年内收回的各类投资，如企业的流动资产投资、短期证券投资等。短期投资资金周转快，流动性较好，风险相对较低，但其收益率水平往往也较低。在一定的条件下，长期投资和短期投资是可以相互转化的。

4. 对内投资和对外投资

这是按投资方向的不同来划分的。对内投资是指将资金投放到企业内部或投放到企业下属子公司等的投资行为。对内投资能加强企业自身的经营实力，也便于企业对资本的有效控制。对外投资是指企业将资金投放于其他企业或用于购买各类金融资产的投资行为。企业从事对外投资活动的直接理由是其具有更高的预期收益水平，但大部分对外投资不受投资企业直接控制，不确定性大，风险较高。

五、企业投资的领域

在市场经济条件下，我国企业的投资领域和投资范围不断地扩展。按照现行的市场体系和政策规定，只要不属于由政府垄断经营的个别特殊行业和政府禁止或者限制发展的某些产业门类，就允许各类企业参与投资，从事经营活动。对大量竞争性行业，在国有资本逐步退出的背景下，国家鼓励各类企业踊跃投资，承接产业发展的重担；金融市场也逐步、有序地向企业全方位开放；甚至长期由政府承担的道路交通投资、城市基础设施投资和社会公用事业投资等公益性投资也在"谁投资、谁经营、谁受益"的新型投资模式下对企业放开。现在，从一般性生产经营项目到服务性经营项目，从房地产开发投资到基础设施投资，从实业领域的投资到金融市场和风险领域的投资，从在国内投资到去国外投资，企业投资的行业空间和地域空间得到了前所未有的发展。凡是政策许可的和有利可图的领域，都是企业投资可行的领域。

六、企业投资的环境

企业投资环境是企业投资项目所在国（所在地）的政治、经济、文化、自然、技术、管理等各种条件要素的总和。

按照构成企业投资环境的条件要素作用范围不同，可将企业投资环境分为宏观投资环境和微观投资环境。前者通常是指影响企业投资行为的大环境，如所在国的政治制度、经济制度、经济发展水平、经济政策、法律、社会文化、宗教等；后者通常是指影响企业投资行为的具体环境，即投资项目所在地的环境，如水文地质条件、资源丰裕程度、基础设施、地方政策、民风民俗等。按照环境要素的性质不同，可将企业投资环境分为投资硬环境和投资软环境。前者指与企业投资活动直接相关的物质条件，如地理位置、自然条件、基础设施、技术水平等；后者指与企业投资活动有关的非物质条件，如政治局势、社会秩序、法律保障、管理与服务水平等。

从系统的观点看，企业投资与投资环境的关系是双向的。企业投资需要企业系统外的各种输入，并受输入的各条件要素的约束；企业投资又向企业系统外部输出，是构成其他系统的外部环境要素之一，并改变投资环境的状态。因此，良好的投资环境利于实现满意的企业投资效益，而成功的企业投资又能推动相应投资环境的改善和发展。

企业根据自身的生产经营性质、规模、结构及技术、管理特长有选择适合自己生存和发展的投资环境的要求，并且企业总是在寻求最佳的投资地并让资本流向投资环境良好的地区。由于靠企业自身的力量难以控制环境要素的变动，因而企业的投资活动还必须不断适应变化中的投资环境。从这层意义上讲，企业投资应该保持一种动态的发展过程。

第二节　企业股权投资与非股权投资

一、企业股权投资

（一）企业股权投资的概念

企业股权投资是指通过出资购买或以合资、独资方式占有另一企业的部分股权或全部股权、参与企业经营、分享企业利润的投资方式。其特点是投资人可按照投资于企业资本所代表股权的多少分享企业利润，并对企业的经营方针行使表决权。

企业股权投资的形式包括企业接管和企业创建。企业接管泛指使企业控股权发生改变的一切投资行为，在实际中企业接管主要方式有企业兼并和收购。企业创建是指企业传统的和常规的直接投资形式，企业创建有独资和合资两种方式。在实际中，不论何种创建方式，企业在投资前都应进行投资的可行性分析，并在此基础上做出投资决策。投资可行性分析和投资决策已在前面章节中论述，因此，本节主要讨论企业股权投资中的一种形式 —— 企业接管。

1. 企业接管的概念

企业接管有两种方式：兼并和收购。企业的兼并和收购（Merger and Acquisition，简作 M&A）往往作为一个固定的词组来使用，简称并购。两者都是企业的股权投资形式，但又有所不同。

兼并（Merger）通常是指一家企业以现金、证券或其他形式购买取得其他企业的产权，使其他企业丧失法人资格或改变法人实体，并取得对这些企业决策控制权的经济行为。

按《英国大不列颠百科全书》关于"兼并"的定义，就是"两家或更多的企业合并成一家企业，通常总是由一家占优势的企业吸收一家或一家以上的企业"。《中华人民共和国公司法》（以下简称《公司法》）所采用的是"合并"，并规定"合并是指两个或两个以上的企业依据法定程序变为一个企业的法律行为"。

我国《公司法》规定，根据合并的方式不同，合并分为两类：吸收合并和新设合并。

吸收合并是指在两个或两个以上的企业合并中，其中一个企业吸收了其他企业而成为续存企业的合并形式，被合并的企业注销，失去法人资格，其债权债务由续存企业承担。吸收合并一般发生在规模大、经营好、效益佳的企业和规模小、效益差的企业之间，通常由前一类企业合并后一类企业。

新设合并是指在两家或两家以上的企业合并后同时消失，在新的基础上成立一个新的企业，企业合并后，各合并方的债权债务均由新设企业承担。

兼并是一种约定俗成的叫法，兼并可分为狭义兼并和广义兼并。狭义兼并专指吸收合并。广义兼并就是法律上所说的合并，通常把新设合并称为合并。

收购（Acquisition）是指一企业对另一企业的资产或股份的购买以获得对该企业的有效控制权的产权交易行为。

严格讲，收购是收购公司（收购方）以达到对目标公司（被收购公司、被收购方）的绝对或相对控股权为目的的购买行为（投资行为）。通常，收购仅指通过二级市场上公开买进上市或非上市公司股票取得一定比例股票的购买行为。在该含义下，根据收购公司所购入股票数量的多少，收购又可分为部分收购和全面收购。部分收购是指收购公司在不拥有超过目标公司 30% 股份情况下的收购行为；若收购公司收购目标企业超过 30% 的股份时则被视为全面收购。全面收购实质上是一种强制收购，指当公司某一股东所拥有的股权已足以操纵公司的董事会并可能影响到其他中小股东的利益时，政府管理机构强制该股东以合理的价格向该公司的其他所有股东发出收购要约进行收购。根据国务院 1993 年发布的《股票发行与交易管理暂行条例》第四十八条规定，发起人以外的任何法人机构直接或间接地持有一个上市公司发行在外的普通股比例达到 30% 时，应当自该事实发生日之后的 45 个工作日内，向该公司的其他股东发出收购要约。这里的收购要约指收购公司向持有欲被收购上市公司股票的持有人发出的买入其持有的全部或一定比例股票的口头或书面的意思表示。

2. 兼并与收购的区别

兼并与收购的区别有以下几点：

（1）兼并是兼并企业获得被兼并企业的全部业务和资产，并承担被兼并企业的全部债务，同时被兼并企业不复存在。收购是收购企业通过购买目标企业的股票达到控股，对目标企业的原有债务不负连带责任，只以控股出资的资金为限承担风险，被收购后目标企业的法人地位依然存在。

（2）兼并是以现金购买、债务转移为主要交易条件的；收购则是以占有企业股份份额达到控股为目的，来实现对目标企业的产权占有的。

（3）兼并范围较广，而收购一般只发生在股票市场。

3. 企业并购的类型

按照行业相互关系，企业并购可分为横向并购、纵向并购和混合并购。

（1）横向并购。横向并购是指同属于一个产业或行业、生产或销售同类产品的企业之间发生的并购行为。横向并购的结果是资本在同一生产、销售领域或部门集中，优势企业吞并劣势企业，达到减少市场竞争、扩大生产规模、降低生产经营成本、提高市场份额、增强垄断实力、实现规模效益的目的。

（2）纵向并购。纵向并购是指生产过程或经营环节紧密相关的企业之间的并购行为。纵向并购实质上是处于生产同一产品、不同生产阶段的企业间的并购。并购双方往往是原材料供应者和产成品购买者。从并购方向来看，纵向并购可分为前向并购和后向并购，前向并购是指向其产品的后加工方向并购，如生产零部件或生产原材料的企业并购装配或加工企业；后向并购是指向其产品的前加工方向并购，如装配或制造企业并购生产零配件或原材料的企业。纵向并购可以扩大生产经营规模，节约通用设备、费用等；可以增强生产过程各环节的配合，利于协作化生产；可以加速生产流程，缩短生产周期，节省运输、仓储和资源等。

（3）混合并购。混合并购是指并购双方分属不同行业及部门，经营完全不同的产品，或在材料供应和产品销售以及生产工艺上基本无联系的企业间的并购行为。混合并购的目的是为了拓展经营范围，减少经营一个行业所带来的风险。

4. 企业并购的意义和作用

企业并购是市场经济条件下企业的一种内在机制，是企业迅速扩大经营规模的有效途径之一。它对存量资源的再配置、提高资源的使用效率、加强企业内部管理、促进企业改制等具有重要的促进作用。

（1）企业并购是扩大企业规模，促进企业成长的有效途径。企业并购可以使企业规模迅速扩大，并在壮大资本实力的同时，企业的竞争能力也得到增强。

（2）企业并购有利于减少投资成本和生产经营成本。企业通过并购可以直接利用被并购企业的设备、厂房等资源，尽快实现投资效益。另一方面，并购相对于投资新建而言，可节省投资建设时间，或不需建设就可实现相对低成本的扩张。与此同时，企业并购使资本、技术、人才、市场联合并重组，可节省资金筹集成本和生产经营成本。

（3）企业并购可促进存量资产的流动，提高资源的使用效率。企业并购过程也是资源要素的流动和重组过程，它使宏观资源从经营效率低的企业或领域流向经营效率高的企业或领域，从而使存量资产在一个更有效率的企业或领域中集中，在优势企业中有效运作，大大提高资源的使用效率。

（4）企业并购有利于调整经济结构，促进资源优化配置。一定时期内的社会资源的增量投入是有限的，因此，经济结构的调整主要靠存量的调整来实现，而企业并购是存量调整的有效方式。

（二）企业股权投资的方式

采用何种方式进行股权投资，是股权投资过程中的重要问题之一。一般来说，企业要在坚持收益性、流动性和风险性均衡的原则指导下，根据企业现有资金情况，在不影响企业自身正常生产经营的前提下，结合主权资金、负债资金、可控制资金的成本、风险、期限等特点，进行筹资组合，保证资金的按时投入。资金投入的具体方式主要有现金支付、股票互换、资产互换和三者结合等。

在现金支付方式下，企业往往需一次性投入大量现金，仅凭企业现有的自有资金可能远远不够，有可能对企业正常的生产经营活动产生严重冲击。因此，企业一般不愿意采取此种投资方式。解决的办法：一是与对方协商，采取分期付款的方式；二是发行新股、发行债券或向银行和其他金融机构借款筹措现金。

股票互换方式是指投资者向目标企业的股东发行股票以交换目标企业的股票。它的显著优点是投资者不必专门筹集资金，不会影响自身的正常生产经营活动。股票交换的比率取决于两企业的每股净资产价值、收益相对增长速度、企业规模等因素的对比以及企业进行谈判的技巧。

资产互换方式是指目标企业购买投资者的部分资产，所需资产数额等于投资者投入目标企业的资金。这种方式与股票互换具有相同的优点，但对于跨行业的投资很难采用。

在实际的股权投资中，完全的现金支付方式可能会使企业出现资金紧张；完全的股票互换、资产互换又可能遭到目标企业原有股东的反对。因此，为了协调双方利益，促使股权投资成功，最好的办法是使用一部分现金，其他缺口金额用股票互换、资产互换的方式来解决。当然，具体采用什么方式取决于股权投资金额的大小，双方股东的利益均衡等因素。

二、企业非股权投资

企业进行投资，除股权投资外，还有非股权投资。非股权投资是指以契约行为而不是以持有股份为主要目的的投资方式。非股权投资属于利用个别生产要素或在个别生产环节的合作性质的投资，或者说是一种特殊的广义投资。最常见的非股权投资是技术授权、管理合同和生产合同。企业采用非股权投资方式，不仅可以不用出资和少承担投资风险，而且还可以使它们的技术、管理和销售机制获得令人满意的回报。自 20 世纪 70 年代以来，非股权投资以其具有灵活、变通、快捷、高效等特点在世界各地迅速发展。非股权投资的形式包括特许经营、BOT 等。BOT 已在第四章做了详细的介绍，这里简单介绍一下特许经营。

（一）特许经营的概念

特许经营（Franchising）是以契约为依据进行的一种广义投资，是一种销售商品或服务的方法，或是一种商业经营模式。一般讲，特许经营就是特许授予人（简称特许人）按照合同要求、契约条件给予特许被授予人（简称受许人或加盟人）某种权利，允许受许人使用特许人提供的企业象征、经营技术、技术诀窍等其他工业知识产权。

特许经营作为一种商业经营模式，在其经营过程和方法中有以下共同点：

（1）个人对商标、服务标志、特殊概念、专利、商业秘密、经营诀窍等拥有所有权。

（2）权利所有者授予其他人使用上述权利。

（3）在授权合同中包含一些调整和控制条款，以指导受许人的经营活动。

（4）受许人需要支付权利使用费和其他费用。

特许经营的定义除上述一般定义外，还有很多种。

国际特许经营协会（International Franchise Association，简称 IFA）关于"特许经营"的定义是：特许经营是特许人和受许人之间的契约关系，对受许人经营的领域，经营诀窍和培训，特许人有义务提供或保持持续的兴趣；受许人的经营是在由特许人所有和控制下的一个共同标记、经营模式和（或）过程之下进行的，并且受许人从自己的资源中对其业务进行投资。

根据《中国商业特许经营管理办法（试行）》，特许经营是指特许者将自己所拥有的商标（包括服务商标）、商号、产品、专利和专有技术、经营模式等以特许经营合同的形式授予被特许者使用，被特许者按合同规定，在特许者统一的业务模式下从事经营活动，并向特许者支付相应的费用。其核心就是特许转让，特许人（总部）是转让方，受许人（加盟店）是接受方，总部与加盟店是合同关系。

现代商业特许经营按其特许内容分为两种方式：

（1）商品商标特许经营。商品商标特许经营通常是由一个大制造商，为其名牌化的产品寻找销路与加盟者签订合约，授权加盟者对特许商品或商标进行商业开发的权利，作为回报，加盟者定期向特许人支付费用。

（2）经营模式特许经营。经营模式特许经营被称为"第二代特许经营"，是目前人们通常所说的特许经营。经营模式特许经营不仅要求加盟店经营总店的产品和服务，而且加盟店的商品标志、店名、商标、经营标准、产品和服务的质量标准、经营方针等，都要按照总店的全套方式进行，亦即加盟店购买的不仅仅是商品的销售权，而是整个模式的经营权。这种经营模式特许经营范围广泛，尤其在零售行业、快餐业、服务业中最为突出。

特许经营的特点是经营权集中，所有权分散。各加盟店对自己的店铺有所有权，经营权集中于总部，总部统一加盟店的企业形象设计、管理制度及营业推广。

（二）特许经营的发展

现代商业特许经营起源于19世纪的美国，19世纪80年代美国胜家（Singer）缝纫机公司为了解决市场扩展和资金之间的矛盾，在全美各地设立拥有销售权利的特约经营店，从而标志特约经营方式的正式确立。

目前，世界各地的特许经营都有长足发展，如美国有一半左右的零售收入来自特许经营的贡献，新加坡把特许经营定为国策，沃尔玛与麦当劳等国外特许经营巨头在世界各地不断创造着经济奇迹。国内学者则声称，特许经营正迅速成为中国最具获利能力的投资方式和创业途径。

特许经营之所以在全球大受欢迎，其主要原因在于：其一，它作为一种商业经营模式有利于企业的快速成长和扩张；其二，它也可作为一种创业模式，有利于那些缺乏资金、缺乏技术、缺乏经验的投资创业者。

第三节　企业投资战略

一、企业投资战略的意义和作用

战略一词来自于战争，原指战争的方略，即"统帅的艺术"。含义是指在分析掌握外部环境和内部条件的基础上，为了在形势的变化中求得生存和发展而做出的总体性、长远性、方向性的谋划和对策。

所谓企业投资战略就是在企业发展战略的指导下，根据企业的内外条件分析以及在对未来预测的基础上，对企业资源的投放使用所确立的长期目标和经营方式，或是最佳的资源组合和运用方案。

无论怎样的企业，要想在激烈的市场竞争环境中继续生存并不断发展，就必须清楚地认识到所处的外部环境，正确地识别经营方向，可靠地预测长期发展趋势。因此，企业一方面要按照长期发展方向，制定稳定的发展目标和经营模式，增强应变能力；另一方面，企业应具有灵活地适应短期变化的措施，以解决当前的或局部的问题。企业制定正确的投资战略，对企业的生存与发展具有重要作用。

（1）正确的投资战略是企业生存和发展的客观要求，对企业的投资使用具有导向作用。企业的发展应是可持续性的，企业的发展过程是一个资本积累和资本运用的过程，资本运用包括对增量投资的决策以及对存量投资的调整。一般，企业具有投资冲动倾向，企业仅具有这种倾向是不够的，只有在正确的投资战略指导下，企业的投资行为才会合理化，企业投资与企业发展才能密切联系起来。

（2）正确的投资战略有利于企业不断进行技术创新。随着市场竞争的加剧，要求企业不断创新，在创新中发展。企业创新需要投资，这种投资是以企业整体投资战略为指导的，是以明确的投资方向为前提的。

（3）正确的投资战略有利于企业提高投资效益。企业的发展是投资—经营—回收的过程，若企业投资无规划、无方向，盲目投资，没有一个正确的投资战略，企业就很难获得相应的投资回报，无法提高投资效益，很难使企业资本积累壮大，也就谈不上企业的发展。

二、企业投资战略的类型

企业发展战略，实质上是企业的一种经营竞争战略，即企业奋斗的目标（目的）与其寻求达到这种目标所采取的手段（方针）的一种组合。企业投资战略是企业发展战略的一个重要组成部分。企业投资战略目标要与企业发展战略目标一致，必须符合企业经营宗旨的要求。企业投资战略的改变及其实施，必须反映企业总体战略的变化与发展趋势。

企业投资战略类型包括：发展型投资战略、维持型投资战略和退却型投资战略。

（一）发展型投资战略

发展型投资战略又称为进攻型投资战略，该投资战略的特征在于：企业不以现有的竞争优势和市场份额为满足，而是执著进取，锐意创新，勇于挑战，积极主动，全力以赴地追求在所投资领域的领先地位，以取得领先的经营优势和高额利润。

发展型投资战略分为内涵发展型投资战略和外延发展型投资战略。

1. 内涵发展型投资战略

内涵发展型投资战略是围绕企业内涵扩大再生产的经营战略，以挖掘企业内部潜力、提高企业现有资源利用率、增强企业活力、提高经营效益等为重点，从而达到推动企业发展的目的。在内涵发展型投资战略中，根据投资方向的侧重，又可分为三种：

（1）资源开发型。这种类型的投资战略侧重于对企业内部资源的开发的投资，包括对人力资源开发的投资，对企业文化建设的投资，对公共关系开发的投资，对企业内部管理流程和生产流程再造的投资等。

（2）技术开发型。这种类型的投资战略侧重于对企业的新产品、新工艺等的研究开发的投资。

（3）市场开发型。这种类型的投资战略侧重于对广告宣传、营销网络、售后服务体系等的投资。

2. 外延发展型投资战略

外延发展型投资战略是围绕企业外延扩大再生产的经营战略，以扩大企业生产规模、提高生产能力等的投资为重点。在外延发展型投资战略中，根据投资集中程度可分为两种：

（1）单一中心发展型投资战略，即企业只有一个中心产品、一个中心技术或一个中心市场，投资方向主要集中于该中心上。企业采用这种战略，其主要产品或技术在市场上具有相对优势，企业可以沿着前向一体化或后向一体化的产业链发展目标进行投资，集中力量把企业规模做大，把企业实力做强，实现规模经济效益。

（2）多中心发展型投资战略，即企业通过投资进入不同的行业、不同的市场，投资方向较为分散，是一种多元化发展的投资战略。适合于这种战略的企业需具备的条件是：一般应有较大的规模，集团化经营，并具有相对较强的资本运作能力。

（二）维持型投资战略

维持型投资战略又称为保守型投资战略或稳定型投资战略，该战略适用于市场相对稳定或下降行业中的企业。这些企业的市场规模已较难继续扩大，企业产品在质量、性能、形式上已基本没有改变的余地，市场供求基本平衡。企业采取维持型战略的目的是为了应付较强竞争对手的挑战，规避市场的过度竞争，谋求维持或稳定现有的竞争地位和市场格局。该投资战略的特点是企业不再把对老产品作为投资重点，不再追加设备投资，避免承担扩大投资的风险，而是在保证原有规模的前提下，尽可能保持市场占有率、降低成本、改善现金流，寻找新的投资机会以谋发展。

企业采用这种投资战略的优点在于，企业并不需要拥有雄厚的技术开发力量和大量的资金，而是在产品、技术、市场等方面维持一种相对稳定的规模经营格局；或利用企业长期在某领域的投资和经营建立起来的生产方式、管理特长、营销网络、企业品牌等优势稳步发展；或着眼于紧跟领先企业，或有选择地蓄意模仿，或认真分析市场结构，利用自己专门化特色从事拾遗补阙型的市场投资。

（三）退却型投资战略

退却型投资战略又称为防御型投资战略，指企业为对付严重的竞争威胁和危机，对既有的业务部门采取逐步收缩资源投入甚至全部撤出转向其他产业的战略。这种战略多用于那些在竞争中处于不利地位、产品滞销，或产业处于衰退期而引起的财务状况恶化等的企业。这种投资战略的特点是从现经营领域抽出资金、减少产量、削减开支、出售所经营的业务以收回投资。

退却型投资战略分为完全退却型投资战略和部分退却型投资战略。前者是指当企业经营受到严重威胁即将破产时，将企业全部资产清算出售，以收回资金；后者是指企业经营受到严重威胁，为了生存，企业变卖部分资产或技术，紧缩经营规模，转向别的产品生产经营领域。

退却型投资战略也是企业发展战略组合中的重要组成部分，该战略并不意味着消极、失败或逃避竞争，而是未雨绸缪，以利于企业在危机到来之前及时安全撤退或转移，以避免遭受更大损失。企业适时采用这种战略，可以以企业牺牲一定的眼前利益而得到一个暂时喘息的机会，通过调整、整顿为恢复市场竞争力创造条件，或通过撤出相关资源后另辟蹊径，转向新的产业或部门，以谋求新的发展。

第四节 企业投资决策理论与方法

企业投资决策，是企业依据发展目标对企业有关投资活动的一系列重大问题，如投资方向、投资方式、投资时机、投资实施方案等所做出的选择和决定，是指导企业投资活动的行动纲领。

企业投资决策不仅涉及投资项目的必要性、技术上的可行性和经济上的合理性，还涉及投资规模、投资内部配置、投资地点和时机等问题。企业投资决策工作的内容复杂、意义重大。任何疏忽和失误，都将使企业难以实现既定的目标，甚至危及投资的安全性，影响企业的全局工作。

一、企业投资决策要素分析

企业投资决策要素，就是指企业投资决策活动涉及的各种具体因素，包括企业投资决策的目标、主体、对象、方式、程序、原则和方法。企业投资决策作为一项复杂的系统性活动，正是由上述各项要素有机结合、综合作用来完成的。

1. 决策目标

企业投资决策目标是指开展决策活动欲实现的预期效果。理性的决策目标是要为企业找到一个最优的投资方案，确定一条最好的投资行动路线，并拟订一张最科学的行动时间表。也就是说，决策的宗旨是正确解决企业在投资活动中"5W1H"的问题。需要强调的是，由于现实决策环境中信息的不完备性、方案的有限性和预期结果的不确定性等因素不可能根本性地消除，缺乏遵循最优化准则所必需的实践基础，因此，企业投资决策的目标只能是根据所能掌握的全部条件，加上适当的主观判断，做出相对满意的选择。这种决策只能是有限理性的决策。

2. 决策主体

企业投资决策主体，即投资决策者，是企业投资决策活动中至关重要的一项要素。决策者的素质、性格和爱好，决策风格以及地位和影响力等方面的差异可能导致他们对投资意向和决策对象的看法不一致，进而影响最终的决策结果。外部环境的多变和对决策者工作业绩（政绩）的考核机制也容易影响到他们的决策行为，并使之趋于复杂化。实现决策行为的科学化和理性化，一方面要不断提高决策者的综合素质，另一方面要建立合理的决策约束、引导和考核机制。

3. 决策对象

企业投资决策对象，即企业拟投资的项目以及具体的实施方案。市场经济的发展为企业提供了众多的投资机会，企业投资选择的范围很大，但真正适合企业参与的、值得企业放手一搏的现实机会还是相对有限的。根据企业实际和发展需求，选择对企业最有利的投资项目及合理可行的实施方案是一项难度较大的工作。把握决策对象的全貌，区分良莠，辨识自身实力是非常重要的决策前提。信息资料的收集和整理是分析决策对象的重要基础性工作，在企业投资决策活动中占有相当大的比重。

4. 决策方式

企业投资决策方式，即投资决策结果的形成方式，其核心内容是关于企业投资决策权限的划分。从市场运行机制的要求出发，企业投资决策应以集思广益为基础，以专家意见为依据，由决策者在授权范围内择机定夺。企业投资决策权的集中或者分散应以不损害企业投资目标和企业成长为前提。在现代企业制度和健全的法人治理结构下，在制度的规范和保证下，企业的投资决策方式体现出更多的科学性和有效性，因而被越来越多的企业推崇。

5. 决策程序

企业投资决策程序体现着为达到决策目标应遵循的合理行动路线，一般包括：① 企业投资需求的分析和判断；② 企业投资机会的寻求和研究；③ 企业投资目标的确定；④ 投资项目策划和实施方案的拟订；⑤ 方案的比较和优选；⑥ 执行方案的详细规划及实施。

以上步骤表明，投资决策是一个有一定顺序的、条理化的过程，而不是在瞬间选定某一方案的单一决断；在这一过程中，每一阶段都相互影响着，并时常产生一些大大小小的反馈。实际决策中应该注意，决策过程的各步骤往往是相互联系、交错重叠的，不能将决策的各阶段工作截然分割。

6. 决策原则

企业投资决策必须遵循科学、合理、效率和适用的原则，以确保决策结果的施行能达到企业实现预期投资效益的初衷。为此，企业应建立制度严明、程序健全、信息完善、手段先进的决策体系，并辅以有效的决策监督机制，将企业投资决策纳入健康而富有效率的运行轨道。

7. 决策方法

决策方法（决策技术）是企业投资决策活动的重要实施工具，也是企业投资研究的核心内容。好的决策方法可以指导企业做出最佳的投资抉择，并可描述企业实施某项投资后预期的投资效益及其风险。经验型决策方法主要依靠决策者个人的经验、智慧、胆略和预见性进行决策，其有效性不确定，适用于简单的小规模投资决策；科学决策方法利用人的判断思维能力和数学统计手段对决策对象的"质"和"量"进行更为深刻、全面、准确的描述，适用于日益复杂的投资决策行为。

二、企业投资的决策方法

为了保证企业投资决策尽可能正确、有效，必须运用科学的决策方法。下面按投资决策的内容将企业投资决策的方法区分为两类：一类是选择投资方向和内容（行业、产品）的决策方法，另一类是在既定方向下选择具体行动方案（投资方案）的决策方法。对其中常用的一些具体方法介绍如下。

（一）确定投资方向和内容的决策方法

这类方法常用的有经营业务组合分析法。经营业务组合分析法是由美国波士顿咨询公司为大企业确定和平衡其各项经营业务发展方向和资源分配而提出的战略决策方法。其前提假设是：大部分企业都经营有两项以上的业务，这些业务是扩展、维持还是收缩，应该站在企业全局的角度来加以确定，以便使各项投资业务能在现金需求和来源方面形成相互补充、相互促进的良性循环局面。

这种决策方法主张，在确定各投资业务发展方向的时候，企业应综合考虑该业务的市场增长情况以及企业在该市场上的相对竞争地位。相对竞争地位是通过企业在该项业务的经营中所拥有的市场占有率与该市场上最大的竞争对手的市场占有率的比值（即相对市场份额）来表示的，它决定了企业在该项业务经营中获得现金回笼的能力。而市场增长情况则反映该项业务所属市场的吸引力，主要用该市场领域最近两年平均的销售增长率来表示，并且将平均市场销售增长率在 10% 以上的划定为高增长业务，10% 以下的则为低增长业务。

根据市场增长率和企业相对竞争地位这两项标准，可以把企业所有的投资业务区分为以下四种类型（见图 7.1）。

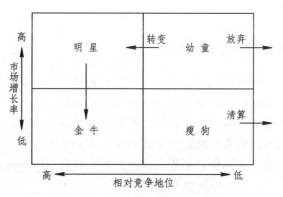

图 7.1　经营业务组合分析图

（1）"金牛"业务。该类业务的特点是：企业拥有较高的市场占有率，相对竞争地位强，能从经营中获得高额利润和充裕的现金流入，但该项业务的市场增长率低，前景并不好，因而不宜投入很多资金盲目发展，而应该将其当前市场份额的维持和增加作为经营的主要方向。其目的是使"金牛"类业务成为企业发展其他业务的重要资金来源。

（2）"明星"业务。这类业务的市场增长率和企业相对竞争地位都较高，能给企业带来可观的利润，但同时也需要企业增加投资，以便跟上总体市场的增长速度，巩固和提高其市场份额。因而，"明星"类业务的基本特点是：无论其回流的现金，还是所需要的现金投入，数量都非常大，两者相抵后的现金净流量可能出现零或者负值状态。

（3）"幼童"业务。这类业务的市场增长率较高，但企业目前拥有的市场占有率相对较低，其原因很可能是企业刚进入该项相当有前途的经营领域。由于高增长速度要求大量的资金投入，但较低的市场占有率又只能带来很少量的现金回笼。因此，企业需要将由其他渠道获得的大量现金投入到该项业务中，使其尽快扩大生产经营规模，提高市场份额。采取这种策略的目的，就是使"幼童"业务尽快转变成"明星"业务。如果决策者认为某些刚开发的业务很难向"明星"业务转化，则应及时采取放弃策略，如果勉强维持下去，企业可能要投入相当的资金，其投资量甚至会超过所能提供的现金流，导致企业出现现金短缺，影响其他业务的开展。

（4）"瘦狗"业务。这是指市场增长率比较低，而企业在该市场上也处于相对不利的竞争地位的业务。由于销售前景和市场份额都比较小，经营这类业务不会给企业带来实质性的好处。对这种不景气的"瘦狗"类业务，企业应采取缩小规模或者清算、退出的策略。

按照经营业务组合分析的观点，比较理想的经营业务组合情况应该是：企业有较多的"明星"类和"金牛"类业务，同时有一定数量的"幼童"类业务和极少量的"瘦狗"类业务，这样企业在当前和未来都可以取得比较好的现金流平衡。

根据企业现有业务各自的特性和总体组合情况，决策者可根据以下两条来确定投资和发展策略：把"金牛"类业务作为企业近期利润和资金的主要来源加以保护，但不作为重点投资的对象；本着有选择和集中地运用企业有限资源的原则，将资金重点投放到有发展前景的"明星"或"幼童"类业务上，并根据情况有选择地抛弃"瘦狗"类业务和无望的"幼童"类业务。如果企业对经营的业务不加区分，采取一刀切的办法，规定同样的目标，按相同的比例分配资金，结果往往是没有发展潜力的业务占用过多的资金，而企业未来生存发展真正依靠的业务则投资不足。

（二）确定具体投资方案的决策方法

企业投资活动的方向和内容确定下来后，决策者还必须对企业在既定方向上从事投资活动的不同行动方案做出选择。选择的基本方法就是方案比较，比较不同方案的一个重要标准就是其执行所能带来的经济效果。由于任何方案都是在未来实施，而方案未来的状态在事前决策时只能通过预测得到，具有不确定性。现实中，不同方案取得某一水平经济效果的确定性程度是不一样的，根据这种差异，形成了评价具有不同确定性程度的行动方案的具体决策方法，主要有确定型决策、风险型决策和非确定型决策三类。

1. 确定型决策

在每个投资方案结果均为明确的前提下进行比较择优的决策称为确定型决策。

确定型决策具有以下特征：① 存在决策期望达到的明确目标；② 只有一个确定的自然状态；③ 存在可供选择的两个以上的备择行动方案；④ 可以计算出不同方案在确定状态下的损益值。

投资经济效果的动态分析法和静态分析法是确定型决策中最基本、最常用的方法，本书前面已作了详细的介绍。下面介绍线性规划方法在确定型决策中的应用。

线性规划方法是解决资源合理利用和资源合理调配问题的模型方法，是辅助实现系统的科学管理、加强企业经营决策、提高社会经济效益的一种有用的方法。其研究、应用的内容是实现系统的投入和产出的最优化问题。

线性规划是在满足一组约束条件下，求一组变量的值，使得目标函数有最优解，使决策目标达到最优。

（1）变量是指实际系统或决策问题中有待确定的未知因素，也是指系统中的可控因素。一般来说，这些因素对系统目标的实现及各项经济指标的完成起决定作用，又称为决策变量。线性规划的变量应为正值。

（2）目标函数是决策者对决策问题目标的数学描述，是一个极值问题（极大值或极小值）。要依据经济规律的客观要求，并结合具体决策问题的实际情况来确定模型的目标函数。

（3）约束条件是指实现目标的限制因素，反映到模型中就是需要满足的基本条件，即约束方程，一般是一组联立方程组或不等式方程组的数学形式。约束条件具有三种基本类型：大于或等于；等于；小于或等于。

在应用线性规划求解决策问题时，一般要经过下列四个步骤：① 明确问题，确定目标，列出约束因素；② 收集资料，确立模型；③ 模型求解与检验；④ 优化分析。

线性规划的基本解法有图解法和单纯形法两种，限于篇幅，此处不再介绍。

下面举例说明这种方法在企业投资决策中的应用。

【例7.1】　某企业欲投资生产甲、乙两种产品，要用到 A、B、C 三种不同的原料。每生产一件甲产品，三种原料的用量分别为 1、1、0 单位；而生产一件乙产品，三种原料的用量分别为 1、2、1 单位。如果企业每生产一件甲、乙产品所获利润分别是 3 万元和 4 万元，企业每月三种原料的供应能力分别是 6、8、3 单位。问：每月生产甲、乙产品各为多少件时企业的总利润最大？

解　设产品甲的月产量为 X_1，产品乙的月产量为 X_2，企业月获利润为 R，则依题意可建立目标函数：$R = 3X_1 + 4X_2$，求目标函数的最大值，可记为 $R_{max} = 3X_1 + 4X_2$，其约束条件为

$$\begin{cases} X_1 + X_2 \leqslant 6 \\ X_1 + 2X_2 \leqslant 8 \\ \quad\quad X_2 \leqslant 3 \\ X_1 \geqslant 0, \ X_2 \geqslant 0 \end{cases}$$

以图解法或单纯形法可求得该线性规划问题的最优解 $X^* = (4, 2)^T$，即该企业每月生产 4 件 A 产品、2 件 B 产品时获总利润最大，$R_{max} = 20$ 万元。

线性规划方法常用于对企业投资产品的品种、数量、物料投入、生产方式等方案的决策。

2. 风险型决策

现实中，方案的实施可能会出现几种不同的情况（自然状态），每种情况下的后果（损益）是可以确定的，但不可确定的是最终将出现哪一种情况。如果人们基于历史的数据或以前的经验可以推断出各种自然状态出现的概率的话，依此进行的决策就是风险型决策。显然，在依据不同概率所拟订的多个决策方案中，不论选择哪一个方案，都要承担一定的风险。所以，风险型决策又叫随机决策。

风险型决策具有以下特征：① 存在决策期望达到的明确目标；② 存在不以决策者意志为转移的两种以上的客观自然状态；③ 存在可供选择的两个以上的备择行动方案；④ 可以事先估计出各种自然状态出现的概率；⑤ 可以具体计算出各方案在不同自然状态下的损益值。

风险型决策的方案评价方法很多，这里主要介绍决策树分析法和风险偏好决策法。

• 决策树分析法

决策树分析法，是在事件发生概率的基础上，使用简单树形图来说明各投资方案的面貌，完整反映决策过程的一种决策方法。这种方法适用于长期或分阶段的投资决策问题。

决策树分析法的基本步骤如下：

（1）根据备择方案的数目和对未来自然状态的了解，绘出决策树图形。它主要包括：决策点——代表最终选择的决策方案，一般以方框表示；方案枝——由决策点向右引出的若干条直线，每条直线代表一种备择方案；机会点——画在方案直线末端的一个圆圈，代表备择方案的经济效果；状态枝——由机会点进一步向右引出的若干条直线，代表各方案不同的自然状态及其概率。

（2）估计各种自然状态可能发生的概率。

（3）计算各个备择方案的期望值。首先计算方案各状态枝的期望值，即用方案在各种自然状态下的损益值去分别乘以各自然状态出现的概率；然后将各状态枝的期望值累加，求出每个方案的期望值（可将该数值标记在相应方案的机会点上方）。

（4）将每个方案的期望值减去该方案实施所需要的投资额（该数额标记在相应的方案枝下方），比较评价指标大小后，即可选出经济效果最佳的方案（在决策树图中，未被选中的方案以被"剪断"的符号标示）。

【例 7.2】 某公司为满足市场对某种新产品的需求，拟规划建设新厂。预计市场对这种新产品的需求量比较大，但也存在销路差的可能性。公司有两种可行的扩大生产规模方案：方案 A 是新建一个大厂，预计需投资 30 万元，销路好时可获利 100 万元，销路差时亏损 20 万元；方案 B 是新建一个小厂，需投资 20 万元，销路好时可获利 40 万元，销路差时仍可获利 30 万元。假设市场预测结果显示，此种新产品销路好的概率为 0.7，销路差的概率为 0.3。根据这些情况，用决策树法确定最佳方案（不考虑资金时间价值）。

解 首先绘制决策树图形，如图 7.2 所示。

然后计算各机会点的期望值：

机会点 A 的期望值为

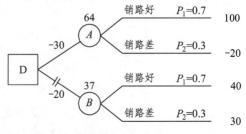

图 7.2 某新产品建厂方案决策树图

$$100 \times 0.7 + (-20) \times 0.3 = 64 \quad (万元)$$

机会点 B 的期望值为

$$40 \times 0.7 + 30 \times 0.3 = 37 \quad (万元)$$

再计算各机会点（即各方案）的预期净收益：

方案 A 的预期净收益为

$$64 - 30 = 34 \quad (万元)$$

方案 B 的预期净收益为

$$37 - 20 = 17 \quad (万元)$$

最后，比较两个方案的预期净收益，应选择建大厂的 A 方案。

• 风险偏好决策法

决策树分析法以期望收益为判断方案优劣的唯一标准，实质上是假设不同的决策者对决策所面临的风险持一致的看法，因而没有考虑各方案风险因素的差异。但是，现实环境中不同的决策者对风险的态度（偏好）经常是有差别的，从而对同一方案的认识也会有所不同，形成不同的决策准则，并可能导致不同的决策结果。这类决策方法统称为风险偏好决策法，下面举例说明其应用。

【例 7.3】 某公司的一个投资项目，有四个互斥方案，各方案的年盈利与产品的销售情况有关。根据市场需求分析和估计，产品的销路分为好（S_1）、一般（S_2）、差（S_3）三种状态，各种状态出现的概率分别为 P_1、P_2、P_3。各方案在各种状态下年盈利见表 7.1。试用风险偏好决策法找出最优方案。

表 7.1 各 方 案 的 盈 利 （单位：万元）

方 案	自 然 状 态			$E(A_i)$	$FD(A_i)$
	S_1	S_2	S_3		
	$P_1 = 0.3$	$P_2 = 0.5$	$P_3 = 0.2$		
A_1	25	8	-10	9.5	1.29
A_2	15	12	-5	9.5	0.78
A_3	10	8	0	7	0.52
A_4	5	5	5	5	0

解 风险偏好决策法包括三种决策准则：最大可能准则、满意准则和期望—风险准则，其内容及决策过程分别说明如下：

（1）最大可能准则。在多方案的评价与决策中，若某一状态出现的概率显著大于其他状态，就把最大概率对应的状态视为肯定状态，把其他状态视为不会出现的状态，这就是最大可能准则的含义。按此准则，风险决策可转化为确定型决策。

该例中，最大概率状态为 S_2（$P_2 = 0.5$），在此状态下的最大年盈利额为 12 万元，对应的方案为 A_2。于是，按照最大可能准则，A_2 就是最优方案。

　　显然，当最大可能概率越大于其他状态的概率时，这种方法就越有效；若各种状态的概率相差不多时，利用此准则进行决策要承担很大的风险。

　　（2）满意准则。在实际决策中，由于决策问题的复杂性，很难使决策者选出最优的方案。人们往往退而求其次，只需把目标定在一个足够好的满意水平上，再将各方案与满意目标相比较，而收益值大于或等于满意目标的最大概率对应的方案，即认为是最优方案。

　　该例中，假定满意目标为年盈利不小于 12 万元，则各方案达到这一目标的概率分别为：

$$A_1: P（盈利 \geq 12 万元）= P（S_1）= 0.3$$
$$A_2: P（盈利 \geq 12 万元）= P（S_1）+ P（S_2）= 0.8$$
$$A_3: P（盈利 \geq 12 万元）= 0$$
$$A_4: P（盈利 \geq 12 万元）= 0$$

　　由计算结果可以看出，方案 A_2 达到此满意目标的可能性为 80%，其他方案均小于它。根据满意准则，A_2 为最优方案。

　　（3）期望—风险准则。利用表 7.1 中的数据可计算出各方案的期望盈利及相应的风险度，期望盈利较大且风险度较小的方案即为最优方案。方案 A_i 的期望盈利 $E(A_i)$ 及风险度 $FD(A_i)$ 可分别按式（7.1）及（7.2）计算。

$$E(A_i) = \sum_{j=1}^{k} B_{ij} P_j \tag{7.1}$$

$$FD(A_i) = \frac{\sqrt{D(A_i)}}{E(A_i)} \tag{7.2}$$

其中　　　　　$$D(A_i) = \sum_{j=1}^{k} [B_{ij} - E(A_i)]^2 P_j$$

　　各方案的期望盈利与风险度已列于表 7.1 中。可以看出，方案 A_1、A_2 期望盈利相等，但方案 A_1 的风险度大于方案 A_2 的风险度，因此，若决策者以获取最大盈利为目标，将会选择方案 A_2。对于一个偏保守的决策者，或许会选择方案 A_4，因为该方案的风险度为零，他不需冒任何风险就可获得年盈利 5 万元。

　　3. 非确定型决策

　　非确定型决策是指方案实施可能会出现的自然状态或者所带来的后果不能事先做出估计的决策。在这类决策中，最不确定的情况是连方案实施所可能产生的后果都无法估计，这种情况下要做出决断非常困难。稍微容易些的是方案实施的后果可以估计，即可确定出方案在未来可能出现的各种自然状态及其相应的损益情况，但对各种自然状态在未来发生的概率却无法做出判断，从而无法估算期望值，这种情况下的决策只能由决策者的主观判断来完成。因此，非确定型决策到目前为止尚未形成统一的、确定的标准。

　　就决策实践来看，非确定型决策基本上取决于决策者决策的目的、企业的条件、对于风险的态度和实践经验。对方案的取舍，由于从不同的角度出发可以形成不同的价值判断，因而可得出不同的决策方法，其决策结果甚至大不相同。下面介绍五种典型的方法。

　　（1）乐观分析法。这种分析法是在计算出各方案在各种自然状态下可能的最大收益值（即最好自然状态下的收益值）的基础上，从最大收益值中选择最大值所对应的方案作为最佳决策方案，也称"大中取大"法、"好中求好"法。如果决策者是乐观主义者，认为未来总会出现最好的自然状态，那么他对方案的比较和选择就会倾向于选取那个在最好状态下能带来最佳效果的方案。乐观分析法是一种进取型的决策方法，适合于追求"高收益、高风险"的决策目标。

（2）悲观分析法。这种分析法是在计算出各方案在各种自然状态下可能的最小收益值（即最差自然状态下的收益值）的基础上，从最小收益值中选择最大值所对应的方案作为最佳决策方案，也称"小中取大"法、"坏中求好"法。悲观的决策者认为未来会出现最差的自然状态，因而为避免风险起见，决策时只能以各方案的最小收益值进行比较，以相对最大者对应的方案为最佳方案。悲观分析法是一种比较保守的决策方法，但它稳妥可靠、留有余地，适合于以降低风险为目标的投资决策活动。

（3）折中分析法。这种分析法是运用折中系数计算出介于最大收益值和最小收益值之间的折中收益值，然后选择最大的折中收益值对应的方案为最佳决策方案。持折中观的决策者认为应在乐观与悲观两种极端中求得平衡。即决策时既不能把未来想象得非常光明，也不能将未来看得过于悲观，最好和最差的自然状态均有出现的可能。因此，可以根据决策者个人的估计，给最好的自然状态定一个乐观系数（α），给最差的自然状态定一个悲观系数（β），要求：$\alpha + \beta = 1$ 且 $0 < \alpha, \beta < 1$。然后，将各方案在最好自然状态下的收益值和乐观系数相乘所得的积，与各方案在最差自然状态下的收益值和悲观系数的乘积相加，求得各方案的折中收益值，经比较后从中选出值最大的方案。

（4）等可能性分析法。这种分析法是在认为每种自然状态出现的概率相同的前提下计算出各方案的期望收益值，然后选择期望收益值最大的方案为最佳决策方案。持上述观点的决策者认为，在缺乏资料的情况下，既然不能肯定哪种自然状态可能出现，哪种自然状态不可能出现，那么就应当同等看待，即视每种自然状态出现的概率是相同的。在这一假设下，方案的期望收益值便可以计算，并且，该期望收益值事实上就是该方案在各种自然状态下收益值的简单算数平均值。有了各方案的期望收益值，决策就相对容易了。等可能性分析法是一种中庸的决策方法。

（5）后悔值分析法。这种分析法是在计算出某种自然状态下由于未采用相对最佳方案而造成的"后悔"损失值的基础上，再进行比较，在各方案最大的后悔损失值中选出最小者，其对应的方案作为最佳决策方案。决策者在选定某一方案并组织实施后，如果在未来实际遇到的自然状态并不与决策时的判断相吻合，这就意味着当初如果选取其他的方案反而会使企业得到更好的收益，这无形中表明这次决策存在一种机会损失，它构成了决策的"后悔值"，决策者将为此感到后悔。为了使决策者将可能的后悔减轻到最低的程度，决策时应先计算出各方案在各种自然状态下的后悔值，即用某自然状态下各方案中的最大收益值减去该自然状态下各方案的收益值，所得的差值就表示实际出现该种状态将会造成后悔的多少，然后从每个方案在各状态下的后悔值中找出最大者，据此对不同方案进行比较，选择最大后悔值最小的方案作为决策方案。

下面举例说明上述五种决策方法的应用。

【例 7.4】　某企业的某产品很受欢迎，为扩大其市场份额，该企业提出了扩大生产的四种方案：A_1——扩建老厂，A_2——建设新厂，A_3——与兄弟厂联营，A_4——兼并他厂。但是，无论采用何种方案，都可能出现四种自然状态：S_1——需求旺盛，S_2——需求一般，S_3——

需求较低，S_4——需求低迷。假如该企业对各方案在不同自然状态下可能达到的收益水平做出了测算（见表 7.2），试作决策。

表 7.2 各方案在不同自然状态下的收益值 （单位：万元）

自然状态 方　案	S_1	S_2	S_3	S_4
A_1	200	140	90	65
A_2	220	120	100	80
A_3	280	150	90	40
A_4	175	135	110	90

解 该问题属非确定型决策问题，分别用前述五种方法来解决。

（1）乐观分析法。各方案在不同自然状态下的最大收益值列于表 7.3，其中以方案 A_3 的最大收益值最大。则最佳方案为 A_3。

（2）悲观分析法。各方案在不同自然状态下的最小收益值列于表 7.3，其中以方案 A_4 的最小收益值最大。则最佳方案为 A_4。

（3）折中分析法。现确定乐观系数 α 为 0.3，则悲观系数 β 为 0.7，各方案的折中收益值计算如下：

$$A_1: 200 \times 0.3 + 65 \times 0.7 = 105.5 \quad （万元）$$
$$A_2: 220 \times 0.3 + 80 \times 0.7 = 122 \quad （万元）$$
$$A_3: 280 \times 0.3 + 40 \times 0.7 = 112 \quad （万元）$$
$$A_4: 175 \times 0.3 + 90 \times 0.7 = 115.5 \quad （万元）$$

其中最大的折中收益值为 122。因此，最佳方案选 A_2。

（4）等可能性分析法。按相同概率假设，各方案的期望收益值为：

$$A_1: (200 + 140 + 90 + 65)/4 = 123.75 \quad （万元）$$
$$A_2: (220 + 120 + 100 + 80)/4 = 130 \quad （万元）$$
$$A_3: (280 + 150 + 90 + 40)/4 = 140 \quad （万元）$$
$$A_4: (175 + 135 + 110 + 90)/4 = 127.5 \quad （万元）$$

其中最大的期望收益值为 140。因此，最佳方案选 A_3。

表 7.3 不同方法下的方案选择 （单位：万元）

方　法 方　案	乐观法 （X）	悲观法 （Y）	折中法 （$\alpha X + \beta Y$）	等可能法 （$\Sigma B_{ij}/n$）
A_1	200	65	105.5	123.75
A_2	220	80	122	130
A_3	280	40	112	140
A_4	175	90	115.5	127.5

（5）后悔值分析法。根据表 7.2，对应于每种自然状态的最大收益值是：出现 S_1 情况下

的 A_3 为 280 万元，出现 S_2 情况下的 A_3 为 150 万元，出现 S_3 情况下的 A_4 为 110 万元，出现 S_4 情况下的 A_4 为 90 万元。

求出的后悔值及选出的最大后悔值，见表 7.4。

表 7.4　后悔值和最大后悔值　　　（单位：万元）

方　　案	自　　然　　状　　态				最大后悔值
	S_1	S_2	S_3	S_4	
A_1	80	10	20	25	80
A_2	60	30	10	10	60
A_3	0	0	20	50	50
A_4	105	15	0	0	105

各方案中最小的最大后悔值为 50。因此，应选方案 A_3 为最佳方案。

上述五种分析方法的决策结论不完全相同，这是由于选择标准不同所致。对于非确定型的决策问题，理论上还未能证明哪一种方法最为合理。因此，在实践中，应对拟投资方案采用各种方法进行比较并综合分析，将其中被确定为最佳方案次数最多的方案作为最终决策方案较为恰当。

（三）实物期权在项目投资决策中的应用

1. 实物期权概念

实物期权（real option）最初是由美国麻省理工学院的迈尔斯教授（Myers，1977）提出的，是指企业对实业投资项目的选择权。他指出传统的贴现现金流量方法在评估具有经营柔性和战略作用的投资机会时有它内在的缺陷，并认为一个投资项目的现金流量，来自于目前所拥有资产的使用，再加上一个对未来投资机会的选择权。当企业面对不确定性做出项目初始投资决策时，不仅项目给企业直接带来现金流，而且赋予企业对于具有投资价值的"增长机会"做出进一步投资的权利。如等到项目有了更好的预期回报或者不确定性降低到一定水平以后再投资，而不必在一开始就投资，这种"等待"也会增加项目的投资价值。

投资决策者在进行项目投资决策时，如何根据有限的信息，及时正确地做出投资决策一直是实际工作和理论研究中的重点与难点。企业投资的众多项目在不同程度上具有如下三个基本特征：

（1）投资的不可逆性。即项目实施后，当市场发生不利变动或严重脱离预期发展趋势时，企业不能完全收回投资的最初成本。

（2）收益的不确定性。任何一个项目未来的投资收益是不确定的，事先能做的只是评估投资收益具有高或低等不同结果的概率。

（3）投资时机的可延迟性。投资者可以根据当时的经济环境和未来的可能变化，选择最佳的投资时机，即可以选择现在投资，也可以等到将来某个有利时机再投资。传统的项目投资决策方法主要是净现值法(NPV)等。NPV 法虽然应用起来比较简便，但它的应用是以环境条件刚性与投资决策刚性假定为前提的，并未能真正反映项目投资的上述三个特征。随着项目运行中不确定性因素的增多，投资所面临的风险也越来越大，因此，NPV 法在项目投资评估过程中的准确性受到质疑，特别对那些具有经营灵活性或战略成长性项目的投资价值将被严重低估，从而造成投资决策失误。实物期权方法在一定程度上可以弥补 NPV 方法的缺陷。

利用实物期权方法评估投资项目价值的主要思路是：将投资项目价值分为资产价值和期权价值两个部分，前者用传统的评估方法评估，后者用实物期权方法评估。

实物期权是由金融期权演变而来的。金融期权定价是金融期权理论的核心，同样实物期权定价也是实物期权方法的核心。与金融期权类似，影响实物期权价值的主要因素包括：标的资产、执行价格、有效期、波动率和无风险利率。实物期权的标的资产是指对应项目的预期现金流量的现值，它是随着市场的变化而波动的；执行价格是指将来获得该项目资产的投资成本，即当企业对投资项目进行投资时，项目期权即被执行，此时对项目进行投资的成本也就等于期权的执行价格；有效期是指该项目距离失去投资机会的时间；波动率是指项目投资预期收益的波动率，由于投资项目的风险分为技术风险和市场风险，它们共同决定了项目投资预期收益的波动率，技术风险减少投资项目的期权价值，市场风险增加投资项目的期权价值，由于投资项目的预期收益波动率难于度量，实践中常采用相关项目的历史数据作近似估算；无风险利率可以用短期国债利率来衡量，通常需要与实物期权的期限相对应。

借助 Black-Scholes 的金融期权定价公式，可以给出实物期权的定价公式为

$$C = SN(d_1) - Ee^{-rT}N(d_2) \qquad (7.3)$$

$$d_1 = \frac{\ln(S/E) + (r + \sigma^2/2)T}{\sigma\sqrt{T}} \qquad (7.4)$$

$$d_2 = d_1 - \sigma\sqrt{T} \qquad (7.5)$$

式中　C——项目期权价值；

　　　S——项目现金流量的现值；

　　　E——项目的未来投资成本；

　　　T——项目投资机会的持续时间；

　　　σ——项目投资预期收益的波动率；

　　　R——无风险利率。

　　　$N(d)$——标准正态分布的累积概率分布函数，即随机变量小于 d 的概率。

2. 实物期权的应用举例

某公司拥有"有机钾肥"新产品，若目前进行大规模投资，公司面临的市场风险较大。公司决定先进行小规模投资生产以开拓市场，两年后再决定是否扩大投资。目前，投资 300 万元（租用部分设备，年产 1 000 吨），收益现值约为 300 万元。利用净现值分析方法，有 NPV = 0，于是，该项目是不可接受的。

由于该公司首先进行小规模投资生产，给两年后扩大投资提供了机会，两年后的投资机会可看做是一个看涨期权（实物期权）。若两年后该项目产品市场前景较好，则再投资 3 000 万元建厂。假设扩大投资后项目的年期望净收益为 1 500 万元。估计项目收益的波动率为 30%。取无风险收益率为 3%，则有项目的收益现值 6 756 万元。

利用公式（7.4）、（7.5）可以分别计算出 $d_1 = 2.267\,0$、$d_2 = 1.842\,8$，再利用公式（7.3）可以计算出项目的期权价值为

$$C = 6\,756 \times N(2.267\,0) - 3000 \times e^{-0.003 \times 2} N(1.842\,8)$$
$$= 3\,944\ (万元)$$

计算结果表明，按传统评估方法，目前项目的 NPV 为零，故不应进行小规模投资，同时由于项目未来的不确定性，目前也不便于进行大规模投资。由于项目的总体投资价值为 3 944 万元（NPV + C = 3 944 万元），大于零，这表明目前进行小规模投资以试探市场并等待机会再决定是否进行大规模投资是值得的。实物期权的价值大于零，体现了等待的价值。若两年之后该项目产品的市场需求下降，则可终止原小规模投资生产，此时的投资损失最大为300 万元；若市场需求仍保持原状，则仍保持小规模投资的生产状况；若市场需求较大，则选择大规模投资（即投资 3 000 万元）。

实物期权方法给予投资决策者对投资项目以停止投资、延迟投资或改变投资规模的选择权。也正是由于这种选择权，才使得决策者能更好地把握投资时机，从而做出更加有利的投资决策。

习　题

1. 举例说明企业投资有哪些类型。
2. 企业股权投资包括哪些形式？企业收购和兼并有何不同？
3. 企业投资战略类型有哪些？
4. 简述企业投资决策要素的含义及其内容。
5. 按照经营业务组合分析法的思想，应怎样对待企业现有的各项投资业务？
6. 什么是确定型决策、风险型决策和非确定型决策？
7. 某企业拟开发一种新产品，预计销路的可能性：畅销的概率 P_1 为 0.7，滞销的概率 P_2 为 0.3。可采用的方案：A 方案，建造一座新车间，使用期 10 年；B 方案，对现有设备进行技术改造，既维持原来的生产，又建立新产品的生产线，使用期 10 年；C 方案，先按方案 B 进行，如果销路好，3 年后进行扩建，扩建项目使用期 7 年。其有关数据见表 7.5。试用决策树分析法进行方案选择。

表 7.5　某 新 产 品 方 案　　　　　（单位：万元）

方　案	投　资　额		年　收　益　值			
	当前	3 年后	前 3 年		后 7 年	
			畅　销	滞　销	畅　销	滞　销
A	300	0	100	−20	100	−20
B	120	0	30	20	30	20
C	120	180	30	20	98	20

8. 某企业欲投资的某项目有四种可行方案,各方案在四种不同自然状态下的收益值见表7.6,该企业应如何决策?

表7.6　各方案在四种不同自然状态下的收益值　　（单位：万元）

方　案＼自然状态	S_1 需求量较高	S_2 需求量一般	S_3 需求量较低	S_4 需求量很低
A_1	350	325	175	100
A_2	400	250	210	200
A_3	450	300	200	150
A_4	250	220	215	125

第八章　企业固定资产投资与设备更新经济分析

第一节　企业固定资产投资概述

一、固定资产与固定资产投资的概念

固定资产是指使用期限较长、单位价值较高，并且在使用过程中保持原有实物形态的一类资产。在社会再生产过程中，固定资产是能够较长时期地为生产、生活等方面服务的物质资料。对企业而言，固定资产是支撑生产经营活动的主要劳动资料和劳动手段。固定资产主要包括房屋建筑物、机器设备和运输设备等。

相对于其他类型的资产，固定资产主要有以下特点：

（1）预计使用年限在一年以上。

（2）供企业生产经营用而非出售。

（3）资产的成本及其为未来提供的经济利益能够可靠地予以计量。

按照经济用途，固定资产可分为生产经营用固定资产和非生产经营用固定资产两大类。生产经营用固定资产是指直接服务于企业的生产经营过程的固定资产，如厂房、加工机械、生产动力装置等；非生产经营用固定资产是指不直接服务于生产经营过程的固定资产，如职工宿舍、食堂、交通车等。企业拥有一定数量、类型的非生产经营用固定资产，有助于生产经营活动的顺利、有效开展。

运用于购置和建造固定资产的投入资金及其投资行为称为固定资产投资。固定资产投资具有投入资金数额较大，资产形成过程较长，价值回流较慢，投资风险较高等特点。由于固定资产在生产或服务过程中能够较长时期地保持其实物形态而不影响使用功能，所以对单一投资项目而言，固定资产投资是不连续的，投资周期较长。因此，固定资产投资分析、运用和管理是社会和企业投资活动中应该重点把握的内容。

二、固定资产投资的类型及其特点

根据国家统计部门的规定，全社会固定资产投资总额分为基本建设投资、更新改造投资、房地产开发投资和其他固定资产投资四个部分。本书以固定资产再生产方式的区别为标准，着重介绍基本建设投资和更新改造投资两种基本类型。

（一）基本建设投资

基本建设主要是指国民经济中为了固定资产的扩大再生产而进行的建造、购置、安装固定资产的活动以及与此相联系的其他工作。通过基本建设实现的固定资产扩大再生产是外延扩大再生产。

基本建设投资具有如下特点：

（1）通过新建企业（或项目）可迅速发展社会生产力，奠定经济基础。

（2）基本建设投资可引导生产力在全国范围内合理配置，发挥地区优势。

（3）基本建设投资可引导原有行业部门结构实施战略性调整，促进国民经济协调发展。

（4）基本建设投资是吸引劳动力、增加就业的重要手段。

在一个国家的工业化初期或者新一轮经济周期启动初期，往往通过进行大规模的基本建设来增加固定资产保有量和扩大固定资产规模，同时调整充实工业部门结构以适应经济发展的需要。基本建设对经济扩张的刺激作用是非常明显的。但基本建设投资规模过大、战线过长，若超出国民经济的承受能力，又易引发投资规模膨胀，反而会削弱经济持续发展能力。对企业来说，基本建设投资同样也有一个"量"和"度"的问题，既满足企业扩张的需要，又适合于企业自身的能力。

（二）更新改造投资

更新改造包括固定资产更新和技术改造两种形式。

固定资产更新是指原有固定资产因发生磨损而部分或全部丧失其使用价值时，另行建造或购置新的固定资产加以替换。更新有两种方式：一是在原有技术基础上更新，用同类型、同性能的新固定资产替代旧固定资产，属于固定资产的简单再生产；二是在新技术基础上更新，即用新型的、效率更高的固定资产替代原有陈旧的固定资产，属于固定资产的简单再生产和内涵扩大再生产相结合。

固定资产的技术改造是指在原有固定资产基础上用先进的工艺和技术手段来替代原有的落后工艺、技术以提高生产要素质量，达到提高企业经济效益的目的，属于内涵为主的固定资产扩大再生产。

以上两种形式在实际投资活动中往往交织进行，统称为固定资产的更新改造。它包括设备更新、设备现代化改装、工艺改造、生产性建筑物的修整和改造、材料综合利用、"三废"治理、劳动安全保护等具体手段和形式。

在一个国家工业化后期或者经济成熟期，主要通过更新改造投资来解决固定资产的落后老化，并将最新科技成果和生产手段转化为现实生产力，使企业能保持旺盛的生命力，产品具有强大的竞争力，社会经济运行维持良好的效益。

更新改造投资有如下特点：

（1）充分利用最新的科学技术成果，提高现有企业的技术水平和固定资产的效率，最大限度地发挥企业潜力。

（2）充分利用已有的技术、设备和管理经验，以等量投资形成更多的生产能力，或者用较少的投资形成同样的生产能力。

（3）投资周期相对较短，见效更快。

为适应我国走内涵集约型扩大再生产道路的需要，长远来看，更新改造投资在全社会固定资产投资总额中所占的比重应逐渐增大。

三、固定资产投资的决策程序

固定资产投资是企业经营活动的一项重要内容。企业及其投资项目的投产运营要依靠基本建设来完成，企业的长期发展、技术进步和产品升级换代则更多地通过更新改造来实现。固定资产投资作为企业经营投资中比重最大的一个部分，对企业的经营成败至关重要。因此，正确进行固定资产投资分析，把好决策的质量关，是企业管理者不容忽视的。

固定资产投资决策与项目投资决策相比较，除了决策范围缩小、决策对象相对单一之外，其决策过程和方法仍然具有很多的共性。固定资产投资决策也应该按照以下程序规范地进行：

（1）根据投资需求和目标鉴别投资机会，选择有利的投资对象。

（2）分析企业的现实能力和发展前景，确定合适的投资类型（新建或者更新改造）。

（3）拟订投资规划，进行可行性分析，重点进行生产能力分析和投资效益分析。

（4）综合评价，给出评价结论及投资建议。

（5）审核分析评价报告，做出投资决策。

（6）组织规划详尽的投资实施方案并择机执行。

应该指出，固定资产投资决策的复杂性及难易程度因投资性质和规模的不同而有所差异。比如，新建一个大型项目（如一条生产线）涉及许多方面，其决策比较复杂，需综合考虑；而对某单项固定资产（如一台生产设备）进行更新，则仅需了解可供选择替换对象的主要技术经济指标状况，结合更新目的和要求对新、旧固定资产进行经济效果比较，就可以做出结论，决策相对简单。再比如，对企业进行全面的技术改造和仅对单台设备进行技术革新，这两种情况下的投资决策差异也是非常明显的。但是，不管任何性质、类型的固定资产投资，都必须以客观、科学的态度进行决策，力求使每一项投资决策都能为企业和社会创造最佳的效益。

第二节　设备更新经济分析的理论基础

本章着重介绍企业生产经营中经常遇到的一类固定资产投资问题——固定资产更新的决策方法，并以技术经济分析方法作为贯穿这一部分的主线。

为简便起见，以下将各种类型的固定资产都统称为"设备"。

一、设备的磨损及其补偿

（一）设备磨损的基本概念

企业建造或者购置的设备，从投入使用到最后报废，通常要经历一段较长的时间。在这段时间内，尽管设备的实物形态不会有明显改变，但设备会逐渐磨损而逐步丧失其部分直至全部使用价值和价值。即使设备闲置不用，一段时间后磨损也会发生。因此，磨损是设备更新的直接原因。

按产生的性质及实质的不同，设备磨损有两种形式：有形磨损和无形磨损。

设备在使用或闲置过程中所发生的实体磨损称为有形磨损，也称为物质磨损或物理磨损。引起设备有形磨损的主要原因有两个方面：一方面是生产使用过程中机械外力对设备的作用使设备的实体遭受磨损，如零部件损坏、振动、疲劳等，这种磨损称为第一种有形磨损。它可使设备精度降低，劳动生产率下降，故障增多，严重时甚至会丧失工作能力，失去使用价值。另一方面是设备放置过程中因自然力的作用而发生的实体磨损，如金属体生锈、腐蚀、橡胶件老化等，这类磨损称为第二种有形磨损。它同样会使设备丧失精度和工作能力，失去使用价值，只不过其作用过程一般情况下稍微慢一些。

由于技术进步而使设备的原始价值贬值或者使用价值下降，出现这种情况同样意味着设备发生了磨损，我们把这一形式的磨损称为无形磨损，或者精神磨损、经济磨损。无形磨损按形成原因也可分为两种：一种是设备制造工艺的改进使成本降低，劳动生产率提高，因而同种设备的市场价格下降，使原有设备贬值。这种无形磨损称为第一种无形磨损。由于它没有使设备本身的技术特性和功能发生变化，故不会影响现有设备的使用。另一种是由于技术进步使结构更先进、性能更完善、生产效率更高、耗费更少的新型设备出现，使原有设备在技术上陈旧落后，价值降低。这种无形磨损称为第二种无形磨损。由于它使得原有设备若继续使用将会使产品成本大大高于社会平均成本，在经济上不合算，故可能会退出使用而被淘汰。

通常情况下，随着使用年限的延续，大多数设备会同时受到有形磨损和无形磨损的双重作用，形成综合磨损。

设备的有形磨损和无形磨损均会引起设备使用价值和价值的局部甚至完全丧失，进而影响设备的继续使用，只是影响的形式有所不同。

（二）设备磨损的补偿

有形磨损和无形磨损都会引起设备价值的降低，并以不同形式和程度影响设备的继续使用。要维持企业生产经营活动的正常进行，必须对设备的磨损进行及时合理的补偿。

由于设备遭受磨损的形式不同，补偿磨损的方式也不一样。补偿分为局部补偿和完全补偿。局部补偿只能部分地消除磨损，但补偿后可以维持原有设备的继续使用；完全补偿可以全部地消除磨损，但补偿后原有设备不再使用而被新设备替换。设备有形磨损的局部补偿方式是修理；第二种无形磨损的局部补偿方式是现代化改装；有形磨损和第二种无形磨损的完全补偿方式是更换。设备的第一种无形磨损对设备的使用价值没有影响，一般情况下不需补偿，可以保留原设备继续使用。设备的磨损及其补偿方式如图8.1所示。

设备发生综合磨损时对其补偿方式应作更深入的研究，进行多种补偿方式的技术经济分析，选择最适当的补偿方式。

在后面的内容中，将选取各种磨损补偿方式中最常碰到的一种——更换（即设备更新）为代表来进行有关的分析，并介绍常用的设备更新决策方法。

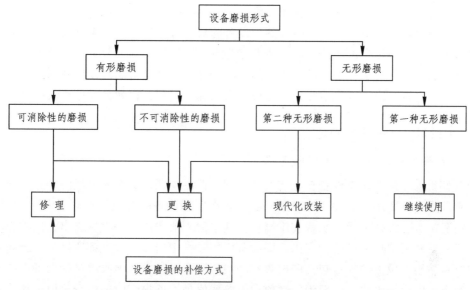

图 8.1 设备磨损形式及其补偿方式

二、设备的经济寿命及其确定

（一）有关设备的寿命概念

由于磨损不可避免，也不能根本性地消除，使得各种设备都不可能无限期地使用，而具有一定的使用周期，即寿命。设备的寿命按其磨损的表现形式不同可分为以下三种：

1. 使用寿命

使用寿命是指设备从全新状态下开始使用，直至物质上磨损严重、不能继续使用而报废的整个时间周期。使用寿命是因有形磨损而形成的，也称为自然寿命或物理寿命。设备使用寿命的长短取决于设备的使用状况和维护保养的程度，并能通过合理的磨损补偿手段（如大修理、技术改造等）得到适当延长。

2. 技术寿命

设备的技术寿命是指设备从投入使用到因技术进步原因被迫淘汰为止的整个时间周期。技术寿命体现着设备维持其市场价值可能的时间周期，其长短主要取决于设备无形磨损发生的程度，即技术进步的速度和强度。

3. 经济寿命

设备的经济寿命是指设备从开始使用到继续使用直至在经济上不合理为止的整个时间周期。设备在使用过程中，由于有形磨损日益严重而使各项费用逐渐增加，可能造成继续使用的成本超过购买新设备来使用的成本；或是由于市场售价较低、性能更完善、生产效率更高的新设备出现，使得原有设备继续使用在经济上不合算。这样一来，即使设备还能用下去，从经济上考虑也面临着是否更换的选择，从而提出了经济寿命的概念。因此，设备的经济寿命是由其有形磨损和无形磨损综合作用形成的，经济寿命的长短主要取决于设备使用过程中的经济状况（费用和收益状况）。

综上所述，依据设备所面对的技术、经济和市场状况的变化，设备有不同的寿命周期。一般而言，使用寿命是所有寿命中最长的。设备的技术寿命对于一种类型的设备来说具有共性，它主要用于同一种类设备的更新（或者称为设备类型的更新）分析。对单个设备来说，影响其更新的寿命主要是经济寿命，设备的经济寿命往往是设备的最佳更新周期。因此，设备更新分析及决策，应该首先研究设备经济寿命的确定问题，也就是设备更新的时间问题。

（二）设备经济寿命的确定

1. 确定设备经济寿命的原则和思路

既然设备的经济寿命是设备在经济上最合理的使用周期，那么研究经济寿命的长短主要考虑的应该是设备使用的有关经济要素（现金流量），即设备的费用和收益。设备的费用包括购置（建造）费、维持（运转）费和维修费。其中前一项费用为一次性支出，也称为设备的初始投资；后两项费用为经常性支出，即设备使用过程中的每个年度都要发生，合起来称为设备的经营费用。设备的收益包括产出收益和残值回收，其中产出收益是指设备生产的产品或提供的服务的市场价值，一般为年度值；设备残值是设备报废时的残余价值（扣除清理费用），在寿命期末一次性回收。

由此可见，设备的经济寿命应该从两个方面考虑，即费用和收益。为了不同的设备寿命期在进行经济比较时满足可比性原则，应选取年度值作为比较的依据。设备经济寿命的确定原则是：设备在经济寿命期内平均年净收益最大，设备在经济寿命期内平均年总费用最小。

由于设备的净收益是设备的产出收益扣除使用成本后的余额，而设备的产出收益在一般情况下是均衡的，使用成本（即年均总费用）最小时净收益则为最大，所以上面两条原则是一致的。因设备的收益较之费用往往难以确定或不易计算，更多时候是选用年均总费用最小原则来计算、确定设备的经济寿命。

根据设备费用的构成，年均总费用可以看做是两部分平均年费用的加总：一部分是由初始投资折算的年费用（资金恢复费用），另一部分是由经营费用折算的年费用（年均经营费用）。一般情况下，随着设备使用年限的增长，设备的资金恢复费用将逐渐减小，而年均经营费用将逐渐增大，这种变化趋势如图8.2所示。两种年费用的此消彼长，必然使得设备的年均总费用在某个适宜的使用年限内达到最小值，这个使用年限就是设备的经济寿命。图 8.2 中 n^* 即为设备的经济寿命。

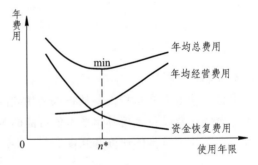

图 8.2　设备年费用曲线

按照上述思路，确定设备经济寿命的关键是要正确地计算设备在不同寿命期内的资金恢复费用、年均经营费用及年均总费用。只要得到了年费用的数值，将其在可能的不同寿命期之间进行比较，总是可以找到一个年费用的最小值，其对应的寿命期即为该设备的经济寿命。

2. 设备经济寿命的计算方法

按照是否考虑资金时间价值（资金占用利息），设备经济寿命的计算有静态算法和动态算法两类，下面分别加以介绍。

• 静态算法

静态算法分为面值法和低劣化值法。

面值法是以同类型设备的统计资料为依据，通过其账面上反映的设备逐年费用及年末残值等数据来计算不同使用年限的平均年费用，通过比较确定设备经济寿命的一种方法。这是一种最常用的经济寿命计算方法。

用面值法计算设备年均总费用的公式如下：

$$AC_n = \frac{K - L_n}{n} + \frac{1}{n}\sum_{t=1}^{n} C_t \tag{8.1}$$

式中　AC_n——n 年内设备的年均总费用；

　　　K——设备的初始投资（原值）；

　　　C_t——第 t 年设备的经营费用（$t = 1$，2，$\cdots$，n）；

　　　L_n——第 n 年末的设备残值。

按照确定设备经济寿命的原则，使得 AC_n 达到最小值的使用年限 n^* 即为该设备的经济寿命。显然，设备经济寿命最短为一年，最长即是设备的使用寿命。实际计算时，可以依次计算设备使用寿命内各个时间长度（整数年限）的年均总费用，通过比较找出最小值，其对应年限即为经济寿命。

需要说明的是，由于非整数年限没有在面值法的考虑范围内（事实上根本不可能全部考虑），而经济寿命并没有定义为整数年限，所以面值法得出的经济寿命不一定是最优的，但已经能够满足实际工作的需要。下面举例说明该方法的具体做法。

【例 8.1】　某设备购置费为 3 万元，其逐年经营费用及年末残值见表 8.1，试求其经济寿命。

表 8.1　设 备 使 用 数 据 表

使用年数（年）	1	2	3	4	5	6	7	8
经营费用（千元）	5	6	7	8	9	10	11	12
年末残值（千元）	21	14.7	10.29	7.2	5.04	3.53	2.47	1.73

解　按式（8.1）有

$$AC_1 = 30 - 21 + 5 = 14 \text{（千元）}$$

$$AC_2 = \frac{1}{2} \times (30 - 14.7) + \frac{1}{2} \times (5 + 6) = 13.15 \text{（千元）}$$

$$AC_3 = \frac{1}{3} \times (30 - 10.29) + \frac{1}{3} \times (5 + 6 + 7) = 12.57 \text{（千元）}$$

同理可求得 $AC_4 = 12.20$ 千元，$AC_5 = 11.99$ 千元，$AC_6 = 11.91$ 千元，$AC_7 = 11.93$ 千元，$AC_8 = 12.03$ 千元。

显然，$AC_6 = 11.91$ 千元是所有 $\{AC_n\}$ 中最小的，所以该设备经济寿命为 6 年。

此类问题也可以采用表格法求解（见表 8.2）。

表 8.2 面 值 法 计 算 表 （单位：千元）

年 数 ① t	经 营 费 用 ② C_t	年 末 残 值 ③ L_t	经营费用 累 计 ④ $= \Sigma$②	经营费折算 年费用 ⑤ $=$ ④$/t$	投资折算 年费用 ⑥ $= K/t$	残值折算 年费用 ⑦ $=$ ③$/t$	年 均 总费用 ⑧ $=$ ⑤$+$⑥$-$⑦
1	5	21	5	5	30	21	14
2	6	14.7	11	5.5	15	7.35	13.15
3	7	10.29	18	6	10	3.43	12.57
4	8	7.2	26	6.5	7.5	1.8	12.2
5	9	5.04	35	7	6	1.01	11.99
6	10	3.53	45	7.5	5	0.59	11.91*
7	11	2.47	56	8	4.28	0.35	11.93
8	12	1.73	68	8.5	3.75	0.22	12.03

* 11.91 千元为年均总费用中的最小值。

前已述及，设备在使用过程中，随使用年限的增长，磨损日益加剧，致使设备的经营费用不断增加，而净收益逐年减少，这就是设备的低劣化过程。如果设备在低劣化过程中年经营费用以一个固定值增加，或年收益以一个固定值减少，这个固定值就被称为设备的低劣化值。

假定设备第一年的经营费用（也称为基本经营费用）为 C，经营费用低劣化值为 g，运行若干年后残值均为零。则设备使用 n 年的年均总费用为

$$\text{AC}_n = \frac{K}{n} + \frac{1}{n}\{C + (C+g) + (C+2g) + \cdots + [C+(n-1)g]\}$$
$$= \frac{K}{n} + \frac{n-1}{2}g + C \qquad (8.2)$$

在式（8.2）中，AC_n 由变量 n 唯一确定。要使 AC_n 达到最小，可令 $\dfrac{\text{dAC}_n}{\text{d}n} = 0$，得

$$n^* = \sqrt{2K/g} \qquad (8.3)$$

验证 $\dfrac{\text{d}^2\text{AC}_n}{\text{d}n^2} > 0$，则 n^* 为式（8.2）所要求的最小值对应的年数，即 n^* 是设备的经济寿命。

【例 8.2】 某设备原值为 8 万元，其经营费用每年以 4 千元的数值递增，试求其经济寿命。

解 不计残值，则其经济寿命为

$$n^* = \sqrt{2K/g} = \sqrt{2 \times 80/4} = 6.32 \quad （年）$$

该设备在 6 ~ 7 年更新最为经济。

如果考虑设备残值，则有两种情况：① 设备使用各年末残值均相等，设为 L，则只需将

式（8.3）改写为 $n^* = \sqrt{2(K-L)/g}$ 即可；② 设备使用各年末残值不等，设第 n 年末残值为 L_n，则式（8.2）改写为 $AC_n = \dfrac{K-L_n}{n} + \dfrac{n-1}{2}g + C$，按该式依次计算各使用年限的年均总费用并加以比较，才能找出设备的经济寿命，原计算经济寿命的公式（8.3）不再适用。

【**例 8.3**】　在例 8.2 中，若设备的基本经营费为 6 千元，其 10 年使用寿命内各年末的残值均为上年的 60%，试求其经济寿命。

解　各年末的残值依次为 $L_1 = 80 \times 60\% = 48$ 千元，$L_2 = 48 \times 60\% = 28.8$ 千元，$L_3 = 17.28$ 千元，$L_4 = 10.37$ 千元，$\cdots$，$L_{10} = 0.48$ 千元。

设备的年均总费用计算公式为

$$AC_n = \frac{K - L_n}{n} + \frac{n-1}{2}g + C$$

则

$$AC_1 = 80 - 48 + 6 = 38 \quad （千元）$$

$$AC_2 = \frac{1}{2} \times (80 - 28.8) + \frac{1}{2} \times 4 + 6 = 33.6 \quad （千元）$$

$$AC_3 = \frac{1}{3} \times (80 - 17.28) + \frac{3-1}{2} \times 4 + 6 = 30.91 \quad （千元）$$

$$AC_4 = \frac{1}{4} \times (80 - 10.37) + \frac{4-1}{2} \times 4 + 6 = 29.41 \quad （千元）$$

同理，$AC_5 = 28.76$ 千元，$AC_6 = 28.71$ 千元，$AC_7 = 29.11$ 千元，$AC_8 = 29.83$ 千元，$AC_9 = 30.80$ 千元，$AC_{10} = 31.95$ 千元。

显然，使用 6 年的年均总费用最小，故该设备的经济寿命为 6 年。

当然，该例用面值法来计算也是可以的，其结果完全一致。

• 动态算法

如果考虑资金的时间价值，可以先将设备寿命期内的各项费用按规定的折现率折算为现值来计算设备的总费用现值，再将其折算为使用年限内的等额资金系列，即可得到设备的年均总费用。最常用的为面值贴现法，其计算公式如下：

$$PC_n = K - L_n(P/F, \ i_0, \ n) + \sum_{t=1}^{n} C_t(P/F, \ i_0, \ t) \tag{8.4}$$

$$AC_n = PC_n \cdot (A/P, \ i_0, \ n) \tag{8.5}$$

式中　PC_n——n 年内设备的总费用现值；

　　　i_0——折现率。

利用式（8.5）的计算结果确定经济寿命的方式与面值法相同。

在求解实际问题时，为使计算过程简明、直观，多采用表格法，见下例。

【**例 8.4**】　以例 8.1 的有关数据（再扩充两年）为准，取折现率 $i_0 = 12\%$，计算该设备的经济寿命。

解　根据公式（8.4）和（8.5），编制设备的面值贴现法计算表（见表 8.3），并计算表内各待求项。结果显示，该设备在考虑资金时间价值的情况下其经济寿命为 8~9 年，比静态法计算滞后 2~3 年。

表 8.3　面值贴现法计算表　　　（单位：千元）

年数	经营费用	年末残值	经营费用的现值	经营费用现值累计	经营费折算年费用	投资折算年费用	残值折算年费用	年均总费用
① t	② C_t	③ L_t	④=②× $(P/F, i, t)$	⑤=Σ④	⑥=⑤× $(A/P, i, t)$	⑦=K× $(A/P, i, t)$	⑧=③× $(A/F, i, t)$	⑨=⑥+ ⑦-⑧
1	5	21	4.47	4.47	5	33.6	21	17.60
2	6	14.7	4.78	9.25	5.47	17.75	6.93	16.29
3	7	10.29	4.98	14.23	5.92	12.50	3.05	15.37
4	8	7.2	5.08	19.31	6.36	9.88	1.50	14.74
5	9	5.04	5.11	24.42	6.78	8.32	0.79	14.31
6	10	3.53	5.07	29.49	7.17	7.30	0.44	14.03
7	11	2.47	4.98	34.47	7.55	6.57	0.25	13.87
8	12	1.73	4.85	39.32	7.91	6.04	0.14	13.81
9	13	1.21	4.69	44.01	8.26	5.63	0.08	13.80*
10	14	0.85	4.51	48.52	8.59	5.31	0.05	13.85

* 13.80 千元为年均总费用中的最小值。

一般来说，资金利息对设备经济寿命的影响较大。从投资分析的角度考虑，为了更经济地使用现有设备，实际工作中应尽可能地按动态法来测算经济寿命。

3. 对设备经济寿命的简单讨论

（1）通常情况下，设备的经营费用是逐年增加的，而资金恢复费用随使用年限增加而逐渐减少。在设备的使用寿命内总可以找到一个年均总费用最小的年限，即设备的经济寿命（见图 8.2）。

（2）如果设备的经营费用及残值在整个寿命期间都固定不变且不计利息，由式（8.1）可知，使用年限越长，其年均总费用越低。如果不考虑无形磨损的影响，设备的经济寿命就是其使用寿命。

（3）对于初始投资较少而经营费用相对较高且显著增加的设备（如马达、电锯等低值易耗设备），其经济寿命一般很短。

（4）如果设备的未来残值相对于目前价值来说贬值很慢，而经营费用逐年显著增加，由式（8.1）、（8.4）、（8.5）可以推知：设备的年均总费用随使用年限的增加而逐渐增大。此时，可能的最短寿命（一般为一年）就是其经济寿命。

（三）设备经济寿命与更新决策的关系

根据对设备经济寿命含义的理解，我们已经知道：在没有达到经济寿命时就淘汰现有设备，或者超出经济寿命后才淘汰现有设备，对设备使用者来说都是不经济的。因此，设备的经济寿命期是设备的最佳更新期。在设备投资决策中，准确地把握现有设备的经济寿命及其使用的进展状况，对于科学合理地制订设备使用和更新计划、适时择机决策有重要意义。

但是，设备在经济寿命期末是否需要更新，并不单方面由原有设备所决定。因为原有设备的淘汰同时也意味着替换设备的投入，这就必然会涉及可供选择的替换设备的有关技术经济状况以及各种替换方案的经济效果问题。可以想象的一种情况是，如果可以用来替换原有设备的其他设备都会让使用者付出高昂的代价（包括过高的初始投资和过高的运行费用），这时候明智的选择应该是让原有设备超出经济寿命期继续使用，直到有比它更经济的替换方案出现。因此，设备更新决策不仅要解决经济寿命的确定问题，而更重要的是要进行更新方案的拟订、比较和选择。从这层意义上来说，设备更新决策实质上还是属于前面已经详细介绍过的互斥投资方案的比较择优问题，但具体解决方法又有其特殊性，下一节将作详细的介绍。

特别的，如果遇到的是同型设备（或称原型设备）的更新问题，即相同的设备以旧换新，则其经济寿命期结束立即更换就是最佳的更新方式。

第三节　设备更新方案的比较和选择

广义的设备更新包括设备修理、设备更换和设备现代化改装，即设备磨损补偿的三种方式。本节介绍的设备更新是其狭义的概念，指设备的弃旧换新，包括用结构性能相同的新设备替换有形磨损严重而无法继续使用的旧设备，以及用结构更先进、性能更完善、效率更高、成本更低的新设备替换技术落后、经济上不宜继续使用的旧设备。设备更换是设备更新的一种重要方式，并且在企业更新改造投资中占有较大的比重，是本节讨论的重点。

一、设备更新方案比选的基本原则

设备更新决策涉及现有设备的淘汰或报废与否，用什么样的新设备加以替换，何时替换，怎样替换等问题，也是多个互斥方案的比选问题。在更新方案的拟订和方案比选过程中，应注意遵循以下原则进行分析：

（1）不计沉没成本原则。所谓沉没成本是指过去已经发生无法挽回的费用开支。例如，现有设备的价值贬损（即设备初始投资和现时价值之间的差额），以往年份的经营成本等。由于其不可恢复，对现在的设备使用或将来的设备更新行为不会产生实质影响，在分析时应不予考虑，也不参与经济计算。

（2）旁观者立场原则。不以设备所有者的身份进行更新分析，而是以局外人的立场看待各种更新方案，保证分析过程的客观和公正。比如设备以旧换新，无论新、旧设备都不能视为自有，要使用就得按市场价格先将其买下来。不能以实际更新时资金的运动状况为分析的依据。

（3）相同分析期原则。不同的更新方案因涉及设备状况的差异其寿命期往往不同。为满足时间上的可比性，需要设定共同的分析期。如有设备的一部分使用寿命被划到分析期以外，对其未消耗的部分价值应作回收处理。

（4）费用比较原则。更新方案比较时，一般假设备方案设备产出收益是相同的，只需对它们的有关费用进行比较。如采用年度费用指标，可不受不同设备使用寿命长短不一的影响；如采用总量费用指标，则需满足相同分析期的条件。

二、设备更新方案比选的基本方法介绍

设备更新方案比选的基本原则是正确进行设备更新决策的基础。具体的设备更新方案比选方法其实就是在前面章节已经介绍过的投资方案比较择优基本方法和上述原则相结合的基础上形成的，下面以举例的方式加以说明。

（一）仅涉及一种替换设备的更新决策

【例8.5】 某厂五年前购买机床 A，购价18 000元，每年经营费4 800元，预计可用10年，10年后残值2 000元。现市场上有同样性能机床 B，售价20 000元，年经营费3 600元，使用寿命10年，残值2 500元。现在出售机床 A，估价为7 000元。已知折现率为10%，试作更新决策。

分析：该例所涉及的更新方案只有两个，即继续使用机床 A 和购买机床 B 来替换 A。前一方案中，机床 A 的原始价值18 000元属沉没成本，不予考虑。从旁观者的角度出发，要使用机床 A 首先需以现价7 000元将其购回。对后一方案同样需以现价20 000元将机床 B 购回，至于被淘汰的旧机床 A 如何处理与旁观者无关，决策时不需要考虑。应该注意到机床 A 只剩5年的使用寿命，而机床 B 可用10年，两个方案寿命期不等。由题意知两台机床产出相同，可选用年度费用指标——年均总费用来进行比选。

在动态分析中，设备的年均总费用 AC 除可按式（8.4）、（8.5）计算之外，还可以选用如下两个公式中的任意一个来计算

$$AC = K(A/P, i_0, n) + C - L_n(A/F, i_0, n) \tag{8.6}$$

$$AC = (K - L_n)(A/P, i_0, n) + C + L_n \cdot i_0 \tag{8.7}$$

式中 C ——设备的年经营费（每年相同）。

解 两方案的现金流量如图8.3所示。

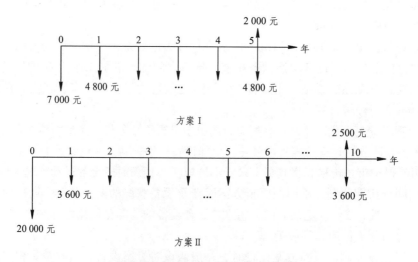

图8.3 机床 A、B 的现金流量图

方案 Ⅰ ——继续使用机床 A 的年均总费用为

$$AC_I = K_A (A/P, 10\%, 5) + C_A - L_A (A/F, 10\%, 5)$$
$$= 7\,000 \times 0.263\,8 + 4\,800 - 2\,000 \times 0.163\,8$$
$$= 6\,319 \quad (\text{元})$$

方案 II——用机床 B 替换机床 A 的年均总费用为

$$AC_{II} = K_B (A/P, 10\%, 10) + C_B - L_B (A/F, 10\%, 10)$$
$$= 20\,000 \times 0.162\,7 + 3\,600 - 2\,500 \times 0.062\,7$$
$$= 6\,697 \quad (\text{元})$$

$AC_I < AC_{II}$，故继续使用机床 A 更经济，5 年内每年可节约 $6\,697 - 6\,319 = 378$ 元。

（二）涉及多种替换设备的更新决策

【例 8.6】 现有设备 A，市场估价 5 000 元，尚可使用 5 年，年经营费用为 2 800 元，使用期末无残值。为该设备提出两种更新方案：方案 I 是 5 年以后用设备 B 替换 A，B 的初始投资 18 000 元，寿命 15 年，年经营费 2 000 元，残值为零；方案 II 是现在就用设备 C 替换 A，其初始投资为 10 000 元，寿命 15 年，年经营费 2 600 元，无残值。若折现率为 12%，试作更新方案比较。

分析：这是涉及两种可替换设备、寿命期不同的更新方案比较问题，方案 I 寿命期为 20（5+15）年，方案 II 寿命期为 15 年。由于方案 I 中涉及 A、B 两台设备分别在不同的时段交替使用，设备的使用寿命与方案的寿命期不一致，一般不宜用年费用方法来比较。因此，选择共同的分析期便成为解题的关键。另外，共同分析期的选择有可能使某些设备的一部分使用寿命划到分析期以外，而这部分寿命内设备尚未利用的价值应该以适当的方式予以计算，并作为分析期末的固定资产余值回收，以反映分析期内方案资金运动的真实状况。先将两个方案的现金流量图画出来（见图 8.4）辅助分析。

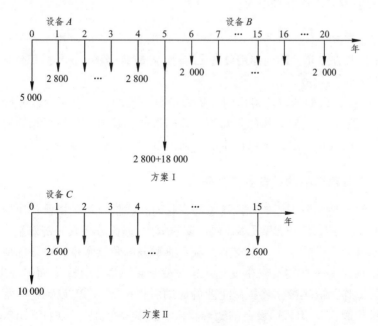

图 8.4 方案 I、II 的现金流量图（单位：元）

解

（1）因难以估计未来情况，以方案 Ⅱ 设备 C 的使用寿命 15 年为分析期。则方案 Ⅰ 中设备 B 的最后 5 年使用寿命不在分析之内，设备 B 在分析期末尚有一部分价值未用，可将其作为方案 Ⅰ 在分析期末的残值。具体可计算如下：

设备 B 的年资金恢复费用为 18 000(A/P, 12%, 15) = 2 642.4 元，将最后 5 年的资金恢复费用折现于第 15 年末（分析期末）为 2 642.4(P/A, 12%, 5) = 9 525.3 元，即得方案 Ⅰ 的残值（设备 B 的未使用现值）。

采用总量费用指标比较两方案，则方案 Ⅰ 的总费用现值为

$$PC_I = 5\ 000 + 2\ 800(P/A,\ 12\%,\ 5) + 18\ 000(P/F,\ 12\%,\ 5) +$$
$$2\ 000(P/A,\ 12\%,\ 10)(P/F,\ 12\%,\ 5) - 9\ 525.3(P/F,\ 12\%,\ 15)$$
$$= 29\ 978.2\ （元）$$

方案 Ⅱ 的总费用现值为

$$PC_{II} = 10\ 000 + 2\ 600(P/A,\ 12\%,\ 15) = 27\ 708.3\ （元）$$

$PC_I > PC_{II}$，方案 Ⅱ 较为经济。

（2）实践中，常因远期资料不易掌握而采用较短的分析期。本例中方案 Ⅰ 的设备 B 在 5 年以后才使用，而那时设备 B 的基本情况是否与现在一致很难确定。所以，可以考虑选设备 A 的残余寿命 5 年为分析期，来比较继续使用设备 A 和用设备 C 替换 A 两个方案。显然，这样处理后，例 8.6 就和例 8.5 属同一种类型了。

设备 A 继续使用的年均总费用为

$$AC_A = 5\ 000(A/P,\ 12\%,\ 5) + 2\ 800 = 4\ 187\ （元）$$

设备 C 寿命期内的年均总费用为

$$AC_C = 10\ 000(A/P,\ 12\%,\ 15) + 2\ 600 = 4\ 068\ （元）$$

$AC_A > AC_C$，取方案 Ⅱ，即现在用设备 C 替换 A 较为经济，5 年内每年可节约费用 119 元，5 年后的情况不予考虑。

（1）、（2）两种分析期的取法得出的分析结论是一致的。一般来说，分析期越长，得出的结论越全面、越重要，但对事物的判断和估计的误差也越大。分析期长短的选择应根据问题的要求和实际情况决定，实践中倾向于取寿命期较短的设备寿命为分析期。

（三）考虑所得税影响的设备更新决策

通常在分析设备使用所引起的现金流量的变化时，我们仅讨论由设备使用直接形成的现金流入、流出（如设备投资、经营成本、残值回收等），据此分析其经济效果，没有涉及企业内其他经济要素可能产生的变化。事实上，从企业财务的角度考察，设备的使用将引起一项重要的现金流出项目——所得税发生变化。这种变化可从以下几个方面体现出来：① 由设备投资形成的折旧作为成本要素将抵减企业的应纳所得税额；② 设备的经营成本也将抵减企业的应纳所得税额；③ 出售旧设备的变现收入（也称为变价收入）与其出售当期的账面净值可能存在差异，从而影响所得税额（增税或减税）；④ 设备最终的残值收入与税法规定的

残值可能存在差异，从而影响所得税额（增税或减税）；⑤ 设备的使用寿命与税法规定的折旧年限可能不一致，从而影响所得税年度数值的计算。

由于设备使用引起的企业应纳所得税额的变化，使设备使用中真实的现金流入、流出项目与我们前面考虑的内容有所差异。在进行设备更新决策时，由于不同设备使用带来的所得税的变化是不一样的，如果忽略这一区别，可能造成对设备使用经济性的判断有误，从而做出错误的决策。因此，如果掌握了与企业所得税计算有关的依据和财务资料，就应该将所得税项目作为与设备使用有关的现金流量，参与经济计算、分析和比较，确保反映设备使用经济效果的真实性。

在具体计算时，以下三个方面的问题需要认真处理：

1. 折　旧

折旧年限一律按照税法规定的年限来确定，残值也应该按税法确定的标准来计算（以下简称税法残值）。

2. 残值回收

（1）若不知道税法残值，可以把实际残值数当成税法残值数直接计为流入量。

（2）若已知税法残值和实际残值，当实际数与税法数相等时，直接计为流入量而无需作任何处理；当实际数大于税法数时，超过的部分应交税，作为减少残值的流入量处理；当实际数小于税法数时，将损失数计入成本，抵消一部分所得税，作为增加残值的流入量处理。

3. 旧设备的变现价值

（1）在更新决策中，旧设备的变现价值以实际估价为准，与账面价值无关。

（2）当变现价值等于账面价值（净值）时，直接用变现价值作为旧设备继续使用的初始投资，不作任何处理；当变现价值大于账面价值时，超过部分应交税减少流入量，而继续使用旧设备相当于不变现避免多交税，故以变现价值抵消这部分税款后的余额作为初始投资；当变现价值小于账面价值时，该损失数计入成本后将抵消一部分所得税，增加流入量，但继续使用旧设备相当于不变现无法抵税，故以变现价值加上这部分税款后的总额作为初始投资。

【例 8.7】 某企业准备用新设备替换旧设备，资料见表 8.4。规定企业的最低报酬率为12%，按直线法折旧，企业所得税税率为30%，如何决策？

表 8.4　例 8.7 的设备基本情况表　　　　　　　　　　（单位：元）

项　目	原　值	已使用年限（年）	尚可使用年限（年）	税法规定年限（年）	税法规定残　值	预计最终残　值	目前变现价　值	年经营成　本
旧设备	14 950	3	5	6	1 495	1 750	8 500	2 150
新设备	13 750	0	6	6	1 375	2 500	13 750	850

解　首先，分别计算旧、新设备的折旧及目前的账面净值：

旧设备　　　(14 950 − 1 495)/6 = 2 242.5 （元）

　　　　　　14 950 − 2 242.5×3 = 8 222.5 （元）

新设备　　　(13 750 − 1 375)/6 = 2 062.5 （元）

　　　　　　13 750 （元）

然后，分别计算其寿命期内逐年现金流量及其折现值，结果列入表 8.5 中。

表 8.5　设备现金流量计算表　　　　　　　　（单位：元）

项目	年末	0	1	2	3	4	5	6	现值累计（12%）
旧设备	初始投资	8 416.75							8 416.75
	经营成本		1 505	1 505	1 505	1 505	1 505		5 425.53
	折旧抵税		(672.75)	(672.75)	(672.75)				(1 615.95)
	残值收入						(1 673.5)		(948.87)
	合　计								11 277.46
新设备	初始投资	13 750							13 750
	经营成本		595	595	595	595	595	595	2 446.05
	折旧抵税		(618.75)	(618.75)	(618.75)	(618.75)	(618.75)	(618.75)	(2 543.68)
	残值收入							(2 162.5)	(1 096.39)
	合　计								12 555.98

表 8.5 中，旧设备的初始投资是指考虑所得税影响后的，因其目前变现价值大于账面净值，则初始投资的计算为：$8\,500 - (8\,500 - 8\,222.5) \times 30\% = 8\,416.75$ 元；经营成本是指抵税后的，如旧设备的经营成本计算为：$2\,150 \times (1 - 30\%) = 1\,505$ 元；残值收入也是指考虑所得税影响后的，如旧设备的实际残值大于税法残值，则残值收入计算为：$1\,750 - (1\,750 - 1\,495) \times 30\% = 1\,673.5$ 元。

因旧、新设备的寿命不等，不能直接用总费用现值作比较，需分别计算其年均总费用：

$$AC_{旧} = 11\,277.46 \times (A/P，12\%，5) = 11\,277.46 \times 0.277\,4 = 3\,128.37 （元）$$
$$AC_{新} = 12\,555.98 \times (A/P，12\%，6) = 12\,555.98 \times 0.243\,2 = 3\,053.61 （元）$$

$AC_{旧} > AC_{新}$，应该采用新设备，5 年内每年可节约 74.76 元。

本例如果不考虑所得税的影响，按常规方法可计算如下：

$$AC_{旧} = (8\,500 - 1\,750)(A/P，12\%，5) + 2\,150 + 1\,750 \times 12\% = 4\,232.45 （元）$$
$$AC_{新} = (13\,750 - 2\,500)(A/P，12\%，6) + 850 + 2\,500 \times 12\% = 3\,886 （元）$$

虽然选择的结果仍然是新设备，但它夸大了新、旧设备经济效果的差异（按此方法算得新设备比旧设备每年可节约 346.45 元），从而显得不很精确。

为了进一步说明考虑所得税后设备更新决策的分析计算方法，再举一例。

【例 8.8】 某公司有一台机器，3 年前购进，每年产 X 产品 20 000 件，单位变动成本 18 元/件，每年支出固定维护费 40 000 元，X 产品的售价为 25 元/件。现准备用新机器替换旧机器，能使产销量增加 40%，并降低单位变动成本 2 元/件，但每年的固定维护费上升到 85 000 元，产品售价不变。该公司所得税税率为 30%，折现率为 10%。其他有关资料见表 8.6。分别测算新、旧机器的税后净现金流量，并用净现值法进行决策。

表8.6　例8.8的设备基本情况表　　　　　　（单位：元）

项　目	原　值	已使用年限（年）	尚可使用年限（年）	税法规定年限（年）	税法规定残值	最终报废残值	目前变现价值	垫支流动资金	大修理费用
旧设备	110 000	3	7	8	6 000	2 000	80 000	0	25 000（3年末）
新设备	177 000	0	7	7	9 000	11 200	177 000	56 500	0

解

（1）旧机器（寿命7年，单位：元）：

折旧　　　　$(110\,000 - 6\,000)/8 = 13\,000$

账面净值　　$110\,000 - 13\,000 \times 3 = 710\,000$

变现净值　　$80\,000 - (80\,000 - 71\,000) \times 30\% = 77\,300$（寿命期初）

净利润　　　$[(25 - 18) \times 20\,000 - 40\,000 - 13\,000] \times (1 - 30\%) = 60\,900$（前5年）

　　　　　　$[(25 - 18) \times 20\,000 - 40\,000] \times (1 - 30\%) = 70\,000$（后2年）

盈利　　　　$60\,900 + 13\,000 = 73\,900$（前5年）

　　　　　　$70\,000$（后2年）

税后大修理　$25\,000 \times (1 - 30\%) = 17\,500$（第3年末）

税后残值净收入

$$2\,000 + (6\,000 - 2\,000) \times 30\% = 3\,200 \text{（寿命期末）}$$

$$\text{NPV}_{旧} = -77\,300 + 73\,900 \times (P/A,\ 10\%,\ 5) +$$

$$70\,000 \times (P/A,\ 10\%,\ 2)(P/F,\ 10\%,\ 5) -$$

$$17\,500 \times (P/F,\ 10\%,\ 3) + 3\,200 \times (P/F,\ 10\%,\ 7)$$

$$= 266\,764.65$$

（2）新机器（寿命7年，单位：元）：

折旧　　　　$(177\,000 - 9\,000)/7 = 24\,000$

净利润　　　$\{[25 - (18 - 2)] \times 20\,000 \times (1 + 40\%) - 85\,000 - 24\,000\} \times (1 - 30\%)$

　　　　　　$= 100\,100$

盈利　　　　$100\,100 + 24\,000 = 124\,100$

税后残值净收入

$$11\,200 - (11\,200 - 9\,000) \times 30\% = 10\,540$$

$$\text{NPV}_{新} = -(177\,000 + 56\,500) + 124\,100 \times (P/A,\ 10\%,\ 7) +$$

$$10\,540 \times (P/F,\ 10\%,\ 7) + 56\,500 \times (P/F,\ 10\%,\ 7)$$

$$= 405\,073.37$$

（3）新、旧机器寿命期相同，可以直接比较其NPV。因使用新机器的净现值大于使用旧机器的净现值，故用新机器替换旧机器为佳。

（四）利用损益平衡价值作更新决策

【例 8.9】 甲公司现有机床 A，预计尚能使用 5 年，年使用费 5 000 元，寿命终了时残值 2 000 元。当前市场上提供同类型新机床 B，初始投资 10 000 元，年使用费 4 000 元，经济寿命 5 年，寿命期末残值 3 000 元。该公司打算处理旧机床 A 并购入新机床 B 替换使用。公司折现率为 10%。问旧机床处理价需要多少才值得更新？

解 设旧机床的处理价（也就是继续使用旧机床的初始投资）为 x。

两台机床寿命期内的年均总费用分别为

$$AC_A = (x - 2\,000)(A/P,\ 10\%,\ 5) + 5\,000 + 2\,000 \times 10\%$$
$$= 0.263\,8x + 4\,672.4 \quad （元）$$
$$AC_B = (10\,000 - 3\,000)(A/P,\ 10\%,\ 5) + 4\,000 + 3\,000 \times 10\%$$
$$= 6\,146.6 \quad （元）$$

要处理 A，购买 B，则有 $AC_A > AC_B$，即

$$0.263\,8x + 4\,672.4 > 6\,146.6$$

故 $\qquad x > 5\,588 \quad （元）$

所以，旧机床 A 的处理价需超过 5 588 元才值得更新。

该例中机床 A 的处理价 x（5 588 元）称为机床 A 的损益平衡价值。一般，损益平衡价值是指使被更新设备（旧设备）的年均总费用与更新后设备（新设备）的年均总费用相等时被更新设备的现有价值，也称为比较现值。显然，损益平衡价值这一概念仅在设备更新分析中使用，并且仅用于被更新设备（旧设备）。此外，当可供替换的新设备不止一种时，一台旧设备应该有多个损益平衡价值，一种新设备对应一个。

我们可以利用损益平衡价值来进行更新决策，其前提是必须知道旧设备的现有价值（系变现价值而非账面价值）。如果旧设备的现有价值高于其损益平衡价值，则可淘汰旧设备购买新设备；否则，应保留旧设备，不予更新。所以，损益平衡价值是被更新设备可接受的最低售价。

利用损益平衡价值及有关市场信息进行设备更新的经济分析与前面介绍的分析方法是完全等效的，仅仅表现为对同一问题考虑角度的差异。

（五）设备随时更新的决策方法

多数情况下，设备在使用过程中，随着使用年限的增加其年度经营费会因维修过多、效率下降等原因而逐年增加（即设备低劣化过程加剧），设备残值逐年减少。从经济性角度考虑，设备使用到一定阶段一般会产生更新的需要。经济寿命期结束固然是设备更新的最佳时机，但更新与否需通过寻求可替换的新设备，并将使用新设备与继续使用旧设备作经济比较才能判断。更新决策不仅要回答"是否更新"的问题，还需要通过更加细致的分析来回答"何时更新"（即更新时点）的问题。由此形成了设备随时更新的分析决策方法。

【例 8.10】 某企业有一套供水设备，初始投资 33 000 元，预计使用寿命 8 年，每年经营费及残值见表 8.7。该套设备已用 5 年，问再用几年后更新最为经济？当前市场上有一种自动供水设备，供水能力相同，初始投资 35 000 元，经济寿命 15 年，经营费每年为 2 000

元，寿命结束可回收残值 3 000 元。该企业基准收益率为 12%。问原供水设备是否更换？如要更换，何时最好？

表 8.7　例 8.10 的设备经营费用及残值　　　（单位：千元）

使用年份	1	2	3	4	5	6	7	8
年经营费	0.5	1.0	1.5	2.0	2.5	3.0	3.5	4.0
年末残值	26.0	20.0	16.0	12.8	10.2	8.2	6.4	3.8

分析：该例第一问其实就是要求出原设备的经济寿命，第二问是要对更新方案进行比较和选择。可按照经济寿命的动态算法和设备更新分析原则来解决。

解

（1）由公式（8.4）、（8.5）计算原设备使用若干年内的年均总费用：

$$AC_1 = 33\,000\,(A/P,\ 12\%,\ 1) + 500 - 26\,000\,(A/F,\ 12\%,\ 1)$$
$$= 11\,460\ （元）$$

$$AC_2 = [33\,000 - 20\,000\,(P/F,\ 12\%,\ 2) + 500\,(P/F,\ 12\%,\ 1) +$$
$$1\,000(P/F,\ 12\%,\ 2)]\,(A/P,\ 12\%,\ 2)$$
$$= 10\,828\ （元）$$

$$AC_3 = [33\,000 - 16\,000(P/F,\ 12\%,\ 3) + 500(P/F,\ 12\%,\ 1) +$$
$$1\,000(P/F,\ 12\%,\ 2) + 1\,500(P/F,\ 12\%,\ 3)]\,(A/P,\ 12\%,\ 3)$$
$$= 9\,959\ （元）$$

同理可求得 $AC_4 = 9\,365$ 元，$AC_5 = 8\,936$ 元，$AC_6 = 8\,601$ 元，$AC_7 = 8\,372$ 元，$AC_8 = 8\,290$ 元。

因 AC_8 是各年均总费用中最小的，则原供水设备的经济寿命为 8 年，也就是其使用寿命。现已用 5 年，再用 3 年后更新最为经济。

（2）为进行比较，先算出新供水设备在其经济寿命期内的年均总费用：

$$AC_{新} = (35\,000 - 3\,000)(A/P,\ 12\%,\ 15) + 2\,000 + 3\,000 \times 12\%$$
$$= 7\,058\ （元）$$

对旧设备而言，面临的选择可能是马上更新、保留使用 1 年后更新、保留使用 2 年后更新（这三种方案都属于更新）或者用完最后 3 年更新（也就是不更新）。到底在什么时点更新，需要通过新、旧设备年费用的比较来判断。很显然，步骤（1）里得到的数据不能用，因其均含有沉没成本。容易想到的做法是分别计算继续使用寿命期内旧设备的年均总费用：

旧设备保留使用 1 年的年均总费用

$$AC^{(1)} = 10\,200\,(A/P,\ 12\%,\ 1) + 3\,000 - 8\,200\,(A/F,\ 12\%,\ 1)$$
$$= 6\,224\ （元）$$

旧设备保留使用 2 年的年均总费用

$$AC^{(2)} = [10\,200 - 6\,400(P/F,\ 12\%,\ 2) + 3\,000\,(P/F,\ 12\%,\ 1) +$$
$$3\,500(P/F,\ 12\%,\ 2)]\,(A/P,\ 12\%,\ 2)$$
$$= 6\,252\ （元）$$

旧设备保留使用 3 年的年均总费用

$$AC^{(3)} = [10\,200 - 3\,800(P/F，12\%，3) + 3\,000(P/F，12\%，1) +$$
$$3\,500(P/F，12\%，2) + 4\,000(P/F，12\%，3)]\,(A/P，12\%，3)$$
$$= 6\,585\quad（元）$$

$AC^{(1)} < AC^{(2)} < AC^{(3)} < AC_{新}$，按此算法，旧设备似乎应该在用完其使用寿命后再更新，也就是不更新。这种算法其实并不科学，因为从使用者的角度考虑，对设备经济性的判断是一个动态的过程，新设备替换旧设备是随时可能发生的经济行为，只要这种"经济性"发生了变化就可能发生。如果把考察期的基本单位设为年，则旧设备是否更新应该以年度为单位逐年决策。如果面对的问题是设备是否保留使用 2 年，只需考察第 2 年内设备的有关情况并和替换设备比较就可以了，因为第 1 年已用过了，其状况不再对下一年度的决策有影响。同样，如果需决定设备是否保留 3 年，也只需考虑第 3 年内的情况。上面的计算中 $AC^{(2)}$、$AC^{(3)}$ 均包含了前面年份的数据，其结果并不反映保留使用当年设备的经济性，所以不符合处理这类问题的要求，结论自然不可靠。

综上所述，对于这类设备更新问题，正确的做法应该是按继续使用年份内逐年的实际费用进行分析，计算其该年度的年费用指标，再与新设备相比较，以确定该年度是否更新。就本例来说，旧设备继续使用第 1 年的现金流量如图 8.5（a）所示，年均总费用为

$$AC^{(1)} = 10\,200(A/P，12\%，1) + 3\,000 - 8\,200(A/F，12\%，1)$$
$$= 6\,224\quad（元）$$

旧设备继续使用第 2 年的现金流量如图 8.5（b）所示，年均总费用为

$$AC^{(2)} = 8\,200(A/P，12\%，1) + 3\,500 - 6\,400(A/F，12\%，1)$$
$$= 6\,284\quad（元）$$

旧设备继续使用第 3 年的现金流量如图 8.5（c）所示，年均总费用为

$$AC^{(3)} = 6\,400(A/P，12\%，1) + 4\,000 - 3\,800(A/F，12\%，1)$$
$$= 7\,368\quad（元）$$

$AC^{(1)} < AC^{(2)} < AC_{新} < AC^{(3)}$，旧设备应在继续使用 2 年后进行更换比较好。

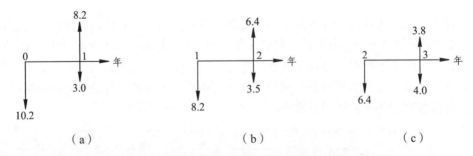

图 8.5　旧设备随时更新情况的现金流量图（单位：千元）

三、其他特殊类型设备的更新决策

（一）生产能力不足引起的设备更新

当现有设备的生产能力无法满足日益扩大的生产需求时，同样面临着更新决策的问题。

这类更新的目的在于：在满足生产需求的前提下最大限度地保证更新后设备运行的经济性。通常采用的更新手段有两种：部分更新，即用新设备补足生产能力的缺口，与现有设备共同运行；全部更新，即淘汰原设备，采用能满足生产需求的新设备投入运行。这类设备更新需通过各种更新方案的经济比较再行决策。

【例 8.11】 宏大建筑公司有一台小搅拌机已使用 4 年，现在市场估价为 600 元，年使用费为 1 500 元，它只能满足生产需求的一半，其使用寿命尚有 4 年，无残值。市场上同样能力的新搅拌机售价为 2 400 元，年使用费为 1 250 元；新型大功率搅拌机售价为 4 500 元，能力相当于两台小搅拌机，年使用费为 2 250 元。新搅拌机的寿命均为 8 年，也无残值。现提出四种更新方案：

方案 I：用一台新型大搅拌机替换现有的小搅拌机；

方案 II：补充一台新型小搅拌机并在第 4 年末用另一台新型小搅拌机替换报废的旧搅拌机；

方案 III：先补充一台新型小搅拌机，并在第 4 年末用一台新型大搅拌机替换两台小搅拌机；

方案 IV：用两台新型小搅拌机更换现有的小搅拌机。

要求方案能保证至少 8 年的正常使用，折现率为 10%，选择最佳的更新方案。

解 使用 4 年后，大型搅拌机的未使用现值（残余价值）为

$$4\,500 \times (A/P,\ 10\%,\ 8)(P/A,\ 10\%,\ 4) = 2\,673 \quad （元）$$

新型小搅拌机的未使用价值为

$$2\,400 \times (A/P,\ 10\%,\ 8)(P/A,\ 10\%,\ 4) = 1\,426 \quad （元）$$

取分析期为 8 年，各方案的现金流量见表 8.8。

表 8.8　各方案现金流量 （单位：元）

方案 \ 年末	0	1	2	3	4	5	6	7	8
方案 I	4 500	2 250	2 250	2 250	2 250	2 250	2 250	2 250	2 250
方案 II	600 + 2 400	2 750	2 750	2 750	2 750 + 2 400	2 500	2 500	2 500	2 500 − 1 426
方案 III	600 + 2 400	2 750	2 750	2 750	2 750 + 4 500 − 1 426	2 250	2 250	2 250	2 250 − 2 673
方案 IV	2 400×2	2 500	2 500	2 500	2 500	2 500	2 500	2 500	2 500

注：为和计算指标保持一致，现金流出用正号表示，现金流入用负号表示。

四个方案的总费用现值分别为

$PC_I = 4\,500 + 2\,250(P/A,\ 10\%,\ 8) = 16\,504 \quad （元）$

$PC_{II} = 600 + 1\,500(P/A,\ 10\%,\ 4) + 2\,400 + 1\,250(P/A,\ 10\%,\ 8) + 2\,400(P/F,\ 10\%,\ 4) +$
$\qquad 1\,250(P/A,\ 10\%,\ 4)(P/F,\ 10\%,\ 4) - 1\,426(P/F,\ 10\%,\ 8)$
$\qquad = 18\,104 \quad （元）$

$PC_{III} = 600 + 1\,500(P/A,\ 10\%,\ 4) + 2\,400 + 1\,250(P/A,\ 10\%,\ 4) - 1\,426(P/F,\ 10\%,\ 4) +$
$\qquad [4\,500 + 2\,250(P/A,\ 10\%,\ 4)](P/F,\ 10\%,\ 4) - 2\,673(P/F,\ 10\%,\ 8)$
$\qquad = 17\,441 \quad （元）$

$$PC_{IV} = 4\,800 + 2\,500(P/A, 10\%, 8) = 18\,137 \quad (元)$$

$PC_I < PC_{III} < PC_{II} < PC_{IV}$，故方案 I 最为经济。

从上例可以看出，解决此类问题的关键在于寻求满足能力需求的各种可能、可行的设备更换方案或更换方式。具体的经济计算与前面介绍的基本方法一致。

（二）技术进步引起的设备更新

技术进步引起的更新，其经济合理性取决于现有设备比新设备相对贬值的程度。技术进步影响的设备更新表现在如下几个方面：新设备的生产效率高于旧设备；新设备性能完善，使用费节约；技术进步使原有的设备不适应生产工艺的改变；技术进步带来对设备利用方式的改进，使原有设备难以适应等。针对这些情况，在分析更新方案时，需对新旧设备的年均费用进行比较。在生产效率不同（即产出不同）的情况下，应该利用设备的单位产品使用费进行比较。

【例 8.12】 某厂有 A 型车床五台，其中两台已使用 1 年，另外三台已使用 2 年。目前市场上有相同性能的 B 型车床，其效率比 A 型车床高 25%。A、B 型车床的原始价格分别为 16 000 元和 20 000 元，其年经营费用及残值见表 8.9。据此作方案的更新分析（不考虑利息）。

表 8.9　例 8.12 的设备经营费用及残值　（单位：千元）

型号	指标	使用年限							
		1	2	3	4	5	6	7	8
A	年经营费用	2.0	2.4	2.8	3.2	3.6	8.8	10.2	12.0
	年末残值	8.0	4.0	2.0	1.0	0.6	0.5	0.5	0
B	年经营费用	2.1	2.5	2.9	3.4	3.9	6.0	6.5	7.5
	年末残值	10.0	7.0	5.5	3.2	2.5	1.0	0.6	0.6

解 计算 A 型车床和 B 型车床的经济寿命，列表计算见表 8.10。

表 8.10　设备经济寿命计算表　（单位：千元）

使用年限		1	2	3	4	5	6	7	8
A 型	累计经营费	2.0	4.4	7.2	10.4	14.0	22.8	33.0	45.0
	资金使用费	8.0	12.0	14.0	15.0	15.4	15.5	15.5	16.0
	总费用	10.0	16.4	21.2	25.4	29.4	38.3	48.5	61.0
	年均总费用	10.0	8.2	7.1	6.4	5.9*	6.4	6.9	7.6
B 型	累计经营费	2.1	4.6	7.5	10.9	14.8	20.8	27.3	34.8
	资金使用费	10.0	13.0	14.5	16.8	17.5	19.0	19.4	19.4
	总费用	12.1	17.6	22.0	27.7	32.3	39.8	46.7	54.2
	年均总费用	12.1	8.8	7.3	6.9	6.5*	6.6	6.7	6.8

* 5.9 千元和 6.5 千元分别为 A 型、B 型车床年均总费用中的最小值。

A、B 型车床的经济寿命均为 5 年，A 型车床的最小年费用 AC_A 为 5.9 千元，B 型车床的最小年费用 AC_B 为 6.5 千元。因 B 型车床生产效率比 A 型车床高 25%，用其收益抵消年费用，则 B 型车床与 A 型车床相比的年均总费用为

$$AC'_B = 6.5/125\% = 5.2 \quad （千元）$$

可见，相对来说，B 型车床比 A 型车床经济。至于何时更新，应假定 A 型车床继续使用，用 4 台 B 型车床与 5 台 A 型车床相比，当发现下一年度中使用 4 台 B 型车床的总费用低于 A 型车床继续使用的费用时，即可进行更换。

习　题

1. 什么是设备的有形磨损和无形磨损？它们各自表现在哪些方面？如何补偿？

2. 什么是设备的经济寿命？怎样理解设备的经济寿命与更新之间的关系？

3. 设备更新方案比较的基本原则有哪些？如何理解旁观者立场和沉没成本？

4. 什么是设备的损益平衡价值？如何利用损益平衡价值来进行设备更新决策？

5. 某木材加工厂用 28 000 元购进刨床一台，预计使用 10 年，逐年经营费用及年末残值估计见表 8.11。分别用面值法和面值贴现法（$i_0 = 10\%$）计算该刨床的经济寿命。

表　8.11　（单位：千元）

使用年份	1	2	3	4	5	6	7	8	9	10
经营费用	1.2	2.4	3.6	4.8	6.0	7.2	8.4	9.6	10.8	12.0
年末残值	20.0	15.0	12.0	9.0	6.0	3.6	2.1	1.5	1.2	1.0

6. 某工厂 5 年前购买设备 A，初始投资为 4 400 元，年使用费为 900 元，估计还能用 5 年，残值为原值的 5%；现在市场上供应同类型设备 B，售价为 4 800 元，估计可使用 10 年，年使用费为 600 元，残值为 500 元。已知基准收益率为 10%，若设备 A 能以 1 200 元售出，问是继续使用设备 A 还是更新为设备 B？

7. 黎明机械公司正考虑用新机床替换一台旧机床。该公司所得税税率为 40%，规定的最低报酬率为 10%，其余资料见表 8.12。该公司应如何决策？

表　8.12

项　目	原　值	已使用年限（年）	尚可使用年限（年）	税法规定年限（年）	税法规定残值	最终报废残值	目前变现价值	垫支流动资金	大修理费用
旧机床	84 000	3	6	8	4 000	5 500	40 000	10 000	18 000（2 年末）
新机床	76 500	0	6	6	4 500	6 000	76 500	11 000	9 000（4 年末）

8. 某罐头加工厂正考虑罐头包装和焊接设备的更新。旧设备是 5 年前用 100 000 元安装的，目前残值为 35 000 元，以后每年贬值 4 000 元。保留使用一年的年使用费为 65 000 元，

以后每年增加 3 000 元。新设备的安装成本为 130 000 元，经济寿命为 8 年，8 年末的残值为 10 000 元，年度使用费固定为 49 000 元。设折现率为 15%，旧设备何时更新最合适？

9. 5 年前花 27 000 元在厂区安装了一套输送设备系统，估计其使用寿命为 20 年，年度使用费为 1 350 元。由于输送的零件数增加了一倍，现有两套方案可供选择：

方案 *A*：保留原输送设备系统，再花 22 000 元安装一套输送能力、使用寿命、年度使用费等和原系统完全相同的输送设备系统。

方案 *B*：花 38 000 元安装一套输送能力增加一倍的系统，其年度使用费为 2 500 元，使用寿命为 20 年。安装此系统后，原系统能以 6 500 元出售。

三种系统使用寿命期末的残值均为零。折现率为 12%，要求保证 15 年的正常服务，应如何选择？

第九章 风 险 投 资

第一节 风险投资概述

全球高科技发展的前沿无疑是在美国的硅谷。硅谷创建至今已有 50 多年的历史，但它仍然生机勃勃，充满活力。那里云集了 7 000 多家高新技术公司的总部。全球 100 家最大的高科技公司中，有 20% 在硅谷安家落户，如著名的电脑企业惠普公司、软件大王微软公司、芯片大王英特尔公司、网络巨子网景通讯公司、网络新秀雅虎公司、感光材料巨头柯达公司等。据统计，硅谷聚集了全美 11% 以上的科技精英，一半的科技类上市公司，硅谷的失业率仅为 3.1%，出口以每年 30% 的速度增长，硅谷的人均收入要高出美国其他地区人均收入的1/3，工资增长率为全美平均水平的 5 倍，硅谷创造了太多的百万富翁和暴富神话……硅谷因而被誉为美国经济发展的先锋和商业界的典范。硅谷成功的奥妙 —— 风险资本和高新技术的结合是成就硅谷神话的基石，风险投资是硅谷腾飞的原动力。

一、风险投资的含义

风险投资（Venture Capital），也称创业投资。根据美国全美风险投资协会的定义，风险投资是由职业金融家投入到新兴的、迅速发展的、有巨大竞争潜力的企业中的一种权益资本。相比之下，经济合作和发展组织（OECD）的定义则更为宽泛，即凡是以高科技与知识为基础，生产与经营技术密集的创新产品或服务的投资，都可视为风险投资。

根据对风险投资实践的认识，可以认为：风险投资是指通过一定的组织和以一定的方式向各类机构和个人筹集风险资本，然后将所筹集资本投入具有高度不确定性的中小高新技术企业或项目，并以一定的方式参与所投资风险企业或项目的管理，期望通过实现项目的高成长并最终通过出售股权获得高额中长期收益的一种投资行为。

在上述定义中，涉及风险投资活动中的一些基本概念，对这些基本概念的理解有助于我们更准确地把握风险投资的含义。

1. 风险资本和风险资本家

风险资本（风险资金）是指由专业投资人提供的投向快速成长并且具有很大升值潜力的新兴公司的一种资本。通俗地讲，风险资本就是用于进行风险投资的资金。风险资本的来源因时因国而异，主要包括两大类：一类是机构投资者群体，如银行、大公司、保险公司、养老基金、年金等，另一类是富有的家庭和个人。风险资本一般通过购买股权、提供贷款或既购买股权又提供贷款的方式进入目标企业（或项目）。

风险资本家是专门提供风险资金，并积极帮助风险企业募集风险资金、选择风险投资项目、管理风险资金使用、扶持风险企业发展的投资者，也称风险投资家。风险资本家参与风险投资活动的目的只有一个：追逐远高于一般投资回报水平的高额投资报酬，尽管会为此承受巨大的投资风险。需要说明的是，风险资本家个人所提供的资金一般仅占全部风险资本的很少比例，其更重要的使命在于运作好风险资本，包括资金筹集、筛选确定投资对象、参与投资对象公司的经营管理、负责收益的分配等。

2. 风险投资公司

风险投资公司，也称风险投资机构，是筹集社会各种资金，运用风险管理方法对风险投资企业进行投资的机构或组织。风险投资公司是风险投资体系中最为核心的部分，它既是风险投资直接的参与者与操作者，也是直接的风险承受者和收益分享者，是风险资本供给者和风险企业的桥梁，是风险资本转化为风险投资的组织者和推动者。

风险投资公司通过吸收各类对风险项目感兴趣的机构和个人投资者的风险资金以一定的方式组建而成，其工作职能主要是：辨识、发现机会；筛选投资项目；决定投资；获得收益后退出。

风险投资公司的主要业务可以归纳为：为高新技术商品化、产业化和国际化服务。风险投资公司从开发成功的高新技术产品所获取的巨额商业利润中按规定分享利益。

3. 风险投资企业和风险企业家

风险投资企业简称风险企业，一般是指技术密集、人才密集、资金密集、经营管理高效率的，从事高新技术产品开发生产的企业，也称创业企业。

风险企业不同于一般意义上的传统企业。风险企业不确定性大，探索性强，创新程度高，成功率低，要冒投资上的极大风险。所以，通常情况下风险企业的财务状况不能满足普通投资人的需要，无法从传统的融资渠道如银行贷款获得所需要的资金。正是这种特殊的企业经营背景和特定的资本需求催生了风险资本市场的发育和风险投资活动的日渐兴旺。

风险企业家通常是指从事高新技术研究、新产业建立的科研开发型企业的创业者，是风险投资企业的管理者和运作者，也是风险资本家的合作者。风险企业家经常也被称作风险创业家。

4. 风险技术

风险技术一般指高新技术，是一个历史的动态发展概念。目前，高新技术一般是指知识密集型、低能耗、环保型、效率高、开发周期短，对科技、经济、社会协调发展具有广泛意义的一类新技术或尖端技术，如生物技术、航天技术、信息技术、新材料技术等。风险技术具有"高智力、高竞争、高联合、高风险、高投资、高收益"的特征，容易得到风险资本的青睐。技术一旦失去了其先进性，也就失去了风险投资的价值。

风险投资就其实质而言，是在开发和推广高新技术的过程中，资金的使用、管理、流动和增值的过程。它是科研、企业和投资机构有机结合的融资机制。风险技术是其中的重要组成部分。

二、风险投资的发展历程

风险投资的发展已经有 50 多年的历史了，它起源于美国，发展于美国，影响了全球，带动了全人类科技的进步。它使我们拥有了电脑，认识了 DNA，它缔造了网络世界，创造了高科技时代的硅谷。

风险投资的起源可以追溯到 20 世纪初。1911 年，一些以传统工业为投资对象的投资家转向高技术领域，投资成立了 IBM 公司，这是世界上最早的风险投资产物。风险投资诞生的正式标志是 1946 年美国研究开发公司（ARD）的建立，这是美国最早的一家风险投资公司，其投资的第一笔交易是于 1957 年将 7 万美元投资于数据设备公司（DEC），而当 9 年后 DEC 公司公开上市时，这笔投资的市值变成了 3 850 万美元。500 多倍的丰厚利润使之成为美国风险投资业的第一个里程碑。在 20 世纪 50 年代初期，风险投资还没有成为一个行业，只是个别公司从事零星的投资业务。直到 1958 年，在美国政府的直接参与下，风险投资才真正发展成为了一个行业。这一年，美国国会通过了旨在支持高科技企业发展的小企业投资法案，政府对小企业投资公司（SBIC）提供低息贷款，并给予税收上的优惠。结果从 1958—1963 年短短的 5 年时间，美国就有约 692 家公司注册为 SBIC。但是，到 60 年代末，由于美国经济萧条、金融不景气和税制上的弊端（资本收益税由 25% 升到 49.5%），风险投资发展处于停滞甚至衰退阶段，风险资本的规模明显减小。这种状况一直持续到 1978 年，这一年美国的资本收益税由最高的 50% 降到 20%，而这一时期正是各种新技术大量涌现的时期。由于半导体技术的迅速发展，使微处理机及个人电脑得到广泛应用，风险投资机构从这些行业上获得了巨额的利润，风险投资业进入快速发展阶段。这一时期美国国会连续通过了五个具有重要意义的法案，从制度上弥补了风险投资的先天不足。到 1987 年高峰期，整个风险投资行业已有 700 家风险投资公司，所投资的企业达到 1 729 家。80 年代末因美国经济不景气，风险投资的狂潮开始减退，但到 90 年代中期再次进入新一轮发展期，并创造出年均 40% 以上投资回报率的喜人业绩。几十年来，风险投资在促进美国高新技术产业发展、创造就业机会、提高经济增长速度、优化产业结构、加强国际市场竞争力等方面发挥了重要的作用。一大批世界著名的跨国公司，包括苹果公司、联邦快递公司、康柏公司、太阳微系统公司、英特尔公司、微软公司、网景公司和基因工程公司等，在风险资本的支持下成就了企业发展的奇迹。

进入 20 世纪 80 年代，风险投资在美国的巨大成功受到各国的普遍重视，风险投资在全球范围内蓬勃发展起来。其中发展得比较好的国家和地区有：西欧的英国、德国和法国，亚洲的日本、新加坡及中国台湾地区，北美的加拿大，等等。这些国家和地区的风险投资业尽管刚刚起步，但发展速度十分惊人，已经取得了令人瞩目的成绩。

我国风险投资起步于 20 世纪 80 年代中期。1985 年 9 月，我国成立了第一家风险投资公司——中国高新技术创业投资公司，开始在中国进行风险投资的实践探索。特别是民建中央 1998 年提出的《关于加快发展我国风险投资事业》的提案被列为政协"一号提案"以来，风险投资引起了我国政府、学术界和实业界的共同关注。为发展以高新技术企业为龙头的风险投资业，国家相继出台了有关制度框架，为利用和推动风险投资提供了依据。各类风险投资基金、融资担保基金、科技贷款贴息基金、技术创新基金等迅速崛起，大量外资风险资本也涌入内地市场。据不完全统计，截止到 2001 年底，我国已建立风险投资机构（含外资机构）180 家，注册资本约 150 亿人民币。已经有一定数量的国内高新技术企业受惠于风险资本的支持，部分风险投资已能看到令人满意的投资回报前景。

三、风险投资的特征和作用

风险投资既不是准确意义上的风险，又不是准确意义上的投资，也不是一种简单意义上的信贷融资。它是一种权益资本，是一种商业运作投资。它既包括投资，又包括融资；既是融资投资的过程，又含有经营管理的内容。

（一）风险投资的特征

作为一种新型的投融资机制，风险投资的基本特征可以归纳为"高风险与高收益的结合"。对这一判断，可以从以下两个方面分别来加以认识。

1. 风险投资存在高风险

（1）风险投资选择的主要投资对象是处于发展早期阶段的中小型高科技企业，这些企业存在较多的风险因素，包括技术风险、市场风险、管理风险等，这些风险在企业发展早期的不同进程中可能以不同的程度体现出来，任何一类风险都很容易朝着导致投资失败的方向转化。

（2）风险投资是一种阶段性、连续性的长期投资。在风险企业发展的不同阶段，风险投资公司必须不断地投入资金，而且投入的资金量在高比例放大，直至风险企业能成功地公开上市或转让，风险资本及其高额回报才能回收。风险资本的平均投资期一般为 5～7 年，而且资金的流动性很差。在投资初期很难准确估计资金的需求量，可能造成后续筹资的被动和出现"上下两难"的窘境。

2. 风险投资又会获得高收益

（1）风险投资公司的投资项目是由非常专业化的风险投资家经科学、严格的程序筛选而获得。选中的投资对象是一些潜在市场规模大、高风险、高成长、高收益的新创事业或投资计划。其中，大多数的风险投资对象是处于信息技术、生物工程等高增长领域的高技术企业，这些企业一旦成功，就会为投资者带来少则几倍，多则几百倍甚至上千倍的投资收益。

（2）由于处于发展初期的中小企业很难从银行等传统金融机构获得资金，风险资本家投入的资金对这些企业非常重要，因而，风险投资家也能从风险企业那里获得较多的股份。

（3）风险投资家丰富的管理经验弥补了一些创业家管理经验的不足，保证了企业能够迅速地取得成功（这也被称为风险资本家的"增值服务"）。

（4）风险投资通过风险企业上市的方式或其他有效路径，成功地从投资中退出，从而获得超额的资本利得收益。

国外的经验数据统计显示：每 10 项风险投资，有 2 项是彻底失败，投资全部损失；有 3 项是部分损失；有 3 项保本；只有 2 项是能够成功的。因此，为了能让风险降到最低、保证高回报，风险投资公司多选择一群项目进行投资，并且与几个合作伙伴一道共同参与风险项目投资，严格选项，依靠较高的综合投资回报率来实现投资人目标。

（二）风险投资的作用

风险投资之所以在半个多世纪以来发展迅速，风靡全球，是因为它具有以下几个方面的重要作用：

1. 风险投资在促进技术创新和增强国际竞争力方面的作用

在新世纪以前，科学、技术、生产三者是按照生产—技术—科学的顺序发展的。风险投资是促进技术创新、推动经济发展和增强国际竞争力的重要因素，即生产的实际需要刺激了技术的发展，生产和技术的实践为科学理论的形成奠定基础。如今生产、技术、科学三者相互作用的机制已发生了根本性的变化，形成了科学—技术—生产的顺序。大量有竞争力的新产品、新技术和新工艺并非来源于原有产品、技术、工艺的改进，而是来源于实验室，来源于科学家、工程师们创造性的劳动。科学技术不仅走在生产的前面，而且为生产的发展开辟了广阔的空间；不仅成为国家发展的重要资源，而且对产业结构、产品结构、技术结构的优化产生重要的作用。世界经济中增长最快的行业和世界贸易中增长最快的产品类别都是技术密集型的。据统计，发达国家科学技术对国民经济增长的贡献率在20世纪初为5%~20%，20世纪中叶上升到50%，目前已高达60%~80%，科学技术对经济增长的贡献已经明显超出了资本和劳动的作用，成为经济发展的主要推动力。风险资本对20世纪三个重要的科学发现（可编程序计算机、晶体管、DNA）的最终商业化起到了至关重要的作用。正是科学发现、企业家才能和风险投资三个关键因素促进了新兴产业的出现，并导致社会变革。国家经济的竞争力取决于该国经济的创新能力以及技术成果特别是高新技术能否成功地转化为商品并最终形成产业，这一点不仅得到世界各国广泛的认同，而且体现在许多国家的基本国策中。风险投资的发展历史表明，它是促进技术创新、增强国际竞争力的一个必不可少的重要因素。

2. 风险投资在促进经济增长中的作用

统计数据表明，风险投资在促进一国的经济增长、提高就业等方面起到了重要的作用。

（1）企业成长快速。调查表明，接受调查的欧洲风险企业在1991年至1995年期间，经济增长率明显高于同期欧洲500强公司。它们的销售收入年增长率达35%，一般为欧洲500强的两倍。

（2）创造了大量的工作机会。欧洲500强公司年就业增长率只有2%，而风险企业却达到了15%。

（3）投资力度大，风险调节能力增强。风险企业的厂房、地产和资本设备投资年增长率达25%。通过风险投资组合有效地分散风险，利用设计精巧的契约处理好科学家、投资者、风险企业经营者等各方面的关系，实施科学的管理，解决好研制、生产和销售各环节的问题，从而有效地减小各个阶段的风险损失，协助和监督高新技术企业健康成长。

（4）风险投资促进科技优势向竞争优势的转化。科学技术是第一生产力，只有通过技术转化才能实现。实践证明，只有使科学和经济有机地结合并一体化发展，科技优势才能转化为竞争优势。风险投资则起到了重要的推动作用。风险资本本身的特性决定了由它所支持的新技术必须面向市场，必须能够产生经济效益，从而有效地促成科技成果的转化，推动经济的发展。

3. 风险投资是促进高新技术企业成长的催化剂

统计表明，70% 的风险资本投在了高科技企业。风险投资大大加快了科技成果向生产力的转化速度，推动了高科技企业的发展。可以说风险投资对高新技术产业的发展起着举足轻重的作用，它造就了像苹果、英特尔、微软这样一些世界一流的高科技企业，使之成为国民经济发展的强大推动力。

4. 风险投资为知识经济提供金融支持

联合国经济合作与开发组织 1996 年发表的一篇"以知识为基础的经济"的文章，将知识经济定义为：建立在知识和信息的生产、分配和使用之上的经济。

在知识经济社会里，投资理念发生重要变化，风险投资成为培植高科技产业的重要手段之一。从某种意义上说，知识经济和风险投资是互补的。可以说，没有风险投资就没有当今高科技的迅速和大量实现商品化，也就没有知识经济的兴旺和发达。另一方面，风险投资本身需要大量的有经验、有知识的职业管理人员，而知识经济提供了培养高级人才的经济环境，没有这种经济环境，没有大量职业人才的培养和训练，风险投资就不能得以长足发展。

四、风险投资的动力机制

当前，风险投资业在许多国家已经获得了蓬勃的发展，其主要原因是形成了一种内在的动力机制，促使风险资本不断聚集和风险投资机构大量涌现。概括起来，这一动力机制主要体现在以下两个方面：

1. *初始动力*

初始动力：高科技产业化的资金"瓶颈"呼唤投融资机制的创新。

高科技产业化的一个重要特点是其高投入性。一个高科技企业的崛起必须以大量的资金投入为先导。在高科技企业里，研发、中试和生产的每一个环节都需要投资，并且投资规模依次递增。而与一般产业投资相比，高科技产业投资又具有突出的风险性。由于技术风险、市场风险及财务与管理风险等多方面风险因素的存在，高科技产业投资的失败率常达到 60%～80%。对此，以商业银行为代表的传统金融机构往往望而却步。传统的融资渠道显然远不能为高科技产业提供充分的资金支持，造成严重的资金"瓶颈"。也正是在这一状况下，人们对新型投融资机制的呼唤，导致了适应高科技产业特点的风险投资业的产生。

2. **基本动力**

基本动力：完善的风险投资运作能够保障风险与效益的统一。

风险投资能够吸收各种经济主体积极参与，获得进一步的蓬勃发展，其更重要的动力源则在于通过完善的风险投资运作可以实现风险与效益的统一。由于高科技企业高风险的背后事实上伴随着潜在的高收益，通过有效地控制风险并分享收益，风险投资领域就不再让人望而却步。具体来讲，完善的风险投资运作可以通过以下途径，保证风险与效益的统一：

（1）通过严格的项目遴选和组合投资的机制实现风险的控制与分散。风险投资项目涉及的是高科技领域，而且多是新建的小企业，很难在市场上寻求有关它们的可靠信息，这就使得风险投资市场上的信息不对称问题比其他市场更加严重，风险投资机构面临"逆向选择"的可能性增大。完善的风险投资运作通过严格的项目遴选机制来突破信息不对称、防止逆向选择，挑选最有潜力和最符合风险投资机构专长的项目。风险投资机构对遴选出的项目进行组合投资，以分散潜在的风险。即使多数的投资项目出现损失，从剩下少数的成功项目中所获取的高额回报也足以弥补这一损失，并带来可观的净收益。一般而言，风险投资机构投资的项目或企业数会达到一个相当的规模。如果单个风险投资机构资金不足，则可以联合若干其他风险投资机构进行联合投资，以进一步实现风险分担。

（2）通过有效的产权约束强化风险控制。在现代企业运作中，企业的出资人与经营管理者往往是分离的，如果没有完善的出资人与经营管理者之间的监控约束机制，就会出现出资人承担风险却无法自主地控制风险的不对称情形，就会出现一些经营管理者拿出资人的资金进行冒险、投机的严重"败德行为"。完善的风险投资运作注重了通过出资人对企业经营管理者有效约束来强化风险控制。风险投资机构向高科技企业提供风险资金时，获得了企业部分产权，并由此保证其对企业经营管理行为的监控权利，这主要包括对企业的管理权及其授予权、财务监督权以及制订和审查企业重大决策的权利。拥有企业的管理权及其授予权，就可以授权能干而忠于职守的管理者来主持企业工作，为减少企业风险尽职尽责。拥有财务监督和参与企业重大决策的权利，就可以及时明了企业经营状况，判断企业是否面临风险或在遇到风险时有无抵御风险的能力。正是通过这样的一些权利，风险投资机构把握住了控制高科技企业运作风险和自身投资风险的杠杆，有效地防止了风险资金被滥用，增加了继续投资、扩大投资的动力。

（3）通过畅通的资金退出增值渠道实现收益分享。只有在承担较高风险后获得相应的高收益，才能真正实现与效益的对称相统一。完善的风险投资运作通过风险资金的退出增值，使得风险投资机构得以分享高科技企业成功后的高收益。风险投资机构如果能适时地将手中的高科技企业股权转让变现，就可以获得极为可观的增值收益。风险投资的主要退出渠道是IPO和股权的协议转让。

五、风险投资的运作过程

风险投资投入于创业企业的运作过程一般可分为六个阶段：

（1）寻找投资机会。风险投资承担着投资项目的技术开发和市场开拓的风险，为了最大限度地降低这种风险，风险投资对项目的遴选、评审非常严格，并通过深度介入项目的管理来帮助企业获得生机。

（2）筹集风险资金。风险资金有多种来源，包括公司退休基金、养老基金、银行控股公司、富有家庭和个人、保险公司、投资银行及部分大公司企业等。

（3）识别有潜力的创业企业。对风险创业家的素质、产品市场预期、技术的可行性、公司管理等因素进行认真、详尽地考察，从大量寻求风险投资支持的创业企业中挑选出真正有潜力的企业。

（4）评估、谈判、达成交易。创业企业提出项目计划书和前景预测，如风险投资家对申请项目做出肯定的技术经济评价，则双方就具备了谈判的基础。谈判要解决的问题主要有：出资数额和股份分配、企业组织结构和职务安排、双方权利和义务的界定、投资者退出权力的行使。

（5）共同合作、共创价值。合同签订后，风险投资家与创业企业就站在一条船上，需共同合作去解决众多问题，包括：制定发展战略、建立有活力的董事会、聘请外部专家、吸收其他的投资者以及监督与控制。

（6）策划、实施退出战略。退出是风险投资的终极目标，是风险投资成功与否的关键，只有适时退出，风险投资才能流动起来，收益才能真正实现。退出方式主要有三种：公开上市、被兼并收购、清算。公开上市是风险投资退出的最佳渠道，而清算则是在企业经营状况恶化且形势难以扭转时减少损失的最好办法。

第二节　风险投资公司的运作

风险投资公司是指对高新技术企业创业及其新产品开发进行投资入股，筹集多渠道资金，并参与企业决策咨询，强化生产经营管理的一种科研、金融、企业三者有机结合的经济实体。它是知识经济时代的一种高效的新型投资机构，是高新技术开发和产业化活动中必不可少的"中介"和"桥梁"。

在风险投资公司的组建和风险资金的融资过程中，风险资本家个人的能力和业绩起着至关重要的作用。他们购买的是资本，出售的则是自己的信誉、诱人的投资计划和对未来收益的预期。

一、风险投资公司在风险投资体系中的作用

风险投资体系主要由四类主体构成：投资者、风险投资公司、中介服务机构和风险企业。风险投资体系中最核心的机构是风险投资公司，它是连接资金来源与资金运用的金融中介，是风险投资最直接的参与者和实际操作者，同时也最直接地承受风险、分享收益。它们与其他金融机构的区别在于其特有的运行机制。

在风险投资市场上，一方面是具有巨大增长潜力的投资机会，另一方面是寻求高回报、不怕高风险的投资资本。风险投资公司的职责是发现两者的需求，并使机会与资本联系起来。金融的特点在于促进资金的融通，只要有资金的供给和需求，就会有金融中介的位置。只要资金在金融中介疏通的渠道内流动，只要在流动中资金得到正当的利用，它就会增值。资金的畅通流动是其增值的基本条件。

在风险投资这种特殊的金融方式下，资金从投资者流入风险投资公司，通过风险投资公司流入风险企业。这时，风险投资创造了决定其成败的两个结合：风险资本与增长机会（通常是高科技企业）相结合，风险资本家和风险企业家相结合。资本和机会的结合是外部结合，而风险资本家与风险企业家的结合是内部结合，是风险投资成败的关键。风险投

资要达到预期收益,这两个结合缺一不可。

一般情况下,风险投资公司的核心作用在于解决好下述问题:

(1)风险投资公司为风险企业(项目)提供直接的资金支持,并通过风险企业的迅速成长使投资者获取收益。因此,风险投资公司一般会作为风险投资的发起者和投资工作的枢纽,负责风险投资的运营,并参与所投资的风险企业(项目)的管理。

(2)风险投资公司一般有能力分析和做出对风险企业的投资决策,在投资之后监测风险企业并参与管理。

(3)对投资者负责,使不同类型投资者的利益得到保护。

(4)通过与风险投资相关的经营管理业绩得到高额回报,对不良业绩要承担相应的风险。

二、风险投资公司的类型

鉴于风险投资公司在风险投资体系中的关键作用,风险投资公司要由一些具备各类专业知识和管理经验的人组成,同时其所有权结构要提供一种机制,使得投资者与提供专业知识管理技能的人得到合理的相应回报,并各自承担相应的风险。为适应风险投资体系的这种要求,经过国外几十年的发展和选择,目前,在西方发达国家有十多类风险投资主体的组织方式,在整个风险投资体系中发挥着不同的作用。下面把主要的几种类型介绍一下。

1. 私营型

私营型即私人风险投资公司,是目前风险投资公司运作最典型、最普遍的模式。主要吸收个人资金或其他资金,以有限合伙制形式运作,由合伙人管理。"有限合伙制"风险投资公司主要投资于创建和成长阶段的高科技企业,一般在企业成熟后即以上市或并购等方式撤出。这种类型后面还将详细介绍。

2. 大企业创办型

这种类型的风险投资公司是依托大公司、大集团(主要有两类:一类是大型的金融机构,另一类是大型企业)组建的风险投资机构,一般采用分公司或子公司的形式。建立这类风险投资公司的真正目的是为了促进母公司内部的资本、技术和技能市场的发展,以便使自身的资源配置更容易进行调整,更能适应高新技术的发展,以取得良好的综合效益。在这类投资机构中,大公司、大集团承担的投资风险较大,政府的引导作用较弱。

3. 小企业投资公司型

小企业投资公司,即官办的风险投资公司,小企业投资公司是由政府直接向私人提供资金所建立的,旨在向技术密集型小企业进行风险投资。它们也向有潜在利益的企业作长期投资,然而与独立投资不同的是提供债务资金,包括固定不变的支付额,且主要参与高新技术企业的发展阶段。

4. 国际合作型

国际合作型风险投资公司,指以在国外发行股票债券或与外国风险投资公司合伙形式在国内开办的风险投资公司。建立国际合作型风险投资公司的主要目的:一是吸引数额巨大的国际风险资本参与本国高新技术产业的发展;二是引进国外先进的高新技术企业的内部机制和管理经验；三是以国际合作推动国内风险投资环境的形成和改善。

5. 政府参与型

政府参与型风险投资公司的主要作用是引导风险投资，调整风险投资政策，培育、发展风险投资公司。这种模式是政府以一定量的启动资金带动民间资本的投入。在这种类型下，政府是风险投资政策的制定者和风险投资市场体系的调控者。政府参与型风险投资公司既可以减少财政资金的投入，避免在国有独资风险投资机构中投资风险过度集中于政府的弊端，又可以通过宏观调控发挥政府在风险投资中的引导作用。这在一国风险投资业发展初期被各国政府广泛运用。

三、风险投资公司的运作过程

从风险投资公司对风险项目的运作过程来看，一般包括了以下几个阶段：

（1）初审。以前风险投资公司用 60% 左右的时间去寻找投资机会，如今这一比例已降低到 40%，其他大部分的时间用来管理和监控已发生的投资。因此，风险投资公司在拿到商业计划书后，往往只用很短的时间走马观花地浏览一遍，以决定在这件事情上花时间是否值得。必须有吸引他的东西才能使之花时间仔细研究。

（2）内部的磋商。风险投资公司的经理对通过初审项目的商业计划书进行讨论，决定是否需要进行面谈，或者回绝。

（3）面谈。如果风险投资公司对企业家提出的项目感兴趣，则会与企业家接触，直接了解其背景、管理队伍和企业，这是整个过程中较重要的一环。

（4）责任审查。如果初次面谈较为成功，接下来风险投资公司开始对企业家的经营情况进行考察并尽可能多地对项目进行了解。他们通过审查程序对意向企业的技术、市场潜力和规模以及管理队伍进行仔细的评估，这一程序包括与潜在的客户接触、向技术专家咨询并与管理队伍举行几轮会谈。

（5）条款清单。审查阶段完成之后，如果风险投资公司认为申请项目的前景看好，便可开始进行投资形式和估价的谈判。通常企业家会得到一个条款清单，概括出涉及的内容。

（6）签订合同。风险投资公司力图使他们的投资回报与所承担的风险相适应。基于各自对企业价值的评估，投资双方通过谈判达成最终成交价格。通过讨价还价后，进入签订协议的阶段，签署代表企业家和风险投资双方愿望和义务的合同。

（7）投资生效后的监管。投资生效后，风险投资公司便拥有了风险企业的股份，并在其董事会中占有席位。多数风险投资公司在董事会中扮演着咨询者的角色。作为咨询者，他们主要就改善经营状况以获取更多的利润提出建议，帮助物色新的管理人员（经理），定期与企业家接触以跟踪了解经营的进展情况，定期审查会计师事务所提交的财务分析报告。由于风险投资公司对其所投资的业务领域了如指掌，所以其建议会很有参考价值。

四、风险项目的评估

风险投资公司往往要评估成百上千的项目计划，从中筛选出最有前景的 1% ~ 2%。

评估的主要内容包括：

（1）该新技术产业化的可行性、市场需求、市场规模及进入市场的途径。

（2）企业家和管理班子的素质及经营水平。

（3）被投资企业的已有资金，风险投资额度、比例。

（4）风险管理程序，包括产业化与资源的匹配、发展战略可行性和竞争者是否涉足等。

（5）回收时间和回报率。

五、风险投资公司的运行机制

风险投资公司在高风险投资领域内谋求生存与发展，需要建立一整套有别于一般投资机构的运行机制，其核心是有关风险投资公司的组织形式、治理机制和退出机制。

（一）组织形式

在风险投资较为发达的美国和欧洲，风险投资公司的组织形式大都采用有限合伙制（约占 80%）。有限合伙制既不同于公司制，也不同于普通合伙制。有限合伙制公司的出资人分两类：有限合伙人和普通合伙人。有限合伙人是风险投资的真正投资人，他们提供了风险资本总额 99% 左右的资金，构成风险投资公司的资本来源，并以其出资额为限对有限合伙承担责任；普通合伙人就是风险投资家（风险投资公司的经理），其出资额仅占资本总额的 1% 左右，同时承担无限责任。有限合伙人投入的是货币和实物资本，而普通合伙人投入的主要是科技知识、管理经验和金融专长。在利益分享方面，对应于其无限责任，风险投资家的资金投入虽然只有 1%，但拥有 20% 的利润分配权并获取管理佣金 1%～3%。有限合伙人一般不参与风险投资公司的经营管理，普通合伙人既是风险投资公司的经理人，又是风险资本的实际运作者和风险投资公司派驻风险企业的代表人。

在以公司制为标志的现代企业制度下，有限合伙制公司成为风险投资业的主流组织形式，其主要原因为：

（1）资本市场和处于创业阶段的高科技企业，都具有高度的信息不对称性和不确定性，客观上存在着代理问题。在公司制中，股东出资后，由经理人掌握日常工作，因为经理人不持有公司股份，投资收益优劣虽与经理人有一定的利益关系，但相比于经理人与外部勾结带来的收益则相当微小。在这种制度安排下，经理人在投资过程中是否有悖德行为则完全依靠经理人的职业道德和自律能力，而缺乏有效的利益机制的制衡。有限合伙制能通过投资者和风险投资家之间责、权、利的基础制度安排和他们之间一系列激励与约束机制，使合伙的投资者和经营管理者的权利和责任相对称，有效地降低代理风险，保障投资者的利益。

（2）有限合伙制公司中，风险投资家的独立专业化运作是有限合伙制产生与发展的关键因素。与"投资天使"和企业与金融机构所属风险投资公司的投资经理相比，专业的风险投资家具有广泛的社会网络、行业知识、管理技能和分析判断能力，加上他们长期专注于某个行业领域，积累了丰富的投资经验。

（3）有限合伙制能够有效地避免股东对公司的操纵和对具体业务的干涉。在有限合伙制下，有限合伙人将公司的经营管理权交付普通合伙人，通过其无限责任和契约关系约束普通合伙人的具体运作行为，从而保证了公司业务按风险投资的内在规律开展。基于有限合伙制组织形式的风险投资公司运作的基本框架如图 9.1 所示。

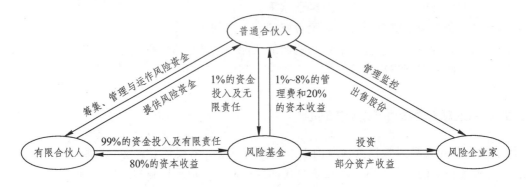

图 9.1　有限合伙制风险投资公司的运行框架

（二）治理机制

有限合伙制公司的治理结构是指投资者和风险投资家之间的正式和非正式的制度安排，其根本目的在于试图通过这种制度安排，以达到相关利益主体间的权力、责任和利益的相互制衡，实现效率和公平的合理统一。

从有限合伙制公司的治理机制方面分析，其特点主要在于：

（1）激励与约束机制。通过激励与约束机制的合理安排最大限度地降低代理风险。风险投资公司中的代理风险主要表现为：投资者无法在事前准确地甄别风险投资家的真实能力和机会主义倾向，而以事后投资收益来甄别其能力更不是有效的手段；有可能出现内部人控制现象，在企业运营过程中可能出现企业经营者为谋私利而损害投资方利益的情况。有限合伙制公司正是通过适当的治理结构和各相关利益者之间一系列激励与约束的契约安排有效地降低代理风险。

（2）权利责任约束机制。通过与风险相对应的权利分配，优化管理决策机制。作为投资者与风险企业之间的中介机构，有限合伙制公司与股份制公司中以股东大会—董事会—高级管理层为主的基本治理构架不同，它是依据相关法律由一个或多个没有经营权并承担有限责任的有限合伙人和至少一个有经营权并负有无限责任的普通合伙人组成；有确定的生命周期（通常为 10 年）且延长生命周期须征得有限合伙人的同意（通常为 1~3 年）；合伙公司的股份不能自由流动并在生命周期结束之前不能单方面撤出股份等。尽管作为主要投资者的有限合伙人不直接参与风险资金和风险企业的管理运作，但可以通过一系列合约来约束风险投资家的投资行为。

（3）利益风险分配机制。在利益分配中不仅以货币资本为依据，更多地考虑"贡献"与"风险"的因素，并实施与经营业绩挂钩的激励机制，符合知识经济时代资本与"知本"的运行规律。风险投资家的"资本"是其专业知识和能力，而其主要收入来源为投资业绩，一旦一个项目投资成功并实现公开上市，其资本收益可能使他一夜之间成为百万富翁。但风险投资实践中，投资的成功率并不高，而且大多数有限合伙合同都有限制性利润分配手段。通常普通合伙人的利润分成要等有限合伙人收回其全部投资后才能兑现，或者规定达到最低的投资收益率，普通合伙人才能得到其收益分配。这样的契约安排能够使投资者与风险投资家之间的目标较好地统一起来，减少风险投资家的机会主义行为，并提高工作的努力程度。此外，投资业绩不佳还会影响经理人的市场声誉，增加再次筹资的难度。

（三）退出机制

可行的退出机制是风险投资成功的关键。作为风险投资公司，其普通合伙人要在合伙契约中承诺在一定时间以一定的方式结束对创业企业的投资与管理，收回现金或有流动性的证券，给有限合伙人即投资者带来丰厚的利润。因此，风险投资家必须构思一个清晰的退出路线，以使资金安全地撤出，完成整个风险投资的预期计划。

风险投资公司资金退出的方式及时机选择，取决于投资公司整个投资组合收益的最大化，而不追求个别项目的现金流入最大化。

一般来讲，风险投资的退出方式主要有以下三种。

1. 公开上市

公开上市（Initial Public Offering，简称 IPO）通常是风险投资最佳的退出方式。IPO 可以使风险资本家持有的不可流通的股份转变为上市公司的股票，实现盈利性和流动性，而且这种方式的收益性普遍较高；IPO 是金融市场对该公司经营业绩的一种确认，而且这种方式保持了公司的独立性，还有助于企业形象的树立以及保持持续的融资渠道。但是，股票的公开发行上市需要市场环境的配合和较高的进入条件，退出的费用也比较昂贵。

由于主板市场的上市标准较高，监管严格，而风险企业一般是中、小高科技企业，在连续经营历史、净资产、利润额等方面均难以达到要求，因此在主板市场上上市通常比较困难。因而不少国家都成立有专为高科技企业和风险投资服务的二板市场，如美国的 NASDAQ 市场、比利时的 EASDAQ 市场、英国的 AIM 市场、中国香港的创业板市场。二板市场比主板市场上市条件略微宽松，上市规模偏小，主要为具备成长性的新兴中小企业和风险投资企业提供融资服务，这更增强了通过 IPO 方式退出投资的吸引力。

2. 出　售

风险企业上市虽然是风险投资的黄金收获方式，但由于风险投资支持的企业数量巨大，而市场容量有限，公开上市本身也存在前述的种种弊端，因此在实践中并不是采用最多的退出方式。事实上，在美国风险投资的历史上一直占据着绝对重要地位的是出售方式（即股权转让），尤其在股市行情不好时更是如此。近年来，以出售的方式退出在迅速发展的风险投资中比例越来越大，收购兼并市场为风险资本家顺利出售自己的股权提供了广阔的空间。

出售包含售出和股权回购两种形式。售出又分一般收购和第二期收购两种。

一般收购主要指公司间的收购与兼并。由于买方无需支付现金，因此较易找寻买家，交易灵活性大。但收益较公开上市要低，且风险企业一旦被一家大公司收购后就难以保持其独立性，公司管理层将会受到影响。

第二期收购是指由风险投资公司将其所持有的风险企业的股权转让给另一家风险投资公司，由其接手第二期投资。如果原来的风险投资公司只出售部分股权，则原有投资部分实现流动，并和新投资一起形成投资组合；如果完全转让，则原来的风险投资公司全部退出，但风险资本并没有从风险企业中撤出，转换的只是不同的风险投资者，因此企业不会受到撤资的冲击。

股权回购是指风险企业以现金的形式向风险投资公司回购本公司股权。风险资本家可以拿到现金（或可流通证券），而不仅仅是一种期权，可以迅速地从风险企业中撤出；股权回购只涉及风险企业与风险投资方两方面的当事人，产权关系明晰，操作简便易行；可以将外部股权全部内部化，使风险企业保持充分的独立性，并拥有足够的资本进行保值增值。

3. 清算或破产

这是在风险企业未来收益前景堪忧时的退出方式。这种方法通常只能收回原来投资的一部分，但在必要的情况下必须果断实施，否则只能带来更大的损失。因为企业的经营状况可能继续恶化，与其沉淀其中不能发挥作用，不如及时收回资金投入到更加有希望的项目中去。

第三节　风险企业的运作

风险企业多指处于未成熟期的中小型高科技或高新技术企业，它们拥有大量的创新科技成果或者创新成果的开发、应用能力，但限于自身条件没有资金实力将科技成果加以转化并实现产业化。风险企业是寻求并接受风险资本的企业，是风险投资活动运营的主体。风险企业的创业过程往往蕴涵着极大的风险，风险企业的运作直接关系到风险投资的成败。

一、风险企业的特征和类型

风险企业与一般企业相比，具有以下特征：

（1）风险企业以技术突破为前提，更强调技术创新。许多风险企业的成功就在于取得了某项技术上的突破。

（2）风险企业采取"领先一步"的发展策略。风险企业只有"领先一步"，才能取得高收益。

（3）风险企业知识技术密集，高级技术人才汇集。丰富的人才资源是风险企业取得成功的坚实的智力保证。

（4）风险创业家是风险企业最宝贵的资源。国外成功的风险企业都有一批社会精英在操作，风险创业家的素质对风险企业尤其重要。

（5）风险企业是"高收益"与"高风险"相伴，成功者收益巨大，失败者可能血本无归。

风险企业分为以下四种类型：

（1）自立型。风险创业家自筹风险资本创办风险企业，企业完全控制在风险创业家手中，他们自担全部风险，独占全部风险收益。这种风险企业的特点是：所需风险资本较少，风险利润大。

（2）结合型。这是一种由风险创业家和风险投资家联合创办的企业。企业的两个主体优势互补，风险创业家提出设想，攻克技术难关，负责企业管理，风险投资家则主要为其提供风险资金和"增值服务"。

（3）派生型。有些大企业资金雄厚，自设风险创业基金，与企业内技术、管理、人才结合，创立风险企业或风险项目，还可以吸引企业外的人才参与创办有潜力的风险企业。

（4）资助型。即政府、社会团体或其他组织筹措和设立风险基金或委托金融机构向风险企业提供风险基金，其动机是立足于国际竞争，使本国高新技术的发展带动相关产业发展，夺取国际经济发展的主动权。

在美国，风险企业多为结合型和独立型，日本多为派生型和资助型，西欧多为资助型和独立型，我国风险企业起步较晚，发展机制尚不健全，目前多为资助型。

二、风险企业的发展阶段及融资机制

根据产品寿命周期理论的观点，一项高新技术的产业化，通常可划分为四个阶段：技术酝酿与发明阶段、技术创新阶段、技术扩散阶段和工业化大生产阶段。每一阶段的完成和向后一阶段的过渡，都需要资金的配合，而每个阶段所需资金的性质和规模都是不同的。在这四个阶段的整个发展过程中，风险企业通常需要进行多轮的融资，而且融资额度呈上升趋势。

1. 种子期与风险融资

种子期是指技术的酝酿与发明阶段。这一时期的资金需要量较少，从创意的酝酿，到实验室样品，再到粗糙样品，一般由科技创业家自己解决。有许多发明是工程师、发明家在进行其他实验时的"灵机一动"，但这个"灵机一动"，在原有的投资渠道下无法变为样品并进一步形成产品，于是发明人就会寻找新的投资渠道。这一时期的风险资本来源主要有：个人积蓄、家庭财产、朋友借款、申请自然科学基金，如果还不够，则会寻找专门的风险投资家和风险投资机构。

要得到风险投资家的投资，仅凭一个"念头"是远远不够的，最好能有一个样品。然而，仅仅说明这种产品的技术如何先进、如何可靠、如何有创意也是不够的，还必须对这种产品的市场销售情况和利润情况进行详细的调查、科学的预测，行文后交给风险投资家。经过考察，风险投资家同意出资，就会合建一个小型股份公司，风险企业得以创立。风险投资家和发明家各占一定股份，合作生产，直至形成正式的产品。

这种企业面临三大风险：一是高新技术的技术风险，二是高新技术产品的市场风险，三是高新技术企业的管理风险。风险投资家在种子期的投资占其全部风险投资额的比例是很少的，一般不超过10%，但却承担着很大的风险。这些风险一是不确定性因素多且不易测评，二是离收获季节时间长，因此也就需要有更高的回报。

2. 导入期与风险融资

导入期是指技术创新和产品试销阶段，这一阶段的经费投入显著增加。在这一阶段，企业需要制造少量产品。一方面，要进一步解决技术问题，尤其是通过中试，排除技术风险；另一方面，还要进入市场试销，听取市场意见。这个阶段的资金主要来源于原有风险投资机构的增加资本投入。如果这种渠道无法完全满足需要，还有可能从其他风险投资渠道获得资本。

这一阶段的风险仍主要是技术风险、市场风险和管理风险，并且技术风险和市场风险明显增大。

这一阶段所需资金量大，是风险投资的主要阶段。对于较大的项目来说，往往一个风险投资机构难以满足其资金需求，风险投资机构有时组成集团共同向一个项目投资，以分散风险。这个阶段风险投资要求的回报率也是很高的。一旦发现无法克服的技术风险或市场风险超过自己所能接受的程度，投资者就有可能退出投资。

3. 成长期与风险融资

成长期是指技术发展和生产扩大阶段。这一阶段的资本需求相对前两阶段又有增加，一方面是为扩大生产，另一方面是开拓市场、增加营销投入。最后，企业达到基本规模。这一阶段所需资金主要来源于原有风险投资公司的增资和新的风险投资的进入。另外，产品销售也能回笼相当的资金，银行等稳健资金也会择机而入。这也是风险投资的主要阶段。

这一阶段的风险已主要不是技术风险，市场风险和管理风险加大。由于技术已经成熟，竞争者开始仿效，会夺走一部分市场。企业领导多是技术背景出身，对市场营销不甚熟悉，易在技术先进和市场需要之间取舍不当。企业规模扩大，会对原有组织结构提出挑战。如何既保持技术先进又尽享市场成果，这都是市场风险和管理风险来源之所在。这一阶段的风险相对而言已大大减少，但利润率也在降低，风险投资家在帮助增加企业价值的同时，也应着手准备退出。

4. 成熟期与风险融资

成熟期是指技术成熟和产品进入大工业生产阶段。该阶段资金需要量很大，但风险投资已很少再增加投资了。一方面是因为企业产品的销售本身已能产生相当的现金流入，另一方面是因为这一阶段的技术成熟、市场稳定，企业已有足够的资信能力去吸引银行借款、发行债券或发行股票。更重要的是，随着各种风险的大幅降低，利润率也已不再是诱人的高额，对风险投资不再具有足够的吸引力。

成熟阶段是风险投资的收获季节，也是风险投资的退出阶段。风险投资家可以拿出丰厚的收益回报给投资者了。风险投资在这一阶段退出，不仅因为这一阶段对风险投资不再具有吸引力，而且也因为这一阶段对其他投资者，如银行、一般股东具有吸引力，风险投资可以以较好的价格退出，将企业的接力棒交给其他投资者。

实际上，上述四个阶段之间并无非常明显的界限。较常用的区分四个过程的标准是销售增长率的变化。

对风险企业的创业者而言，在企业发展的各个阶段成功地获取风险资本的支持，是其创业成功的基本保证；对风险投资公司而言，针对风险企业成长的不同阶段规划不同的投资策略，形成最佳报酬的投资组合，是分散风险、获取高额回报的有效途径。

三、风险资本家与风险企业家

风险投资中，相关利益者的利益从根本上讲都依赖于风险企业的增值。然而风险资本家与风险企业家之间与风险企业一样存在的不确定因素较多，风险企业的治理结构及风险资本家与风险企业家之间的激励与约束合同也较复杂。

与上市公司不同，风险企业在创业初期往往规模小，组织结构简单，决策灵活、迅速，股权相对集中，董事会的作用突出。风险资本家通过参与、影响或控制董事会来影响企业的决策，达到管理监控的目的，而风险企业家的决策作用较弱并随风险企业的经营业绩的变化而变化。

在有限合伙制的治理架构下，风险资本家往往通过分段投资、适宜的金融工具选择和管理监控等手段来保护投资者的利益，并能激励风险企业家充分发挥潜能，促进企业增值。

1. 分段投资

风险资本家往往不是一次性注入全部资金，而是根据企业的发展和资金需求情况分段投入。这样做的目的：一方面是为了控制风险，在企业发展前景不利时，能迅速做出中断投资的决策，避免更大的损失；另一方面也是对风险企业家的激励措施，因为一旦企业经营不善或滥用资金，不仅面临中断投资的威胁，而且其后的投资实际上稀释了风险企业家的股权。

2. 可转换优先股合同

可转换优先股合同是介于债务合同和普通股合同之间的合同，风险资本家可以通过优先股与普通股之间的转换比例或转换价格的调整而相应地调整风险投资方与企业家之间的股权比例，达到激励与约束的目的。例如，当企业经营良好时，其资产价值增加，这时转换比例低而转换价格较高，投资者拥有股份的价值不会降低，而风险企业家拥有的股份可以增加；当企业经营不善时，转换比例较高而价格较低，风险资本家可以较低的价格认购更多的股份，而风险企业家的股份就会减少。除了转换特征外，可转换优先股还附带一些限制性条款，如限制新股发行（防止收益转移）、强制性股份回购以及股份转移（防止企业控制权转移）等。

3. 管理监控

作为风险企业的外部非执行董事，与上市公司不同的是风险资本家在企业中有直接的重大经济利益，他们通过参与、影响或控制董事会对企业进行管理监控。风险企业家之所以能接受以风险资本家为主导的董事会，是因为风险资本家有广泛的社会网络、专门知识和管理经验，这种能力体现在企业整个运营之中直到退出变现，而处于创业阶段的风险企业家往往具有技术方面的特长而缺乏管理知识和经验。从某种意义上讲，有限合伙制公司的成功之处还在于人力资源的有效整合。风险资本家的管理介入程度与企业的发展阶段和状况有关。在企业发展顺利的情况下，风险资本家只是帮助企业制定发展战略、产品开发及营销策划、追加投资计划等，很少介入日常管理工作；而当企业出现危机时，介入较多，极端情况下甚至撤换企业的 CEO 或中止投资。

第四节　风险投资案例
——苹果公司，成功的先驱

在美国风险投资的历史中，苹果公司较早展示了风险投资的不同凡响。1976 年，两个 20 多岁的青年设计出了一种新型微机（苹果一号），受到社会欢迎。后来，风险投资家马克首先入股 9.1 万美元，创办了苹果公司。从 1977 年至 1980 年的 3 年时间里，苹果公司的营业额就突破了 1 亿美元。1980 年，公司公开上市，市值达到 12 亿美元，1982 年便迈入《幸福》杂志的 500 家大企业行列。一家新公司在 5 年之内就进入 500 家大公司排行榜，苹果公司就是首例。

苹果公司的上市犹如核爆炸的成功一样震撼着世界。早先在苹果公司下赌注的风险投资家更是丰收而归，1 美元的投资可获得 243 美元的回报。著名风险投资家罗克曾以每股 9 美分的价格买了 64 万股，不到 3 年时间，他投入的 5.76 万美元就奇迹般地变成了 1 400 万美元。

苹果公司较早地以自己的巨大成功预示了风险投资的不寻常。其中，人们可以清晰地看到风险资本循环的全貌。首先通过缜密而敏锐的寻觅或遴选，找到理想的投资对象。然后便进入循环的第一阶段，即风险资本进入风险企业。进入有多种方式，可以是新办公司，也可以是投资于已有企业。苹果公司属于前者。通过帮助风险企业发展壮大，风险资本的最终目的是实现其循环：退出风险企业。退出分转让、上市等方式，上市是退出的最高境界。苹果公司通过上市给投资人带来了丰厚的利润，是风险资本运作的完美典范。

苹果电脑发迹于加州洛斯加尔托斯·乔布斯的车库里，当时因为乔布斯和他的同伴人沃兹尼克没钱买雅尔泰电脑，于是自己动手做出来一部，这就是苹果电脑的雏形。苹果电脑的传奇可以说是硅谷创业成功的标准范例。

在计算机行业的微型机时代，苹果公司的奇迹一直为人们所津津乐道，而苹果公司的奇迹是与乔布斯和沃兹尼克两个人的创造力分不开的。乔布斯在学校里是个性格孤僻的人，曾经一度不愿到原来的初中上学，父母不得已搬了家。在读高中时，乔布斯迷上了高科技，放学后他常去惠普公司旁听报告。一天，他大胆地向公司的董事长威廉·休利特提出要一些自制电脑的零件，休利特被他感动了，送给了他需要的部件，并帮他安排了暑期打工。

高中毕业以后，乔布斯进入俄勒冈的里德大学，但不到一年就中途退学了，乔布斯认为大学不适合自己。后来，他在一家仅有两年历史的小型电子公司雅泰利公司找到了一份工作。很快他又离开了雅泰利公司，带着积攒的一点钱去印度旅游，并计划在印度开始自己的创业生涯。

沃兹尼克是一个不折不扣的电脑怪人，他原先就读于罗拉多大学，在那里学习了一年软件设计后，他又转入狄安萨学院（De Anza College），最后再进入加州大学伯克利分校。但在这些学校，他都觉得快快不乐，于是 1972 年便从伯克利大学辍学到惠普公司做事。同一时期，乔布斯从印度回来后便进入雅泰利电脑游戏公司。于是乔布斯和沃兹尼克便又回到硅谷，再度重逢。

每个新公司的创立也许都是源于"灵机一动"，它可能是一种创新的产品，或是一种前所未有的服务项目。乔布斯和沃兹尼克为了想要拥有一部微电脑，但却买不起，因而创立了苹果公司。

苹果电脑奇迹般的诞生过程，说明了硅谷高技术企业的许多共同之处。有那么一个人碰到一个令他深受挫折的问题，就决定动手研究看看，进行当中，创造出一种非常畅销的产品。一开始的成功令人惊异，于是这位创业家就成立一家新公司，在克服重重困难之后，也许就获得了巨大的财富。这是一种很特别的梦想，骤然功成名就的快乐也容易冲昏速成的企业家，这和那些突然出名的职业运动员、电影明星以及摇滚歌星的结果相形之下，没什么不同。

为了制造 Apple-Ⅰ型，沃兹尼克和乔布斯顺手从他们工作的公司——惠普和雅泰利"解放"了一些电子零件。沃兹尼克设计 Apple-Ⅰ型时，的确是走低成本方向，他不用当时最流行的英特尔 8080 作电脑的心脏，因为它单价高达 270 美元，而且也无法获得，因为经销商告诉沃兹尼克，只有设有账号且是登记在案的公司才能购买。据沃兹尼克说，"后来查克零售店（Chudk Peddle）宣布 6502（一种微处理机）将在 WESCON（一项西岸举行的年度盛大电脑展示会）柜台出售，所以我的几个朋友就去参观 WESCON，20 块钱付给柜台，微处理机就买到了。""只要 20 块钱，你就可买到一个微处理机，那使我踏入了这一行。"

当 Apple-Ⅰ型在家用电脑俱乐部展示时，立刻引起轰动，乔布斯和沃兹尼克的朋友都争相要一部。乔布斯说，"因此我们花了所有的时间，帮他们做自己的电脑，它占用了我们的周末、夜晚。我卖了车，沃兹尼克卖了计算机，我们总共凑得了 1 300 美元，雇了我的一个朋友为这部电脑设计印刷电路板……我们估计可做出 100 片，每片出售 50 美元，那样就可以有 2 500 美元的收入，足够我们赎回金龟车和计算机了。"组合第一部"苹果"时花了沃兹尼克和乔布斯 60 小时。沃兹尼克和乔布斯的"无心插柳"，却顺应了消费者的需求，开创了微电脑事业。

为了进一步了解风险性创业投资在开创新公司时所扮演的角色，下面看看苹果这个典型的硅谷公司产生的过程。

1976 年 3 ~ 6 月，乔布斯和沃兹尼克一直出售小型元器件。为了扩大生产，必须有足够的资金来购买组装零件，他们寻找电器供应商作担保，两人甚至想得到雅泰利公司和惠普公司的担保，但没有成功。不久，购买他们产品的订货量就超过了他们的生产能力。到了夏天，他们设计出一种更高级的个人计算机——Apple-Ⅱ型。到 1976 年底，Apple-Ⅱ型销售额达到 20 万美元，其中利润为 20%。1976 年末和 1977 年初，乔布斯和沃兹尼克采取了几项有力措施来拓展业务。他们在一份知名的商业杂志上登了一篇科技文章，使公司产品赢得较大知名度，并与其他计算机零售商签订了销售合同。他们还说服了一名律师，通过法律保证制订了一项延期付款计划。但为了占领看似无限的市场，他们还需要大笔的资金，而且他们更急需市场方面的专家。

当乔布斯和沃兹尼克体会到苹果电脑是人们想买而又有潜力的产品时，就去找他们在雅泰利和惠普的老板。布什内尔是雅泰利的创办人，也是第一个电脑游戏的发明人，乔布斯想使他相信，微电脑的前途无量。可惜雅泰利并不生产电脑，乔布斯的主意只换来布什内尔的嘲笑。

接着，沃兹尼克也去见他在惠普的主管，提议在惠普生产苹果电脑，他利用不同的机会场合共提了三次，但是惠普的主管们嫌他没有大学学历，又没有电脑设计的正式鉴定证书。

后来的发展令乔布斯和沃兹尼克大为扬眉吐气，今天雅泰利和惠普在观望迟疑之后，已激烈地加入这场微电脑之争，努力想要赶上苹果——这个行业的领先者。

不久，马古拉开着他的名牌轿车来到设在车库的"苹果"电脑公司。马古拉当时才 38 岁，就已经是百万富翁而且从英特尔退休了。马古拉要求看他们的经营计划，乔布斯和沃兹尼克对看傻了眼，他们从不知什么叫经营计划。马古拉就向他们解释，筹募风险性创业资金必须准备一份详细的公司创立计划书。

于是，他便跟乔布斯和沃兹尼克坐下来商讨，足足花了两个礼拜，拟出一份苹果电脑公司的经营计划。马古拉看了计划书后，意识到这一创业计划潜力无限，是他的独具慧眼使苹果获得了充足的风险资本，马古拉不仅自己投资 9 万美元，而且亲自组织并争取到美利坚银行（Bank of America）20 万美元的信用贷款。他们三个人带着"苹果"的经营计划走访马古拉认识的其他风险性创业投资家，结果又筹募了 60 万美元。其中一个投资者是罗克，他曾对英特尔公司进行风险投资。马古拉还帮助乔布斯与美利坚银行达成了贷款协议。在他们的努力下，苹果公司开始引起人们的注意，吸引了一些重要的金融投资商，其中还有温洛克（洛克菲勒家族）。至此共筹到 300 万美元的资金，已具备了开始大规模生产的能力。

马古拉加入苹果公司后，他把乔布斯和沃兹尼克的资产估价为全公司股份的 2/3，而他自己投资 9 万美元，获得苹果公司 1/3 的股份。1977 年，在美国首届西海岸电脑交易会上，Apple-Ⅱ型机取得巨大成功。5 年之后，苹果公司收入跃升至 10 亿美元，并成功上市，马古拉以 9 万美元投资，一跃成为亿万富翁。

1977 年 3 月，苹果公司正式注册，公司由车库生产发展到厂房生产。Apple-Ⅱ型计算机在一次商品展销会上推出，并迅速取得了成功。Apple-Ⅱ型是一种全程序化的个人计算机，它是专为家庭设计的，同时，也适用于专业程序人员。苹果公司之所以选用"苹果"作自己产品的名字，是因为当时有人认为计算机会对使用者造成伤害，取苹果之名给人友好、普通的印象，容易让公众接受。

1977 年苹果公司超常规的发展却使公司的组织结构出现了问题，公司的领导应该正式化，需要一个总经理和一个执行主席。乔布斯和沃兹尼克都深感自己不能胜任日常经营管理，他们任命马古拉为执行主席，并从国家半导体公司挖来了他们的总经理麦克尔·斯格特。斯格特看到了在苹果公司发展的前途，宁愿牺牲一半的薪水来苹果公司就职。乔布斯担任副董事长，沃兹尼克担任副总经理。公司成立 3 年以后，乔布斯和他的同事都成了百万富翁。

1983 年，苹果公司推出了新产品——利莎，公司希望通过它吸引到更多的新客户。1983 年末，公司针对家庭及职业人员市场，又推出麦森托什，虽然 IBM 公司的种种努力已造成了对上述新产品的压力，但不管怎样，苹果公司在 1977 年至 1982 年取得的成功还是巨大的。苹果公司之所以取得成功，主要是因为 Apple-Ⅱ型几乎满足了市场各方面的需求。终端用户第一次可以买到价格便宜、容易使用、性能高于一般微机的个人计算机。因为公司为使用者提供了自己的程序，所以软件已不成问题。另外，许多公司也开始开发与 Apple-Ⅱ型系统匹配的软件系统。苹果机的名字与商标让人感到友好、亲切，不会产生恐惧感。整个机身紧凑、小巧、轻便，便于运输。键盘和屏幕由塑料取代了金属，屏幕比电视屏幕小，但不影响字体的清晰度。苹果机整体颜色为吸引人的色调，而不是像汤迪机以令人恐惧的黑色、银色为主。公司的操作手册使顾客可以轻松方便地掌握整个系统软件，这是最初取得成功的一个因素。总之，上述特点使苹果机给人的总体印象是操作方面，是一种质量高、价格低、友善的计算机。

为了取得成长所需的大量资金，苹果公司在 1980 年 12 月 12 日第一次公开上市招股，那是华尔街空前的特殊景况。460 万股，每股 22 美金，总共吸收了 1.012 亿美元的资金，也造就了好几个暴发户，乔布斯 1.65 亿美元，马古拉 1.54 亿美元，沃兹尼克 8 800 万美元，斯格特 6 200 万美元，他们一共占了苹果公司 40% 的股份。

创业阶段之后，如果新公司欣欣向荣，风险投资家便协助新公司"股票上市"。期待已久的丰收就要兑现，这是风险投资家最兴奋的一刻，也就在这一天，新公司确定了它的市场价值，创业者可能就因此成为暴发的百万富翁。

风险投资家不仅是创业家的顾问，他也对人事、技术、企业和财务管理等方面提出建议。创业投资家不同于银行家和股票投资人，他们与创业公司息息相关，诚如约翰逊说的："我们不仅撒下骰子，而且还用力吹它，真是劳苦功高。"

从苹果公司的创业中不难发现，风险投资家所支持的创业家中，都可归纳出一些共同的特征：诚恳、勇于认错、随机应变、全身心奉献于工作、渴望成功、拥有卓越的管理和技术背景。一位创业投资家这么说过：“对房地产业来说，最重要的就是地段、地段、地段，而在风险性创业投资中，则是人才、人才、人才。”约翰逊则以决心和热心作为衡量创业家能否成功的指标，他说：“我必须看到他步履坚决地走向悬崖边缘才算数。”门罗公园资金管理服务公司的范伦泰也有着同样的见解：“尽管把那些智商 140，自以为是的狂人带来找我，我会照单全收。”范伦泰慧眼识英雄，在过去 10 年内，他已投资 7 000 万美元，共同参与投资创立了 40 家公司，其中包括苹果、雅泰利和阿尔托斯电脑（Altos Computer）。

风险投资家们自诩是温文尔雅、博学广闻的生意人，然而，创业家根本就认为他们精打细算、铜臭满身。风险投资家在硅谷的别号叫做“风险投机家”，把他们描绘成贪婪可鄙、嗜吃腐肉的兀鹰，寄生在创业工程师的心血精力之上。他们的目的是夺取公司的控制权，即使要抛弃公司的创始人亦在所不惜。由于贪婪的投机家只求在公司股票上市或转手的时候赚一笔，至于公司长远的生存能力如何，对他们而言是无关紧要的，因此，投资家和创业家的目标可能有所不同，难免会产生某种程度的冲突。

一个刚创立的公司，会把总资本按每股一定的价码分配成许多股，创业家和风险投资家之间达成协议，但这只不过是往后一系列交易的开端而已。第一次交易不过是筹措财源的第一回合，等到新公司的羽翼渐丰，需要更多的资金时，就开启了第二回合的谈判，新公司要求以不同的价码（通常较原价为高）出售更多的股份，而且还可能会有第三、第四回合。随后几个回合交涉的对象可能仍是第一回合那些风险投资家，或许也会有其他新加入的风险投资家。由于风险投资家掌握了资金，新公司和他们谈判的时候便显得力不从心，由此不难明白为什么创业家对这些投资人错综复杂的感情。

在 1980 年以后，苹果电脑公司已发展成世界性的公司，除了硅谷的总部外，在新加坡、爱尔兰和得克萨斯州都设有工厂。到 1983 年为止，苹果公司共有 3 500 名员工。装配印刷电路板上的硅芯片需要动用很多工人，苹果公司便委托给像圣何塞市通用技术（General Technology Corporation，简称 GTC）一类的装配公司去做。1976 年，乔布斯踏进通用技术公司，和总经理奥尔森（Richard Olson）签下一纸合约，从此通用技术公司开始加工苹果的电路板，那时他们只有 30 名工人，一天只能装好 100 块电路板。

到 1983 年的时候，通用技术公司已有 450 名工人，大多是女工，其中有黑人、西班牙语系或其他的少数民族。他们从最低的工作做起，学习把有引脚的芯片插进电路板，这种工作单调无聊又无升迁的机会。每位工人完成一块板后必须在检验表上签名负责，然后将电路板送去测试，矫正每一项错误。于是又一部苹果电脑的“内脏”送出厂了。一块电路板可能会送到苹果公司的新加坡装配厂，在那儿把塑料外壳、键盘和其他的零件组合到一块铝板上，从头到尾，总共只要十个螺丝，这正是沃兹尼克在 1976 年所精心设计的杰作。新加坡的工人，加上爱尔兰、得州和硅谷的工人，到 1983 年年初，已装配了约 75 万部苹果电脑，其中约有 30%销到美国以外的地方。

你只要算算苹果电脑的供应商、装配厂、电脑零售店，当然还有使用者，就知道苹果公司绝不致没落。

1983 年年初，乔布斯宣称，苹果公司创造了 300 位百万富翁。乔布斯当然也是其中之一。1983 年中，乔布斯在苹果公司的权益共值 2.84 亿美元。根据《福布斯》（Forbes）杂志 1982 年的一项分析，在美国最富有的前 400 人中，28 岁的乔布斯是最年轻的一位，对于一个从车库起家创立公司的年轻小伙子而言，还真不赖。

乔布斯名利双收，1982年2月15日，乔布斯出现在《时代》杂志的封面。虽然他已经在优雅的洛斯盖特市（Los Gatos）买了华厦，封面照片上的他却仍然穿着熟悉的丁尼布工作衫。尽管他已经拥有一部奔驰牌轿车，但他还是喜欢骑摩托车上班。

乔布斯说，当他年轻时，他认为单独一个人不可能改变整个世界，因为这个世界太大、太复杂，也太强而有力。但苹果电脑的经历使乔布斯有点志得意满，他曾说，"你可以在地球的一边刺它一下，而在另一边的社会会产生冲击。"这种影响力对于很多企业家来说，实在是生命中最吸引人的刺激之一。

一个人一旦尝到了这种掌握未来的权力感，他就难以停止。乔布斯在1983年赠送10 400所中小学各一部苹果电脑，数量实在不小，价值上千万美金，但由于减税，苹果公司只花了100万美元。乔布斯说，若能说服联邦政府给他免税，他将送全美国每个学校一部电脑。

为什么乔布斯和沃兹尼克能这么成功？当然，他们占了天时地利，加之他们生长在硅谷，对他们的事业也多少有帮助。沃兹尼克的确是个电脑天才，乔布斯的活力使他们创立了微电脑公司，但除此之外看不出这两个年轻人的暴富有何特别之处。如今，神话一般的故事和新闻界把他们说得像是有超人般的能力。但也有人不以为如此，乔布斯和沃兹尼克不过是两个碰巧撞进金窟的年轻人。

苹果公司的故事包含了硅谷成功事迹的主要因素：创业精神、冒险投资，但风险投资的介入无疑是苹果公司迅速崛起的重要原因之一。

苹果公司成功的创业故事总是让人津津乐道，苹果电脑永远是完美和精益求精的象征，风险投资也总是青睐于永远追求卓越、创造完美的人。

习　题

1. 什么是风险投资？风险投资包含了哪些关键的要素？
2. 如何理解风险投资既是一种融资机制，又是一种权益资本？
3. 风险投资的基本特征是什么？为什么？
4. 风险投资有哪些作用？
5. 风险投资公司在风险投资体系中起什么作用？
6. 风险投资公司有哪些主要的特点？
7. 什么是有限合伙制？它有什么特点？
8. 风险投资为什么要强调"退出"？如何退出？
9. 风险企业的发展可以划分为哪几个阶段？各阶段的融资活动表现出怎样的特征？
10. 怎样正确处理风险投资家和风险企业家的关系？
11. 根据苹果公司案例，分析一个风险企业的成功应具备的条件以及采取的发展战略和经营策略。

第十章 证券投资

第一节 证券投资概述

证券投资是指法人或自然人在承受风险的前提下，通过购买股票、债券和基金以及证券的衍生工具等以获得红利或利息等收益为目的的投资行为，是间接投资的重要形式。

证券投资作为政府、机构、法人及个人对股票、债券等金融工具的投资选择，是对预期会带来收益的有价证券的风险投资。证券投资可使社会上的闲散货币转化为投资资金，也可使一部分待用资金和信贷资金加入投资活动，对促进社会资金合理流动，促进经济增长有重要作用。本节主要介绍与证券投资有关的一些基本概念和基本知识。

一、证券的概念与种类

（一）证券的概念

证券是各类财产所有权或债权凭证的通称，是用来证明证券持有人有权取得相应权益的凭证。如股票、债券、基金证券、票据、提单、保险单、存款单等都是证券。凡根据一国政府有关法规发行的证券都具有法律效力。法律特征和书面特征是证券具备的两个最基本特征。证券是一种信用凭证或金融工具，是商品经济和信用经济发展的产物。

（二）证券的种类

按照不同的标准，可以对证券进行不同的分类。按其性质不同，可分为无价证券和有价证券。

1. 无价证券

无价证券是指本身不能使持有人或第三者取得一定收入的证券。证据证券和凭证证券一般都属于无价证券。这两类证券不能自由让渡，不能真正独立地作为所有权证书来行使权力。凭证证券是单纯证明某一特定事实的书面凭证，如借用证、书面证明等。凭证证券是认定持证人为某种私权的合法权利者，证明对持证人所履行的义务是有效的文件，如存款单、借据、收据及定期存款存折等就属于这一类。20世纪60年代以后，美国的商业银行为了阻止存款额的下降，以企业的富余资金为对象，发行一种大额可转让定期存单（即CD）来吸收大量资金，这种存款凭据显然已不同于一般的存款单，它实际上可以看做是金融债券的一种，应该归入有价证券。

2. 有价证券

有价证券是指标有票面金额，证明持券人有权按期取得一定收入并可自由转让和买卖的所有权或债权凭证。有价证券是虚拟资本的一种形式。所谓虚拟资本是以有价证券形式存在，并能给持有者带来一定收益的资本。一般情况下，虚拟资本的价格总额总是大于实际资本额，其变化并不反映实际资本额的变化。

有价证券有广义与狭义两种概念。广义的有价证券包括商品证券、货币证券和资本证券。商品证券是证明持券人拥有商品所有权或使用权的凭证。货币证券是指证券本身能使持券人或第三者取得货币索取权的书面凭证。资本证券是指由金融投资或与金融投资有直接联系的活动而产生的证券，持券人对发行人有一定的收入请求权，它包括股票、债券及其衍生品种。狭义的有价证券通常指资本证券，也是人们经常关注的对象，本章将以资本证券为对象进行分析。

二、证券市场概述

证券市场是股票、债券、投资基金等有价证券发行和交易的场所，资本的供求矛盾是社会再生产的重要矛盾，证券市场就是为解决资本的供求矛盾而产生的市场，是经济发展到一定阶段的产物。证券市场实现了投资需求和筹资需求的对接，从而有效地化解了资本的供求矛盾。证券市场是价值、财产权利和风险直接交换的场所。

证券市场是社会化大生产和商品经济发展到一定阶段的产物，证券市场是股份制企业发行证券、筹集资金及证券流通交易的场所。证券市场分为发行市场和流通市场。

发行市场又称为初级市场，它是股份有限公司发行股票、筹集资金、将社会闲散资金转化为生产资金的场所。

流通市场又称为二级市场，是供投资者买卖已发行证券的场所，主要通过证券的流通转让来保证证券的流动性，进而保证投资者资产的流动性。

证券交易所是证券发行和交易的场所。我国建有上海和深圳两个证券交易所，两个交易所都采取会员制，为不盈利的事业法人，它们通过吸纳证券经营机构入会，组成一个自律性的会员制组织。上海证券交易所正式成立于1990年12月19日。深圳证券交易所于1989年11月15日筹建，1990年12月1日开始集中交易，1991年4月11日由中国人民银行总行正式批准成立。目前，上海和深圳证券交易所的开市时间均为前市9:30~11:30，后市13:00~15:00，每周开市五天，周六、周日及固定节假日休市。另外，在遇有股价暴涨暴跌或其他意外事件等特殊情况时，交易所有权停市或变更开市时间。目前，我国证券交易所的交易品种主要有股票、基金、债券、权证。

三、证券交易程序

证券交易程序是在证券交易市场买进和卖出证券的具体步骤。证券市场有场内交易和场外交易之分，其交易程序有所不同。证券市场场内交易是证券交易的核心，其交易程序一般都是通过立法规定的。一般来讲，可分为开户、委托、成交、清算交割、过户五个阶段。

1. 开 户

投资者进行证券投资一般需要开设证券账户和资金账户两种账户。

自然人开立的证券账户为个人账户。开立个人账户时，投资者必须持有本人有效的身份证件（一般为居民身份证）去证券交易所指定的证券登记机构或会员证券经营机构处办理名册登记并开立证券账户。

投资者可以根据自己的需要，选择证券营业部开立"委托买卖证券资金账户"。在证券营业部办理开户后，按编序为投资者建立档案并发给投资者委托买卖证券资金账户卡。投资者存入的资金、证券交易后的资金交收及资金余额等情况全部储存在证券经营机构独立的电脑系统中并反映在资金账户存折上。对开立资金账户的投资者，证券经营机构提供代理、托管、出纳等服务，投资者在资金账户中的存款可随时提取。资金账户中的存款余额由证券经营机构代为转存银行，利息按活期存款利率自动转入资金账户。因资金账户是在证券营业部开设，投资者如需在别的证券营业部交易，则需另外开立资金账户。

2. 委托买卖

委托买卖是指证券经纪商接受投资者委托，代理投资者买卖证券，从中收取佣金的交易行为。投资者发出委托指令的形式有当面委托、电话委托、网上委托等形式。

投资者的委托单包括证券账号、日期、买进或卖出（即交易方向）、品种、数量、价格、时间、签名等基本要素。

证券经营机构在收到投资者委托后，对委托人身份、委托内容、委托卖出的实际证券数量及委托买入的实际资金数额进行审查，经审查符合要求后接受委托，根据委托书载明的证券名称、买卖数量、出价方式、买卖方向等，按照交易规则代理买卖证券。

3. 成 交

交易所计算机主机接受买卖申报后，由中介经纪人操作电脑撮合成交。买卖撮合的原则是"价格优先，时间优先"；成交的原则是，所有的买单均以等于或低于申报买价的价格成交，而所有的卖单均以等于或高于申报卖价的价格成交。

4. 清算交割

清算交割是指在一个交易日结束后，各证券交易所与券商之间、券商与投资者之间都必须要清算出当日所买入卖出的证券数量和买入卖出证券的价款，并办理交割。所以，清算交割实际上包括了证券的清算交割和买卖证券资金的清算交割。交易所以每一个交易日作为一个清算期。

5. 过 户

过户是证券交易的最后一道手续，过户就是将证券从一个所有者名下转移到另一个所有者名下的行为。如当股票买卖时，即表明股权的转让。因此，应在股东名册上变更股东的姓名、地址等相关内容，股票的购买者才可能成为名副其实的上市公司的股东，与其他原有的股东享有同等的股东权益。

第二节 证券投资工具

本章研究的对象是狭义的有价证券，即资本证券，下面我们简要介绍一下股票、债券、投资基金证券和证券衍生工具的有关知识。

一、股票投资基本知识

股票是一种有价证券，是由股份有限公司公开发行的，表示股东按所持有股份享有权利并承担义务的一种书面凭证。

（一）股票的特征

股票具有以下基本特征：

（1）收益性。指投资于股票可能得到的收益。收益又分成两类，第一类来自股份公司，第二类来自股票流通。

（2）风险性。指预期收益的不确定性。

（3）流动性。指股票持有人可按自己的需要和市场的实际变动情况，灵活地转让股票以换取现金。

（4）永久性。投资者购买了股票就不能退股，股票是一种无期限的法律凭证。

（5）参与性。股票持有者是股份公司的股东，可以参与公司的经营决策。基本方式是有权出席股东大会，通过选举公司董事来实现其参与权。

（6）波动性。指股票实际交易价格的经常性变化，也就是说与股票票面价值经常不一致。

（二）股票的类型

按照不同的分类方法，股票可以分为不同的种类：

（1）按股票持有者的身份，可分为国家股、法人股、社会公众股。三者在权利和义务上基本相同。不同点是国家股投资资金来自国家，法人股投资资金来自企事业单位，社会公众股投资资金来自机构和个人。

（2）按股东享有的权利，可分为普通股股票、优先股股票及两者的混合等多种。普通股的收益完全依赖公司盈利的多少，因此风险较大，但享有优先认股、盈余分配、参与经营表决、股票自由转让等权利。优先股享有优先领取股息和优先得到清偿等优先权利，但股息是事先确定好的，不因公司盈利多少而变化，一般没有投票及表决权，而且公司有权在必要的时间收回。

（3）股票按票面的形式，可分为有面额、无面额及有记名、无记名四种。有面额股票在票面上标注出票面价值，一经上市，其面额往往没有多少实际意义；无面额股票仅标明其占资金总额的比例。我国上市的都是有面额股票。记名股将股东姓名记入专门设置的股东名簿，转让时须办理过户手续；无记名股的名字不记入名簿，买卖后无需过户。

（4）按发行范围，可分为 A 股、B 股、H 股和 F 股四种。A 股是由我国境内的公司发行，供境内机构、组织、或个人（不含台、港、澳投资者）以人民币认购和交易的普通股票；B股是供境内和境外投资者在境内以外币买卖的特种普通股票；H 股是我国境内注册的公司在香港发行并在香港联合交易所上市的普通股票；F 股是我国股份公司在海外发行上市流通的普通股票。

（三）股票的价格

1．股票发行价格

股票发行价格是指股份有限公司将股票公开出售给投资者所采用的价格。通常由发行人的收益状况、社会声誉、地位信誉、股市状态、宏观政策等因素决定。在实践中，股票的发行通常按溢价发行。

2．股票交易价格

股票交易价格也称股票市场价格，指的是股票市场上股票实际成交时的价格。按实际成交时间的不同，股票交易价格分为开盘价格、收盘价格、最高价格、最低价格、平均价格等。股票交易价格一般不受其发行价格的制约，也不受公司直接支配，而是取决于股票市场的供求关系。

3．股票价格指数

股票价格指数是用以表示多种股票平均价格水平及其变动并衡量股市行情的指标。股票价格指数是反映股票市场价格变动的总体经济状况的重要指标，也是政府进行宏观经济调控的重要参考指标。股票价格指数一般由一些有影响的金融机构或金融研究组织编制，并且定期及时公布。股票价格指数的编制方法主要有：简单算术平均法、综合平均法、加权综合法和加权几何平均法。目前国内外主要的股票价格指数有：道·琼斯股票价格平均指数、标准普尔股票价格指数、纽约证券交易所股票价格指数、《金融时报》股票价格指数、日经股票价格指数、恒生股票价格指数、上证综合指数和深圳成分股指数等。

（四）目前我国股票市场的层次

目前，股市主要有四个不同层次的市场，分别是主板市场、中小企业板市场、三板市场和创业板市场。

一般而言，各国主要的证券交易所代表着国内主板主场。例如，美国全美证券交易所（AMEX）即为美国主板市场；我国的上海证券交易所和深圳证券交易所为我国的主板市场。2004年5月，深圳证券交易所在主板市场内设立中小企业板，该版块是为了鼓励企业自主创新而专门设置的中小型公司聚集板，它在主板市场原有的法律法规和发行上市标准的框架内运作，但同时又自成一个体系单独进行管理。三板市场的全称是"代办股份转让系统"，于2001年7月16日正式开办，作为我国多层次证券市场体系的一部分，三板市场为退市后的上市公司股份提供继续流通的场所。创业板又称二板市场，即第二股票交易市场，其主要目的是为新兴公司提供集资途径，助其发展和扩展业务，是对主板市场的有效补给，在资本市场中占据着重要的位置。我国于2009年7月开始受理创业板发行申请，同年9月25日正式发行股票，10月30开始交易。

二、债券投资基本知识

（一）债券的含义

1．债券的概念

债券是债券发行人依照法定程序发行的约定在一定期限还本付息的有价证券。债券有四个方面的含义：发行人是借入资金的经济主体；投资者是出借资金的经济主体；发行人需要在一定时期还本付息；反映了发行者和投资者之间的债权债务关系，而且是这一关系的法律凭证。

债券通常包含以下几个经济要素：债券的票面价值、债券的价格、债券的偿还期和债券的利率等。

2. 债券的一般特征

债券作为一种有价证券，一般有以下特征：

（1）收益性。债券投资是一种直接投资，投资者本人直接承担了投资风险，同时也减少了投资过程的中间环节，所以债券投资的收益一般要高于银行存款。

（2）安全性。债券的安全性主要表现在以下两个方面：一是债券利息事先确定，即使是浮动利率债券，一般也有一个预定的最低利率界限，以保证投资者在市场利率波动时免受损失；二是投资的本金在债券到期后可以收回。

（3）流动性。债券的流动性是指债券在偿还期限到来之前，可以在证券市场上自由流通和转让。

3. 债券与股票的区别

（1）发行主体不同。作为筹资手段，无论是国家、地方公共团体还是企业，都可以发行债券，而股票则只能是股份制企业才可以发行。

（2）收益稳定性不同。从收益方面看，债券在购买之前，利率已定，到期就可以获得固定利息，而不管发行债券的公司经营获利与否。股票一般在购买之前不定股息率，股息收入随股份公司的盈利情况的变动而变动。

（3）期限不同。股票是股东投入的股本的证明，为了保证公司经营的稳定性，股本可以由公司永久使用。除非公司停业清理或解散，股票无期限，而债券有期限。债权债务关系随着债券的发行而开始，随着债券本息的偿还而终止。一般债券都在发行时即确定期限，投资者据此确定其投资行为。

（4）经济利益关系不同。债券和股票实质上是两种性质不同的有价证券，两者反映着不同的经济利益关系。债券所表示的只是对公司的一种债权，而股票所表示的则是对公司的所有权。权属关系不同，就决定了债券持有者无权过问公司的经营管理，而股票持有者则有权直接或间接地参与公司的经营管理。

（5）风险程度不同。债券只是一般的投资对象，其交易转让的周转率比股票低，市场价格相对稳定。股票不仅是投资对象，更是金融市场上的主要投资对象，其交易转让的周转率高，市场价格变动幅度大，可以暴涨暴跌，风险大，具有相对高的预期收入。

（6）会计处理不同。公司发行债券被视为负债，其利息支出是公司固定支出，可计入成本，冲减利润。而股票是股份公司为自己筹集的资本，所筹资金被列入资本，股票的股息和红利是公司利润的一部分，只有公司盈利时才能支付。

（二）债券的类型

对债券可以从不同角度进行分类，目前，债券的类型大体有以下几种。

1. 按发行主体分类

（1）政府债券。政府债券的发行主体是政府。中央政府发行的债券也可以称为国债。其主要目的是解决由政府投资的公共设施或重点建设项目的资金需要和弥补国家财政赤字。根据不同的发行目的，政府债券有不同的期限，从几个月至几十年不等。由于政府是国家的代表，因此，政府债券的发行和资金的安排使用是从整个国民经济的范围和角度来进行的。除了政府部门直接发行的债券外，有些国家把政府担保的债券也划归政府债券体系，称为政府保证债券。这种债券是由一些与政府有直接关系的公司或金融机构发行，并由政府提供担保。

（2）金融债券。金融债券的发行主体是银行或非银行金融机构。金融机构一般有雄厚的资金实力，信用度较高，因此，金融债券往往也有良好的信誉。银行和非银行金融机构是社会信用的中介，它们的资金来源主要靠吸收公众存款。其发行债券的目的主要有两个方面：一是筹资用于某种特殊用途，二是改变本身的资产负债结构。对于金融机构来说，吸收存款和发行债券都是它的资金来源，都构成它的负债，但存款的主动性在存款户，金融机构只能通过提供服务来吸引存款，而不能完全控制存款。而发行债券是金融机构的主动负债，金融机构有更大的主动权和灵活性。金融债券的期限以中期较为多见。

（3）公司债券。公司债券是公司依照法定程序发行、约定在一定期限还本付息的有价证券。公司债券的发行主体是股份公司，但有些国家也允许非股份公司的企业发行债券，所以，一般归类时，公司债券和企业发行的债券合在一起，可直接称为公司（企业）债券。公司发行债券的目的主要是为了经营需要。由于公司的情况千差万别，有些经营有方、实力雄厚、信誉高，也有一些经营较差，可能处于倒闭的边缘，因此，公司债券的风险性相对于政府债券和金融债券要大一些。公司债券有长期的，也有短期的，视公司的需要而定。

2. 按计息方式分类

（1）单利债券。它是指在计算利息时，不论期限长短，仅按本金计息，所生利息不再加入本金计算下期利息的债券。

（2）复利债券。这种债券与单利债券相对应，是指计算利息时，按一定期限将所生利息加入本金再计算利息，逐期滚算的债券。

（3）贴现债券。它是指在票面上不规定利率，发行时按某一折扣率，以低于票面金额的价格发行，到期时仍按面额偿还本金的债券。

（4）累进利率债券。它是指以利率逐年累进方法计息的债券。累进利率债券的利率随着时间的推移，后期利率将比前期利率更高，呈累进状态。

3. 按风险程度分类

（1）固定利率债券。它是指发行时规定了收益利息率的债券。在偿还期内，无论市场利率如何变化，债券持有人只能按债券票面载明的利率获取利息。这种债券有可能为债券持有人带来风险。当偿还期内的市场利率上升且超过债券票面利率时，债券持有人就要承担利率相对降低的风险。

（2）浮动利率债券。这是指实际利率可浮动的债券，通常是以某种利率为基准再加上一定的利差来确定实际利率。浮动利率债券可以避开因市场利率波动而产生的风险。

三、证券投资基金的概念与类型

（一）投资基金的概念

证券投资基金是指一种利益共享、风险共担的组合证券投资方式，即通过发行基金单位，集中投资者的资金，由基金托管人保管，由基金管理人管理和运用资金，从事股票、债券等金融工具的投资，并将投资收益按基金投资者的投资比例进行分配的一种间接投资方式。它的创立和运行主要涉及四个方面：投资人、发起人、管理人和托管人。投资人是出资人，也是受益人，它可以是自然人或者法人，大的投资人往往也是发起人。发起人根据政府主管部门批准的基金章程或基金证券发行办法筹集资金而设立投资基金，将基金委托于管理人管理和运营，委托于托管人保管并进行财务核算，发起人与管理人、托管人之间的权利与义务通过信托契约来规定。

（二）投资基金的分类

1. 根据组织形态的不同，可分为契约型基金和公司型基金

（1）契约型基金。该种基金又称为单位信托基金，是指把受益人（投资者）、管理人、托管人三者作为基金的当事人，通过签订基金契约的形式发行受益凭证而设立的一种基金。契约型基金是基于契约原理而组织起来的代理投资行为，通过基金契约来规范三方当事人的行为。基金管理人负责基金的管理操作；基金托管人作为基金资产的名义持有人，负责基金资产的保管和处置，对基金管理人的运作实行监督。

（2）公司型基金。该种基金是按照公司法以公司形态组成的，该基金公司以发行股份的方式募集资金，一般投资者通过认购基金而购买该公司的股份，也就成为该公司的股东，凭其持有的股份依法享有投资收益。公司型基金的特点是：

① 基金公司的设立程序类似于一般股份公司，基金公司本身依法注册为法人。但不同于一般股份公司的是，它是委托专业的财务顾问或基金管理公司来经营与管理。

② 基金公司的组织结构与一般股份公司类似，设有董事会和持有人大会，基金资产由公司所有，投资者则是这家公司的股东，承担风险并通过持有人大会行使权力。

（3）契约型基金与公司型基金的区别。

① 资金的性质不同。契约型基金的资金是信托财产，公司型基金的资金为公司法人的资本。

② 投资者的地位不同。契约型基金的投资者购买受益凭证后成为基金契约的当事人之一，即受益人；公司型基金的投资者购买基金公司的基金后成为该公司的股东，以股息或红利形式取得收益。因此，契约型基金的投资者没有管理基金资产的权利，而公司型基金的股东通过股东大会和董事会享有管理基金公司的权利。

③ 基金的运营依据不同。契约型基金依据基金契约运营基金，公司型基金依据基金公司章程运营基金。

2. 根据变现方式的不同，可分为封闭式基金和开放式基金

（1）封闭式基金。封闭式基金是指基金的发起人在设立基金时，限定了基金单位的发行

总额和存续期，筹集到这个总额后，基金即宣告成立，并进行封闭运作，在一定时期内不再接受新的投资。基金单位的流通采取在交易所上市的办法，投资者以后要买卖基金单位都必须经过证券经纪商，在二级市场上进行竞价交易。

（2）开放式基金。开放式基金是指基金发起人在设立基金时，基金单位的总数是不固定的，可视投资者的需要追加发行。投资者也可根据市场状况和各自的投资决策，或者要求发行机构按现期净值扣除手续费后赎回股份或受益凭证，或者再买入股份或受益凭证，增持基金单位份额。

（3）封闭式基金与开放式基金的区别。

① 期限不同。封闭式基金通常有固定的封闭期，而开放式基金没有固定期限，投资者可随时向基金管理人赎回基金单位。

② 发行规模限制不同。封闭式基金在招募说明书中列明其基金规模，开放式基金没有发行规模限制。

③ 基金单位交易方式不同。封闭式基金的基金单位在封闭期限内不能赎回，持有人只能寻求在证券交易场所出售给第三者。开放式基金的投资者则可以在首次发行结束一段时间后，随时向基金管理人或中介机构提出购买或赎回申请。

④ 基金单位的交易价格计算标准不同。封闭式基金的买卖价格受市场供求关系的影响，并不必然反映公司资产净值。开放式基金的交易价格则取决于基金的每单位资产净值的大小，其卖出价即申购价，一般是基金单位资产净值加一定的购买费；买入价即赎回价，是基金单位资产净值减去一定的赎回费，基本不受市场供求影响。

⑤ 投资策略不同。封闭式基金的基金单位数不变，资本不会减少，因此基金可进行长期投资，基金资产的投资组合能有效地在预定计划内进行。开放式基金因基金单位可随时赎回，为应付投资者随时赎回兑现，基金资产不能全部用来投资，更不能把全部资本用来进行长线投资，必须保持基金资产的流动性，在投资组合上需保留一部分现金和高流动性的金融商品。

3. 根据投资基金投资对象的不同，可分为货币基金、债券基金、股票基金、指数基金等

（1）货币基金。货币基金是以全球的货币市场为投资对象的一种基金。通常投资于银行短期存款、大额可转让存单、政府公债、公司债券、商业票据等。由于货币市场一般是供大额投资者参与，所以货币基金的出现为小额投资者进入货币市场提供了机会。货币基金具有投资成本低、流动性强、风险小等特点。

（2）债券基金。债券基金是将基金资产投资于债券，通过对债券进行组合投资，寻求较为稳定的收益。由于债券收益稳定，风险也较小，因而债券基金的风险性较低，适于不愿过多冒险的稳健型投资者。但债券基金的价格也受到市场利率、汇率、债券本身等因素影响，其波动程度比股票基金低。

（3）股票基金。股票基金是指以股票为投资对象的投资基金，这是所有基金品种中最广泛流行的一种。与投资者直接投资于股票市场相比，股票基金具有流动性强、分散风险等特点。

（4）指数基金。指数基金是指按照某种指数构成的标准，购买该指数包含的证券市场

中的全部或部分证券的基金，其目的在于达到与该指数相同的收益水平。指数基金具有成本和销售费用较低、有利于防范和分散风险、监控比较简单等特点。

四、证券衍生工具

1. 金融期货

期货交易是指买卖双方约定在将来某个日期以成交时所约定的价格交割一定数量的某种商品的交易方式。金融期货是期货的一种，它是指以各种金融商品如外汇、债券、股价指数等作为标的物的期货交易方式。金融期货是以金融期货合约为对象的交易，金融期货合约是指由交易双方订立的、约定在未来日期以成交时所约定的价格交割一定数量的某种金融商品的标准化契约。

2. 金融期权

期权又称选择权，是指其持有者能在规定的期限内按交易双方商定的价格购买或出售一定数量的某种特定商品的权利。期权交易就是对这种选择权的买卖。金融期权是指以金融商品或金融期货合约为标的物的期权交易形式。金融期权的种类包括股票期权、股票指数期权、利率期权、货币期权、金融期货合约期权等。

金融期权的基本类型包括看涨期权和看跌期权。看涨期权又称买入期权，指期权的买方具有在约定期限内按协定价格买入一定数量金融资产的权利。看跌期权又称卖出期权，指期权的买方具有在约定期限内按协定价格卖出一定数量金融资产的权利。

3. 可转换证券

可转换证券是指其持有者可以在一定时期内按一定比例或价格将之转换成一定数量的另一种证券的证券。可转换证券主要分为两类：一类是可转换债券，即可将信用债券转换成本公司的普通股票；另一类是可转换优先股票，即可将优先股票转换成本公司的普通股票。

公司发行可转换证券的主要原因是为了增强证券对投资者的吸引力，使公司能以较低的成本迅速地筹集所需要的资金。

4. 权　证

权证是由特定发行人发行的，约定持有人在规定期间内或特定到期日，有权按约定价格向发行人购买或出售标的证券，或以现金结算等方式收取结算差价的有价证券。

按照权利行使期限，权证分为美式权证、欧式权证和百慕大式权证三种。美式权证的持有人在权证到期日前的任何交易时间均可行使其权利；欧式权证持有人只可以在权证到期日当日行使其权利；百慕大式权证综合了美式权证和欧式权证的特点，行权日期是在权证到期日之前的最后几个交易日。

按照权利的行使方向，权证分为认购权证和认沽权证两种。认购权证指持有人有权利在某段期间内以预先约定的价格向发行人购买特定数量的标的证券，其实质是一个看涨期权；认沽权证指持有人有权利在某段期间内以预先约定的价格向发行人出售特定数量的标的证券，其实质是一个看跌期权。

按照发行人的不同，权证分为公司权证和备兑权证两种。公司权证是由标的证券发行人发行的权证，如标的股票发行人（上市公司）发行的权证；备兑权证是由标的证券如股票发行人以外的第三人（上市公司股东或者证券公司等金融机构）发行的权证。

权证价值由两部分组成，一是内在价值，即标的股票与行权价格的差价；二是时间价值，代表持有者对未来股价波动带来的期望与机会。在其他条件相同的情况下，权证的存续期越长，权证的价格越高；美式权证由于在存续期可以随时行权，比欧式权证的相对价格要高。

实际交易中，权证价格要受到正股市价、正股价波幅、权证期限及其执行价格、市场利率和预期利息等多方面因素的影响。

目前，我国证券市场中交易的权证主要是公司权证，是由上市公司发行的认购权证，也称认股权证。股份有限公司发行认股权证时，要从多方面对认股权证进行约定，约定的基本内容包括数量、价格、期限等。从理论上讲，内在价值是认股权证的最低价值。

第三节　证券投资的基本分析

基本分析通常是指应用供求规律，通过对影响证券市场波动的各种因素进行分析，从而判断和预测投资市场的未来发展趋势，选择真正具有发展潜力的证券作为投资对象，以获取投资收益。本节主要介绍股票市场的基本分析方法。影响股票市场价格的基本因素很多，这里主要从宏观分析、中观分析（行业分析和区域分析）和微观分析（公司分析）三个层次进行探讨。

一、股票投资的宏观分析

（一）政治因素分析

对股市产生影响的政治因素包括战争的影响、国际重大政治活动、国家政权的变动、主要国家领导人的言论、国家重大社会经济发展战略的选择和重大政治经济政策与法律的出台实施等。比如，当出现政局突变和战争爆发，会引起股票价格巨大波动；外交关系的改善会使有关跨国公司的股价上升；当遇到国家经济政策和管理措施调整时，会影响到股份有限公司的外部经济环境、经营方向、经营成本、盈利以及分配等方面，从而直接影响到股市价格。

（二）宏观经济因素分析

1. 经济增长与经济周期对股市的影响

在总需求与总供给基本一致、经济结构合理以及经济持续增长等环境下，上市公司会有业绩提升、利润增加，从而使公司的股票或债券升值，促使人们普遍看好上市公司。于是证券投资的供求也发生变化，需求大于供给，促使证券价格上升。此时，由于国民收入的提高，进一步刺激证券投资，继而推动证券价格的上升。

股票市场作为"经济的晴雨表",会提前反映经济周期。经济周期包括衰退、危机、复苏和繁荣四个阶段。一般说来,在经济衰退时期,股票价格会逐渐下跌;到危机时期,股价跌至最低点;经济复苏开始时,股价逐步上升;到繁荣时,股价则上涨至最高点。这种变动的具体原因是,当经济开始衰退时,企业的产品滞销,利润相应减少,促使企业减少产量,从而导致股息、红利也随之不断减少,持股的股东因股票收益不佳而纷纷抛售,使股票价格下跌。当经济衰退已经达到经济危机时,整个经济生活处于非常低迷的状态,大量的企业倒闭,股票持有者由于对形势持悲观态度而纷纷卖出手中的股票,从而使整个股市价格趋跌,市场处于萧条和混乱之中。经济周期经过最低谷之后又出现缓慢复苏的势头,企业又能开始给股东分发一些股息红利,股东慢慢觉得持股有利可图,于是纷纷购买,使股价缓缓回升;当经济由复苏达到繁荣阶段时,企业的商品生产能力与产量大增,商品销售状况良好,企业开始大量盈利,股息、红利相应增多,股票价格上涨至最高点。应当看到,经济周期影响股价变动,但两者的变动周期又不是完全同步的。通常的情况是,不管在经济周期的哪一阶段,股价变动总是比实际的经济周期变动要领先一步。即在衰退以前,股价已开始下跌,而在复苏之前,股价已经回升;经济周期步入高峰阶段时,股价已经见顶;经济仍处于衰退期间,股市已开始从谷底回升。这是因为股市股价的涨跌包含着投资者对经济走势变动的预期和投资者的心理反应等因素。

不同的行业受经济周期影响的程度有所差异,有些行业(如钢铁、能源、耐用消费品等)受经济周期的影响较为明显,而有些行业(公用事业、生活必需品等)受经济周期影响较小。

2. 通货膨胀与通货紧缩对证券市场的影响

(1)通货膨胀的影响。通货膨胀是指因货币供应超过了流通中对货币的客观需要量而带来的物价上涨的现象,其实质是货币的贬值。通货膨胀对股票市场的影响比较复杂,既有刺激股票市场的作用,又有压抑股票市场的作用。适度的通货膨胀对股票市场有利,股市大势与通货膨胀在一定情况下呈现正向的关系。早期的通货膨胀还处于经济较为繁荣时期,物价虽有上涨,但仍处于市场可以接受的范围,这种涨幅还不至于影响市场的各种交易。在这个阶段,企业订单不断,购销两旺,就业状况也令人满意,收入呈上涨趋势,所以证券市场的交易势头十分旺盛,各种证券的价格能够上扬。当通货膨胀进入中期以后,随着供需比例的严重失调,企业效益的减少和收入的降低,处于头部的证券价格立即呈下跌形态,有些证券甚至下跌破位,投资者再也没有信心去涉足证券市场,而逐步将资金撤离。经过急剧下挫,证券市场交易清淡,其价格也一蹶不振,这是因为通货膨胀已经处于晚期,市场的经济恢复仍需要通过一个较长时期的休整,投资者对前景不持乐观态度,证券价格因此也十分低迷。

(2)通货紧缩的影响。通货紧缩是物价水平普遍持续下降的经济现象,物价水平下跌提高了货币购买力,但商品销售减少,企业收入减少,投资也减少。通货紧缩初期,由于货币购买力提高,消费投资会有所增加,但证券市场的兴旺是短暂的,随就业机会的减少,公众预期收入减少,消费者投资低迷促使证券市场低迷。

3. 货币供给量对证券市场的影响

如果中央银行采取降低准备比率与再贴现率和公开市场买进的政策,则能够增加商业银行的储备头寸,使企业顺利地获得银行的贷款,数额也增加。能得到银行贷款支持的那些企业或行业，经济效益就显著提高，促使证券价格上扬。反之，中央银行的银根紧缩政策会促使银行减少贷款，从而会影响上市公司的经营，导致效益下降，证券价格下跌。

4. 财政政策对股市的影响

当政府通过支出刺激或压缩经济时，将增加或减少公司的利润和股息，当税率上升（下降）时，将降低（提高）企业的税后利润和股息水平，同时，财政政策还会影响居民收入。这些影响综合作用在证券市场上，最终反映在股价上。

5. 利率水平对股市的影响

利率的变动与证券的价格呈反方向波动。当利率上升时，不仅会增加公司的借款成本，而且还会使公司难以获得必需的资金，这样，就会影响公司发展，从而降低公司的未来利润。因此，股票价格就会下降。利率上升时，投资者据以评估股票价值的折现率也会上升，股票价值因此会下降，从而，也会使股票价格相应下降。利率上升还会使一部分资金从股市转向银行储蓄和购买债券，从而会减少股票市场上的需求，也会使股票价格出现下跌。反之，当利率下降时，股票价格可能会上涨。

6. 汇率水平对股市的影响

汇率水平除对进出口公司产生较大影响外，对整个证券市场也有影响。本币贬值，资本从本国流出，从而使本国股票市场价格下跌。

二、行业分析和区域分析

公司的成长受制于其所属行业的兴衰，公司所属行业的性质对股价影响极大，因此，必须对公司所属的行业进行分析。行业分析就是通过对各行业的市场类型、行业生命周期、政府干预等特征的分析和预测，选择风险小、有发展前景的行业作为投资对象。

（一）行业分析

1. 行业的市场类型

行业的经济结构随该行业中企业的数量、产品的性质、价格的制定和其他一些因素的变化而变化。由于经济结构的不同，行业基本上可分为四种市场类型：完全竞争、垄断竞争、寡头垄断和完全垄断。完全竞争是指许多企业生产同质产品的市场情形；垄断竞争是指许多生产者生产同种但不同质产品的市场情形；寡头垄断是指相对少量的生产者在某种产品的生产中占据很大市场份额的情形；完全垄断是指独家企业生产某种特质产品的情形，特质产品是指那些没有或缺少相近的替代品的产品。行业处在不同的市场类型，其发展前景及所面临的收益和风险都不同。从完全竞争到完全垄断，行业的竞争程度、该行业企业倒闭的可能性、产品价格及企业利润受供求关系的影响都依次减弱，其证券投资风险也依次减弱。

2. 行业的周期性

（1）行业与经济周期。行业的发展与国民经济总体的周期变动有一定的联系，根据与国民经济总体的周期变动关系的密切程度，可以将行业分为增长型行业、周期型行业、防御型行业三类。增长型行业的运动状态与经济活动总水平的周期及其振幅无关，经常呈现出增长形态。周期型行业的运动状态直接与经济周期相关，当经济处于上升时期，这些行业会紧随其扩张；当经济衰退时，这些行业也相应跌落。防御型行业产品需求相对稳定，并不受经济周期处于衰退阶段的影响。

（2）行业的生命周期分析。通常，每个产业都要经历一个由成长到衰退的发展演变过程。这个过程便称为产业的生命周期。一般地，行业的生命周期可分为四个阶段，即初创期、成长期、成熟期和衰退期。在初创期，由于产品未被市场接受，市场前景难测，因此，企业面临很大的投资风险；随着由初创期向成长期发展，行业生产技术提高、生成成本不断降低、产品市场需求也不断增加，这时，行业成长较快，利润迅速增加；当行业由成长期进入成熟期，行业的增长速度降到一个更加适度的水平，在这一阶段，投资者希望收回资金；当行业出现较长的稳定期后，可能慢慢走向衰退期，这时市场逐渐萎缩，利润率停滞或不断下降，整个产业呈现萧条景象，企业数目逐渐减少。

行业的实际生命周期受技术进步、政府政策及社会习惯的改变等许多因素的影响。在实际投资决策过程中，由于投资资金的来源不同，可使用时间长短及投资人愿意冒的风险大小不同，所以要仔细研究欲投资公司所处的行业生命周期及行业特征，以做出合乎自己情况的选择。在众多行业中进行选择时，通常可以用两种方法来衡量：一是将行业的增长情况与国民经济的增长进行比较，从中发现增长速度快于国民经济的行业；二是利用行业历年的销售额、盈利额等历史资料分析过去的增长情况，并预测行业的未来发展趋势。

（3）政府的干预和影响。政府的管理措施可以影响到行业的经营范围、增长速度、价格政策、利润率和其他许多方面。政府实施对行业的管理可分为促进干预和限制干预，政府对行业的促进作用可通过补贴、税收优惠、保护某一行业的附加法规等措施来实现，这些措施有利于降低该行业的成本，并刺激和扩大其投资规模；反之，限制干预则会加重该行业的负担。

投资者只有通过对某一行业的全面考察，才能正确判断该行业的增长能力和该行业所属企业股票的真实价值，并与该企业股票的市场价格相比较，从而做出投资决策。

（二）股票投资的区域分析

区域是指地理范畴上的经济增长极或经济增长点及其辐射范围。经济区域是资本、技术和其他经济要素高度积聚的地区。通常所说的美国的硅谷高新技术产业区等就是经济区域的例子。经济区域兴起与发展将极大地带动其周边地区的经济增长。上市公司的投资价值与区域经济的发展密切相关，处在经济区域内的上市公司，一般具有较高的投资价值。因为对上市公司进行区域分析，就是将上市公司的投资价值与区域经济的发展联系起来，通过分析上市公司所在区域的自然条件、资源状况、产业政策、政府扶持力度等方面来考察上市公司发展的优势和后劲，确定上市公司未来发展的前景，以鉴别上市公司的投资价值。具体来讲，可以通过以下几个方面进行上市公司的区域分析。

1. 区域内的自然和基础条件

自然和基础条件包括矿产资源、水资源、能源、交通、通信设施等，它们在区域经济发展中起着重要作用，也对区域内的上市公司的发展起着重要的限制和促进作用。分析区域内的自然条件和基础条件，有利于分析本区域内上市公司的发展前景。如果上市公司所从事的行业与当地的自然和基础条件不符，公司的发展就可能受到很大的制约。

2. 区域内政府的产业政策和其他相关的经济支持

为了进一步促进区域经济的发展，当地政府一般都相应地制定了经济发展的战略规划，提出相应的产业政策，确定了区域优先发展和扶持的产业，并给予相应的财政、信贷及税收等诸多方面的优惠措施。这些措施有利于引导和推动相应产业的发展，相关产业内的公司将因此受益。如果区域内的上市公司的主营业务符合当地政府的产业政策，一般会获得诸多政策支持，对上市公司本身的进一步发展有利。

3. 区域内的比较优势和特色

所谓特色，是区域间比较的结果，指本区域经济与区域外经济的联系和互补性、龙头作用及其发展活力与潜力的比较优势。它包括区域的经济发展环境、条件与水平、经济发展现状等方面有别于其他区域的特色。特色在某种意义上意味着优势，利用自身的优势发展本区域的经济，无疑在经济发展中找到了很好的切入点。

三、上市公司分析

（一）公司财务分析

公司财务分析又称财务报表分析，是通过对上市公司财务报表的有关数据进行汇总、计算、对比，综合地分析和评价公司的财务状况和经营成果。对于股市的投资者来说，报表分析属于基本分析范畴，它是对企业历史资料的动态分析，是在研究过去的基础上预测未来，以便做出正确的投资决定。

财务报表分析的功能有三点：一是通过分析资产负债表，可以了解公司的财务状况，对公司的偿债能力、资本结构是否合理、流动资金充足性等做出判断；二是通过分析损益表，可以了解分析公司的盈利能力、盈利状况、经营效率，对公司在行业中的竞争地位、持续发展能力做出判断；三是通过分析现金流量表，判断公司的支付能力和偿债能力，以及公司对外部资金的需求情况，了解公司当前的财务状况，并据此预测企业未来的发展前景。

财务报表分析的方法主要有单个年度的财务比率分析、不同时期比较分析、与同行业其他公司之间的比较分析三种。财务比率分析是指对本公司一个财务年度内的财务报表各项目之间进行比较，计算比率，判断年度内偿债能力、资本结构、经营效率、盈利能力等情况。对本公司不同时期的财务报表进行比较分析，可以了解公司持续经营能力、财务状况变动趋势、盈利能力，从一个较长的时期动态地分析公司状况。与同行业其他公司进行比较分析，可以了解公司各种指标的优劣，在群体中判断个体。使用本方法时常选用行业平均水平或行业标准水平，通过比较得出公司在行业中的地位以及优势与不足，正确确定公司的价值。

财务比率分析法是财务分析法中应用较为广泛的一种分析方法。常用于反映企业营业财务状况和经营业绩的比率可以归纳为四类：获利能力比率、偿债能力比率、经营效率比率和成长能力。

1. 获利能力分析

（1）每股盈利。通过分析公司的每股盈利，投资者不但可以了解公司的获利能力，而且通过每股盈利的大小来预计每股股息的增长率，并据以决定每一普通股的内在价值。其计算公式为

$$每股盈利 =（税后利润 - 优先股股利）/普通股发行数 \qquad (10.1)$$

（2）市盈率。市盈率又称盈利比，指投资者获得单位盈余所付出的成本。投资者可据此预期公司未来盈利的增长状况。其计算公式为

$$市盈率 = 股票市价/每股盈利 \qquad (10.2)$$

（3）普通股权益收益率。该比率反映普通股股东的投资回报率，它是投资者在比较各种投资机会时的一个重要参数。其计算公式为

$$普通股权益收益率 =（税后净利润 - 优先股股利）/平均普通股权益 \qquad (10.3)$$

（4）资产报酬率。这一比率用来衡量公司运用其所有资产总额的经营成效，能够显示公司的经营业绩。该比率越高，表示公司运用经济资源的获利能力越强。其计算公式为

$$资产报酬率 =（税后盈利 + 利息支出）/平均资产总额 \qquad (10.4)$$

（5）销售利润率。这一指标表示公司获利能力的强弱。其计算公式为

$$销售利润率 = 税后利润/销售收入 \qquad (10.5)$$

2. 偿债能力分析

一个企业如果没有足够的偿债能力，那么即使获利能力再高，也是很危险的。偿债能力分析包括短期偿债能力分析和长期偿债能力分析。

（1）流动比率。流动比率是衡量企业短期偿债能力的最常用的一种比率，其计算公式为

$$流动比率 = 流动资产/流动负债 \qquad (10.6)$$

企业能否偿还短期债务，要看有多少债务，以及有多少可变现偿债的资产。流动资产越多，短期债务越少，则偿债能力越强。一般认为，企业合理的最低流动比率是 2，这是因为处在流动资产中变现能力最差的存货金额，约占流动资产总额的一半，剩下的流动性较大的流动资产至少要等于流动负债，企业的短期偿债能力才会有保证。人们长期以来的这种认识，还不能成为一个统一标准，也未能从理论上得到证明。计算出来的流动比率，只有和同行业平均流动比率、本企业历史的流动比率进行比较，才能知道这个比率是高还是低。一般情况下，营业周期、流动资产中的应收账款数额和存货的周转速度是影响流动比率的主要因素。

（2）速动比率。由于流动资产中各项目的变现能力有所不同，故衡量企业短期偿债能力时，还应对流动资产的构成内容加以分析。速动比率就是其中一个指标，其计算公式为

$$速动比率 = 速动资产/流动负债 =（流动资产 - 存货）/流动负债 \qquad (10.7)$$

通常认为正常的速动比率为 1，低于 1 的速动比率被认为是短期偿债能力偏低。这仅是一般的看法，因为行业不同速动比率会有很大差别，没有统一标准的速动比率。例如，采用大量现金销售的商店，几乎没有应收账款，大大低于 1 的速动比率是很正常的；相反，一些应收账款较多的企业，速动比率可能要大于 1。影响速动比率可信度的重要因素是应收账款

的变现能力。账面上的应收账款不一定都能变成现金，实际坏账可能比计提的准备金要多；季节性的变化，可能使报表的应收账款数额不能反映平均水平。

（3）资产负债比率与股东权益比率。公司资产总额等于负债总额加上股东权益总额。这两个指标反映在总资产中有多大比例是通过借债来筹资的，也可以衡量企业在清算时保护债权人利益的程度。其计算公式如下

$$资产负债比率 = 负债总额/资产总额 \qquad (10.8)$$

$$股东权益比率 = 股东权益总额/资产总额 \qquad (10.9)$$

当权益比率过低时，债权人所受的保障降低；但是，如果权益比率过高，也会减少财务杠杆作用的发挥，对股东较为不利。因此，衡量这两个比率时，不可极端化。此外，还要注意行业特性。例如金融业权益比率比一般其他行业低。

3. 经营效率分析

（1）总资产周转率。该比率指标反映的是资产总额的周转速度。周转率越大，说明总资产周转越快，反映销售能力越强。其计算公式为

$$总资产周转率 = 销售收入/平均资产总额 \qquad (10.10)$$

式中　平均资产总额——年初资产总额和年末资产总额的平均数。

（2）存货周转率。该比率是衡量和评价企业购入存货、投入生产、销售收回等各环节管理状况的综合性指标。其计算公式为

$$存货周转率 = 销货成本/平均存货 \qquad (10.11)$$

（3）应收账款周转率。应收账款和存货一样，在流动资产中有着举足轻重的地位。及时收回应收账款，不仅增强了企业的短期偿债能力，也反映出企业管理应收账款方面的效率。反映应收账款周转速度的指标是应收账款周转率，也就是年度内应收账款转为现金的平均次数，它说明应收账款流动的速度。用时间表示的周转速度是应收账款周转天数，也称为应收账款回收期或平均收现期，它表示企业从取得应收账款的权利到收回款项并转换为现金所需要的时间。其计算公式为

$$应收账款周转率 = 销售收入/平均应收账款 \qquad (10.12)$$

4. 成长能力分析

成长能力主要考察企业各项指标的增长状况，考察企业的发展前景，可以通过以下一些指标进行分析。

$$股东权益增长率 = （本期股东权益 - 基期股东权益）/基期股东权益 \qquad (10.13)$$

$$每股净值增长率 = （本期每股净值 - 基期每股净值）/基期每股净值 \qquad (10.14)$$

$$销售收入增长率 = （本期销售收入 - 基期销售收入）/基期销售收入 \qquad (10.15)$$

$$税后利润增长率 = （本期税后利润 - 基期税后利润）/基期税后利润 \qquad (10.16)$$

（二）公司竞争能力分析

上市公司在市场中竞争地位会对公司经营业绩及发展前景产生影响，从而影响其股票的

价格。通过对公司的竞争环境、产品竞争能力、市场销售状况以及公司管理等方面进行分析，可以判断其在行业中的竞争地位。

1. 公司的竞争环境分析

公司的竞争环境可以从以下几个方面进行分析：

（1）同类型公司数量、生产规模及地区分布情况。

（2）同类型公司的销售途径、销售机构分布、信用情况、销售制度等销售各要素情况。

（3）同类型公司的竞争优势。包括资金筹措能力、技术研发能力和资本实力等。

2. 产品的竞争能力分析

产品的竞争能力主要体现在成本和质量两个方面。

（1）成本优势。成本优势是指公司的产品依靠低成本获得高于同行业其他企业的盈利能力。在很多行业中，成本优势是决定竞争优势的关键因素。企业一般通过规模经济、专有技术、优惠的原材料和低廉的劳动力实现成本优势。由资本的集中程度而决定的规模效益是决定公司生产成本的基本因素。当企业达到一定的资本投入或生产能力时，根据规模经济的理论，企业的生产成本和管理费用将会得到有效降低。取得了成本优势，企业在激烈的竞争中便会处于优势地位，意味着企业在竞争对手失去利润时仍有利可图，亏本的危险较小；同时，低成本的优势，也使其他想利用价格竞争的企业有所顾忌，成为价格竞争的抑制力。

（2）质量优势。质量优势是指公司的产品以高于其他公司同类产品的质量赢得市场，从而取得竞争优势。消费者在进行购买选择时，虽然有很多因素会影响他们的购买倾向，但是产品的质量始终是影响他们购买倾向的一个重要因素。具有产品质量优势的上市公司往往在该行业占据领先地位。

3. 市场销售状况分析

市场销售状况可以通过产品市场占用率、销售额及销售额的增长性和稳定性等方面来考察。分析公司的产品市场占有率，在衡量公司产品竞争力上占有重要地位，通常从两个方面进行考察：其一，公司产品销售市场的地域分布情况；其二，公司产品在同类产品市场上的占有率。市场占有率是对公司的实力和经营能力的较精确的估计。市场占有率越高，表示公司的经营能力和竞争力越强，公司的销售和利润水平越好、越稳定。

4. 公司管理水平分析

公司管理水平可以通过公司管理人员的素质和能力、公司的管理风格及经营理念等方面体现出来。

管理人员的素质是决定企业能否取得成功的一个重要因素。公司管理风格及经营理念分析是公司管理水平分析的重要方面。管理风格是企业在管理过程中所一贯坚持的原则、目标和方式等方面的总称。经营理念是企业发展一贯坚持的一种核心思想，是公司员工坚守的基本信条，也是企业制定战略目标及实施战术的前提条件和基本依据。经营理念往往是管理风格形成的前提。一般而言，公司的管理风格及经营理念有稳健型和创新型两种。稳健型公司的特点是在管理风格和经营理念上以稳健原则为核心，一般不会轻易改变业已形成的管理和经营模式。奉行稳健型原则的公司的发展一般较为平稳，大起大落的情况较少，但是由于不太愿意从事风险较高的经营活动，公司较难获得超额利润，跳跃式增长的可能性较小，而且有时由于过于稳健，会丧失大发展的良机。创新型的管理风格是该类公司获得持续竞争力的关键。管理创新是指管理人员借助于系统的观点，利用新思维、新技术、新方法，创造一种新的更有效的资源整合方式，以促进企业管理系统综合效益的不断提高，达到以尽可能少的投入获得尽可能多的综合产出效益为目的的具有动态反馈机制的全过程管理。创新型企业依靠自己的开拓创造，有可能在行业中率先崛起，获得超常规的发展；但创新并不意味着企业的发展一定能够获得成功，有时实行的一些冒进式的发展战略也有可能迅速导致企业的失败。分析公司的管理风格可以预测公司是否具有可持续发展的能力，而分析公司的经营理念则可据以判断公司管理层制定何种公司发展战略。

第四节　证券投资的技术分析

技术分析，是指直接对证券市场的市场行为进行的分析，主要是通过图表或技术指标的记录，研究市场过去及现在的行为反应，探索出一些典型的规律并据以推测未来价格的变动趋势。技术分析强调价格的波动是由供求关系决定的，而不考虑影响供求的基本面因素。技术分析的内容十分丰富，这里我们主要介绍几种常用的分析理论和分析方法。

一、技术分析的理论基础

技术分析的理论基础是基于以下三项假设：

1. 市场行为涵盖一切信息

该假设是进行技术分析的基础。其主要思想是认为影响股票价格的每一个因素（包括内在的和外在的）都反映在市场行为中，不必过多地关心影响股票价格的具体因素是什么。这条假设是有一定合理性的。任何一个因素对证券市场的影响最终都必然体现在股票价格的变动上。外在的、内在的、基础的、政策的和心理的因素，以及其他影响股票价格的所有因素，都已经在市场的行为中得到了反映。作为技术分析人员，只关心这些因素对市场行为的影响效果，而不必关心具体导致这些变化的原因究竟是什么。

2. 价格以趋势方式演变

趋势分析是技术分析最根本、最核心的要求。研究图表的意义就是要在一个趋势发生发展的早期及时准确地加以揭示，从而达到趋势操作的目的。对于一个既成的趋势来讲是有惯性的，只要没有巨大的突发性的因素来干扰它，下一步常常是沿着现有的趋势继续演变，掉头反向的可能性极小。

如果否认了该条假设，认为即使没有外部因素影响，股票价格也可以改变原来的运动方向，技术分析就没有了立足之本。股价的变动是遵循一定规律的，运用技术分析这个工具找到这些规律，才能对今后的股票买卖活动进行有效的指导。

3. 历史往往会重演

图表上的轨迹及技术指标会出现循环，这种循环跟过去某一阶段曾经发生的轨迹是一样的或相近似的。在证券市场上，投资者是以追求利润为目的的。在相同或相似的市场条件下，投资者也会产生相同或相似的投资心理，从而做出相同或相似的投资决策，就仿佛历史会重演。正是基于这一假设，才能通过研究过去预测未来。

二、技术分析的要素

证券市场中，价格、成交量、时间和空间是技术分析的要素。这几个要素的具体情况和相互关系是进行正确分析的基础。

价和量是市场行为最基本的表现。过去和现在的成交价、成交量涵盖了过去和现在的市场行为。技术分析就是利用过去和现在的成交量、成交价资料，以图形分析和指标分析工具来分析、预测未来的市场走势。价、量是技术分析的基本要素，一切技术分析方法都是以价、量关系为研究对象的。成交量与价格趋势的关系可总结如下：

（1）价增量增，股价随着成交量的递增而上涨，显示股价将继续上升。

（2）有时股价随着缓慢递增的成交量而逐渐上涨，渐渐地走势突然成为垂直上升的喷发行情，成交量急剧增加，股价暴涨。紧随着此波走势，继之而来的是成交量大幅度萎缩，同时股价急速下跌。这种现象表示涨势已到末期，上升乏力，走势力竭，显示出趋势反转的现象。反转所具有的意义将视前一波股价上涨幅度的大小及成交量扩增的程度而定。

（3）股价随着成交量的递减而回升，股价上涨，成交量却逐渐萎缩，成交量是股价上涨的原动力，原动力不足显示股价趋势潜在反转的信号。

（4）股价下跌，向下跌破股价形态趋势线或移动平均线，同时出现大的成交量，是股价下跌的信号，强调趋势反转形成空头市场。

（5）在一个波段的长期下跌，形成谷底后股价回升，成交量并没有因股价上涨而递增，股价上涨欲振乏力，然后再度跌落到先前谷底附近，或高于谷底。当第二谷底的成交量低于第一谷底时，是股价上涨的信号。

成交量可作为价格形态的确认。在形态中，如果没有成交量的确认，价格形态将是虚的，其可靠性也就差一些。同时，成交量是股价的先行指标。关于价和量的趋势，一般说来，量是价的先行者。当量增时，价迟早会跟上来；当价升而量不增时，价迟早会跌。

时间在进行行情判断时有很重要的作用。一个已经形成的趋势在短时间内不会发生根本变化，中途出现的反方向波动，对原来趋势不会产生大的影响。一个形成了的趋势也不可能永远不变，经过了一定时间又会有新的趋势出现。循环周期理论着重关心的就是时间因素，它强调了时间的重要性。

空间在某种意义上讲，可以认为是价格的一方面，指的是价格波动能够达到的极限。

三、技术分析方法

在价和量的历史资料基础上进行统计、数学计算、绘制图表方法是技术分析方法的主要手段。从这个意义上讲，技术分析方法可以有多种。技术分析主要分为五类：K线派、指标派、波浪派、切线派和形态派。

（一）K 线派

K 线派的研究手法是侧重若干天 K 线的组合情况，推测股票市场多空双方力量的对比，进而判断股票市场多空双方谁占优势。K 线图是进行各种技术分析的最重要的图形。

K 线是一条柱状的线条，由影线和实体组成。影线在实体上方的部分叫上影线，下方的部分叫下影线。实体分阴线和阳线两种，又称红（阳）线和黑（阴）线。K 线体现了四个价格，即开盘价、最高价、最低价和收盘价。其画法如图 10.1 所示。

图 10.1　K 线图

1. 阳线的判断

阳线的判断见表 10.1。

表 10.1　阳　线　的　判　断

图　形								
名　称	下影阳线	收盘光头阳　　线	开盘光头阳　　线	光头阳线	小 阳 线	极 阳 线	上影阳线	上 吊 线
意　义	上升力强，行情看涨	股价趋升	上升力强，但有一定抛压	代表强劲的涨势	行情表现扑朔迷离	属反转试探型行情	上压较重，涨跌难以判断	下档支撑较强，行情看涨

2. 阴线的判断

阴线的判断见表 10.2。

表 10.2　阴　线　的　判　断

图　形								
名　称	光头阴线	开盘光头阴　　线	收盘光头阴　　线	极 阴 线	下影阴线	一 字 线	倒丁字线	丁 字 线	十 字 线
意　义	行情看跌	显示股价有反弹的迹象	属先涨后跌型，行情看跌	行情疲软	底部有一定支撑	市场疲软，投资人观望	上档有较强压力，但会出现反弹	下档有较强支撑，但卖方更强	买卖双方的攻防点，暗示转盘

3. K 线的组合应用

K 线的组合有很多种，下面介绍几种比较典型的组合及应用。

（1）连续两阴阳。这是多空双方的一方已经取得决定性胜利，牢牢地掌握了主动权，今后将以取胜的一方为主要运动方向。第二根 K 线实体越长，超出前一根 K 线越多，则取胜一方的优势就越大。

（2）连续跳空阴阳线。一根阴线之后又一根跳空阴线，表明空方全面进攻已经开始。如果出现在高价附近，则下跌将开始，多方无力反抗；如果在长期下跌行情的尾端出现，则说明这是最后一跌，可以逐步建仓。如果第二根阴线的下影线越长，则多方反攻的信号越强烈。连续二根阳线则正好相反。

（3）跳空阴阳交替 K 线。一阳加上一根跳空的阴线，说明空方力量正在增强。若出现在高价位，说明空方有能力阻止股价继续上升。一阴加上一根跳空的阳线，则完全相反。

（4）两阳和两阴。连续两根阴线，第二根的收盘不比第一根低，说明空方力量有限，多方出现暂时转机，股价回头向上的可能性大。连续二根阳线则正好相反。

（5）阴吃阳和阳吃阴。一根阴线被一根阳线吞没，说明多方已经取得决定性胜利，阳线的下影线越长，多方优势越明显。一根阳线被阴线吞没则正好相反。

（6）两阴吃一阳。两阴吃掉第一天的一根阳线，显示出空方的力量已经很强大。

在应用 K 线组合时应注意，由 K 线组合得出的结论都是相对的，不是绝对的，尽量使用根数多的 K 线组合的结论。

（二）指标派

指标派考虑市场行为的各个方面，建立一个数学模型，给出数学上的计算公式，得到一个体现证券市场的某个方面内在实质的数字，这个数字称为指标值。指标值的具体数值和相互间的关系，直接反映证券市场所处的状态，为投资者的操作行为提供指导方向。指标反映的东西大多是无法从行情报表中直接看到的。目前，证券市场上的各种技术指标数不胜数。比较著名的有平滑异同移动平均线（MACD）、随机指标（KDJ）、威廉指标（WMS%）、相对强弱指标（RSI）、能量指标（OBV）等。下面我们简要介绍几种常用的重要指标。

1. MACD 指标

平滑异同移动平均线（Moving Average Convergence Divergence，简称 MACD）是阿佩尔（Gerald Appel）于 1979 年提出的一项利用短期（常用为 12 日）移动平均线与长期（常用为 26 日）移动平均线之间的聚合与分离状况，对买进、卖出时机进行研究和判断的技术指标。

MACD 指标的应用法则如下：

（1）DIF 与 DEA 均为正值，大势属多头市场，DIF 向上突破 DEA，可作买。

（2）DIF 与 DEA 均为负值，大势属空头市场，DIF 向下跌破 DEA，可作卖。

（3）顶背离。当股价指数逐波升高，而 DIF 及 MACD 不是同步上升，而是逐波下降，与股价走势形成顶背离，预示股价即将下跌。如果此时出现 DIF 两次由上向下穿过 MACD，形成两次死亡交叉，则股价将大幅下跌。

（4）底背离。当股价指数逐波下行，而 DIF 及 MACD 不是同步下降，而是逐波上升，与股价走势形成底背离，预示着股价即将上涨。如果此时出现 DIF 两次由下向上穿过 MACD，形成两次黄金交叉，则股价即将大幅度上涨。

（5）MACD主要用于对大势中长期的上涨或下跌趋势进行判断，当股价处于盘局或指数波动不明显时，MACD买卖信号较不明显。当股价在短时间内上下波动较大时，因MACD的移动相当缓慢，所以不会立即对股价的变动产生买卖信号。

MACD的优点是可以去掉移动平均线频繁的假信号缺陷，能确保移动平均线的最大作用，主流趋势明朗，避免无谓的入市次数。该指标的缺点主要有两点：一是无法在升势的最高点发出卖出信号及最低点发出买入信号；二是在盘整时，失误率高，但可以配合RSI及KD线进行综合分析。

2. KDJ指标

随机指标KDJ，是通过计算当日或最近几日的最高价、最低价及收盘价等价格波动的幅度，来反映价格走势的强弱程度和超买超卖现象，在价格尚未上升或下降之前发出买卖信号的一种技术工具。

KDJ指标的应用法则如下：

（1）K值向上突破D值为买进信号，J线转势说明突破成功。

（2）K值向下跌破D值为卖出信号，J线转势说明突破成功。

（3）高档连续两次向下交叉确认跌势，低档连续两次向上交叉确认涨势。

（4）D值跌落至10～15时超卖，为买进信号；D值攀升至85～90时超买，为卖出信号。J线转势说明信号准确。

（5）K值跌落至20时超卖，为买进信号；K值攀升至80时超买，为卖出信号。J线转势说明信号准确。

（6）K线之切线角度已趋于平缓时，可能是行情即将回软的前兆。

（7）K、D线在75之上或25之下的交叉，并且J线转势，是较明确的买进或卖出信号。

KDJ指标的优点是有明确买卖点出现，掌握中短线行情非常准确。其缺点是有时会出现K、D交叉的骗线，且过于敏感，为短线操作者的参考指标。

3. WMS%指标

WMS%又称威廉指标，是反映当前商品价格在一定时段价格波幅中的位置，并据此来分析短期内市场买卖气势的技术指标，还可用于判别循环期内的高点与低点，提出有效率性的投资信号，以及进出市场的时间，其指标值介于0～100之间。

WMS%指标的应用法则如下：

（1）当WMS%高于80%，即处于超买状态，行情即将见顶，应当考虑卖出。

（2）当WMS%低于20%，即处于超卖状态，行情即将见底，应当考虑买入。

（3）在WMS%进入高位后，一般要回头，如果这时股价还继续上升，则产生背离，是卖出的信号。

（4）在WMS%进入低位后，一般要反弹，如果这时股价还继续下降，则产生背离，是买进的信号。

（5）WMS%连续几次撞顶（底），局部形成双重或多重顶（底），则是出货（进货）的信号。

WMS%指标的优点主要有两点：一是在分析短线走势方面，该指标在判断超买、超卖方面有其独到之处；二是周期易确定，具体周期参数的选择可根据商品价格变动的周期，以每一循环的二分之一为计算指标的基期天数。缺点是此指标敏感性较强，相对骗线较多。为弥补该指标的缺点，在操作过程中若结合相对强弱指数等较为平稳的技术指标判断，其效果将更佳。

4. RSI 指标

RSI 指标，即相对强弱指数，是把当日收市价与上一日收市价的差额视为市场多空力量对比的结果，通过计算买方总力量占市场中买卖方总力量的比例及其变化趋势，来衡量市场当前涨落趋势的强弱，预测未来价格走向，以及寻找买卖入市点的一种有效分析工具，其指标值在 0 ~ 100 之间。

RSI 指标的应用法则如下：

（1）当 RSI 高过 80 时，显示价格进入超买区，将逐渐形成头部；当 RSI 低于 20 时，显示价格进入超卖区，可能形成底部。

（2）当短期 RSI 由下往上突破长期 RSI 时，表示走势有转强的迹象，可考虑买进。若短期 RSI 由上往下突破长期 RSI 时，则走势转弱，宜考虑卖出。

RSI 优点主要有两点：一是反应迅速，灵敏度高，常常能领先反映市场价格的变动趋势。此特性适于投机性较强的短线操作。二是对市场"买气"和"卖气"有独到的显示功能，它能够显示目前市场并能事先透视出市场潜在的"后市"的可能动向。该指标的缺点是超买超卖不易界定，在高 RSI 区域或低 RSI 区域时渐显迟钝而失去其作用；盘整过程中，RSI 买进卖出信号出现频繁。

5. OBV 指标

OBV 是将成交量值予以数量化，制成趋势线，配合股价趋势线，从价格的变动及成交量的增减关系，推测市场气氛。OBV 的理论基础是市场价格的变动必须有成交量配合，价格升降而成交量不相应升降，则市场价格的变动难以继续。

OBV 指标的应用法则如下：

（1）当股价上涨而 OBV 线下降时，表示能量不足，股价可能将回跌。

（2）当股价下跌而 OBV 线上升时，表示买气旺盛，股价可能即将止跌回升。

（3）当股价上涨而 OBV 线同步缓慢上升时，表示股市继续看好，仍需持有。

（4）当 OBV 线暴升，不论股价是否暴涨或回跌，表示能量即将耗尽，股价可能止涨反转。

（三）波浪派

波浪理论是技术分析大师艾略特（Ralph Nelson Elliott）所发明的一种价格趋势分析工具，它是一套完全靠观察得来的规律，可用以分析股市指数、价格的走势，它也是股市分析上运用最多，而又最难于了解和精通的分析工具。

1. 波浪理论的基本原理

艾略特认为，不管是股票还是商品价格的波动，都与大自然的潮汐波浪一样，一浪跟着一波，周而复始，具有相当程度的规律性，展现出周期循环的特点，任何波动均有迹可循。因此，投资者可以根据这些规律性的波动预测价格未来的走势，并在买卖策略上实施。

波浪理论是以周期为基础的。把大的运动周期分成时间长短不同的各种周期，在一个大周期之中可能存在一些小周期，而小的周期又可以再细分成更小的周期。每个周期无论时间长短，都是以一种模式进行。这个模式就是 8 个过程，即每个周期都是由上升（或下降）的 5 个过程和下降（或上升）的 3 个过程组成。这 8 个过程完结以后，一个周期结束，将进入另一个周期。新的周期仍然遵循上述的模式。波浪理论如图 10.2 所示。

波浪理论考虑的因素主要是三个方面：① 股价走势所形成的形态；② 股价走势图中各个高点和低点所处的相对位置；③ 完成某个形态所经历的时间长短。波浪理论考虑股价形态的跨度是随意而不受限制的。大到可以覆盖从有股票以来的全部时间跨度，小到可以只涉及数小时、数分钟的股价走势。

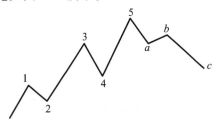

图 10.2 波浪理论示意图

2. 各浪的特性

第 1 浪：几乎半数以上的第 1 浪，是属于营造底部形态的第一部分，第 1 浪是循环的开始，由于这段行情的上升出现在空头市场跌势后的反弹和反转，买方力量并不强大，加上空头继续存在卖压，因此，在此类第 1 浪上升之后出现第 2 浪调整回落时，其回档的幅度往往很深。另外半数的第 1 浪，出现在长期盘整完成之后，在这类第 1 浪中，其行情上升幅度较大，经验看来，第 1 浪的涨幅通常是 5 浪中最短的行情。

第 2 浪：这一浪是下跌浪，由于市场人士误以为熊市尚未结束，其调整下跌的幅度相当大，几乎吃掉第 1 浪的升幅，当行情在此浪中跌至接近底部（第 1 浪起点）时，市场出现惜售心理，抛售压力逐渐衰竭，成交量也逐渐缩小，第 2 浪调整宣告结束，在此浪中经常出现图表中的转向形态。

第 3 浪：在股市中，第 3 浪的涨势往往是最大、最有爆发力的上升浪，这段行情持续的时间与幅度经常是最长的，市场投资者信心恢复，成交量大幅上升，常出现传统图表中的突破信号，例如出现跳空缺口等，这段行情走势非常激烈，一些图形上的强阻力位非常轻易地被突破，尤其在突破第 1 浪的高点时，是最强烈的买进信号，由于第 3 浪涨势激烈，经常出现"延长波浪"的现象。

第 4 浪：第 4 浪是行情大幅劲升后的调整浪，通常以较复杂的形态出现，经常出现"倾斜三角形"的走势，但第 4 浪的底点不会低于第 1 浪的顶点。

第 5 浪：在股市中第 5 浪的涨势通常小于第 3 浪，且经常出现失败的情况，在第 5 浪中，二、三类股票通常是市场内的主导力量，其涨幅常常大于一类股（绩优蓝筹股、大型股），即投资人士常说的"鸡犬升天"，此时市场相当乐观。

a 浪：在 a 浪中，市场投资人士大多数认为上升行情尚未逆转，此时仅为一个暂时的回档现象，实际上，a 浪的下跌，在第 5 浪中通常已有警告信号，如成交量与价格走势背离或技术指标上的背离等，但由于此时市场仍较为乐观，a 浪有时出现平势调整或者"之"字形态运行。

b 浪：b 浪表现经常是成交量不大，一般而言是多头的逃命线，然而由于是一段上升行情，很容易让投资者误以为是另一波段的涨势，形成"多头陷阱"。

c 浪：c 浪是一段破坏力较强的下跌浪，跌势较为强劲，跌幅大，持续的时间较长久，而且出现全面性下跌。

（四）切线派

切线派是按一定方法和原则在由股票价格的数据所绘制的图表中画出一些直线，然后根据这些直线的情况推测股票价格的未来趋势，这些直线就称为切线。切线的作用主要是起支撑和压力的作用。支撑线和压力线的往后延伸位置对价格趋势起一定的制约作用。一般说来，股票价格在从下向上抬升的过程中，一触及压力线，甚至远未触及压力线，就会调头向下。同样，股价从上向下跌的过程中，在支撑线附近就会转头向上。另外，如果触及切线后没有转向，而是继续向上或向下，这就称为突破。突破之后，这条切线仍然有实际作用，只是名称和作用变了。原来的支撑线变成压力线，原来的压力线变成支撑线。切线派分析主要是依据切线的这个特性。切线的画法是最为重要的，画得好坏直接影响预测的结果。目前，画切线的方法有很多种，主要有趋势线、通道线等，此外还有黄金分割线、甘氏线、角度线等。

（五）形态派

形态派是根据价格图表中过去一段时间走过的轨迹形态来预测股票价格未来趋势的方法。技术分析的第一条假设告诉我们，市场行为包括一切信息。价格走过的形态是市场行为的重要部分，是证券市场对各种信息感受之后的具体表现，用价格图的轨迹或者说形态来推测股票价格的将来是有道理的。从价格轨迹的形态中，我们可以推测出证券市场处在一个什么样的大环境之中，由此对今后的投资给予一定的指导。

形态可以分为反转形态和整理形态两种。反转形态是指价格趋势逆转所形成的图形，即由涨势转为跌势，或由跌势转为涨势的形态，反转形态的形成通常要经过很长时间。整理形态是指价格经过一段时间的快速变动之后，就停止不前，在一定区域内上下窄幅振荡所形成的图形，等时机成熟后再继续以往的趋势。常见的形态有头肩顶、头肩底、M 头、W 底、圆弧顶、箱形、三角形、旗形等多种。

习　　题

1. 什么是证券？什么是有价证券？有价证券有哪些种类？
2. 证券的交易程序有哪些阶段？
3. 什么是股票？股票具有哪些特征？股票有哪些种类？
4. 影响股票发行价格和交易价格的主要因素有哪些？
5. 什么是债券？债券主要有哪些种类？
6. 股票与债券的区别有哪些？
7. 契约型基金与公司型基金有哪些区别？
8. 封闭式基金与开放式基金有哪些区别？
9. 什么是证券投资的基本分析方法？该方法主要包括哪些内容？
10. 什么是证券投资的技术分析方法？技术分析方法包括哪些流派？

第十一章　证券投资组合分析

证券投资组合（Portfolio），又称资产组合，是 20 世纪 50 年代由美国经济学家马柯维茨（Harry M. Markowitz）提出的。1952 年，马柯维茨在《金融杂志》发表了题为"证券组合选择"的论文，标志着现代证券投资组合理论（Modern Portfolio Theory，简称 MPT）的形成，并开创了一个新的投资研究领域。在该论文中，他采用了一套数学分析方法展示了如何利用投资组合的方式，使投资者在一定风险水平下，取得最大可能的预期收益；或在预期收益一定的情况下，使投资组合风险最小化。投资者通过科学的组合投资，可以在投资收益与投资风险之间找到一个平衡点，即在风险既定的条件下实现收益最大化或在收益既定的条件下使风险尽可能降低。

马柯维茨的理论体系虽然较为完善，但在当时条件下，建立在该理论基础上的应用模型涉及大量复杂的计算，应用成本高，时效性差，极大地限制了该理论的运用而失去现实意义。继马柯维茨之后，众多学者涉足该领域，开展了较为深入广泛的研究，其中马科维茨的学生夏普（William F. Sharpe）的工作较具代表性。1963 年，夏普在《管理科学》上发表了"证券组合分析的一个简化模型"的论文，他通过引入描述证券收益的指数模型简化了马柯维茨模型计算，从而大大提高了其理论的使用价值。

20 世纪 60 年代初，金融经济学家们开始研究马柯维茨模型是如何影响证券估值的，这一研究导致产生了资产定价理论，该理论的核心为资本资产定价模型（CAPM），该模型给出了在市场均衡条件下证券的预期收益和风险之间的精确描述。1976 年 12 月斯蒂芬·罗斯（Stephen Ross）在美国《经济理论月刊》上发表了"资本资产套利定价理论"，简称"套利定价理论"（Arbitrage Pricing Theory，简称 APT）。该理论的基本思路是从套利的角度来考察套利与市场均衡的关系，应用套利原理推导出市场均衡状态下资本资产的定价关系。以上这些理论构成了现代证券投资组合理论的重要内容。

第一节　证券投资组合的一般理论

一、证券投资的收益与风险

（一）证券投资的收益与收益分布

1. 证券投资收益

证券投资的收益是指证券投资者从事证券投资而获得的报酬，或指初始投资的价值增加量。证券投资收益主要包括两个方面：一是指在证券持有期内投资者获得的利息收入或股利收入，简称为收入或经常性收入；二是指所持有的证券由于价格变动而使投资者相对于初始投资价值的增加量或减少量，简称为资本损益。

收益一词通常用收益率来表示，并可定义为

$$r = \frac{D_t + (P_t - P_{t-1})}{P_{t-1}} \tag{11.1}$$

式中　r——投资收益率；

D_t——第 t 期内证券的经常性收入；

P_t——第 t 期期末的证券价格；

P_{t-1}——第 t 期期初的证券价格；

$(P_t - P_{t-1})$——第 t 期内投资该证券的资本损益。

2. 证券投资的收益分布

由于国家宏观经济环境、国家货币财政政策、资本市场环境以及公司自身的经营状况等因素的影响，通常证券投资者在选择某证券作为投资品之前并不能完全确定该证券在持有期末的确切投资收益，即证券投资收益具有不确定性，我们可把投资的收益作为一个随机变量。

对于一个随机变量，人们所关心的是它的可能取值，以及这些取值发生的概率，即该随机变量的概率分布如何。如果证券投资收益的可能取值为有限个时，我们可把投资收益作为离散的随机变量，并用它的概率分布来描述它的概率性质。例如，投资者投资于股票 A，假如该股票在持有期内仅受该公司自身经营的影响，若该公司产品在市场销售好、一般、差时该股票的投资收益率分别为 45%、18% 和 5%，且市场销售好、一般、差的概率分别为 0.2、0.6 和 0.2，则该股票持有期内的投资收益率的概率分布如图 11.1（a）所示。图 11.1（a）中，r_i 表示股票持有期收益率，P_i 表示概率。

如果证券投资收益率的可能取值为在一个区间上的任意值，则该投资收益率为一连续型的随机变量。对于连续型的随机变量，可用其概率密度函数描述其概率性质。假若某证券的投资收益率近似服从正态分布 $N(\mu, \sigma)$，则该证券的投资收益率的概率密度函数为

$$f(r) = \frac{1}{\sqrt{2\pi}\sigma} e^{-\frac{(r-\mu)^2}{2\sigma^2}} \tag{11.2}$$

投资收益率的分布如图 11.1（b）所示，横轴表示投资收益率，纵轴表示概率密度。

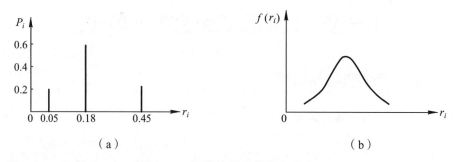

（a）　　　　　　　　　　　　　　（b）

图 11.1　投资收益率的概率分布

（二）证券投资收益率的期望值与方差

1. 收益率的期望值

在现实经济生活中，由于证券投资的收益具有不确定性，为科学地评估证券投资的获利能力，既要考虑收益率的各种可能取值，同时又要考虑各种可能的收益率发生的概率。因此，在衡量与比较各种证券的投资收益水平时，应以平均收益率作为评价标准。由概率论与数理统计知识可知，投资收益率的期望值可以作为衡量各种证券投资收益水平的综合评价指标。

若证券投资收益率的概率分布为离散型的，则收益率期望值等于各种可能出现的收益率值与发生的概率的乘积之和，即

$$E(r) = \sum_{i=1}^{n} r_i P_i \tag{11.3}$$

式中　r_i——第 i 种可能出现的投资收益率；

P_i——出现第 i 种可能的投资收益率值的概率；

n——投资收益率各种可能结果出现的数目。

如果投资收益率是可能取值于某区间上的连续型随机变量，则收益率的期望值为

$$E(r) = \int_{-\infty}^{+\infty} r\, f(r)\mathrm{d}r \tag{11.4}$$

式中　$f(r)$——投资收益率 r 的概率密度函数。

下面用一个例子说明投资期望收益率的计算。

例如，假设某投资者拟投资于两只股票，股票 A 是一家高科技公司，A 所处的领域竞争非常激烈，如果国民经济发展稳定并且该公司开发的项目能够成功，那么就能取得较大的市场占有率，利润就会很大，否则利润很小甚至可能出现亏本。股票 B 是一个生产老产品且是生活必需品的公司，产品销售前景乐观。假设未来的国民经济状况只有三种：繁荣、正常、衰退，有关投资收益的概率分布见表 11.1。则这两只股票的投资收益率的期望值分别为

$$E(r_A) = 0.3 \times 85\% + 0.4 \times 15\% + 0.3 \times (-50\%) = 15\%$$
$$E(r_B) = 0.3 \times 20\% + 0.4 \times 15\% + 0.3 \times 10\% = 15\%$$

表 11.1　投资收益的概率分布表

国民经济状况	概率 P	A 的收益率	B 的收益率
繁　荣	0.3	80%	20%
正　常	0.4	15%	15%
衰　退	0.3	−50%	10%

因此，从投资收益率的平均水平来看这两种股票的获利能力是相同的。但是，如果我们仔细观察这两只股票收益率的分布可以发现，股票 A 的收益率的各种可能值的振幅比股票 B 的要大得多。股票 A 的收益率从经济繁荣状态下的 80%（最高）到经济衰退状态下的 −50%（最低），振幅达 130%，而股票 B 的振幅仅为 10%。这说明，A 的收益大小的不确定性比 B 的高，因此，也可以说股票 A 的投资风险比 B 的大。

2. 收益率的方差

投资收益的不确定性越大，其取值的离散程度就越大。根据统计学知识，描述离散程度的有效方法是采用方差或标准差，因此，收益率的方差或标准差就可作为衡量风险的指标。

若投资收益率的分布为离散型的，则方差为

$$\sigma^2 = \sum_{i=1}^{n} [r_i - E(r)]^2 \cdot P_i \tag{11.5}$$

若投资收益率的分布为连续型的，则方差为

$$\sigma^2 = \int_{-\infty}^{+\infty} [r - E(r)]^2 f(r)\mathrm{d}r \tag{11.6}$$

方差的平方根就是标准差。显然，方差大则标准差也大，方差小则标准差也小。因此，方差与标准差都可以作为风险的度量指标。

我们用公式（11.5）分别计算前面例子中股票 A、B 的标准差，结果为 $\sigma_A = 0.404\,4$，$\sigma_B = 0.038\,7$。可见，A 的标准差远大于 B 的标准差，说明投资于股票 A 的风险远高于投资于股票 B 的风险。

3. 协方差与相关系数

在考察投资组合的收益与风险时，常常要涉及各证券之间的相互关联性。能够描述这种关联性的指标就是统计学中的协方差与相关系数。

设 A、B 两种证券的投资收益率分别为 r_A、r_B，如前所述，在现实经济生活中由于收益率受众多因素的影响，因此证券的投资收益率可认为是随机变量。r_A、r_B 之间的协方差为

$$\sigma_{AB} = \mathrm{Cov}(r_A,\ r_B) = E\{[r_A - E(r_A)][r_B - E(r_B)]\} \tag{11.7}$$

r_A、r_B 之间的相关系数为

$$\rho_{AB} = \frac{\sigma_{AB}}{\sigma_A \sigma_B} \tag{11.8}$$

相关系数的大小表明两证券之间的关联强度。若 $\rho_{AB} = 1$，说明证券 A 与 B 的收益率之间存在正的完全相关关系，这意味着其中一个证券收益率的升降必伴随着另一个证券收益率的升降。若 $\rho_{AB} = -1$，则说明证券 A 与 B 的收益率之间存在负的完全相关关系，一个证券收益率的升降必伴随着另一个证券收益率的反向升降。若 $\rho_{AB} = 0$，则说明证券 A 与 B 的收益率之间没有关联性。在现实中，完全正相关、完全负相关或不相关的证券较为少见。更多的情形是证券之间存在关联，但关联度随证券的不同而有大有小，即相关系数介于 $-1 \sim 1$ 之间。

4. 收益率及方差的参数估计

人们在对证券的实际投资决策中，并不能准确预测或确定出证券在持有期末的投资收益率的真实概率分布，从而无法根据概率分布计算出期望收益率与方差。而投资者在购买证券时对证券的比较与选择，又主要依赖于这两个指标。因此，这就需要在不知收益率真实分布的情况下，利用统计学原理来获取期望收益率与方差。

假设我们以周（或月或季度等）为时间单位对某证券的收益率进行观测取值（时间序列值），得到一个样本序列为

$$r_1, r_2, \cdots, r_t, \cdots, r_N$$

则样本均值为

$$\bar{r} = \frac{1}{N}\sum_{t=1}^{N} r_t \tag{11.9}$$

样本方差为

$$S^2 = \frac{1}{N-1}\sum_{t=1}^{N}(r_t - \bar{r})^2 \tag{11.10}$$

如果我们已观测到两证券 A、B 的历史收益率的时间序列为

$$r_{A1}, r_{A2}, \cdots, r_{At}, \cdots, r_{AN}$$
$$r_{B1}, r_{B2}, \cdots, r_{Bt}, \cdots, r_{BN}$$

则 r_A 与 r_B 之间的样本协方差为

$$S_{AB} = \frac{1}{N-1}\sum_{t=1}^{N}(r_{At} - \bar{r}_A)(r_{Bt} - \bar{r}_B) \tag{11.11}$$

或

$$S_{AB} = \frac{1}{N-1}\sum_{t=1}^{N} r_{At} r_{Bt} - \bar{r}_A \bar{r}_B \tag{11.12}$$

当样本数 N 足够大，在一定条件下，样本均值、样本方差和样本协方差是总体期望值、方差和协方差的较好估计值。

5. 均值—标准差准则

证券的期望收益率与方差是证券的两个重要特征，每一证券都对应着一组参数值（$E(r)$，σ），它可以通过 $E(r)$-σ 坐标系中的一个点表示，如图 11.2 所示。图 11.2 中横坐标为标准差，纵坐标为期望收益。由于当风险一定时，每个投资者都会追求更高的收益率；当收益率一定时，每个投资者都会倾向于规避风险。因此，在图 11.2 中，区域 I 中的证券是投资者所向往的，区域 IV 中的证券是投资者要避免选择的，而对于区域 II 和 III 来说，其中可能存在若干证券使投资者对其选择偏好是一样的。

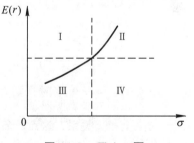

图 11.2　$E(r)$-σ 图

于是，我们在 $E(r)$-σ 平面中引入无差异曲线（见图 11.2 中的曲线），它说明其上的所有证券给投资者带来的效用是一样的，即是无差异的。

二、证券投资组合的收益与风险

（一）证券投资组合的定义

所谓证券投资组合（Portfolio），是投资者将不同的证券按一定的比例组合在一起作为投资对象，以达到在保证预定收益率的前提下把风险降到最小或在一定风险的前提下使收益率最大的一种投资方式。广义上讲，投资组合是把市场上（包括实物商品市场和金融商品市场）凡是可以选择的投资品都作为投资对象，从而构建起一个庞大的资产组合。

设有 n 种证券作为投资组合选择对象，投资在第 i 种证券上的资金比重为 w_i，$w_i \geqslant 0$（当 $w_i < 0$ 时，称在第 i 种证券上卖空），则一个投资组合可表示为 $P = (w_1, w_2, \cdots, w_n)$。

（二）证券投资组合的收益与方差

1. 两种证券组合的收益与方差

首先考察由任意两种证券构成的组合。假设 w_1 和 w_2 分别为证券 1 和证券 2 在证券组合 P（由证券 1 和证券 2 构成）中所占的比重（$w_1 + w_2 = 1$），r_1 和 r_2 分别为证券 1 和证券 2 可能的实际收益率。我们用 r_P 表示证券组合的可能实际收益率，则有

$$r_P = w_1 r_1 + w_2 r_2 \tag{11.13}$$

如果用 $E(r_1)$、$E(r_2)$ 及 $E(r_P)$ 分别表示证券 1、证券 2 和证券组合 P 的期望收益率，用 σ_P^2 表示组合收益的方差，则有

$$E(r_P) = w_1 E(r_1) + w_2 E(r_2) \tag{11.14}$$

$$\sigma_P^2 = \mathrm{Var}(r_P) = E\{[r_P - E(r_P)]^2\} = w_1^2 \sigma_1^2 + w_2^2 \sigma_2^2 + 2 w_1 w_2 \sigma_{12} \tag{11.15}$$

或

$$\sigma_P^2 = w_1^2 \sigma_1^2 + w_2^2 \sigma_2^2 + 2 w_1 w_2 \rho_{12} \sigma_1 \sigma_2 \tag{11.16}$$

式中　σ_1、σ_2——证券 1 和证券 2 的收益率的标准差；

σ_{12}、ρ_{12}——证券 1 和证券 2 收益率之间的协方差和相关系数。

通常用组合的标准差 σ_P 表示投资组合的风险。例如，假设 A、B 两种股票其期望收益及标准差见表 11.2，并假设两只股票的相关系数 $\rho_{AB} = 0$ 时，则有

表 11.2　股票 A、B 的收益及标准差

股　票	期望收益率	标准差 σ
A	5%	20%
B	15%	40%

$$E(r_p) = w_A \times 5\% + w_B \times 15\%$$
$$\sigma_P^2 = w_A^2 \sigma_A^2 + w_B^2 \sigma_B^2$$
$$= w_A^2 \times (20\%)^2 + w_B^2 \times (40\%)^2$$

若取 $w_A = 0.67$、$w_B = 0.33$ 时，则有 $E(r_p) = 8.3\%$、$\sigma_P = 17.94\%$。

2. 多种证券组合的收益与方差

假设有 n 只证券构成一个组合，w_i 是第 i 只证券在组合中所占的比重（$w_1 + w_2 + \cdots + w_n = 1$，$i = 1, 2, \cdots, n$），$E(r_i)$ 是证券 i 的期望收益率，并用 $E(r_P)$ 表示证券组合的期望收益率，σ_P^2 表示收益率的方差，则有

$$E(r_P) = \sum_{i=1}^{n} w_i E(r_i) \tag{11.17}$$

$$\sigma_P^2 = \sum_{i=1}^{n} \sum_{j=1}^{n} w_i w_j \sigma_{ij} \tag{11.18}$$

式中　σ_{ij}——证券 i 和证券 j 的协方差 $\mathrm{Cov}(r_i, r_j)$（$i, j = 1, 2, \cdots, n$）。

由公式（11.17）、（11.18）可以看出，n 种证券构成的投资组合的期望收益率是组合中所包含各证券的期望收益率与其投资比重的加权之和，组合方差是组合中所含证券两两之间的协方差的加权之和。

（三）有效投资组合

1. 投资组合的组合线

投资组合的组合线（Combination Lines）是指在 $E(r)$-σ 平面内，当由两种证券组成投资组合时其期望收益率和对应标准差（风险）所构成的曲线。组合线上的每一点都表示在一定的组合比重下，两证券构成的投资组合的期望收益率和标准差。组合线能够清楚地表明随着证券组合比重的变化，证券组合的期望收益率和风险的相应变化情况。

利用表 11.2 中的数据，并设 $\rho_{AB} = 0$ 时，我们可以任意构造一些组合，见表 11.3。

表 11.3　两只股票的组合收益与风险

组　　合		1	2	3	4	5	6	7
比重	w_A	1.0	0.8	0.6	0.5	0.4	0.2	0.0
	w_B	0.0	0.2	0.4	0.5	0.6	0.8	1.0
组合收益率 $E(r_P)$		5%	7%	9%	10%	11%	13%	15%
组合标准差 σ_P		20.0%	17.8%	20.0%	22.4%	25.3%	32.2%	40.0%

图 11.3 的曲线（即股票 A 与股票 B 的组合线）是根据表 11.3 中各组合对应的参数(σ_P, $E(r_P)$)所描绘的。

当 $\rho_{AB} = -1$ 时，组合收益的标准差可由 $\sigma_P = |w_A\sigma_A - w_B\sigma_B|$ 求得；当 $\rho_{AB} = 1$ 时，组合收益的标准差可由 $\sigma_P = w_A\sigma_A + w_B\sigma_B$ 求得。由于在现实中，任两证券的相关系数一般在 $-1 \sim 1$ 之间，即 $-1 < \rho < 1$，因此，任两证券的组合线在 $E(r)$-σ 平面内一般应为一条曲线（开口向右的抛物线）。

2. 投资组合的可行集

前面考察的是两种证券的组合情况，现假设在证券市场上，存在 n 种证券（假定不允许卖空），这 n 种证券又可以形成无数个证券组合，不同的证券组合又可以构成新的证券组合，则所有这些证券及其组合，以及组合的组合，其集合就形成了投资者的可行域。由于在 $E(r)$-σ 平面上，可行的证券可用一个点表示，证券的组合及组合的组合同样可以用点表示，这样证券及证券组合的点将全部填满平面 $E(r)$-σ 的某一区域，并且这个区域的左边界呈现为凸形，如图 11.4 所示。图 11.4 中的阴影部分称为投资组合的可行集。

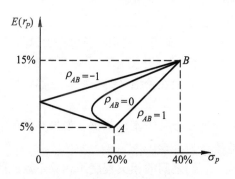

图 11.3　股票 A 与 B 的组合线

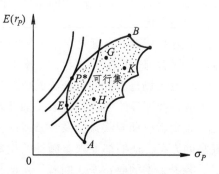

图 11.4　投资组合的可行集

3. 有效证券组合与有效边界

有效证券组合，是指一个证券组合如果没有其他的证券组合在与之同样的风险水平上给予更高的收益率；或在同样的收益率水平上给予更小的风险，就称此证券组合为有效组合。换句话说，如果没有其他的证券组合在与之相同的投资收益标准差下，能够提供更高的预期收益率；或在与之相同的预期收益率水平下，能够提供更小的投资收益标准差，那么，就称这个证券组合为有效证券组合。

在图 11.4 所示的投资可行域中，可以看出 E、P^*、B 是有效证券组合，而 A、G、H、K 不是有效证券组合。只有曲线 EP^*B 上的证券组合才是有效证券组合。

所谓有效边界或称有效集，是指由所有的有效组合组成的曲线，如图 11.4 中的 EP^*B 曲线。实际上是落在可行域中具有最小方差的证券组合（E 点）和具有最大预期收益率的证券组合（B 点）之间的所有证券组合的包络线。其中，曲线 AEP^*B 为最小方差集。

4. 最佳投资组合的选择

证券投资者只有沿着有效边界投资才是有效的，在有效边界以内各点投资都是非有效的。投资者如何选择最佳组合呢？

对一个特定的投资者而言，任意给定一个证券组合，根据他或她对期望收益率和风险的偏好态度，即按期望收益率对风险补偿的要求，可以得到一系列满意程度相同的（无差异）证券组合。所有这些组合在均值方差（或标准差）坐标系中形成一条曲线，这条曲线就称为该投资者的一条无差异曲线。

将某投资者的无差异曲线与证券组合的有效边界在同一个 $E(r_P)$-σ_p 平面中画出，则无差异曲线与有效边界的切点 P^*（见图 11.4），即位于最"西北"的无差异曲线上的组合，就是该投资者应选择的最佳投资组合。

对相同的有效组合，由于不同投资者具有不同的无差异曲线，因此，他们所选择的最佳投资组合会是不同的。

三、马柯维茨模型

1. 模型的假定条件

马柯维茨在"证券组合选择"一文中讨论如何选择一个最优的证券组合时，提出了投资者的选择应该实现两个相互制约的目标，即预期收益率最大化和收益率不确定性（风险）的最小化之间的平衡。他首先通过假设来简化和明确上述两个目标。这些假设是：

（1）证券投资者的目标是在给定风险上收益最大化，或者在给定收益水平上风险最小化，就是说，投资者都是风险回避者，追求期望效用最大化。

（2）证券市场是有效的，证券的价格反映了证券的内在价值，每个投资者都掌握充分的信息，了解每种证券的期望收益率及标准差。

（3）投资者以期望收益率及收益率的方差作为选择投资方案的依据，如果要求他们选择风险较高的方案，他们都要求有额外的投资收益率作为补偿。

（4）各种证券的收益率之间有一定的相关性，它们之间的相关程度用相关系数或收益率之间的协方差来表示。

（5）每种证券的收益率都服从正态分布。

（6）每一个资产都是无限可分的，这意味着，如果投资者愿意的话，他可以购买一只股票的一部分。

2. 模型的表述

马柯维茨模型又称为均值—方差模型。假设有 n 种证券，证券 i 的预期收益率为 $E(r_i)$，收益率之间的协方差为 σ_{ij}（i，$j = 1$，2，$\cdots$，n）。设投资组合为 $P = （w_1$，w_2，$\cdots$，w_n），如果我们取组合的预期收益为固定水平 r_0，则以组合风险最小化表述的马柯维茨模型为

$$\min \sigma_P^2 = \sum_{i=1}^{n}\sum_{j=1}^{n} w_i w_j \sigma_{ij} \tag{11.19}$$

s.t.
$$E(r_P) = \sum_{i=1}^{n} w_i E(r_i) = r_0 \tag{11.20}$$

$$\sum_{i=1}^{n} w_i = 1 \tag{11.21}$$

当不允许卖空时，应附加有条件 $w_i \geq 0$（$i = 1$，2，$\cdots$，n）。

3. 马柯维茨均值—方差模型的应用和局限

马柯维茨模型实际上是在证券不允许卖空条件下如何寻找证券组合的有效边界的解析方法，该模型主要应用于资金在各种证券上的合理分配。当组合的预期收益设定为一固定值时，通过引入拉格朗日（Lagrange）乘子，就可解出上述极值问题的最优解。

但是，马柯维茨模型也存在诸多不完善的地方：

（1）将方差作为测量风险的参数具有理论色彩。该理论隐含的一个假设是：收益以数学期望值为中心呈正态分布，但实证表明，其并不都是呈现对称性的概率分布，单个证券的结果更是如此。

（2）该理论所假定的投资者均有相同的时间概念，这与现实相差较远。从现实投资来看，该理论所表现的最优组合只是一种暂时的静态均衡组合，而实际上投资的风险收益都是不断变化的。

（3）马柯维茨模型在实际中计算量太大。如果从 1 000 种证券中选择并建立有效组合，必须计算出 1 000 个预期收益和 1 000 个方差和 499 500((1 000 × 1 000 - 1 000)/2)个协方差。显然，这项工作实在过于繁重，操作起来非常困难。

四、引入无风险资产时的投资组合

在前面的讨论中，实际上我们所使用的证券及其组合都是有风险的，没考虑无风险资产，如银行存款、政府短期债券等。假设投资者在投资过程中可以进行无风险借贷，这样投资的范围由风险资产（证券）扩大到包括无风险资产，则投资者选择的投资机会也就扩大了，投资组合的可行集、有效集也发生了变化，因此，投资者的投资方案也需重作调整。

所谓无风险资产，是指不受外界因素影响具有确定收益率的资产。比如，短于一年期的国债，不超过一年的银行定期存款。如果投资者购买短期国债（或政府债券），可以认为，一

方面这种债券不存在违约的可能性，另一方面可视短期内的物价水平保持不变，那么这类短期债券就可看成是无风险资产。投资者购买无风险资产进行的投资就是无风险投资。当然，从理论上讲，严格的无风险资产是不存在的。

（一）无风险资产与单个风险资产的组合

当存在无风险资产时，投资者就可对无风险资产与风险资产进行搭配，形成新的投资组合。由于增添了新的投资机会，因此投资组合有效边界及投资者的最优投资组合也将发生变化。

设无风险资产 F 的期望收益率为 r_f，它是一个常数，由于是无风险的，因此，$\sigma_f = 0$。再设单项风险资产（比如股票，长于一年的政府债券、企业债券等）A，其期望收益为 $E(r_A)$，风险（标准差）为 σ_A。若投资者投资在 A 上的资金比重为 w_A，投资在无风险资产上的资金比重为 $w_f（= 1 - w_A）$。则投资组合 $P =（w_f, w_A）$ 的期望收益与方差为

$$E(r_P) = w_f r_f + w_A E(r_A) = (1 - w_A) r_f + w_A E(r_A)$$
$$= r_f + w_A[E(r_A) - r_f] \tag{11.22}$$
$$\sigma_P^2 = w_f^2 \sigma_f^2 + w_A^2 \sigma_A^2 + 2 w_f w_A \sigma_{fA} \tag{11.23}$$

式中　σ_{fA}——无风险资产 F 与风险资产 A 的协方差。

由于　　　　　　$\sigma_f = 0, \quad \sigma_{fA} = 0$

所以　　　　　　$\sigma_P^2 = w_A^2 \sigma_A^2$
$$\sigma_P = w_A \sigma_A \tag{11.24}$$

式（11.22）表明，由无风险资产与风险资产构成的投资组合的期望收益率由两部分构成：一部分为无风险收益率 r_f，它是固定的，与任何风险资产无关，我们称它为基本收益率；另一部分为 $w_A[E(r_A) - r_f]$，它既依赖于风险资产 A 的期望收益率超过无风险资产收益率的部分 $(E(r_A) - r_f)$，同时又依赖投资于风险资产 A 的资金比重 w_A。式（11.24）表明由无风险资产与风险资产构成的投资组合具有风险，其风险大小依赖于风险资产的比重和风险资产本身的风险。

视 w_A 为参数，由式（11.24）解出 w_A，并将其代入式（11.22），得

$$E(r_P) = r_f + \frac{E(r_A) - r_f}{\sigma_A} \cdot \sigma_P \tag{11.25}$$

式（11.25）表明，首先，由无风险资产与风险资产构成的任意一个投资组合 P 的期望收益率 $E(r_P)$ 是组合风险 σ_P 的线性函数。由无风险资产与风险资产构成的组合线在 $E(r)$-σ 平面上是一条截距为 r_f，斜率为 $[E(r_A) - r_f]/\sigma_A$ 的直线，如图 11.5 所示，此直线称为资本配置线（Capital Allocation Line，简称 CAL），其截距 r_f 是基本收益率，而斜率代表了投资组合单位风险的报酬。其次，投资组合 P 的期望收益率与其所具有的风险大小成正比例关系，P 的风险越大，相应地期望收益率就越大，反之亦然。

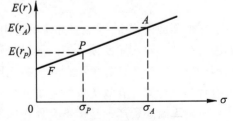

图 11.5　资本配置线图

从图 11.5 可知，由无风险资产 F 和风险资产 A 所构成的任何投资组合的期望收益率与投资风险的坐标点一定落在这条资本配置线上，这条直线的投资组合均是可行的，也是有效的。

（二）无风险资产与风险资产组合的再组合

为了简单，假设存在两种风险资产 A、B，由前面的学习知道，由 A、B 形成的组合线 ATB 为一条开口向右的抛物线，如图 11.6 所示。在 A、B 的组合线上任取一个组合 T，现将无风险资产 F 与组合 T 进行再组合，则所有的再组合就构成了一条直线，即为始于无风险资产 F 的资本配置线 CAL(T)。

在资本配置线 CAL(T) 上任取一个组合 P，则该组合的期望收益与风险满足如下关系式

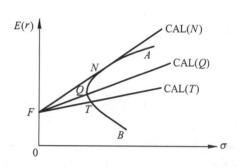

图 11.6　无风险资产与风险资产组合的再组合

$$E(r_P) = r_f + \frac{E(r_T) - r_f}{\sigma_T} \cdot \sigma_P \qquad (11.26)$$

式（11.26）与式（11.25）的结构一致，表明在资本配置线 CAL(T) 上的任一投资组合 P，其投资组合的收益率仍由两部分组成，一是基本收益 r_f，二是风险报酬。投资组合的风险报酬与风险成正比，风险 σ_P 越大，带给投资者的风险报酬就越大。

当然，所取的 T 点位置不同时，资本配置线 CAL(T) 的斜率就不同。在相同投资风险水平上，位于 CAL(T) 上的投资组合的期望收益率就小于位于 CAL(Q) 上的投资组合的期望收益率，按照均值—方差准则，投资者认为 CAL(Q) 上的投资组合优于 CAL(T) 上的投资组合。在所有的资本配置线中，CAL(N) 的斜率最大，这条组合线称之为最优资本配置线，其中 N 为资本配置线与 A、B 组合线的切点（见图 11.6）。

当有 n 种风险资产时，这 n 种资产在 $E(r)$-σ 平面上可构成一条有效边界，从无风险资产 F 作该有效边界的切线，若设切点为 M，M 点对应的期望收益率记为 $E(r_M)$，风险记为 σ_M，则 CAL(M) 就是无风险资产 F 与这 n 种风险资产的最优资本配置线，该配置线上的所有组合都是有效投资组合。

第二节　资本资产定价理论

资本资产定价理论的基本含义是指以经济理论为基础，利用数理经济学的方法研究均衡的资本市场上单个资产或资产组合的收益与风险之间关系的现代金融理论，它试图从整个资本市场出发，去分析投资者共同行为的结果。资本资产定价理论的核心内容是资本资产定价模型(The Capital Assets Pricing Model，简称 CAPM)，该模型最早由美国经济学家夏普于 1964

年建立，后由美国经济学家林特纳（John Lintner）、莫森（Jan Mossin）加以完善。在马柯维茨的投资组合理论中，确定最优投资组合的方法是，首先要估计出各种可能用作组合的资产的期望收益、方差、标准差、资产之间的协方差，由无风险资产和多种风险资产构成有效投资组合，然后，投资者根据各自的无差异曲线确定自己的最优投资组合。资本资产定价模型正是在马柯维茨的证券投资组合理论的基础上，进一步提出了一个极具现实意义的问题：如果资本市场上的所有投资者都根据马柯维茨的证券投资组合理论进行投资决策，那么这种资本资产的价格将由什么决定，以及如何决定。显然，资本资产定价模型将揭示和描述当资本市场均衡时，风险资产的预期收益与其风险之间的相互关系。

一、CAPM 的假定条件

资本资产定价模型是以资产组合理论为基础发展而成的，同时资本资产定价模型作为一种均衡模型，因此它有比资产组合理论更强的假设。其假定条件有：

（1）完全竞争假定。该假定条件是指市场上有大量的投资者，与所有投资者的总财富相比，每个投资者的财富是微不足道的，证券的市场价格不会因个别投资者的买卖受到影响，单个投资者都是市场价格的接受者。

（2）均值—方差准则假定。指每一位投资者都是风险厌恶者，都是通过考察证券或证券组合的期望收益率与标准差，并按照均值—方差准则来评价证券（或证券组合）的优劣。即所有投资者都以马柯维茨证券投资组合理论为指导，使其选择的投资组合期望效用最大。

（3）资本市场上无摩擦假定。资本市场不存在交易费用；不存在对红利收入、利息收入以及资本收益征税；信息向市场里每个人自由、及时地传递，投资者不需任何费用就能获得所有信息，即市场是有效的。

（4）无限制借贷假定。投资者面对的是资本市场上的同一个无风险利率，并可以根据这一个无风险利率自由地进行借贷。

（5）单一投资期限假定。所有的投资者都在相同的单一时期中计划他们的投资。所谓时期，是指资本市场上投资机会成本未发生变化的一段时间。

（6）相同预期假定。指在拥有相同信息的情况下，每一投资者对市场上各证券及证券组合的预期收益率、标准差和证券之间的协方差具有相同的估计。

以上假定表明，我们所面对的市场是一个完全市场，而使每一投资者相同化，他们在相同经济环境下有相同的投资机会、相同的预期，并且他们都按期望效用最大化做出投资决策。这样，从考察个别投资者如何投资转到考察如果每一位投资者都以相似的方式投资，证券价格将会发生什么变化，从而进一步研究每一种证券（或证券组合）收益与风险的均衡关系。

二、资本市场线

（一）市场组合

当市场上只存在一种无风险资产 F，并允许自有借贷时，投资者可以将无风险资产 F 与市场上每一个可行的风险证券组合再组合来增加证券组合的选择机会，从而原有的风险证券

组合的可行集扩大为新的允许含有无风险资产的证券
组合的可行集。这个可行集就是图 11.7 中由 F 发出并
且与风险证券组合可行集的边界相切的两条射线所夹
的区域。按照均值—方差准则，新的可行集的有效边界
就是由无风险资产 F 向风险证券可行集的有效边界所
作的切线（即两条切线中上边的那一条），切点为 T。T
既位于风险证券组合可行集的有效边界上，又位于新的
可行域的边界上。

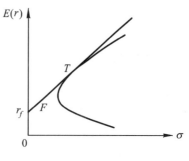

图 11.7　最优投资组合

　　于是，新的有效边界 FT 上的任一组合均可视为无
风险资产 F 与风险证券组合 T（切点组合）的组合。任何投资者的最优投资组合都是由无风
险资产 F 和最优风险证券组合 T 构成，但不同投资者对 F 和 T 分配的资金比重不同，这一特
性常称为分离定理。即最优风险资产组合的确定与投资者的偏好是分离的，对于风险厌恶型
投资者来说，可选择位于 F 与 T 之间并且靠近 F 的组合，表明他贷出大部分无风险资产并购
买小部分风险证券组合 T；对于风险偏好型投资者来说，可选择位于 F 与 T 之间并且靠近 T
的组合，甚至是选择 FT 的右上延长线上的组合，这表明他将借入无风险资产并将获得的资
金和原有的资金一起全部投资于风险证券组合 T 上。

　　上述表明，无论投资者的偏好如何，在选择的最优投资组合中都将包含最优风险证券组
合（即切点 T 组合）。那么，在投资市场均衡时最优的风险证券组合是怎样构成的呢？

　　首先，最优风险证券组合 T 中必须包含市场上所有风险证券。因为，如果某证券不在 T
中，则意味着投资者不把该证券纳入投资范围，由于所有投资者都如此，那么此证券不存在
于市场，这显然矛盾。

　　其次，最优风险证券组合 T 中不可能包含负比例的证券。若包含负比例的证券，则说明
每个投资者都卖空该证券而无人购买，这与均衡不一致。

　　最后，最优风险证券组合 T 中各证券的资金分配比例必等于各证券总市值与全部证券总
市值之比。因为，在 T 中，如果某种证券所占比例小于该证券市值占全部证券总市值的比例，
这说明所有投资者投资于该证券的资金量总额小于该证券的总市值，也就是说，按现行价格，
投资者对该证券的需求量小于市场上该证券的现有量，供需不一致，均衡将被打破。同样道
理，T 中任一证券所占比例也不可能大于该证券市值占全部证券总市值的比例。

　　因此，在证券市场均衡状态下，最优风险证券组合 T 应存在于市场中，并由证券市场上
的所有证券构成，而且各证券的资金分配比重必须与该证券的相对市场价值一致。我们把证
券市场上由所有证券组成并且各证券的组合比重与证券市场价值相一致的证券投资组合称为
市场组合，常用 M 表示。这样，在证券市场处于均衡状态条件下，最优风险证券组合就是市
场组合。

（二）资本市场线

　　当证券市场达到均衡时，市场组合 M 成为一个有效组合，所有其他的有效组合都可由无
风险资产 F 和市场组合 M 进行复制。在 E(r)-σ 平面中，这些有效组合就是连接无风险资产 F
与市场组合 M 的直线 FM，这条直线通常称为资本市场线（The Capital Market Line，简称
CML），如图 11.8 所示。

资本市场线表明了有效组合的期望收益率和标准差之间具有一种简单的线性关系，这一关系可用如下方程表示：

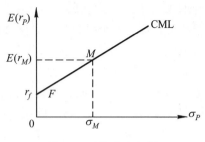

$$E(r_P) = r_f + \frac{E(r_M) - r_f}{\sigma_M}\sigma_P \qquad （11.27）$$

图 11.8　资本市场线

式中　$E(r_P)$——CML 上任意一个组合 P 的期望收益率；

　　　σ_P——对应的标准差；

　　　$E(r_M)$——市场组合 M 的期望收益率；

　　　σ_M——市场组合 M 标准差。

由于资本市场线上任意一个投资组合都是有效投资组合，因此资本市场线实际上描述了市场均衡状态下有效投资组合的期望收益率与风险之间的关系，它表明任一有效投资组合的期望收益率由两部分构成，一部分是无风险收益率 r_f，它代表投资者在不承担风险的条件下推迟消费而应得到的未来收益的补偿；另一部分称为风险报酬，它是投资者在愿意承担风险情况下而得到的报酬，其中斜率 $[E(r_M) - r_f]/\sigma_M$ 是资本市场提供给投资者的单位风险的报酬。

三、资本资产定价模型

资本市场线描述了有效投资组合的期望收益与风险之间的联系。由于单个证券是非有效的，它不在资本市场线上而是处于资本市场线以下，其收益与风险的关系无法靠资本市场线给予说明。因此，在资产市场均衡时，对单个证券的收益与风险之间的关系需要做出进一步的分析。

（一）单个证券的风险测度

为了分析单个证券的风险测度，先考察市场组合 M 的风险。根据任一证券组合的风险表达式，即式（11.18），可得市场组合 M 的方差计算式为

$$\sigma_M^2 = \sum_{i=1}^{n}\sum_{j=1}^{n} w_i w_j \sigma_{ij} = w_1 \sum_{j=1}^{n} w_j \sigma_{1j} + \cdots + w_n \sum_{j=1}^{n} w_j \sigma_{nj} \qquad （11.28）$$

式中　w_i——市场组合中证券 i 的比重。

市场组合的收益率等于参与市场组合的所有证券收益率的加权之和，即

$$r_M = \sum_{i=1}^{n} w_i r_i$$

则任一证券 i 与市场组合 M 的协方差为

$$\sigma_{iM} = \text{Cov}(r_i, r_M) = \text{Cov}(r_i, w_1 r_1 + \cdots + w_n r_n)$$

$$= \sum_{j=1}^{n} w_j \text{Cov}(r_i, r_j) = \sum_{j=1}^{n} w_j \sigma_{ij} \qquad （11.29）$$

将（11.29）代入（11.28），则市场组合的方差为

$$\sigma_M^2 = w_1\sigma_{1M} + \cdots + w_n\sigma_{nM} \tag{11.30}$$

式（11.30）说明市场组合的方差等于所有证券与市场组合的协方差的加权平均，或者说，任一证券对市场组合方差的贡献大小取决于该证券与市场组合之间的协方差 σ_{iM}。在选择有效投资组合时，需考虑市场组合的方差，进而利用到各证券与市场组合的协方差，投资者所能认识到的度量单个证券风险的尺度也应该是协方差，所以，σ_{iM} 才是证券风险的恰当度量。于是，定义

$$\beta_i = \frac{\sigma_{iM}}{\sigma^2} \tag{11.31}$$

式中　β_i——证券 i 对市场组合风险的贡献度，称之为证券 i 的 β 值或 β 系数，并常用 β 值作为证券的风险测度。

（二）CAPM

我们任意选择一个证券 i，如果投资于证券 i 的比重为 X，投资于市场组合 M 的比重为 $(1-X)$，则由证券 i 与市场组合 M 构成的新组合 P 的期望收益率和风险为

$$E(r_P) = XE(r_i) + (1-X)E(r_M) \tag{11.32}$$
$$\sigma_P^2 = X^2\sigma_i^2 + (1-X)^2\sigma_M^2 + 2X(1-X)\sigma_{iM} \tag{11.33}$$

由证券 i 与市场组合 M 的组合线在同一个 $E(r)$-σ 平面内仍可表示为一条开口向右的抛物线，如图 11.9 所示。该组合线在 M 处的斜率为（推导过程略）

$$[E(r_i) - E(r_M)] \cdot \frac{\sigma_M}{\sigma_{iM} - \sigma_M^2}$$

而资本市场线的斜率为

$$[E(r_M) - r_f] / \sigma_M$$

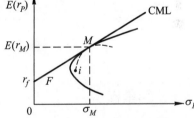

图 11.9　证券 i 与市场组合 M 的组合线

这两斜率应相等，化简整理后得到

$$E(r_i) = r_f + \frac{E(r_M) - r_f}{\sigma_M^2} \cdot \sigma_{iM} \tag{11.34}$$

或　　　　$$E(r_i) = r_f + [E(r_M) - r_f]\beta_i \tag{11.35}$$

则式（11.34）、（11.35）分别是以协方差度量风险和以 β 值度量风险表示的资本资产定价模型。

CAPM 的含义：

（1）在市场均衡状态下，任一证券的期望收益率由两部分构成，一部分是无风险收益率 r_f，另一部分是风险证券的风险报酬，亦称风险溢价，表示投资者承担投资风险而应得到的风险补偿。

（2）在市场均衡状态下，任一证券的期望收益率与其风险之间存在正相关的线性关系，风险较大的证券将具有较高的期望收益率，风险较小的证券将具有较低的期望收益率，即各种不同证券按其风险大小给予定价。

（三）证券市场线

由资本资产定价模型可知，在市场均衡状态下，证券的期望收益率与其风险之间存在着正相关线性关系。若以期望收益率为纵轴，分别以协方差 σ_{iM} 和 β 值作为横轴建立坐标系，并由（11.34）、（11.35）式可分别在两坐标系中作出两直线，则这种直线就是证券市场线（The Security Market Line，简称 SML），如图 11.10 所示。

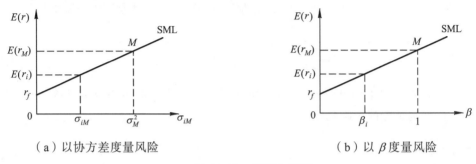

（a）以协方差度量风险   （b）以 β 度量风险

图 11.10　证券市场线

虽然 CML 与 SML 描述的都是在市场均衡状态下证券期望收益率与风险之间的关系，但又有明显区别：① 度量风险的指标不同，在资本市场线中是用标准差度量风险，而在证券市场线中是用 β 值（或协方差）度量风险；② 在市场均衡状态下，资本市场线只描述有效证券组合是如何被均衡定价的，而证券市场线描述了所有证券（包括单个证券、有效证券组合、无效证券组合）是如何被均衡定价的。

第三节　套利定价理论

一、因素模型

证券市场上不同证券的收益率尽管存在较大差异，但它们又存在一定的关联，这从协方差上可以体现出来。套利定价理论认为产生这种关联性的根本原因在于某些相同的经济外力对各种证券同时施加影响的结果，这种相同的外力就是宏观经济因素，如商业周期、通货膨胀等。同时，对单个证券而言，其收益率还会受本企业随机因素的影响，如一项新的发明、一项决策的失误等。总之，证券投资的收益率会受到若干个相互独立因素的影响，因素模型（Factor Model）就是利用影响证券收益率的相对较少的因素（基本经济变量）来解释证券收益率生成过程的。因素模型分为单因素模型和多因素模型。

（一）单因素模型

假设证券的收益率仅受单个宏观因素的影响，这个因素可能是 GDP 的增长率、通货膨胀率或股票指数收益率等，则单个证券收益率的构成可用单因素模型表示为

$$r_i = \alpha_i + \beta_i F + e_i \tag{11.36}$$

式中　r_i——证券 i 的收益率；

　　　F——因素 F 的预测值，比如为某种股票价格指数的收益率，它是一个随机变量；

　　　e_i——证券 i 的随机误差，是由对应公司的特殊事件引起的；

　　　α_i——证券 i 的基本收益率，即宏观与微观影响都为零时的收益率，是待估参数；

　　　β_i——证券 i 的收益率相对于因素 F 的敏感度，是待估参数。

在实际中，可用市场证券组合收益率（如取某种股价指数收益率）来代替因素模型式（11.36）中的 F，则有

$$r_i = \alpha_i + \beta_i r_M + e_i \tag{11.37}$$

该模型又称为单指数模型，是由夏普于 1963 年提出的，因此也常称为夏普模型。该模型大大简化了马柯维茨模型的计算，因此在实际中有广泛的应用。

单指数模型可以看做是 CAPM 的一种拓广。由于现实中，不同时期内无风险利率 r_f 有时不一样，因此单纯用市场证券组合收益率来反映宏观因素的影响就不十分准确。为了消除这一影响，我们可用市场超额收益率 $r_M - r_f$（记为 R_M）代替 F，用单个证券的超额收益率 $r_i - r_f$（记为 R_i）代替 r_i，则式（11.37）变为

$$r_i - r_f = \alpha_i + \beta_i(r_M - r_f) + e_i \tag{11.38}$$

式（11.38）也可写为

$$R_i = \alpha_i + \beta_i R_M + e_i \tag{11.39}$$

假设在某股票市场中，股票 A 的收益率服从单指数模型，有关数据见表 11.4。

表 11.4　因　素　模　型　数　据

月份 t	股票 A 的收益率（%）r_{At}	市场收益率（%）r_{Mt}	无风险利率（%）r_{ft}	A 的超额收益率（%）($r_{At} - r_{ft}$)	市场超额收益率（%）($r_{Mt} - r_{ft}$)
1	− 2.50	1.77	0.34	− 2.84	1.43
2	6.42	8.15	0.27	6.15	7.88
3	− 7.82	0.49	0.31	− 8.13	0.18
4	− 7.00	− 0.03	0.41	− 7.41	− 0.44
5	8.12	5.84	0.35	7.77	5.49
6	0.88	1.99	0.24	0.64	1.75
7	− 1.38	0.05	0.31	− 1.69	− 0.26
8	− 2.64	− 0.10	0.24	− 2.88	− 0.34
9	3.44	4.81	0.29	3.15	4.52
10	− 0.01	4.88	0.34	− 0.35	4.54
11	7.29	7.11	0.30	6.99	6.81
12	− 0.09	− 2.94	0.34	− 0.43	− 3.28

使用最小二乘法和表 11.4 中的数据，可估计出股票 A 的超额收益率与市场超额收益率的关系式为

$$r_A - r_f = -2.668 + 1.166(r_M - r_f) \qquad (11.40)$$
$$(-2.149) \quad (3.796)$$

括号内的数字为 t 统计量，调整后的 $R^2 = 0.590$。式（11.40）又称为证券 A 的特征线，如图 11.11 所示。

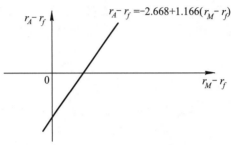

图 11.11　股票 A 的特征线

（二）单因素模型的应用

1. 简化马柯维茨模型的计算

需要说明的是，在单因素模型中，模型本身并没有告诉我们这一单个因素是什么。因此，在实际应用单因素模型时，我们必须根据经验和需要预先确定这一因素。

利用单因素模型，我们可对马柯维茨模型的计算过程进行简化。为了方便理论分析，下面我们假定所研究的证券服从特定的单因素模型——单指数模型，即式（11.39），并对该模型做出如下假设：

（1）e_i 与 e_j 无关，即 $\mathrm{Cov}\,(e_i,\ e_j) = 0$。这是因为各公司微观事件只影响本公司而同其他公司无关。

（2）e_i 与 R_M 无关，即 $\mathrm{Cov}\,(e_i,\ R_M) = 0$。这是因为市场组合的超额收益率是公司以外的宏观因素的综合反映，它与公司的特殊事件一般不存在必然的联系。

（3）e_i 的期望值为零，即 $E\,(e_i) = 0$。它表明尽管一个公司存在许多潜在的不可预知的微观事件，这些微观事件可使证券的收益率高于或低于正常情况下的期望值，但总体上，这些微观因素的影响为零。

由以上假设并根据模型，即式（11.39），我们可以得到

$$\sigma_{ij} = \beta_i \beta_j \sigma_M^2 \qquad (11.41)$$
$$\beta_i = \mathrm{Cov}(R_i,\ R_M)/\sigma_M^2 \qquad (11.42)$$

实际应用中，假设我们已收集到 n 个证券及市场组合的超额收益率的时间序列数据（R_{it}，R_{Mt}）（$i = 1,\ 2,\ \cdots,\ n;\ t = 1,\ 2,\ \cdots,\ N$），可以用下式代替式（11.42）估计 β 值。

$$\beta_i = \frac{\sum_{t=1}^{N}(R_{it} - \overline{R}_i)(R_{Mt} - \overline{R}_M)}{\sum_{t=1}^{N}(R_{Mt} - \overline{R}_M)^2} \qquad (11.43)$$

式中　$\overline{R}_i$、$\overline{R}_M$——证券 i 的超额收益率时间序列和市场超额收益率时间序列的均值。

这样，在马柯维茨模型中，若考虑 n 个证券的证券组合，由（11.43）式，只要估计出 n 个 β 值和 1 个市场组合方差 σ_M^2 值，并利用式（11.41）就可得所有证券两两之间的协方差 σ_{ij}，这比马柯维茨模型中直接计算任意两个证券的协方差系数大大简化。

2. 解释证券组合的风险分散化

假设我们考虑 n 个证券的组合，每一证券的收益率可用单因素模型，即式（11.36）给出，那么

$$r_i = \alpha_i + \beta_i F + e_i \qquad (i = 1, \ 2, \ \cdots, \ n)$$

则证券组合收益率为

$$r_P = \sum_{i=1}^{n} w_i r_i = \sum_{i=1}^{n} w_i(\alpha_i + \beta_i F + e_i) = \alpha_P + \beta_P F + e_P \qquad (11.44)$$

其中

$$\alpha_P = \sum_{i=1}^{n} w_i \alpha_i, \quad \beta_P = \sum_{i=1}^{n} w_i \beta_i, \quad e_P = \sum_{i=1}^{n} w_i e_i$$

证券组合的方差为

$$\sigma_P^2 = \beta_P^2 \sigma_F^2 + \sigma^2(e_P) \qquad (11.45)$$

式（11.45）表明，任一证券组合的风险由系统风险 $\beta_P^2 \sigma_F^2$ 与非系统风险 $\sigma^2(e_P)$ 两部分构成，系统风险来自于宏观因素的不确定性影响，其大小依赖于证券组合对宏观因素的敏感度 β_P。非系统风险来自于证券组合中各证券特殊因素不确定性的影响，它等于各证券特殊风险的加权和，即

$$\sigma^2(e_P) = \sum_{i=1}^{n} w_i^2 \sigma_i^2 \qquad (11.46)$$

式中　σ_i^2——证券 i 的方差。

为便于说明，假设投资者将资金等比例地分配于 n 个证券，即 $w_i = 1/n$。则 $\beta_P = \dfrac{1}{n} \sum_{i=1}^{n} \beta_i$，于是，分散化使组合敏感度平均化，这样系统风险 $\beta_P^2 \sigma_F^2$ 趋于一个稳定值，同时这也说明组合的系统风险是不可能通过分散化加以消除的。但是，组合的非系统风险为

$$\sigma^2(e_P) = \sum_{i=1}^{n} \left(\frac{1}{n}\right)^2 \sigma_i^2 = \frac{1}{n}\overline{\sigma^2(e)} \qquad (11.47)$$

式中　$\overline{\sigma^2(e)}$——各证券非系统风险的平均值。

由式（11.47）可以看出，随着 n 的增大，证券组合的非系统风险 $\sigma^2(e_P)$ 将逐渐减小，并趋向于零。也就是说，非系统风险可以通过分散化加以消除，如图 11.12 所示。

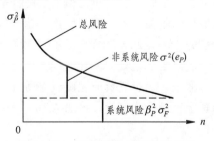

图 11.12　证券组合的风险分散化

（三）多因素模型

单因素模型假定证券的收益率是由某一个因素确定的，而多因素模型认为证券收益率是由多个因素所确定的，如 GNP 的变化、通货膨胀情况、利率的变化等。多因素模型描述任一

证券收益率的产生过程。

多因素模型可以用下述公式表示：

$$r_i = \alpha_i + \beta_{i1}F_1 + \beta_{i2}F_2 + \cdots + \beta_{im}F_m + e_i \tag{11.48}$$

式中　r_i——证券 i 的收益率；

　　　F_1，F_2，$\cdots$，F_m——影响证券收益率的 m 个因素；

　　　e_i——证券 i 的随机误差，是由对应公司的特殊事件引起的，且假定 e_i 与 F 无关，

　　　　　$E(e_i) = 0$；

　　　α_i——待估参数；

　　　β_{i1}，β_{i2}，$\cdots$，β_{im}—— r_i 相对于因素 F_1，F_2，$\cdots$，F_m 的敏感度。

利用多因素模型，证券 i 的期望收益率 $E(r_i)$ 为

$$E(r_i) = a_i + \beta_{i1}E(F_1) + \beta_{i2}E(F_2) + \cdots + \beta_{im}E(F_m) \tag{11.49}$$

但计算方差和协方差的复杂性较单因素模型有所增加。

二、套利定价模型

（一）套利与均衡

套利是指投资者利用相同资产的不同价格来赚取无风险利润的行为。套利定价理论中的"套利"还包括那些"相似证券或证券组合"间的交易行为。根据"一价定律"，即同一种资产不能在同一个或多个市场中以不同的价格出售，否则就会出现套利机会：以相对低的价格购买同一种资产，同时以资产相对高的价格出售。这种套利行为就产生一个价格调整过程，低价购买使得资产价格上升，而高价出售使得资产价格下跌，最后使价格趋于平衡，从而获利机会消失，市场的力量最终使得资产的价格达到一种均衡状态，这就是套利与均衡的关系。现实中存在的套利机会往往具有很大的隐蔽性，需要投资者进行判断和鉴别。

（二）套利组合

为了了解套利定价的概念，我们先从介绍套利组合的例子开始。假设我们考察三种股票，且股票的收益率满足因素为市场组合收益率的单指数模型，设这三种股票的期望收益率 $E(r_i)$ 分别为 15%、20% 和 12%，三只股票相对于该因素的敏感度 β_i 分别为 0.9、3.0 和 1.6。问这三只股票的期望收益率和相应的敏感度是否代表一个均衡状态。

假设一个投资者原先将资金等比例投资于这三种股票，如果用 Δw_i 表示投资于第 i 只股票资金比例的改变量，并记 $\Delta P = (\Delta w_1, \Delta w_2, \Delta w_3)$，称 ΔP 为一个套利组合，它应满足下面条件：

（1）零投资，即它不需要投资者增加额外的投资。该条件表示为

$$\Delta w_1 + \Delta w_2 + \Delta w_3 = 0$$

（2）零风险，即变化后的投资组合的因素风险与原有的投资组合是相同的。该条件表示为

$$\beta_1 \Delta w_1 + \beta_2 \Delta w_2 + \beta_3 \Delta w_3 = 0$$

（3）预期组合收益为正。该条件表示为

$$E(r_1)\Delta w_1 + E(r_2)\Delta w_2 + E(r_3)\Delta w_3 > 0$$

将上述例中的数据代入三个条件式，得方程组

$$\Delta w_1 + \Delta w_2 + \Delta w_3 = 0 \tag{11.50}$$

$$0.9\Delta w_1 + 3.0\Delta w_2 + 1.6\Delta w_3 = 0 \tag{11.51}$$

$$15\%\,\Delta w_1 + 20\%\,\Delta w_2 + 12\%\,\Delta w_3 > 0 \tag{11.52}$$

由式（11.50）和式（11.51）得

$$\Delta w_1 = (-2/3)\Delta w_3$$

$$\Delta w_2 = (-1/3)\Delta w_3$$

将 Δw_1、Δw_2 代入式（11.52），可推得

$$\Delta w_3 < 0$$

综上可得：$\Delta w_1 > 0$，$\Delta w_2 > 0$，$\Delta w_3 < 0$。这说明该投资者应减少在第三只股票上的投资，把抽取的资金相应投资在第一、第二只股票上。比如，在第三只股票上减少一半的投资，即 $\Delta w_3 = -\dfrac{1}{2}w_3 = -\dfrac{1}{2} \times \dfrac{1}{3} = -\dfrac{1}{6}$，则 $\Delta w_1 = -\dfrac{2}{3}\Delta w_3 = \dfrac{1}{9}$，$\Delta w_2 = -\dfrac{1}{3}\Delta w_3 = \dfrac{1}{18}$，代入（11.52），可得组合 ΔP 对应的期望收益率为 0.78%。这说明 ΔP 是一个套利组合，同时说明三只股票的期望收益率和相应的敏感度并非处于均衡状态。

通过建立套利组合，投资者原有组合转变为一个新组合。新组合在未增加额外资金和因素风险的情况下，增加了新组合的期望收益率。套利理论认为当市场存在套利机会时，理性投资者就会利用这种机会。当投资者都这样做时，就会促使证券价格变动，从而使这种套利机会逐渐消失，市场达到均衡。

（三）套利定价模型

套利定价理论的一个基础性假设是，证券收益率是基于单因素或多因素模型基础上的描述。这个理论本身并不要求明确这些因素的个数和内容。假设证券 i 的收益率服从 m 个因素的因素模型

$$r_i = \alpha_i + \beta_{i1}F_1 + \beta_{i2}F_2 + \cdots + \beta_{im}F_m + e_i \qquad (i = 1,\ 2,\ \cdots,\ n)$$

设投资组合为 $P = (w_1,\ w_2,\ \cdots,\ w_n)$，套利组合为 $\Delta P = (\Delta w_1,\ \Delta w_2,\ \cdots,\ \Delta w_n)$，则套利组合的期望收益率为

$$E(r_{\Delta P}) = \Delta w_1 E(r_1) + \Delta w_2 E(r_2) + \cdots + \Delta w_n E(r_n) \tag{11.53}$$

投资者进行套利的目标就是使套利组合的期望收益率达到最大，这实际上可以转化为带有约束条件的极值问题。作如下拉格朗日函数

$$L = [\Delta w_1 E(r_1) + \Delta w_2 E(r_2) + \cdots + \Delta w_n E(r_n)] - \lambda_0 (\Delta w_1 + \Delta w_2 + \cdots + \Delta w_n) -$$
$$\lambda_1 (\beta_{11}\Delta w_1 + \beta_{12}\Delta w_2 + \cdots + \beta_{1n}\Delta w_n) - \cdots - \lambda_m (\beta_{m1}\Delta w_1 + \beta_{m2}\Delta w_2 + \cdots + \beta_{mn}\Delta w_n)$$

分别求 L 对 Δw_i，λ_0，λ_1，$\cdots$，λ_m 的一阶偏导数并令其等于零，可得市场处于均衡状态

时，$E(r_i)$ 与 β_i 的关系为

$$E(r_i) = \lambda_0 + \lambda_1 \beta_{1i} + \lambda_2 \beta_{2i} + \cdots + \lambda_m \beta_{mi} \qquad (11.54)$$

这就是含有 m 个因素的套利定价模型，其中 λ_0，λ_1，λ_2，$\cdots$，λ_m 为常数。

　　套利定价模型表明，当市场不存在套利机会时，市场达到均衡状态，此时证券的期望收益率便完全由它所承担的因素风险所决定，承担相同因素风险的证券应具有相同的期望收益率。$E(r_i)$ 与 β 必须保持线性关系，否则，投资者就可以通过套利活动提高其投资组合的期望收益率。

　　特别地，当考虑的因素模型为单因素模型时，则套利定价模型变为

$$E(r_i) = \lambda_0 + \lambda_1 \beta_i \qquad (11.55)$$

习　题

1. 设有三种股票 A、B、C，其期望收益率、标准差、相关系数见表 11.5。

表　11.5

股票名称	期望收益率	标准差	相 关 系 数		
			A	B	C
A	5%	8%	1.00	0.50	− 1.00
B	10%	12%	0.50	1.00	− 0.30
C	15%	20%	− 1.00	− 0.30	1.00

　　（1）试画出 A 与 B 组合的组合线；

　　（2）试求出 A 与 C 的组合比重 w_A、w_C，使 A 与 C 构成的投资组合的风险为零；

　　（3）若知投资组合 $P = (w_A, w_B, w_C) = (0.3, 0.3, 0.4)$，试求该组合的期望收益率和风险。

2. 设存在无风险资产 F，其收益率为 3%，利用习题 1 中股票 A、B 的数据。

　　（1）取 A 与 B 的组合线上的一个组合 $T = (w_A, w_B) = (0.4, 0.6)$，试写出始于 F 且过 T 点的资本配置线 $\mathrm{CAL}(T)$ 方程，并画出图形；

　　（2）试写出始于 F 点的最优配置线方程，并画出图形。

3. 什么是资本市场线？什么是证券市场线？两者有何区别？

4. 什么是市场组合？

5. 分离定理的含义是什么？

6. 假设市场组合的标准差为 15%，若三种证券 A、B、C 与市场组合的协方差分别为 0.05、0.02、0.03，试分别计算这三种证券的 β 值。

7. 假设某个投资者的投资组合由习题 6 中的三种证券组成，其组合比例分别为 0.3、0.1、0.6，试求出该投资组合的 β 值。

8. 市场组合的收益率为 13%，无风险收益率为 3%。

　　（1）试画出证券市场线，写出证券市场线的方程；

　　（2）试分别求出习题 6 中三种证券 A、B、C 的均衡预期收益率。

9. 设习题 6 中的三种证券的非系统风险分别为 $\sigma_{eA} = 11.5\%$，$\sigma_{eB} = 4.5\%$，$\sigma_{eC} = 7.2\%$，市场组合的收益率为 13%，无风险收益率为 3%。试求投资组合 $P = (0.3，0.1，0.6)$ 的均衡预期收益率与对应的系统风险、非系统风险。

10. 什么是套利? 确定为一个套利组合的条件是什么?

11. 若某投资者拥有一个组合具有表 11.6 所列的特征 (设收益率可由单因素模型生成)。该投资者决定增加证券 C 的持有比例 0.1 来创造一个套利组合，问:

表　11.6

证券名称	期望收益率	因素敏感性	组合比例
A	5%	0.45	0.4
B	10%	3.0	0.4
C	18%	1.8	0.2

(1) 在该套利组合中其他两证券的比例是多少?

(2) 该套利组合的预期收益率是多少?

(3) 假如市场上的每个投资者都如此作套利投资，则对这二种证券的价格有怎样的影响?

附　　表

附表一　一次支付终值系数（F/P，i，n）表

i \ n	0.75%	1%	1.5%	2%	2.5%	3%	4%	5%	6%
1	1.007 5	1.010 0	1.015 0	1.020 0	1.025 0	1.030 0	1.040 0	1.050 0	1.060 0
2	1.015 1	1.020 1	1.030 2	1.040 4	1.050 6	1.060 9	1.081 6	1.102 5	1.123 6
3	1.022 7	1.030 3	1.045 7	1.061 2	1.076 9	1.092 7	1.124 9	1.157 6	1.191 0
4	1.030 3	1.040 6	1.061 4	1.082 4	1.103 8	1.125 5	1.169 9	1.215 5	1.262 5
5	1.038 1	1.051 0	1.077 3	1.104 1	1.131 4	1.159 3	1.216 7	1.276 3	1.338 2
6	1.045 9	1.061 5	1.093 4	1.126 2	1.159 7	1.194 1	1.265 3	1.340 1	1.418 5
7	1.053 7	1.072 1	1.109 8	1.148 7	1.188 7	1.229 9	1.315 9	1.407 1	1.503 6
8	1.061 6	1.082 9	1.126 5	1.171 7	1.218 4	1.266 8	1.368 6	1.477 5	1.593 8
9	1.069 6	1.093 7	1.143 4	1.195 1	1.248 9	1.304 8	1.423 3	1.551 3	1.689 5
10	1.077 6	1.104 6	1.160 5	1.219 0	1.280 1	1.343 9	1.480 2	1.628 9	1.790 8
11	1.085 7	1.115 7	1.177 9	1.243 4	1.312 1	1.384 2	1.539 5	1.710 3	1.898 3
12	1.093 8	1.126 8	1.195 6	1.268 2	1.344 9	1.425 8	1.601 0	1.795 9	2.012 2
13	1.102 0	1.138 1	1.213 6	1.293 6	1.378 5	1.468 5	1.665 1	1.885 6	2.132 9
14	1.110 3	1.149 5	1.231 8	1.319 5	1.413 0	1.512 6	1.731 7	1.979 9	2.260 9
15	1.118 6	1.161 0	1.250 2	1.345 9	1.448 3	1.558 0	1.800 9	2.078 9	2.396 6
16	1.127 0	1.172 6	1.269 0	1.372 8	1.484 5	1.604 7	1.873 0	2.182 9	2.540 4
17	1.135 4	1.184 3	1.288 0	1.400 2	1.521 6	1.652 8	1.947 9	2.292 0	2.692 8
18	1.144 0	1.196 1	1.307 3	1.428 2	1.559 7	1.702 4	2.025 8	2.406 6	2.854 3
19	1.152 5	1.208 1	1.327 0	1.456 8	1.598 7	1.753 5	2.106 8	2.527 0	3.025 6
20	1.161 2	1.220 2	1.346 9	1.485 9	1.638 6	1.806 1	2.191 1	2.653 3	3.207 1
21	1.169 9	1.232 4	1.367 1	1.515 7	1.679 6	1.860 3	2.278 8	2.786 0	3.399 6
22	1.178 7	1.244 7	1.387 6	1.546 0	1.721 6	1.916 1	2.369 9	2.925 3	3.603 5
23	1.187 5	1.257 2	1.408 4	1.576 9	1.764 6	1.973 6	2.464 7	3.071 5	3.819 7
24	1.196 4	1.269 7	1.429 5	1.608 4	1.808 7	2.032 8	2.563 3	3.225 1	4.048 9
25	1.205 4	1.282 4	1.450 9	1.640 6	1.853 9	2.093 8	2.665 8	3.386 4	4.291 9
26	1.214 4	1.295 3	1.472 7	1.673 4	1.900 3	2.156 6	2.772 5	3.555 7	4.549 4
27	1.223 5	1.308 2	1.494 8	1.706 9	1.947 8	2.221 3	2.883 4	3.733 5	4.822 3
28	1.232 7	1.321 3	1.517 2	1.741 0	1.996 5	2.287 9	2.998 7	3.920 1	5.111 7
29	1.242 0	1.334 5	1.540 0	1.775 8	2.046 4	2.356 6	3.118 7	4.116 1	5.418 4
30	1.251 3	1.347 8	1.563 1	1.811 4	2.097 6	2.427 3	3.243 4	4.321 9	5.743 5
31	1.260 7	1.361 3	1.586 5	1.847 6	2.150 0	2.500 1	3.373 1	4.538 0	6.088 1
32	1.270 1	1.374 9	1.610 3	1.884 5	2.203 8	2.575 1	3.508 1	4.764 9	6.453 4
33	1.279 6	1.388 7	1.634 5	1.922 2	2.258 9	2.652 3	3.648 4	5.003 2	6.840 6
34	1.289 2	1.402 6	1.659 0	1.960 7	2.315 3	2.731 9	3.794 3	5.253 3	7.251 0
35	1.298 9	1.416 6	1.683 9	1.999 9	2.373 2	2.813 9	3.946 1	5.516 0	7.686 1
40	1.348 3	1.488 9	1.814 0	2.208 0	2.685 1	3.262 0	4.801 0	7.040 0	10.285 7
45	1.399 7	1.564 8	1.954 2	2.437 9	3.037 9	3.781 6	5.841 2	8.985 0	13.764 6
50	1.453 0	1.644 6	2.105 2	2.691 6	3.437 1	4.383 9	7.106 7	11.467 4	18.420 2
55	1.508 3	1.728 5	2.267 9	2.971 7	3.888 8	5.082 1	8.646 4	14.635 6	24.650 3
60	1.565 7	1.816 7	2.443 2	3.281 0	4.399 8	5.891 6	10.519 6	18.679 2	32.987 7
65	1.625 3	1.909 4	2.632 0	3.622 5	4.978 0	6.830 0	12.798 7	23.839 9	44.145 0
70	1.687 2	2.006 8	2.835 5	3.999 6	5.632 1	7.917 8	15.571 6	30.426 4	59.075 9
75	1.751 4	2.109 1	3.054 6	4.415 8	6.372 2	9.178 9	18.945 3	38.832 7	79.056 9
80	1.818 0	2.216 7	3.290 7	4.875 4	7.209 6	10.640 9	23.049 8	49.561 4	105.796 0
85	1.887 3	2.329 8	3.545 0	5.382 9	8.157 0	12.335 7	28.043 6	63.254 4	141.578 9
90	1.959 1	2.448 6	3.818 9	5.943 1	9.228 9	14.300 5	34.119 3	80.730 4	189.464 5
95	2.033 7	2.573 5	4.114 1	6.561 7	10.441 6	16.578 2	41.511 4	103.034 7	253.546 3
100	2.111 1	2.704 8	4.432 0	7.244 6	11.813 7	19.218 6	50.504 9	131.501 3	339.302 1

续　附　表（一）

i n	7%	8%	9%	10%	12%	15%	20%	25%	30%
1	1.070 0	1.080 0	1.090 0	1.100 0	1.120 0	1.150 0	1.200 0	1.250 0	1.300 0
2	1.144 9	1.166 4	1.188 1	1.210 0	1.254 4	1.322 5	1.440 0	1.562 5	1.690 0
3	1.225 0	1.259 7	1.295 0	1.331 0	1.404 9	1.520 9	1.728 0	1.953 1	2.197 0
4	1.310 8	1.360 5	1.411 6	1.464 1	1.573 5	1.749 0	2.073 6	2.441 4	2.856 1
5	1.402 6	1.469 3	1.538 6	1.610 5	1.762 3	2.011 4	2.488 3	3.051 8	3.712 9
6	1.500 7	1.586 9	1.677 1	1.771 6	1.973 8	2.313 1	2.986 0	3.814 7	4.826 8
7	1.605 8	1.713 8	1.828 0	1.948 7	2.210 7	2.660 0	3.583 2	4.768 4	6.274 9
8	1.718 2	1.850 9	1.992 6	2.143 6	2.476 0	3.059 0	4.299 8	5.960 5	8.157 3
9	1.838 5	1.999 0	2.171 9	2.357 9	2.773 1	3.517 9	5.159 8	7.450 6	10.604 5
10	1.967 2	2.158 9	2.367 4	2.593 7	3.105 8	4.045 6	6.191 7	9.313 2	13.785 8
11	2.104 9	2.331 6	2.580 4	2.853 1	3.478 5	4.652 4	7.430 1	11.641 5	17.921 6
12	2.252 2	2.518 2	2.812 7	3.138 4	3.896 0	5.350 3	8.916 1	14.551 9	23.298 1
13	2.409 8	2.719 6	3.065 8	3.452 3	4.363 5	6.152 8	10.699 3	18.189 9	30.287 5
14	2.578 5	2.937 2	3.341 7	3.797 5	4.887 1	7.075 7	12.839 2	22.737 4	39.373 8
15	2.759 0	3.172 2	3.642 5	4.177 2	5.473 6	8.137 1	15.407 0	28.421 7	51.185 9
16	2.952 2	3.425 9	3.970 3	4.595 0	6.130 4	9.357 6	18.488 4	35.527 1	66.541 7
17	3.158 8	3.700 0	4.327 6	5.054 5	6.866 0	10.761 3	22.186 1	44.408 9	86.504 2
18	3.379 9	3.996 0	4.717 1	5.559 9	7.690 0	12.375 5	26.623 3	55.511 2	112.455 4
19	3.616 5	4.315 7	5.141 7	6.115 9	8.612 8	14.231 8	31.948 0	69.388 9	146.192 0
20	3.869 7	4.661 0	5.604 4	6.727 5	9.646 3	16.366 5	38.337 6	86.736 2	190.049 6
21	4.140 6	5.033 8	6.108 8	7.400 2	10.803 8	18.821 5	46.005 1	108.420 2	247.064 5
22	4.430 4	5.436 5	6.658 6	8.140 3	12.100 3	21.644 7	55.206 1	135.525 3	321.183 9
23	4.740 5	5.871 5	7.257 9	8.954 3	13.552 3	24.891 5	66.247 4	169.406 6	417.539 1
24	5.072 4	6.341 2	7.911 1	9.849 7	15.178 6	28.625 2	79.496 8	211.758 2	542.800 8
25	5.427 4	6.848 5	8.623 1	10.834 7	17.000 1	32.919 0	95.396 2	264.697 8	705.641 0
26	5.807 4	7.396 4	9.399 2	11.918 2	19.040 1	37.856 8	114.475 5	330.872 2	917.333 3
27	6.213 9	7.988 1	10.245 1	13.110 0	21.324 9	43.535 3	137.370 6	413.590 3	1 192.533 3
28	6.648 8	8.627 1	11.167 1	14.421 0	23.883 9	50.065 6	164.844 7	516.987 9	1 550.293 3
29	7.114 3	9.317 3	12.172 2	15.863 1	26.749 9	57.575 5	197.813 6	646.234 9	2 015.381 3
30	7.612 3	10.062 7	13.267 7	17.449 4	29.959 9	66.211 8	237.376 3	807.793 6	2 619.995 6
31	8.145 1	10.867 7	14.461 8	19.194 3	33.555 1	76.143 5	284.851 6	1 009.742 0	3 405.994 3
32	8.715 3	11.737 1	15.763 3	21.113 8	37.581 7	87.565 1	341.821 9	1 262.177 4	4 427.792 6
33	9.325 3	12.676 0	17.182 0	23.225 2	42.091 5	100.699 8	410.186 3	1 577.721 8	5 756.130 4
34	9.978 1	13.690 1	18.728 4	25.547 7	47.142 5	115.804 8	492.223 5	1 972.152 3	7 482.969 6
35	10.676 6	14.785 3	20.414 0	28.102 4	52.799 6	133.175 5	590.668 2	2 465.190 3	9 727.890 4
40	14.974 5	21.724 5	31.409 4	45.259 3	93.051 0	267.863 5	1 469.771 6		
45	21.002 5	31.920 4	48.327 3	72.890 5	163.987 6	538.769 3	3 657.262 0		
50	29.457 0	46.901 6	74.357 5	117.390 9	289.002 2	1 083.657 4	9 100.438 2		
55	41.315 0	68.913 9	114.408 3	189.059 1					
60	57.946 4	101.257 1	176.031 3	304.481 6					
65	81.272 9	148.779 8	270.846 0	490.370 7					
70	113.989 4	218.606 4	416.730 1	789.747 0					
75	159.876 0	321.204 5	641.190 9	1 271.895 4					
80	224.234 4	471.954 8	986.551 7	2 048.400 2					
85	314.500 3	693.456 5	1 517.932 0	3 298.969 0					
90	441.103 0	1 018.915 1	2 335.526 6	5 313.022 6					
95	618.669 7	1 497.120 5	3 593.497 1	8 556.676 0					
100	867.716 3	2 199.761 3	5 529.040 8	13 730.612 3					

附表二　一次支付现值系数（P/F, i, n）表

n＼i	0.75%	1%	1.5%	2%	2.5%	3%	4%	5%	6%
1	0.992 6	0.990 1	0.985 2	0.980 4	0.975 6	0.970 9	0.961 5	0.952 4	0.943 4
2	0.985 2	0.980 3	0.970 7	0.961 2	0.951 8	0.942 6	0.924 6	0.907 0	0.890 0
3	0.977 8	0.970 6	0.956 3	0.942 3	0.928 6	0.915 1	0.889 0	0.863 8	0.839 6
4	0.970 6	0.961 0	0.942 2	0.923 8	0.906 0	0.888 5	0.854 8	0.822 7	0.792 1
5	0.963 3	0.951 5	0.928 3	0.905 7	0.883 9	0.862 6	0.821 9	0.783 5	0.747 3
6	0.956 2	0.942 0	0.914 5	0.888 0	0.862 3	0.837 5	0.790 3	0.746 2	0.705 0
7	0.949 0	0.932 7	0.901 0	0.870 6	0.841 3	0.813 1	0.759 9	0.710 7	0.665 1
8	0.942 0	0.923 5	0.887 7	0.853 5	0.820 7	0.789 4	0.730 7	0.676 8	0.627 4
9	0.935 0	0.914 3	0.874 6	0.836 8	0.800 7	0.766 4	0.702 6	0.644 6	0.591 9
10	0.928 0	0.905 3	0.861 7	0.820 3	0.781 2	0.744 1	0.675 6	0.613 9	0.558 4
11	0.921 1	0.896 3	0.848 9	0.804 3	0.762 1	0.722 4	0.649 6	0.584 7	0.526 8
12	0.914 2	0.887 4	0.836 4	0.788 5	0.743 6	0.701 4	0.624 6	0.556 8	0.497 0
13	0.907 4	0.878 7	0.824 0	0.773 0	0.725 4	0.681 0	0.600 6	0.530 3	0.468 8
14	0.900 7	0.870 0	0.811 8	0.757 9	0.707 7	0.661 1	0.577 5	0.505 1	0.442 3
15	0.894 0	0.861 3	0.799 9	0.743 0	0.690 5	0.641 9	0.555 3	0.481 0	0.417 3
16	0.887 3	0.852 8	0.788 0	0.728 4	0.673 6	0.623 2	0.533 9	0.458 1	0.393 6
17	0.880 7	0.844 4	0.776 4	0.714 2	0.657 2	0.605 0	0.513 4	0.436 3	0.371 4
18	0.874 2	0.836 0	0.764 9	0.700 2	0.641 2	0.587 4	0.493 6	0.415 5	0.350 3
19	0.867 6	0.827 7	0.753 6	0.686 4	0.625 5	0.570 3	0.474 6	0.395 7	0.330 5
20	0.861 2	0.819 5	0.742 5	0.673 0	0.610 3	0.553 7	0.456 4	0.376 9	0.311 8
21	0.854 8	0.811 4	0.731 5	0.659 8	0.595 4	0.537 5	0.438 8	0.358 9	0.294 2
22	0.848 4	0.803 4	0.720 7	0.646 8	0.580 9	0.521 9	0.422 0	0.341 8	0.277 5
23	0.842 1	0.795 4	0.710 0	0.634 2	0.566 7	0.506 7	0.405 7	0.325 6	0.261 8
24	0.835 8	0.787 6	0.699 5	0.621 7	0.552 9	0.491 9	0.390 1	0.310 1	0.247 0
25	0.829 6	0.779 8	0.689 2	0.609 5	0.539 4	0.477 6	0.375 1	0.295 3	0.233 0
26	0.823 4	0.772 0	0.679 0	0.597 6	0.526 2	0.463 7	0.360 7	0.281 2	0.219 8
27	0.817 3	0.764 4	0.669 0	0.585 9	0.513 4	0.450 2	0.346 8	0.267 8	0.207 4
28	0.811 2	0.756 8	0.659 1	0.574 4	0.500 9	0.437 1	0.333 5	0.255 1	0.195 6
29	0.805 2	0.749 3	0.649 4	0.563 1	0.488 7	0.424 3	0.320 7	0.242 9	0.184 6
30	0.799 2	0.741 9	0.639 8	0.552 1	0.476 7	0.412 0	0.308 3	0.231 4	0.174 1
31	0.793 2	0.734 6	0.630 3	0.541 2	0.465 1	0.400 0	0.296 5	0.220 4	0.164 3
32	0.787 3	0.727 3	0.621 0	0.530 6	0.453 8	0.388 3	0.285 1	0.209 9	0.155 0
33	0.781 5	0.720 1	0.611 8	0.520 2	0.442 7	0.377 0	0.274 1	0.199 9	0.146 2
34	0.775 7	0.713 0	0.602 8	0.510 0	0.431 9	0.366 0	0.263 6	0.190 4	0.137 9
35	0.769 9	0.705 9	0.593 9	0.500 0	0.421 4	0.355 4	0.253 4	0.181 3	0.130 1
40	0.741 6	0.671 7	0.551 3	0.452 9	0.372 4	0.306 6	0.208 3	0.142 0	0.097 2
45	0.714 5	0.639 1	0.511 7	0.410 2	0.329 2	0.264 4	0.171 2	0.111 3	0.072 7
50	0.688 3	0.608 0	0.475 0	0.371 5	0.290 9	0.228 1	0.140 7	0.087 2	0.054 3
55	0.663 0	0.578 5	0.440 9	0.336 5	0.257 2	0.196 8	0.115 7	0.068 3	0.040 6
60	0.638 7	0.550 4	0.409 3	0.304 8	0.227 3	0.169 7	0.095 1	0.053 5	0.030 3
65	0.615 3	0.523 7	0.379 9	0.276 1	0.200 9	0.146 4	0.078 1	0.041 9	0.022 7
70	0.592 7	0.498 3	0.352 7	0.250 0	0.177 6	0.126 3	0.064 2	0.032 9	0.016 9
75	0.571 0	0.474 1	0.327 4	0.226 5	0.156 9	0.108 9	0.052 8	0.025 8	0.012 6
80	0.550 0	0.451 1	0.303 9	0.205 1	0.138 7	0.094 0	0.043 4	0.020 2	0.009 5
85	0.529 9	0.429 2	0.282 1	0.185 8	0.122 6	0.081 1	0.035 7	0.015 8	0.007 1
90	0.510 4	0.408 4	0.261 9	0.168 3	0.108 4	0.069 9	0.029 3	0.012 4	0.005 3
95	0.491 7	0.388 6	0.243 1	0.152 4	0.095 8	0.060 3	0.024 1	0.009 7	0.003 9
100	0.473 7	0.369 7	0.225 6	0.138 0	0.084 6	0.052 0	0.019 8	0.007 6	0.002 9

续 附 表（二）

$\frac{i}{n}$	7%	8%	9%	10%	12%	15%	20%	25%	30%
1	0.934 6	0.925 9	0.917 4	0.909 1	0.892 9	0.869 6	0.833 3	0.800 0	0.769 2
2	0.873 4	0.857 3	0.841 7	0.826 4	0.797 2	0.756 1	0.694 4	0.640 0	0.591 7
3	0.816 3	0.793 8	0.772 2	0.751 3	0.711 8	0.657 5	0.578 7	0.512 0	0.455 2
4	0.762 9	0.735 0	0.708 4	0.683 0	0.635 5	0.571 8	0.482 3	0.409 6	0.350 1
5	0.713 0	0.680 6	0.649 9	0.620 9	0.567 4	0.497 2	0.401 9	0.327 7	0.269 3
6	0.666 3	0.630 2	0.596 3	0.564 5	0.506 6	0.432 3	0.334 9	0.262 1	0.207 2
7	0.622 7	0.583 5	0.547 0	0.513 2	0.452 3	0.375 9	0.279 1	0.209 7	0.159 4
8	0.582 0	0.540 3	0.501 9	0.466 5	0.403 9	0.326 9	0.232 6	0.167 8	0.122 6
9	0.543 9	0.500 2	0.460 4	0.424 1	0.360 6	0.284 3	0.198 8	0.134 2	0.094 3
10	0.508 3	0.463 2	0.422 4	0.385 5	0.322 0	0.247 2	0.161 5	0.107 4	0.072 5
11	0.475 1	0.428 9	0.387 5	0.350 5	0.287 5	0.214 9	0.134 6	0.085 9	0.055 8
12	0.444 0	0.397 1	0.355 5	0.318 6	0.256 7	0.186 9	0.112 2	0.068 7	0.042 9
13	0.415 0	0.367 7	0.326 2	0.289 7	0.229 2	0.162 5	0.093 5	0.055 0	0.033 0
14	0.387 8	0.340 5	0.299 2	0.263 3	0.204 6	0.141 3	0.077 9	0.044 0	0.025 4
15	0.362 4	0.315 2	0.274 5	0.239 4	0.182 7	0.122 9	0.064 9	0.035 2	0.019 5
16	0.338 7	0.291 9	0.251 9	0.217 6	0.163 1	0.106 9	0.054 1	0.028 1	0.015 0
17	0.316 6	0.270 3	0.231 1	0.197 8	0.145 6	0.092 9	0.045 1	0.022 5	0.011 6
18	0.295 9	0.250 2	0.212 0	0.179 9	0.130 0	0.080 8	0.037 6	0.018 0	0.008 9
19	0.276 5	0.231 7	0.194 5	0.163 5	0.116 1	0.070 3	0.031 3	0.014 4	0.006 8
20	0.258 4	0.214 5	0.178 4	0.148 6	0.103 7	0.061 1	0.026 1	0.011 5	0.005 3
21	0.241 5	0.198 7	0.163 7	0.135 1	0.092 6	0.053 1	0.021 7	0.009 2	0.004 0
22	0.225 7	0.183 9	0.150 2	0.122 8	0.082 6	0.046 2	0.018 1	0.007 4	0.003 1
23	0.210 9	0.170 3	0.137 8	0.111 7	0.073 8	0.040 2	0.015 1	0.005 9	0.002 4
24	0.197 1	0.157 7	0.126 4	0.101 5	0.065 9	0.034 9	0.012 6	0.004 7	0.001 8
25	0.184 2	0.146 0	0.116 0	0.092 3	0.058 8	0.030 4	0.010 5	0.003 8	0.001 4
26	0.172 2	0.135 2	0.106 4	0.083 9	0.052 5	0.026 4	0.008 7	0.003 0	0.001 1
27	0.160 9	0.125 2	0.097 6	0.076 3	0.046 9	0.023 0	0.007 3	0.002 4	0.000 8
28	0.150 4	0.115 9	0.089 5	0.069 3	0.041 9	0.020 0	0.006 1	0.001 9	0.000 6
29	0.140 6	0.107 3	0.082 2	0.063 0	0.037 4	0.017 4	0.005 1	0.001 5	0.000 5
30	0.131 4	0.099 4	0.075 4	0.057 3	0.033 4	0.015 1	0.004 2	0.001 2	0.000 4
31	0.122 8	0.092 0	0.069 1	0.052 1	0.029 8	0.013 1	0.003 5	0.001 0	0.000 3
32	0.114 7	0.085 2	0.063 4	0.047 4	0.026 6	0.011 4	0.002 9	0.000 8	0.000 2
33	0.107 2	0.078 9	0.058 2	0.043 1	0.023 8	0.009 9	0.002 4	0.000 6	0.000 2
34	0.100 2	0.073 0	0.053 4	0.039 1	0.021 2	0.008 6	0.002 0	0.000 5	0.000 1
35	0.093 7	0.067 6	0.049 0	0.035 6	0.018 9	0.007 5	0.001 7	0.000 4	0.000 1
40	0.066 8	0.046 0	0.031 8	0.022 1	0.010 7	0.003 7	0.000 7		
45	0.047 6	0.031 3	0.020 7	0.013 7	0.006 1	0.001 9	0.000 3		
50	0.033 9	0.021 3	0.013 4	0.008 5	0.003 5	0.000 9	0.000 1		
55	0.024 2	0.014 5	0.008 7	0.005 3					
60	0.017 3	0.009 9	0.005 7	0.003 3					
65	0.012 3	0.006 7	0.003 7	0.002 0					
70	0.008 8	0.004 6	0.002 4	0.001 3					
75	0.006 3	0.003 1	0.001 6	0.000 8					
80	0.004 5	0.002 1	0.001 0	0.000 5					
85	0.003 2	0.001 4	0.000 7	0.000 3					
90	0.002 3	0.001 0	0.000 4	0.000 2					
95	0.001 6	0.000 7	0.000 3	0.000 1					
100	0.001 2	0.000 5	0.000 2	0.000 1					

附表三　等额支付系列终值系数（F/A, i, n）表

n \ i	0.75%	1%	1.5%	2%	2.5%	3%	4%	5%	6%
1	1.000 0	1.000 0	1.000 0	1.000 0	1.000 0	1.000 0	1.000 0	1.000 0	1.000 0
2	2.007 5	2.010 0	2.015 0	2.020 0	2.025 0	2.030 0	2.040 0	2.050 0	2.060 0
3	3.022 6	3.030 1	3.045 2	3.060 4	3.075 6	3.090 9	3.121 6	3.152 5	3.183 6
4	4.045 2	4.060 4	4.090 9	4.121 6	4.152 5	4.183 6	4.246 5	4.310 1	4.374 6
5	5.075 6	5.101 0	5.152 3	5.204 0	5.256 3	5.309 1	5.416 3	5.525 6	5.637 1
6	6.113 6	6.152 0	6.229 6	6.308 1	6.387 7	6.468 4	6.633 0	6.801 9	6.975 3
7	7.159 5	7.213 5	7.323 0	7.434 3	7.547 4	7.662 5	7.898 3	8.142 0	8.393 8
8	8.213 2	8.285 7	8.432 8	8.583 0	8.736 1	8.892 3	9.214 2	9.549 1	9.897 5
9	9.274 8	9.368 5	9.559 3	9.754 6	9.954 5	10.159 1	10.582 8	11.026 6	11.491 3
10	10.344 3	10.462 2	10.702 7	10.949 7	11.203 4	11.463 9	12.006 1	12.577 9	13.180 8
11	11.421 9	11.566 8	11.863 3	12.168 7	12.483 5	12.807 8	13.486 4	14.206 8	14.971 6
12	12.507 6	12.682 5	13.041 2	13.412 1	13.795 6	14.192 0	15.025 8	15.917 1	16.869 9
13	13.601 4	13.809 3	14.236 8	14.680 3	15.140 4	15.617 8	16.626 8	17.713 0	18.882 1
14	14.703 4	14.947 4	15.450 4	15.973 9	16.519 0	17.086 3	18.291 9	19.598 6	21.015 1
15	15.813 7	16.096 9	16.682 1	17.293 4	17.931 9	18.598 9	20.023 6	21.578 6	23.276 0
16	16.932 3	17.257 9	17.932 4	18.639 3	19.380 2	20.156 9	21.824 5	23.657 5	25.672 5
17	18.059 3	18.430 4	19.201 4	20.012 1	20.864 7	21.761 6	23.697 5	25.840 4	28.212 9
18	19.194 7	19.641 7	20.489 4	21.412 3	22.386 3	23.414 4	25.645 4	28.132 4	30.905 7
19	20.338 7	20.810 9	21.796 7	22.840 6	23.946 0	25.116 9	27.671 2	30.539 0	33.760 0
20	21.491 2	22.019 0	23.123 7	24.297 4	25.544 7	26.870 4	29.778 1	33.066 0	36.785 6
21	22.652 4	23.239 2	24.470 5	25.783 3	27.183 3	28.676 5	31.969 2	35.719 3	39.992 7
22	23.822 3	24.471 6	25.837 6	27.299 0	28.862 9	30.536 8	34.248 0	38.505 2	43.392 3
23	25.001 0	25.716 3	27.225 1	28.845 0	30.584 4	32.452 9	36.617 9	41.430 5	46.995 8
24	26.188 6	26.973 5	28.633 5	30.421 9	32.349 0	34.426 5	39.082 6	44.502 0	50.815 6
25	27.384 9	28.243 2	30.063 0	32.030 3	34.157 8	36.459 3	41.645 9	47.727 1	54.864 5
26	28.590 3	29.525 6	31.514 0	33.670 9	36.011 7	38.553 0	44.311 7	54.113 5	59.156 4
27	29.804 7	30.820 9	32.986 7	35.344 3	37.912 0	40.709 6	47.084 2	54.669 1	63.705 8
28	31.028 2	32.129 1	34.481 5	37.051 2	39.859 8	42.930 9	49.967 6	58.402 6	68.528 1
29	32.260 9	33.450 4	35.998 7	38.792 2	41.856 3	45.218 9	52.966 3	62.322 7	73.639 8
30	33.502 9	34.784 9	37.538 7	40.458 1	43.902 7	47.575 4	56.084 9	66.438 8	79.058 2
31	34.754 2	36.132 7	39.101 8	42.379 4	46.000 3	50.002 7	59.328 3	70.760 8	84.801 7
32	36.014 8	37.494 1	40.688 3	44.227 0	48.150 3	52.502 8	62.701 5	75.298 8	90.889 8
33	37.284 9	38.869 0	42.298 6	46.111 6	50.354 0	55.077 8	66.209 5	80.063 8	97.343 2
34	38.564 6	40.257 7	43.933 1	48.033 8	52.612 9	57.730 2	69.857 9	85.067 0	104.183 8
35	39.853 8	41.660 3	45.592 1	49.994 5	54.928 2	60.462 1	73.652 2	90.320 3	111.434 8
40	46.446 5	48.886 4	54.267 9	60.402 0	67.402 6	75.401 3	95.025 5	120.799 8	154.762 0
45	53.290 1	56.481 1	63.614 2	71.892 7	81.516 1	92.719 9	121.029 4	159.700 2	212.743 5
50	60.394 3	64.463 2	73.682 8	84.579 4	97.484 3	112.796 9	152.667 1	209.348 0	290.335 9
55	67.768 8	72.852 5	84.529 6	98.586 5	115.550 9	136.071 6	191.159 2	272.712 6	394.172 0
60	75.424 1	81.669 7	96.214 7	114.051 5	135.991 6	163.053 4	237.990 7	353.583 7	533.128 2
65	83.370 9	90.936 6	108.802 8	131.126 2	159.118 3	194.332 8	294.968 4	456.798 0	719.082 9
70	91.620 1	100.676 3	122.363 8	149.977 9	185.284 1	230.594 1	364.290 5	588.528 5	967.932 2
75	100.183 3	110.912 8	136.972 8	170.791 8	214.888 3	272.630 9	448.631 4	756.653 7	1 300.948 7
80	109.072 5	121.671 5	152.710 9	193.772 0	248.382 7	321.363 0	551.245 0	971.228 8	1 746.599 9
85	118.300 1	132.979 0	169.665 2	219.143 9	286.278 6	377.857 0	676.090 1	1 245.087 1	2 342.981 7
90	127.879 0	144.863 3	187.929 9	247.156 7	329.154 3	443.348 9	827.983 3	1 594.607 3	3 141.075 2
95	137.822 5	157.353 8	207.606 1	278.085 0	377.664 2	519.272 0	1 012.784 6	2 040.693 5	4 209.104 2
100	148.144 5	170.481 4	228.803 0	312.232 3	432.548 7	607.287 7	1 237.623 7	2 610.025 2	5 638.368 1

续　附　表（三）

n / i	7%	8%	9%	10%	12%	15%	20%	25%	30%
1	1.000 0	1.000 0	1.000 0	1.000 0	1.000 0	1.000 0	1.000 0	1.000 0	1.000 0
2	2.070 0	2.080 0	2.090 0	2.100 0	2.120 0	2.150 0	2.200 0	2.250 0	2.300 0
3	3.214 9	3.246 4	3.278 1	3.310 0	3.374 4	3.472 5	3.640 0	3.812 5	3.990 0
4	4.439 9	4.506 1	4.573 1	4.641 0	4.779 3	4.993 4	5.368 0	5.765 6	6.187 0
5	5.750 7	5.866 6	5.984 7	6.105 1	6.352 8	6.742 4	7.441 6	8.207 0	9.043 1
6	7.153 3	7.335 9	7.523 3	7.715 6	8.115 2	8.753 7	9.929 9	11.258 8	12.756 0
7	8.654 0	8.922 8	9.200 4	9.487 2	10.089 0	11.066 8	12.915 9	15.073 5	17.582 8
8	10.259 8	10.636 6	11.028 5	11.435 9	12.299 7	13.726 8	16.499 1	19.841 9	23.857 7
9	11.978 0	12.487 6	13.021 0	13.579 5	14.775 7	16.785 8	20.798 9	25.802 3	32.015 0
10	13.816 4	14.486 6	15.192 9	15.937 4	17.548 7	20.303 7	25.958 7	33.252 9	42.619 5
11	15.783 6	16.645 5	17.560 3	18.531 2	20.654 6	24.349 3	32.150 4	42.566 1	56.405 3
12	17.888 5	18.977 1	20.140 7	21.384 3	24.133 1	29.001 7	39.580 5	54.207 7	74.327 0
13	20.140 6	21.495 3	22.953 4	24.522 7	28.029 1	34.351 9	48.496 6	68.759 6	97.625 0
14	22.550 5	24.214 9	26.019 2	27.975 0	32.392 6	40.504 7	59.195 9	86.949 5	127.912 5
15	25.129 0	27.152 1	29.360 9	31.772 5	37.279 7	47.580 4	72.035 1	109.686 8	167.286 3
16	27.888 1	30.324 3	33.003 4	35.949 7	42.753 3	55.717 5	87.442 1	138.108 5	218.472 2
17	30.840 2	33.730 2	36.973 7	40.544 7	48.883 7	65.075 1	105.930 6	173.635 7	285.013 9
18	33.999 0	37.450 2	41.301 3	45.599 2	55.749 7	75.836 4	128.116 7	218.044 6	371.518 0
19	37.379 0	41.446 3	46.018 5	51.159 1	63.439 7	88.211 8	154.740 0	273.555 8	483.973 4
20	40.995 5	45.762 0	51.160 1	57.275 0	72.052 4	102.443 6	186.688 0	342.944 7	630.165 5
21	44.865 2	50.422 9	56.764 5	64.002 5	81.698 7	118.810 1	225.025 6	429.680 9	820.215 1
22	49.005 7	55.456 8	62.873 3	71.402 7	92.502 6	137.631 6	271.030 7	538.101 1	1 067.279 6
23	53.436 1	60.893 3	69.531 9	79.543 0	104.602 9	159.276 4	326.236 9	673.626 4	1 388.463 5
24	58.176 7	66.764 8	76.789 8	88.497 3	118.155 2	184.167 8	392.484 2	843.032 9	1 806.002 6
25	63.249 0	73.105 9	84.700 9	98.347 1	133.333 9	212.793 0	471.981 1	1 054.791 2	2 348.803 3
26	68.676 5	79.954 4	93.324 0	109.181 8	150.333 9	245.712 0	567.377 3	1 319.489 0	3 054.444 3
27	74.483 8	87.350 8	102.723 1	121.099 9	169.374 0	283.568 8	681.852 8	1 650.361 2	3 971.777 6
28	80.697 7	95.338 8	112.968 2	134.209 9	190.698 9	327.104 1	819.223 3	2 063.951 5	5 164.310 9
29	87.346 5	103.965 9	124.135 4	148.630 9	214.582 8	377.169 7	984.068 0	2 580.939 4	6 714.604 2
30	94.460 8	113.283 2	136.307 5	164.494 0	241.332 7	434.745 1	1 181.881 6	3 227.174 3	8 729.985 5
31	102.073 0	123.345 9	149.575 2	181.943 4	271.292 6	500.956 9	1 419.257 9	4 034.967 8	11 349.981 1
32	110.218 2	134.213 5	164.037 0	201.137 8	304.847 7	577.100 5	1 704.109 5	5 044.709 8	14 755.975 5
33	118.933 4	145.950 6	179.800 3	222.251 5	342.429 4	664.665 5	2 045.931 4	6 306.887 2	19 183.768 1
34	128.258 8	158.626 7	196.982 3	245.476 7	384.521 0	765.365 4	2 456.117 6	7 884.609 1	24 939.898 5
35	138.236 9	172.316 8	215.710 8	271.024 4	431.663 5	881.170 2	2 948.341 1	9 856.761 3	32 422.868 1
40	199.635 1	259.056 5	337.882 4	442.592 6	767.091 4	1 779.090 3	7 343.857 8		
45	285.749 3	386.505 6	525.858 7	718.904 8	1 358.230 0	3 585.128 5	18 281.309 9		
50	406.528 9	573.770 2	815.083 6	1 163.908 5	2 400.018 2	7 217.716 3	45 497.190 8		
55	575.928 6	848.923 2	1 260.091 8	1 880.591 4					
60	813.520 4	1 253.213 3	1 944.792 1	3 034.816 4					
65	1 146.755 2	1 847.248 1	2 998.288 5	4 893.707 3					
70	1 614.134 2	2 720.080 1	4 619.223 2	7 887.469 6					
75	2 269.657 4	4 002.556 6	7 113.232 1	12 708.953 7					
80	3 189.062 7	5 886.935 4	10 950.574 1	20 474.002 1					
85	4 478.576 1	8 655.706 1	16 854.800 3	32 979.690 3					
90	6 287.185 4	12 723.938 6	25 939.184 2	53 120.2261					
95	8 823.853 5	18 701.506 9	39 916.635 0	85 556.760 5					
100	12 381.661 8	27 484.515 7	61 422.675 5	137 796.123 4					

附表四 等额支付系列存储基金系数（A/F，i，n）表

n＼i	0.75%	1%	1.5%	2%	2.5%	3%	4%	5%	6%
1	1.000 0	1.000 0	1.000 0	1.000 0	1.000 0	1.000 0	1.000 0	1.000 0	1.000 0
2	0.498 1	0.497 5	0.496 3	0.495 0	0.493 8	0.492 6	0.490 2	0.487 8	0.485 4
3	0.330 8	0.330 0	0.328 4	0.326 8	0.325 1	0.323 5	0.320 3	0.317 2	0.314 1
4	0.247 2	0.246 3	0.244 4	0.242 6	0.240 8	0.239 0	0.235 5	0.232 0	0.228 6
5	0.197 0	0.196 0	0.194 1	0.192 2	0.190 2	0.188 4	0.184 6	0.181 0	0.177 4
6	0.163 6	0.162 5	0.160 5	0.158 5	0.156 5	0.154 6	0.150 8	0.147 0	0.143 4
7	0.139 7	0.138 6	0.136 6	0.134 5	0.132 5	0.130 5	0.126 6	0.122 8	0.119 1
8	0.121 8	0.120 7	0.118 6	0.116 5	0.114 5	0.112 5	0.108 5	0.104 7	0.101 0
9	0.107 8	0.106 7	0.104 6	0.102 5	0.100 5	0.098 4	0.094 5	0.090 7	0.087 0
10	0.096 7	0.095 6	0.093 4	0.091 3	0.089 3	0.087 2	0.083 3	0.079 5	0.075 9
11	0.087 6	0.086 5	0.084 3	0.082 2	0.080 1	0.078 1	0.074 1	0.070 4	0.066 8
12	0.080 0	0.078 8	0.076 7	0.074 6	0.072 5	0.070 5	0.066 6	0.062 8	0.059 3
13	0.073 5	0.072 4	0.070 2	0.068 1	0.066 0	0.064 0	0.060 1	0.056 5	0.053 0
14	0.068 0	0.066 9	0.064 7	0.062 6	0.060 5	0.058 5	0.054 7	0.051 0	0.047 6
15	0.063 2	0.062 1	0.059 9	0.057 8	0.055 8	0.053 8	0.049 9	0.046 3	0.043 0
16	0.059 1	0.057 9	0.055 8	0.053 7	0.051 6	0.049 6	0.045 8	0.042 3	0.039 0
17	0.055 4	0.054 3	0.052 1	0.050 0	0.047 9	0.046 0	0.042 2	0.038 7	0.035 4
18	0.052 1	0.051 0	0.048 8	0.046 7	0.044 7	0.042 7	0.039 0	0.035 5	0.032 4
19	0.049 2	0.048 1	0.045 9	0.043 8	0.041 8	0.039 8	0.036 1	0.032 7	0.029 6
20	0.046 5	0.045 4	0.043 2	0.041 2	0.039 1	0.037 2	0.033 6	0.030 2	0.027 2
21	0.044 1	0.043 0	0.040 9	0.038 8	0.036 8	0.034 9	0.031 3	0.028 0	0.025 0
22	0.042 0	0.040 9	0.038 7	0.036 6	0.034 6	0.032 7	0.029 2	0.026 0	0.023 0
23	0.040 0	0.038 9	0.036 7	0.034 7	0.032 7	0.030 8	0.027 3	0.024 1	0.021 3
24	0.038 2	0.037 1	0.034 9	0.032 9	0.030 9	0.029 0	0.025 6	0.022 5	0.019 7
25	0.036 5	0.035 4	0.033 3	0.031 2	0.029 3	0.027 4	0.024 0	0.021 0	0.018 2
26	0.035 0	0.033 9	0.031 7	0.029 7	0.027 8	0.025 9	0.022 6	0.019 6	0.016 9
27	0.033 6	0.032 4	0.030 3	0.028 3	0.026 4	0.024 6	0.021 2	0.018 3	0.015 7
28	0.032 2	0.031 1	0.029 0	0.027 0	0.025 1	0.023 3	0.020 0	0.017 1	0.014 6
29	0.031 0	0.029 9	0.027 8	0.025 8	0.023 9	0.022 1	0.018 9	0.016 0	0.013 6
30	0.029 8	0.028 7	0.026 6	0.024 6	0.022 8	0.021 0	0.017 8	0.015 1	0.012 6
31	0.028 8	0.027 7	0.025 6	0.023 6	0.021 7	0.020 0	0.016 9	0.014 1	0.011 8
32	0.027 8	0.026 7	0.024 6	0.022 6	0.020 8	0.019 0	0.015 9	0.013 3	0.011 0
33	0.026 8	0.025 7	0.023 6	0.021 7	0.019 9	0.018 2	0.015 1	0.012 5	0.010 3
34	0.025 9	0.024 8	0.022 8	0.020 8	0.019 0	0.017 3	0.014 3	0.011 8	0.009 6
35	0.025 1	0.024 0	0.021 9	0.020 0	0.018 2	0.016 5	0.013 6	0.011 1	0.009 0
40	0.021 5	0.020 5	0.018 4	0.016 6	0.014 8	0.013 3	0.010 5	0.008 3	0.006 5
45	0.018 8	0.017 7	0.015 7	0.013 9	0.012 3	0.010 8	0.008 3	0.006 3	0.004 7
50	0.016 6	0.015 5	0.013 6	0.011 8	0.010 3	0.008 9	0.006 6	0.004 8	0.003 4
55	0.014 8	0.013 7	0.011 8	0.010 1	0.008 7	0.007 3	0.005 2	0.003 7	0.002 5
60	0.013 3	0.012 2	0.010 4	0.008 8	0.007 4	0.006 1	0.004 2	0.002 8	0.001 9
65	0.012 0	0.011 0	0.009 2	0.007 6	0.006 3	0.005 1	0.003 4	0.002 2	0.001 4
70	0.010 9	0.009 9	0.008 2	0.006 7	0.005 4	0.004 3	0.002 7	0.001 7	0.001 0
75	0.010 0	0.009 0	0.007 3	0.005 9	0.004 7	0.003 7	0.002 2	0.001 3	0.000 8
80	0.009 2	0.008 2	0.006 5	0.005 2	0.004 0	0.003 1	0.001 8	0.001 0	0.000 6
85	0.008 5	0.007 5	0.005 9	0.004 6	0.003 5	0.002 6	0.001 5	0.000 8	0.000 4
90	0.007 8	0.006 9	0.005 3	0.004 0	0.003 0	0.002 3	0.001 2	0.000 6	0.000 3
95	0.007 3	0.006 4	0.004 8	0.003 6	0.002 6	0.001 9	0.001 0	0.000 5	0.000 2
100	0.006 8	0.005 9	0.004 4	0.003 2	0.002 3	0.001 6	0.000 8	0.000 4	0.000 2

续　附　表（四）

n\i	7%	8%	9%	10%	12%	15%	20%	25%	30%
1	1.000 0	1.000 0	1.000 0	1.000 0	1.000 0	1.000 0	1.000 0	1.000 0	1.000 0
2	0.483 1	0.480 8	0.478 5	0.476 2	0.471 7	0.465 1	0.454 5	0.444 4	0.434 8
3	0.311 1	0.308 0	0.305 1	0.302 1	0.296 3	0.288 0	0.274 7	0.262 3	0.250 6
4	0.225 2	0.221 9	0.218 7	0.215 5	0.209 2	0.200 3	0.186 3	0.173 4	0.161 6
5	0.173 9	0.170 5	0.167 1	0.163 8	0.157 4	0.148 3	0.134 4	0.121 8	0.110 6
6	0.139 8	0.136 3	0.132 9	0.129 6	0.123 2	0.114 2	0.100 7	0.088 8	0.078 4
7	0.115 6	0.112 1	0.108 7	0.105 4	0.099 1	0.090 4	0.077 4	0.066 3	0.056 9
8	0.097 5	0.094 0	0.090 7	0.087 4	0.081 3	0.072 9	0.060 6	0.050 4	0.041 9
9	0.083 5	0.080 1	0.076 8	0.073 6	0.067 7	0.059 6	0.048 1	0.038 8	0.031 2
10	0.072 4	0.069 0	0.065 8	0.062 7	0.057 0	0.049 3	0.038 5	0.030 1	0.023 5
11	0.063 4	0.060 1	0.056 9	0.054 0	0.048 4	0.041 1	0.031 1	0.023 5	0.017 7
12	0.055 9	0.052 7	0.049 7	0.046 8	0.041 4	0.034 5	0.025 3	0.018 4	0.013 5
13	0.049 7	0.046 5	0.043 6	0.040 8	0.035 7	0.029 1	0.020 6	0.014 5	0.010 2
14	0.044 3	0.041 3	0.038 4	0.035 7	0.030 9	0.024 7	0.016 9	0.011 5	0.007 8
15	0.039 8	0.036 8	0.034 1	0.031 5	0.026 8	0.021 0	0.013 9	0.009 1	0.006 0
16	0.035 9	0.033 0	0.030 3	0.027 8	0.023 4	0.017 9	0.011 4	0.007 2	0.004 6
17	0.032 4	0.029 6	0.027 0	0.024 7	0.020 5	0.015 4	0.009 4	0.003 8	0.003 5
18	0.029 4	0.026 7	0.024 2	0.021 9	0.017 9	0.013 2	0.007 8	0.004 6	0.002 7
19	0.026 8	0.024 1	0.021 7	0.019 5	0.015 8	0.011 3	0.006 5	0.003 7	0.002 1
20	0.024 4	0.021 9	0.019 5	0.017 5	0.013 9	0.009 8	0.005 4	0.002 9	0.001 6
21	0.022 3	0.019 8	0.017 6	0.015 6	0.012 2	0.008 4	0.004 4	0.002 3	0.001 2
22	0.020 4	0.018 0	0.015 9	0.014 0	0.010 8	0.007 3	0.003 7	0.001 9	0.000 9
23	0.018 7	0.016 4	0.014 4	0.012 6	0.009 6	0.006 3	0.003 1	0.001 5	0.000 7
24	0.017 2	0.015 0	0.013 0	0.011 3	0.008 5	0.005 4	0.002 5	0.001 2	0.000 6
25	0.015 8	0.013 7	0.011 8	0.010 2	0.007 5	0.004 7	0.002 1	0.000 9	0.000 4
26	0.014 6	0.012 5	0.010 7	0.009 2	0.006 7	0.004 1	0.001 8	0.000 8	0.000 3
27	0.013 4	0.011 4	0.009 7	0.008 3	0.005 9	0.003 5	0.001 5	0.000 6	0.000 3
28	0.012 4	0.010 5	0.008 9	0.007 5	0.005 2	0.003 1	0.001 2	0.000 5	0.000 2
29	0.011 4	0.009 6	0.008 1	0.006 7	0.004 7	0.002 7	0.001 0	0.000 4	0.000 1
30	0.010 6	0.008 8	0.007 3	0.006 1	0.004 1	0.002 3	0.000 8	0.000 3	0.000 1
31	0.009 8	0.008 1	0.006 7	0.005 5	0.003 7	0.002 0	0.000 7	0.000 2	0.000 1
32	0.009 1	0.007 5	0.006 1	0.005 0	0.003 3	0.001 7	0.000 6	0.000 2	0.000 1
33	0.008 4	0.006 9	0.005 6	0.004 5	0.002 9	0.001 5	0.000 5	0.000 2	0.000 1
34	0.007 8	0.006 3	0.005 1	0.004 1	0.002 6	0.001 3	0.000 4	0.000 1	0.000 0
35	0.007 2	0.005 8	0.004 6	0.003 7	0.002 3	0.001 1	0.000 3	0.000 1	0.000 0
40	0.005 0	0.003 9	0.003 0	0.002 3	0.001 3	0.000 6	0.000 1		
45	0.003 5	0.002 6	0.001 9	0.001 4	0.000 7	0.000 3	0.000 1		
50	0.002 5	0.001 7	0.001 2	0.000 9	0.000 4	0.000 1	0.000 0		
55	0.001 7	0.001 2	0.000 8	0.000 5					
60	0.001 2	0.000 8	0.000 5	0.000 3					
65	0.000 9	0.000 5	0.000 3	0.000 2					
70	0.000 6	0.000 4	0.000 2	0.000 1					
75	0.000 4	0.000 2	0.000 1	0.000 1					
80	0.000 3	0.000 2	0.000 1	0.000 0					
85	0.000 2	0.000 1	0.000 1	0.000 0					
90	0.000 2	0.000 1	0.000 0	0.000 0					
95	0.000 1	0.000 1	0.000 0	0.000 0					
100	0.000 1	0.000 0	0.000 0	0.000 0					

附表五 等额支付系列资金恢复系数（A/P，i，n）表

i \ n	0.75%	1%	1.5%	2%	2.5%	3%	4%	5%	6%
1	1.007 5	1.010 0	1.015 0	1.020 0	1.025 0	1.030 0	1.040 0	1.050 0	1.060 0
2	0.505 6	0.507 5	0.511 3	0.515 0	0.518 8	0.522 6	0.530 2	0.537 8	0.545 4
3	0.338 3	0.340 0	0.343 4	0.346 8	0.350 1	0.353 5	0.360 3	0.367 2	0.374 1
4	0.254 7	0.256 3	0.259 4	0.262 6	0.265 8	0.269 0	0.275 5	0.282 0	0.288 6
5	0.204 5	0.206 0	0.209 1	0.212 2	0.215 2	0.218 4	0.224 6	0.231 0	0.237 4
6	0.171 1	0.172 5	0.175 5	0.178 5	0.181 5	0.184 6	0.190 8	0.197 0	0.203 4
7	0.147 2	0.148 6	0.151 6	0.154 5	0.157 5	0.160 5	0.166 6	0.172 8	0.179 1
8	0.129 3	0.130 7	0.133 6	0.126 5	0.139 5	0.142 5	0.148 5	0.154 7	0.161 0
9	0.115 3	0.116 7	0.119 6	0.122 5	0.125 5	0.128 4	0.134 5	0.140 7	0.147 0
10	0.104 2	0.105 6	0.108 4	0.111 3	0.114 3	0.117 2	0.123 3	0.129 5	0.135 9
11	0.095 1	0.096 5	0.099 3	0.102 2	0.105 1	0.108 1	0.114 1	0.120 4	0.126 8
12	0.087 5	0.088 8	0.091 7	0.094 6	0.097 5	0.100 5	0.106 6	0.112 8	0.119 3
13	0.081 0	0.082 4	0.085 2	0.088 1	0.091 0	0.094 0	0.100 1	0.106 5	0.113 0
14	0.075 5	0.076 9	0.079 7	0.082 6	0.085 5	0.088 5	0.094 7	0.101 0	0.107 6
15	0.070 7	0.072 1	0.074 9	0.077 8	0.080 8	0.083 8	0.089 9	0.096 3	0.103 0
16	0.066 6	0.067 9	0.070 8	0.073 7	0.076 6	0.079 6	0.085 8	0.092 3	0.099 0
17	0.062 9	0.064 3	0.067 1	0.070 0	0.072 9	0.076 0	0.082 2	0.088 7	0.095 4
18	0.059 6	0.061 0	0.063 8	0.066 7	0.069 7	0.072 7	0.079 0	0.085 5	0.092 4
19	0.056 7	0.058 1	0.060 9	0.063 8	0.066 8	0.069 8	0.076 1	0.082 7	0.089 6
20	0.054 0	0.055 4	0.058 2	0.061 2	0.064 1	0.067 2	0.073 6	0.080 2	0.087 2
21	0.051 6	0.053 0	0.055 9	0.058 8	0.061 8	0.064 9	0.071 3	0.078 0	0.085 0
22	0.049 5	0.050 9	0.053 7	0.056 6	0.059 6	0.062 7	0.069 2	0.076 0	0.083 0
23	0.047 5	0.048 9	0.051 7	0.054 7	0.057 7	0.060 8	0.067 3	0.074 1	0.081 3
24	0.045 7	0.047 1	0.049 9	0.052 9	0.055 9	0.059 0	0.065 6	0.072 5	0.079 7
25	0.044 0	0.045 4	0.048 3	0.051 2	0.054 3	0.057 4	0.064 0	0.071 0	0.078 2
26	0.042 5	0.043 9	0.046 7	0.049 7	0.052 8	0.055 9	0.062 6	0.069 6	0.076 9
27	0.041 1	0.042 4	0.045 3	0.048 3	0.051 4	0.054 6	0.061 2	0.068 3	0.075 7
28	0.039 7	0.041 1	0.044 0	0.047 0	0.050 1	0.053 3	0.060 0	0.067 1	0.074 6
29	0.038 4	0.039 9	0.042 8	0.045 8	0.048 9	0.052 1	0.058 9	0.066 0	0.073 6
30	0.037 3	0.038 7	0.041 6	0.044 6	0.047 8	0.051 0	0.057 8	0.065 1	0.072 6
31	0.036 3	0.037 7	0.040 6	0.043 6	0.046 7	0.050 0	0.056 9	0.064 1	0.071 8
32	0.035 3	0.036 7	0.039 6	0.042 6	0.045 8	0.049 0	0.055 9	0.063 3	0.071 0
33	0.034 3	0.035 7	0.038 6	0.041 7	0.044 9	0.048 2	0.055 1	0.062 5	0.070 3
34	0.033 4	0.034 8	0.037 8	0.040 8	0.044 0	0.047 3	0.054 3	0.061 8	0.069 6
35	0.032 6	0.034 0	0.036 9	0.040 0	0.043 2	0.046 5	0.053 6	0.061 1	0.069 0
40	0.029 0	0.030 5	0.033 4	0.036 6	0.039 8	0.043 3	0.050 5	0.058 3	0.066 5
45	0.026 3	0.027 7	0.030 7	0.033 9	0.037 3	0.040 8	0.048 3	0.056 3	0.064 7
50	0.024 1	0.025 5	0.028 6	0.031 8	0.035 3	0.038 9	0.046 6	0.054 8	0.063 4
55	0.022 3	0.023 7	0.026 8	0.030 1	0.033 7	0.037 3	0.045 2	0.053 7	0.062 5
60	0.020 8	0.022 2	0.025 4	0.028 8	0.032 4	0.036 1	0.044 2	0.052 8	0.061 9
65	0.019 5	0.021 0	0.024 2	0.027 6	0.031 3	0.035 1	0.043 4	0.052 2	0.061 4
70	0.018 4	0.019 9	0.023 2	0.026 7	0.030 4	0.034 3	0.042 7	0.051 7	0.061 0
75	0.017 5	0.019 0	0.022 3	0.025 9	0.029 7	0.033 7	0.042 2	0.051 3	0.060 8
80	0.016 7	0.018 2	0.021 5	0.025 2	0.029 0	0.033 1	0.041 8	0.051 0	0.060 6
85	0.016 0	0.017 5	0.020 9	0.024 6	0.028 5	0.032 6	0.041 5	0.050 8	0.060 4
90	0.015 3	0.016 9	0.020 3	0.024 0	0.028 0	0.032 3	0.041 2	0.050 6	0.060 3
95	0.014 8	0.016 4	0.019 8	0.023 6	0.027 6	0.031 9	0.041 0	0.050 5	0.060 2
100	0.014 3	0.015 9	0.019 4	0.023 2	0.027 3	0.031 6	0.040 8	0.050 4	0.060 2

续 附 表（五）

n \ i	7%	8%	9%	10%	12%	15%	20%	25%	30%
1	1.070 0	1.080 0	1.090 0	1.100 0	1.120 0	1.150 0	1.200 0	1.250 0	1.300 0
2	0.553 1	0.560 8	0.568 5	0.576 2	0.591 7	0.615 1	0.654 5	0.694 4	0.734 8
3	0.381 1	0.388 0	0.395 1	0.402 1	0.416 3	0.438 0	0.474 7	0.512 3	0.550 6
4	0.295 2	0.301 9	0.308 7	0.315 5	0.329 2	0.350 3	0.386 3	0.423 4	0.464 6
5	0.243 9	0.250 5	0.257 1	0.263 8	0.277 4	0.298 3	0.334 4	0.371 8	0.410 6
6	0.209 8	0.216 3	0.222 9	0.229 6	0.243 2	0.264 2	0.300 7	0.338 8	0.378 4
7	0.185 6	0.192 1	0.198 7	0.205 4	0.219 1	0.240 4	0.277 4	0.316 3	0.356 9
8	0.167 5	0.174 0	0.180 7	0.187 4	0.201 3	0.222 9	0.260 6	0.300 4	0.341 9
9	0.153 5	0.160 1	0.166 8	0.173 6	0.187 7	0.209 6	0.248 1	0.288 8	0.331 2
10	0.142 4	0.149 0	0.155 8	0.162 7	0.177 0	0.199 3	0.238 5	0.280 1	0.323 5
11	0.133 4	0.140 1	0.146 9	0.154 0	0.168 4	0.191 1	0.231 1	0.273 5	0.317 7
12	0.125 9	0.132 7	0.139 7	0.146 8	0.161 4	0.184 5	0.225 3	0.268 4	0.313 5
13	0.119 7	0.126 5	0.133 6	0.140 8	0.155 7	0.179 1	0.220 6	0.264 5	0.310 2
14	0.114 3	0.121 3	0.128 4	0.135 7	0.150 9	0.174 7	0.216 9	0.261 5	0.307 8
15	0.109 8	0.116 8	0.124 1	0.131 5	0.146 8	0.171 0	0.213 9	0.259 1	0.306 0
16	0.105 9	0.113 0	0.120 3	0.127 8	0.143 4	0.167 9	0.211 4	0.257 2	0.304 6
17	0.102 4	0.109 6	0.117 0	0.124 7	0.140 5	0.165 4	0.209 4	0.255 8	0.303 5
18	0.099 4	0.106 7	0.114 2	0.121 9	0.137 9	0.163 2	0.207 8	0.254 6	0.302 7
19	0.096 8	0.104 1	0.111 7	0.119 5	0.135 8	0.161 3	0.206 5	0.253 7	0.302 1
20	0.094 4	0.101 9	0.109 5	0.117 5	0.133 9	0.159 8	0.205 4	0.252 9	0.301 6
21	0.092 3	0.099 8	0.107 6	0.115 6	0.132 2	0.158 4	0.204 4	0.252 3	0.301 2
22	0.090 4	0.098 0	0.105 9	0.114 0	0.130 8	0.157 3	0.203 7	0.251 9	0.300 9
23	0.088 7	0.096 4	0.104 4	0.112 6	0.129 6	0.156 3	0.203 1	0.251 5	0.300 7
24	0.087 2	0.095 0	0.103 0	0.111 3	0.128 5	0.155 4	0.202 5	0.251 2	0.300 6
25	0.085 8	0.093 7	0.101 8	0.110 2	0.127 5	0.154 7	0.202 1	0.250 9	0.300 4
26	0.084 6	0.092 5	0.100 7	0.109 2	0.126 7	0.154 1	0.201 8	0.250 8	0.300 3
27	0.083 4	0.091 4	0.099 7	0.108 3	0.125 9	0.153 5	0.201 5	0.250 6	0.300 3
28	0.082 4	0.090 5	0.098 9	0.107 5	0.125 2	0.153 1	0.201 2	0.250 5	0.300 2
29	0.081 4	0.089 6	0.098 1	0.106 7	0.124 7	0.152 7	0.201 0	0.250 4	0.300 1
30	0.080 6	0.088 8	0.097 3	0.106 1	0.124 1	0.152 3	0.200 8	0.250 3	0.300 1
31	0.079 8	0.088 1	0.096 7	0.105 5	0.123 7	0.152 0	0.200 7	0.250 2	0.300 1
32	0.079 1	0.087 5	0.096 1	0.105 0	0.123 3	0.151 7	0.200 6	0.250 2	0.300 1
33	0.078 4	0.086 9	0.095 6	0.104 5	0.122 9	0.151 5	0.200 5	0.250 2	0.300 1
34	0.077 8	0.086 3	0.095 1	0.104 1	0.122 6	0.151 3	0.200 4	0.250 1	0.300 0
35	0.077 2	0.085 8	0.094 6	0.103 7	0.122 3	0.151 1	0.200 3	0.250 1	0.300 0
40	0.075 0	0.083 9	0.093 0	0.102 3	0.121 3	0.150 6	0.200 1		
45	0.073 5	0.082 6	0.091 9	0.101 4	0.120 7	0.150 3	0.200 1		
50	0.072 5	0.081 7	0.091 2	0.100 9	0.120 4	0.150 1	0.200 0		
55	0.071 7	0.081 2	0.090 8	0.100 5					
60	0.071 2	0.080 8	0.090 5	0.100 3					
65	0.070 9	0.080 5	0.090 3	0.100 2					
70	0.070 6	0.080 4	0.090 2	0.100 1					
75	0.070 4	0.080 2	0.090 1	0.100 1					
80	0.070 3	0.080 2	0.090 1	0.100 0					
85	0.070 2	0.080 1	0.090 1	0.100 0					
90	0.070 2	0.080 1	0.090 0	0.100 0					
95	0.070 1	0.080 1	0.090 0	0.100 0					
100	0.070 1	0.080 0	0.090 0	0.100 0					

附表六 等额支付系列基金现值系数（P/A，i，n）表

n \ i	0.75%	1%	1.5%	2%	2.5%	3%	4%	5%	6%
1	0.992 6	0.990 1	0.985 2	0.980 4	0.975 6	0.970 9	0.961 5	0.952 4	0.943 4
2	1.977 7	1.970 4	1.955 9	1.941 6	1.927 4	1.913 5	1.886 1	1.859 4	1.833 4
3	2.955 6	2.941 0	2.912 2	2.883 9	2.856 0	2.828 6	2.775 1	2.723 2	2.673 0
4	3.926 1	3.902 0	3.854 4	3.807 7	3.762 0	3.717 1	3.629 9	3.546 0	3.465 1
5	4.889 4	4.853 4	4.782 6	4.713 5	4.645 8	4.579 7	4.451 8	4.329 5	4.212 4
6	5.845 6	5.795 5	5.697 2	5.601 4	5.508 1	5.417 2	5.242 1	5.075 7	4.917 3
7	6.794 6	6.728 2	6.598 2	6.472 0	6.349 4	6.230 3	6.002 1	5.786 4	5.582 4
8	7.736 6	7.651 7	7.485 9	7.325 5	7.170 1	7.019 7	6.732 7	6.463 2	6.209 8
9	8.671 6	8.566 0	8.360 5	8.162 2	7.970 9	7.786 1	7.435 3	7.107 8	6.801 7
10	9.599 6	9.471 3	9.222 2	8.982 6	8.752 1	8.530 2	8.110 9	7.721 7	7.360 1
11	10.520 7	10.367 6	10.071 1	9.786 8	9.514 2	9.252 6	8.760 5	8.306 4	7.886 9
12	11.434 9	11.255 1	10.907 5	10.575 3	10.257 8	9.954 0	9.385 1	8.863 3	8.383 8
13	12.342 3	12.133 7	11.731 5	11.348 4	10.983 2	10.635 0	9.985 6	9.393 6	8.852 7
14	13.243 0	13.003 7	12.543 4	12.106 2	11.690 9	11.296 1	10.563 1	9.898 6	9.295 0
15	14.137 0	13.865 1	13.343 2	12.849 3	12.381 4	11.937 9	11.118 4	10.379 7	9.712 2
16	15.024 3	24.717 9	14.131 3	13.577 7	13.055 0	12.561 1	11.652 3	10.837 8	10.105 9
17	15.905 0	15.562 3	14.907 6	14.291 9	13.712 2	13.166 1	12.165 7	11.274 1	10.477 3
18	16.779 2	16.398 3	15.672 6	14.992 0	14.353 4	13.753 5	12.659 3	11.689 6	10.827 6
19	17.646 8	17.226 0	16.426 2	15.678 5	14.978 9	14.323 8	13.133 9	12.085 3	11.158 1
20	18.508 0	18.045 6	17.168 6	16.351 4	15.589 2	14.877 5	13.590 3	12.462 2	11.469 9
21	19.362 8	18.857 0	17.900 1	17.011 2	16.184 5	15.415 0	14.029 2	12.821 2	11.764 1
22	20.211 2	19.660 4	18.602 8	17.658 0	16.765 4	15.936 9	14.451 1	13.163 0	12.041 6
23	21.053 3	20.455 8	19.330 9	18.292 2	17.332 1	16.443 6	14.856 8	13.488 6	12.303 4
24	21.889 1	21.243 4	20.030 4	18.931 9	17.885 0	16.935 5	15.247 0	13.798 6	12.550 4
25	22.718 8	22.023 2	20.719 6	19.523 5	18.424 4	17.413 1	15.622 1	14.093 9	12.783 4
26	23.542 2	22.795 2	21.398 6	20.121 0	18.950 6	17.876 8	15.982 8	14.375 2	13.003 2
27	24.359 5	23.559 6	22.067 6	20.706 9	19.464 0	18.327 0	16.329 6	14.643 0	13.210 5
28	25.170 7	24.316 4	22.726 7	21.281 3	19.964 9	18.764 1	16.663 1	14.898 1	13.406 2
29	25.975 9	25.065 8	23.376 1	21.844 4	20.453 5	19.188 5	16.983 7	15.141 1	13.590 7
30	26.775 1	25.807 7	24.015 8	22.396 5	20.930 3	19.600 4	17.292 0	15.372 5	13.764 8
31	27.568 3	26.542 3	24.646 1	22.937 7	21.395 4	20.000 4	17.588 5	15.592 8	13.929 1
32	28.355 7	27.269 6	25.267 1	23.468 3	21.849 2	20.388 8	17.873 6	15.802 7	14.084 0
33	29.137 1	27.989 7	25.879 0	23.988 6	22.291 9	20.765 8	18.147 6	16.002 5	14.230 2
34	29.912 8	28.702 7	26.481 7	24.498 6	22.723 8	21.131 8	18.411 2	16.192 9	14.368 1
35	30.682 7	29.408 6	27.075 6	24.998 6	23.145 2	21.487 2	18.664 6	16.374 2	14.498 2
40	34.446 9	32.834 7	29.915 8	27.355 5	25.102 8	23.114 8	19.792 8	17.159 1	15.046 3
45	38.073 2	36.094 5	32.552 3	29.490 2	26.833 0	24.518 7	20.720 0	17.774 1	15.455 8
50	41.566 4	39.196 1	34.999 7	31.423 6	28.362 3	25.729 8	21.482 2	18.255 9	15.761 9
55	44.931 6	42.147 2	37.271 5	33.174 8	29.714 0	26.774 4	22.108 6	18.633 5	15.990 5
60	48.173 4	44.955 0	39.380 3	34.760 9	30.908 7	27.675 6	22.623 5	18.929 3	16.161 4
65	51.296 3	47.626 6	41.337 8	36.197 5	31.964 6	28.452 9	23.046 7	19.161 1	16.289 1
70	54.304 6	50.168 5	43.154 9	37.498 6	32.897 9	29.123 4	23.394 5	19.342 7	16.384 5
75	57.202 7	52.587 1	44.841 6	38.677 1	33.722 7	29.701 8	23.680 4	19.485 0	16.455 8
80	59.994 4	54.888 2	46.407 3	39.744 5	34.451 8	30.200 8	23.915 4	19.596 5	16.509 1
85	62.683 8	57.077 7	47.860 7	40.711 3	35.096 2	30.631 2	24.108 5	19.683 8	16.548 9
90	65.274 6	59.160 9	49.209 9	41.586 9	35.665 8	31.002 4	24.267 3	19.752 3	16.578 7
95	67.770 4	61.143 0	50.462 2	42.380 0	36.169 2	31.322 7	24.397 8	19.805 9	16.600 9
100	70.174 6	63.028 9	51.624 7	43.098 4	36.614 1	31.598 9	24.505 0	19.847 9	16.617 5

续　附　表（六）

n \ i	7%	8%	9%	10%	12%	15%	20%	25%	30%
1	0.934 6	0.925 9	0.917 4	0.909 1	0.892 9	0.869 6	0.833 3	0.800 0	0.769 2
2	1.808 0	1.783 3	1.759 1	1.735 5	1.690 1	1.625 7	1.527 8	1.440 0	1.360 9
3	2.624 3	2.571 1	2.531 3	2.486 9	2.401 8	2.283 2	2.106 5	1.952 0	1.816 1
4	3.387 2	3.312 1	3.239 7	3.169 9	3.037 3	2.855 0	2.588 7	2.361 6	2.166 2
5	4.100 2	3.992 7	3.889 7	3.790 8	3.604 8	3.352 2	2.990 6	2.689 3	2.435 6
6	4.766 5	4.622 9	4.485 9	4.355 3	4.111 4	3.784 5	3.325 5	2.951 4	2.642 7
7	5.389 3	5.206 4	5.033 0	4.868 4	4.563 8	4.160 4	3.604 6	3.161 1	2.802 1
8	5.971 3	5.746 6	5.534 8	5.334 9	4.967 6	4.487 3	3.837 2	3.328 9	2.924 7
9	6.515 2	6.246 9	5.995 2	5.759 0	5.328 2	4.771 6	4.031 0	3.463 1	3.019 0
10	7.023 6	6.710 1	6.417 7	6.144 6	5.650 2	5.018 8	4.192 5	3.570 5	3.091 5
11	7.498 7	7.139 0	6.805 2	6.495 1	5.937 7	5.233 7	4.327 1	3.656 4	3.147 3
12	7.942 7	7.536 1	7.160 7	6.813 7	6.194 4	5.420 6	4.439 2	3.725 1	3.190 3
13	8.357 7	7.903 8	7.486 9	7.103 4	6.423 5	5.583 1	4.532 7	3.780 1	3.223 3
14	8.745 5	8.242 2	7.786 2	7.366 7	6.628 2	5.724 5	4.610 6	3.824 1	3.248 7
15	9.107 9	8.559 5	8.060 7	7.606 1	6.810 9	5.847 4	4.675 5	3.859 3	3.268 2
16	9.446 6	8.851 4	8.312 6	7.823 7	6.974 0	5.954 2	4.729 6	3.887 4	3.283 2
17	9.763 2	9.121 6	8.543 6	8.021 6	7.119 6	6.047 2	4.774 6	3.909 9	3.294 8
18	10.059 1	9.371 9	8.755 6	8.201 4	7.249 7	6.128 0	4.812 2	3.927 9	3.303 7
19	10.335 6	9.603 6	8.950 1	8.364 9	7.365 8	6.198 2	4.843 5	3.942 4	3.310 5
20	10.594 0	9.818 1	9.128 5	8.513 6	7.469 4	6.259 3	4.869 6	3.953 9	3.315 8
21	10.835 5	10.016 7	9.292 2	8.648 7	7.562 0	6.312 5	4.891 3	3.963 1	3.319 8
22	11.061 2	10.200 7	9.442 4	8.771 5	7.644 6	6.358 7	4.909 4	3.970 5	3.323 0
23	11.272 2	10.371 1	9.580 2	8.883 2	7.718 4	6.398 8	4.924 5	3.976 4	3.325 4
24	11.469 3	10.528 8	9.706 6	8.984 7	7.784 3	6.433 8	4.937 1	3.981 1	3.327 2
25	11.653 6	10.674 8	9.822 6	9.077 0	7.843 1	6.464 1	4.947 6	3.984 9	3.328 6
26	11.825 8	10.810 0	9.929 0	9.160 9	7.895 7	6.490 6	4.956 3	3.987 9	3.329 7
27	11.986 7	10.935 2	10.026 6	9.237 2	7.942 6	6.513 5	4.963 6	3.990 3	3.330 5
28	12.137 1	11.051 1	10.116 1	9.306 6	7.984 4	6.533 5	4.969 7	3.992 3	3.331 2
29	12.277 7	11.158 4	10.198 3	9.369 6	8.021 8	6.550 9	4.974 7	3.993 8	3.331 7
30	12.409 0	11.257 8	10.273 7	9.426 9	8.055 2	6.566 0	4.978 9	3.995 0	3.332 1
31	12.531 8	11.349 8	10.342 8	9.479 0	8.085 0	6.579 1	4.982 4	3.996 0	3.332 4
32	12.646 6	11.435 0	10.406 2	9.529 4	8.111 6	6.590 5	4.985 4	3.996 8	3.332 6
33	12.753 8	11.513 9	10.464 4	9.569 4	8.135 4	6.600 5	4.987 8	3.997 5	3.332 8
34	12.854 0	11.586 9	10.517 8	9.608 6	8.156 6	6.609 1	4.989 8	3.998 0	3.332 9
35	12.947 7	11.654 6	10.566 8	9.644 2	8.175 5	6.616 6	4.991 5	3.998 4	3.333 0
40	13.331 7	11.924 6	10.757 4	9.779 1	8.243 8	6.641 8	4.996 6		
45	13.605 5	12.108 4	10.881 2	9.862 8	8.282 5	6.654 3	4.998 6		
50	13.800 7	12.233 5	10.961 7	9.914 8	8.304 5	6.660 5	4.999 5		
55	13.939 9	12.318 6	11.014 0	9.947 1					
60	14.039 2	12.376 6	11.048 0	9.967 2					
65	14.109 9	12.416 0	11.070 1	9.979 6					
70	14.160 4	12.442 8	11.084 4	9.987 3					
75	14.196 4	12.461 1	11.093 8	9.992 1					
80	14.222 0	12.473 5	11.099 8	9.995 1					
85	14.240 3	12.482 0	11.103 8	9.997 0					
90	14.253 3	12.487 7	11.106 4	9.988 1					
95	14.262 6	12.491 7	11.108 0	9.998 8					
100	14.269 3	12.494 3	11.109 1	9.999 3					

附表七 相关系数临界值表

自由度 n	自 变 量 和 因 变 量 总 数							
	2		3		4		5	
	$\alpha = 0.05$	$\alpha = 0.01$	$\alpha = 0.05$	$\alpha = 0.01$	$\alpha = 0.05$	$\alpha = 0.01$	$\alpha = 0.05$	$\alpha = 0.01$
1	0.997	1.000	0.999	1.000	0.999	1.000	0.999	1.000
2	0.950	0.990	0.975	0.995	0.983	0.997	0.987	0.998
3	0.878	0.959	0.930	0.976	0.950	0.983	0.961	0.987
4	0.811	0.917	0.881	0.949	0.912	0.963	0.930	0.970
5	0.754	0.874	0.836	0.917	0.874	0.937	0.898	0.949
6	0.707	0.834	0.795	0.886	0.839	0.911	0.867	0.927
7	0.666	0.798	0.758	0.855	0.807	0.855	0.838	0.904
8	0.632	0.765	0.726	0.827	0.777	0.860	0.811	0.882
9	0.602	0.735	0.697	0.800	0.750	0.835	0.786	0.861
10	0.576	0.708	0.671	0.776	0.726	0.814	0.763	0.840
11	0.553	0.684	0.648	0.753	0.703	0.793	0.741	0.821
12	0.532	0.661	0.627	0.732	0.683	0.773	0.722	0.802
13	0.514	0.641	0.608	0.712	0.664	0.755	0.703	0.785
14	0.497	0.623	0.590	0.694	0.646	0.737	0.686	0.768
15	0.482	0.606	0.574	0.677	0.630	0.721	0.670	0.752
16	0.468	0.590	0.559	0.662	0.615	0.706	0.655	0.738
17	0.456	0.575	0.545	0.647	0.601	0.691	0.641	0.724
18	0.444	0.561	0.532	0.633	0.587	0.678	0.628	0.710
19	0.433	0.549	0.520	0.620	0.575	0.665	0.615	0.698
20	0.423	0.537	0.509	0.608	0.563	0.652	0.604	0.685
25	0.381	0.487	0.432	0.555	0.514	0.600	0.553	0.633
30	0.349	0.449	0.426	0.514	0.476	0.558	0.514	0.591
35	0.325	0.418	0.397	0.481	0.445	0.523	0.482	0.556
40	0.304	0.393	0.373	0.454	0.419	0.494	0.445	0.526
50	0.273	0.354	0.336	0.410	0.379	0.449	0.412	0.479
60	0.250	0.325	0.308	0.377	0.348	0.414	0.380	0.442
70	0.232	0.302	0.286	0.351	0.324	0.386	0.354	0.413
80	0.217	0.283	0.269	0.333	0.304	0.362	0.332	0.389
100	0.195	0.254	0.241	0.297	0.274	0.327	0.300	0.351

参 考 文 献

[1] 金德环主编. 投资经济学（第二版）. 上海：复旦大学出版社，2006

[2] 国家发展改革委员会，建设部发布. 建设项目经济评价方法与参数（第 3 版）. 北京：中国计划
       出版社，2006

[3] 万解秋，贝政新编著. 现代投资学原理. 上海：复旦大学出版社，2003

[4] 张鸣编著. 投资管理（第二版）. 大连：东北财经大学出版社，2006

[5] 和宏明主编. 投资项目可行性研究与经济评价手册. 北京：地震出版社，2000

[6] 郭鸿编著. 风险投资与科技创业. 北京：中国物价出版社，2001

[7] 杨季美，毕儒祥，朱传林主编. 技术经济学. 北京：中国铁道出版社，1994

[8] 史本山主编. 投资经济分析. 成都：西南交通大学出版社，1998

[9] 卢有杰，卢家仪编著. 项目风险与管理. 北京：清华大学出版社，2000

[10] 何文炯主编. 风险管理. 大连：东北财经大学出版社，1999

[11] 〔美〕彼得 L·伯恩斯坦，阿斯瓦斯·达摩达兰编著. 李丹，郑爽译. 投资管理. 北京：机械工业
       出版社，2000

[12] 于九如主编. 投资项目风险分析. 北京：机械工业出版社，1999

[13] 白思俊主编. 现代项目管理. 北京：机械工业出版社，2002

[14] 张极井著. 项目融资. 北京：中信出版社，2003

[15] 罗仲伟著. 投融资战略. 广州：广东经济出版社，1998

[16] 张鸣编著. 投资管理. 大连：东北财经大学出版社，2001

[17] 简德三编著. 投资项目评估. 上海：上海财经大学出版社，2002

[18] 刘曼红主编. 风险投资 ——创新与金融. 北京：中国人民大学出版社，1998

[19] 成思危主编. 科技风险投资论文集. 北京：民主与建设出版社，1997

[20] 周平海编著. 证券投资与评估. 上海：同济大学出版社，2003

[21] 〔美〕约翰·赫尔著. 期权、期货和衍生证券. 张陶伟译. 北京：华夏出版社，1997

[22] 陈尊厚主编. 证券投资原理. 成都：西南财经大学出版社，1999

[23] 〔美〕汉姆·列维著. 投资学. 任淮秀等译. 北京：北京大学出版社，2000

[24] 吴晓求编著. 证券投资学. 北京：中国人民大学出版社，2000

[25] 杨海明，王燕著. 投资学. 上海：上海人民出版社，1998

[26] 〔美〕戈登·J·亚历山大，威廉·F·夏普，杰弗里·V·贝利著. 投资学基础. 第 3 版. 赵锡军，
       季冬生，李向科译. 北京：电子工业出版社，2003

[27] 投资全国投资建设项目管理师考试专家委员会/组织编写. 投资建设项目决策. 北京：中国计划出
       版社，2006